教师教育
综合改革探索与实践

主　编　夏庆利　程　云

副主编　胡志华　胡世刚　冯　杰

编　委　（按姓氏音序排列）

　　　　陈　曼　丁如春　杜承意　关玉蓉

　　　　郭　伟　黄克斌　黄勇奇　江　芹

　　　　蒋小春　刘　萍　邵照坡　夏　慧

　　　　杨红亮　张　华　周方方　朱华国

南京大学出版社

图书在版编目(CIP)数据

教师教育综合改革探索与实践 / 夏庆利，程云主编
. -- 南京：南京大学出版社，2024.6
ISBN 978-7-305-27804-4

Ⅰ. ①教… Ⅱ. ①夏… ②程… Ⅲ. ①教师教育—研究 Ⅳ. ①G65

中国国家版本馆 CIP 数据核字(2024)第 093413 号

出版发行　南京大学出版社
社　　址　南京市汉口路 22 号　　邮　编　210093

JIAOSHI JIAOYU ZONGHE GAIGE TANSUO YU SHIJIAN
书　　名　**教师教育综合改革探索与实践**
主　　编　夏庆利　程　云
责任编辑　陈　松　　　　　　　编辑热线　025-83686659

印　　刷　苏州市古得堡数码印刷有限公司
开　　本　787mm×1092mm　1/16　印张　24.5　字数　590 千
版　　次　2024 年 6 月第 1 版　2024 年 6 月第 1 次印刷
ISBN 978-7-305-27804-4
定　　价　140.00 元

网　　址　http://www.njupco.com
官方微博　http://weibo.com/njupco
官方微信　njupress
销售咨询热线　025-83594756

* 版权所有,侵权必究
* 凡购买南大版图书,如有印装质量问题,请与所购
　图书销售部门联系调换

序　言

教育是国家繁荣、民族复兴的基石。

黄冈师范学院的前身是创办于 1905 年的黄州府师范学堂,历经百年耕耘,始终坚守教师教育初心,谱写了一部"源于师范、兴于师范、强于师范"的教师教育史。作为一所办在地方的高等师范院校,黄冈师范学院肩负着培养新时代地方卓越教师的神圣使命,长期坚持"师范性、地方性、应用性、差异性"的发展战略,立足黄冈、服务湖北、辐射全国,为基础教育输送了近 10 万名高素质的优秀教师,形成了教师教育的鲜明特色。

2021 年,学校与黄冈市人民政府携手共建的"教师教育综合改革实验区"获批为省级教师教育综合改革实验区(以下简称"实验区"),该实验区是湖北省首批 3 家"实验区"之一。学校依托"实验区"平台资源,率先在省、市两级"优师计划"学生中开展"书院+学院"培养模式改革,"AI+数智"赋能教师教育能力提升,推进红色基因与教育情怀同步传承,学科素养与教师能力齐头并进。本论文集正是这种改革尝试的阶段性成果,冠名《新时代教师教育综合改革探索与实践》是为了梳理已有的成功经验,开启更深入的探索征程。

本论文集凝聚了书院和学院众多学者的智慧与心血,是他们立足岗位开展教师教育综合改革的经验总结和理性思考。论文集内容分为五大板块:教育理论研究、课程与资源建设、教学改革与实践、教学策略与方法、合作教研与协同育人。每个板块都紧密围绕学校教师教育改革的热点问题,旨在为教师教育的持续发展提供理论支持和实践借鉴。

在"教育理论研究"专题中,学者们对新时代背景下的教育理论创新进行了深入探讨,这对完善我校教师教育理论体系、推动教育科学发展具有深远意义。"课程与资源建设"板块则聚焦于课程内容的更新与资源的高效利用,在数字化、全球化的今天,探索具有时代气息的课程体系是教师教育改革面临的重要课题。"教学改革与实践"板块将理论与实践紧密结合,致力于提升课堂教学质量,为培养具有创新精神和实践能力的卓越教师奠定坚实基础。"教学策略与方法"板块则专注于教学技巧和方法的创新,强调教学方法的多样性和教学效果的实效性,强调 AI 融入教学过程,提升教学效果。"合作教研与协同育人"板块深刻揭示了合作与交流在教师教育中的重要意义,特别是校地之间的紧密合作与产教融合的有效推进,不仅极大地拓宽了教育资源的共享渠道,更促进了教育理论与实践的深度融合。这些论文不仅展现了黄冈师范学院在教师教育领域的研究成果,也反映了教师教育改革与发展的时代特征,将为进一步深化教师教育改革提供有益参考,引领我校教师教育发展方向。

  作为本书的编者,我们由衷地感谢每一位作者,正是他们的辛勤付出和真知灼见,赋予了本论文集极高的学术价值与实践意义。同时,我们也要感谢黄冈师范学院以及各级领导对本论文集编写工作的鼎力支持。

  最后,我们希望《新时代教师教育综合改革探索与实践》论文集的出版能引发更广泛的关注和讨论,激发更多的教育工作者投身于教师教育的改革与发展事业中。让我们携手共进,共同书写教师教育事业的新篇章!

黄冈师范学院党委常委、副校长:夏庆利

于2024年7月

目 录

专题一 教育理论研究

情绪调节策略使用特征调查
　　——基于英语专业大学生的数据分析 ·· 002
近五年课堂师生互动研究现状与研究趋势
　　——基于 CiteSpace 的可视化分析 ·· 009
师范生具身教育实践的内涵、价值与路径 ··· 016
教育信息化背景下中小学班级管理路径探究 ·· 022
县域中小学教师新课标培训的影响因素与对策研究
　　——基于扎根理论的探索 ··· 028
义务教育物理课程标准背景下物理情境教学中教师领导方式的探究 ············· 034
"双减"下初中教师工作现状研究
　　——基于对湖北省部分市区初中教师的调研分析 ······························· 040
世界性与民族性双重变奏下的晚清外语教育与当代价值 ······························· 048
混合式学习师生话语共同体的构建 ·· 055
乡村小学教师数字素养现状及提升策略研究 ·· 060
高中信息技术课堂学生学习自主性的现状调查及提升策略
　　——以黄州中学为例 ··· 065
教师专业学习共同体的本土化构建策略研究 ·· 072
传承大别山精神　弘扬黄冈红色文化
　　——与学生讲好身边的红色故事 ·· 078
"县中模式"下高中生心理健康状况及其对策研究 ·· 083
中小学开展法治教育：价值、现状以及策略探析 ··· 089

专题二　课程与资源建设

农村幼儿园食育课程资源开发的现状与实践研究
　　——基于湖北省四个县(市)的调查 ………………………………………… 096
大学英语写作课程思政:理据、困境与建议 ………………………………………… 102
国内教师课程领导力研究述评及启示 ……………………………………………… 108
黄冈红色文化融入幼儿园课程开发的个案研究
　　——以湖北省黄冈市 Y 幼儿园为例 …………………………………………… 114
大别山红色文化融入大学英语课程思政教学实践与探索 ………………………… 120
基于新文科建设的地方高校传媒专业教育教学改革实践与探索 ………………… 126
高中思想政治课高阶思维培养实践新路径的探索 ………………………………… 131
九年一贯制学校思政一体化建设的路径探索 ……………………………………… 137
"英语词汇学"课程思政实践探索 …………………………………………………… 141
种下规划树　静待花开时
　　——高中生生涯规划辅导案例 ………………………………………………… 146

专题三　教学改革与实践

"澄怀观道":以少儿绘本图画为内容的初中美育探索 …………………………… 152
初中道德与法治教学改革实践初探 ………………………………………………… 157
非遗文化视域下"黄州蓝靛染色技艺"与高中化学教学融合的探索 …………… 160
以美育人,以文化人
　　——从 2023 年高考作文窥探高中语文的美育走向 ………………………… 166
从声韵节奏品赏中学古代散文的美
　　——以《兰亭集序》为例 ……………………………………………………… 171
中学生数学学习效果的影响因素研究 ……………………………………………… 176
中日初中数学教材中圆内容的比较研究
　　——以人教版和东京书籍版为例 ……………………………………………… 183
基于韦伯模式的中考数学试卷与课程标准一致性研究
　　——以 2023 年江苏省五套中考数学试卷为例 ……………………………… 190
浅谈议题式教学在中小学思想政治课中的运用 …………………………………… 197
初中数学核心素养导向下的"学教评一致性"
　　——以"全等三角形的判定"为例 …………………………………………… 203

基于 SEM 的初中数学课堂生态建设质量与教学行为监测评估 ………………… 209
基于问题链的高中英语阅读教学实践探究 ……………………………………… 217
基于对话语篇研读的初中英语听力教学探究 …………………………………… 223
聚焦深度学习　落实核心素养
　　——以五年级"打电话"课例为例 …………………………………………… 229
学生美育核心素养构建探讨
　　——以艺术课程为例 …………………………………………………………… 235
基于情境认知理论的初中生数学符号意识的培养研究 ………………………… 240
Materials Studio 软件在半导体物理教学中的应用探索 ……………………… 246

专题四　教学策略与方法

倡导思政课一体化的议题式教学设计 …………………………………………… 254
基于深度学习的高中数学逆向单元教学设计
　　——以"等差数列的前 n 项和"为例 ……………………………………… 261
基于 CPFS 结构理论的"平行四边形"教学设计 ………………………………… 267
"非遗"传承视角下英山缠花引入初中美术欣赏课的教学设计与实践研究 …… 274
中学生数学抽象能力的影响因素及培养策略分析 ……………………………… 280
基于 GeoGebra 和 BOPPPS 的"圆柱、圆锥、圆台和球"教学设计 …………… 286
围绕核心问题　培养关键能力
　　——"一元一次方程应用"教学设计与思考 ………………………………… 293
"双减"背景下初中美术课堂提质增效策略研究
　　——以黄冈市黄州思源实验中学为例 ……………………………………… 299
数字转型背景下的数学教学模式创新研究 ……………………………………… 305
"美术＋劳动"跨学科融合的义务教育美术课程单元化教学设计探究 ………… 310
基于 STEAM 理念的高中数学学习活动设计研究
　　——以"立体图形的直观图"为例 …………………………………………… 315
"双一流"学科建设背景下学科教学(思政)硕士研究生学习习惯培养的思考 … 322
新时代学校美育视角下高中"美术鉴赏"课程跨学科主题建构 ………………… 328

专题五　合作教研与协同育人

地方高校"优师计划"如何拔尖提优：问题与策略
　　——基于鄂豫皖三省五校的调研 …………………………………………… 336

"U-G-I-S"四位一体协同育人的路径探索与实践 …………………………… 344

教联体模式下城乡学校教研合作的路径探索与实践研究 ………………… 349

"双院协同"机制下"优师计划"人才培养模式改革的路径探索与实践 …… 354

基础教育"UGS"区域协同教研模式构建与实践探索
　　——以黄冈市为例 ………………………………………………………… 360

乡村定向师范生教育情怀培养的伦理内涵与实践模式
　　——基于黄冈师范学院的实践分析 …………………………………… 366

深度融合下的湖北省教联体探究与思考
　　——以黄冈市教联体为例 ……………………………………………… 372

教师教育综合改革实验区建设的动力机制与推进策略
　　——以黄冈市教师教育综合改革实验区建设为例 …………………… 377

专题一　教育理论研究

情绪调节策略使用特征调查
——基于英语专业大学生的数据分析*

摘要：本研究以 320 名英语专业大学生为对象，采用情绪调节问卷进行调查。结果显示，受试者在认知重评上表现出较高水平，在表达抑制上呈现中等水平。此外，认知重评与表达抑制之间存在着弱正相关关系。性别与年龄等个体因素在认知重评与表达抑制上未显示出显著差异。本研究为外语教学实践提供了一定的启示，强调了情绪及情绪调节的研究价值，同时为外语教学与学习中对情绪调节的关注和改革提供了参考。

关键词：情绪调节策略；认知重评；表达抑制

一、引言

外语学习任重而道远、充满挑战，学习者在这个过程中会产生一系列积极或消极的情绪，这些情绪对学习者的思维、情感、动机、认知持续产生互动，直接影响学习者的兴趣、行为、投入、认知信息加工、自我调节等，进而对外语的学习成效、教育质量与结果产生影响。具体而言，积极情绪有助于语言学习者拓宽认知、缓和消极情绪、促进心理弹性、建立个人和社会资源，并形成一个良性循环，从而带来更多的幸福感和成就感。相反，消极情绪则会让学习者产生限制经验、缩小关注范围，形成较低水平的学习动机、僵化的学习策略。事实上，外语教育提供了多样的情感体验环境，积极情绪与消极情绪往往在语言习得过程中共存。然而，除了个别研究，现有文献对这个课题的关注稍显不足，尤其是缺乏针对国内英语专业大学生的研究。因此，深入调查他们的情绪调节策略使用情况、是否存在个体差异、如何识别和评估所采用的情绪调节策略、如何最大程度地发挥积极情绪在外语习得中的积极作用并在长期的二语习得进程中获得成功，都是一个值得深入探讨的课题。

二、文献综述

本研究首先重申了情绪调节及其在教育背景下的重要性；其次，对情绪、情绪调节以及情绪调节策略的概念进行了详细界定；最后，对外语学习领域内与情绪调节及其策略相关的研究进行了梳理和综述。

首先，教学是教师教授知识与学习者学习知识的交汇点，蕴含丰富的情感体验，无论喜悦抑或愤怒。成功的学习需要在积极与消极情感之间保持平衡，学习者的情绪调节在

---

* **基金项目**：本文为世界语言与文化研究青年项目（WYZL2022HB0011）、湖北省教育厅哲学社会科学研究项目（20Q139）、黄冈师范学院教研项目（2022CE40、2023CE27）的阶段性成果。

其中显得尤为关键。情绪调节的关键目标是修正情绪反应,主要任务在于应对负面事件时,个体会借助多种情绪调节策略来尽可能体验积极情感,同时提高心理韧性和心理健康水平。研究也表明情绪调节策略与学业成就、课堂参与以及合作学习质量等密切相关。总而言之,教育背景下的研究证实情绪调节对个体的认知活动产生了积极作用,情绪调节能力与个体的学业成就等因素有着重要关系。此外,在语言教育领域,相关研究还明确了有效情绪调节对语言教育质量和结果的重要性。

其次,情绪、情绪调节以及情绪调节策略是三个独立概念,为了清晰地界定情绪调节策略,必须首先明确情绪和情绪调节的概念。情绪在学界并没有明确的定义,多数定义是描绘性的,将其视为一种适应机制,是个体情感和体验的状态,涵盖了情感、认知、生理、动机和表达等多个心理过程的元素。情绪对重要情境的反应复杂而短暂,其唤起和消退时常是隐晦的,情绪的反应(生理、行为表现、主观体验)与个体的生活环境协调一致,同时也存在矛盾和冲突,个体需要通过情绪调节来适应这一生活环境,情绪及其调节始于个人与环境的目标导向交互的认知评价。情绪调节同样没有一个统一的定义,目前最具代表性的定义是"个体通过这些过程来调节拥有哪些情绪、何时拥有这些情绪以及如何体验和表达这些情绪。"[1]这表明情绪调节过程同时具有内在和外在的环境交互特性。因此,情绪调节被认为是个体影响情绪发生、体验和表达的过程,其任务是学习如何识别、监控、评估和调整情绪反应。明确情绪调节的定义需要注意三个方面:第一,情绪调节的范围同时涵盖积极和消极情绪;第二,情绪调节,如同上文提到的情绪唤起一样,可能是有意识的,也可能是无意识的,存在于意识层面的隐藏与显现;第三,情绪调节的性质(积极或消极)不是固定的,需要根据具体情境来考量,指的是在应对消极情绪的过程中,根据不同的阶段和方式,个体可能采取的具体策略,包括认知调节策略、行为调节策略以及积极情绪调节策略和消极情绪调节策略。

最后,情绪调节是当前国内外心理学领域的研究热点,已在健康、商业、一般教育等多个领域积累了一定的研究成果,然而在外语学习和研究领域,相关研究尚处于初始阶段,对此的关注相对较少。通过对现有文献的回顾,可以看出研究成果主要集中在两个方面。首先,情绪调节模型的建立和测量工具的开发。情绪调节模型包括情绪调节过程模型和情绪调节结构模型,其中情绪调节过程模型在外语教学领域有深远影响。该模型认为情绪调节存在于情绪发生的每个阶段,包括情境选择、情境修正、注意力分配、认知改变、反应调节这五个阶段,在不同的阶段中,个体会使用不同的情绪调节子策略,其中认知重评和表达抑制是受关注的两种子策略。Gross认为情绪调节可以在情绪反应之前或之后发生,即先行情绪调节和反应情绪调节,对应的调节策略分别是认知重评和表达抑制,并编制了情绪调节问卷。徐锦芬等制定了大学生英语学习情绪调节策略量表[2],对8 259名非英语专业的大学生进行了调查。研究结果表明,大学生在应对英语学习的过程中采用了多种情绪调节策略,包括积极和消极情绪调节的差异以及性别和专业差异等。Bielak通过情境实验[3]调查了133名波兰英语专业的大一和大二学生在不同情境下使用的英语学习情绪调节策略,研究发现在不同的英语学习情境下,学生使用不同的情绪调节策略和能力发展策略,以增强积极情绪和减少消极情绪体验。Davari使用行动研究法[4],采用成就情绪问卷-外语课堂量表,对748名16—47岁的伊朗英语学习者进行了调查,验证性因子分析显示,此量表具有令人满意的心理测量特性,此研究弥补了课堂教学环境下第二语言情绪测量工具的不足。其次,研究集中在上调积极情绪和下调消极情绪方面。情绪在语言学习和教学中扮演核心角色,二语情绪的动态性、个体差异和社会文化性需要教师和学习者采用不同的情绪调节策略。这些策略与情绪调节的两大功能紧密相关,即情绪上调用于增加情绪体验,情绪下调用于控制特定情绪体验。例如,英语教师需要使用不同策略来减少消极情绪,增强积极情绪,而这将进一步影响教学效果和学生的学习参与度。同样,在师生互动中,教师需要表现积极情绪,下调消极情绪[5]。教师的情绪和情绪调节不仅影响师生互动,还与学生的学习成果相关。对于学习者来说,消极情绪如焦虑对语言学习是不利的,而积极情绪如愉悦则是有益的,正如之前所述,在语言学习情境中,积极和消极情绪并存,相互影响,受个体和环境影响,这些情绪的产生和过程可以用 Gross 的模型来解释,即先行情绪调节和反应情绪调节,对应的调节策略是认知重评和表达抑制。然而,通过检索 WOS 与 CNKI 数据库,发现很少有研究涉及这一课题,可能是因为用于情绪调节的策略在所有策略中使用较少。

综上所述,上述关于情绪调节及其策略的研究都取得了显著成果,厘清情绪、情绪调节、情绪调节策略的概念,使得这些复杂而不稳定的心理变量得以被更科学地理解,从抽象变为具体,从隐性变为显性;情绪调节模型的建构有助于更为细致地洞察情绪调节及其策略的生理反应、主观体验、认知评价和行为表达等多因素变量,而测量工具的开发可以把这些变量的易变性、难以测量性转变为可观察、可测量,使该领域的研究取得突破性进展。认知重评与表达抑制的策略在外语教育情境中的探究,克服了情绪调节研究在本领域的困难,确立了创新性研究课题的角度,非常有必要进一步拓展与深化。尽管如此,以上研究仍在以下两个方面存在尚需推进的领域:一是鲜有针对中国高校英语专业大学生进行情绪调节策略的研究。考察他们的具体情绪调节策略,帮助他们适应高校学习环境、健康成长、积极适应未来社会进程是亟须做的课题。二是鲜有关于使用 ERQ 这一测量工具并注重研究结果的实践导向的研究。采用 ERQ 量表测量出中国高校英语专业大学生情绪调节策略的具体问题,并在不同阶段进行及时有效干预仍然是一个迫切而且具有重要指导实践意义的课题。因此,本研究尝试回答以下三个问题:

1. 英语专业大学生的情绪调节策略使用状况如何?
2. 英语专业大学生使用的认知重评与表达抑制策略是否相关?
3. 性别和年龄差异是否对英语专业大学生使用情绪调节策略产生影响?

三、研究方法

(一)研究对象

选取华中某高校英语专业(包括师范方向)、翻译专业及商务英语专业)的 320 名大学生为研究对象,发放问卷 320 份,回收问卷 320 份,经过人工仔细地核对筛查,未发现无效问卷,因此问卷回收率为 100%。受试中,男性 18 人,占比 5.63%,女生 302 人,占比 94.38%;年龄在 17—24 岁之间($M = 19.950, SD = 1.794$),其中 17—18 岁 62 人(19.38%),19—20 岁 134 人(41.88%),21—22 岁 110 人(34.38%),23—24 岁 14 人

(4.38%)。

(二) 研究工具

本研究问卷包含个人信息(如性别、年龄)、认知重评(含 6 个题项)、表达抑制(含 4 个题项)三部分。其中,认知重评及表达抑制部分采用情绪调节调查题项[6],问卷采用李克特五级量表形式(1 分=完全不同意,5 分=完全同意)。本研究中量表 Cronbach's α 为 0.800,认知重评与表达抑制两个分量表 Cronbach's α 分别为 0.844、0.791。效度方面,$KMO=0.825$,Bartlett 球形度检验值=0.000,$p<0.01$,2 个因子的方差解释率值分别是 34.035%、25.032%,旋转后累积方差解释率为 59.067%,意味着研究项的信息量可以有效提取出来。此外,认知重评与表达抑制平均方差萃取 AVE 值(0.479、0.495)接近 0.5,组合信度 CR 值(0.845、0.795)大于 0.7,说明因子内的测量指标提取度比较好。模型拟合方面,$x^2/df=2.908<3$,$GFI=0.914>0.90$,$RMSEA=0.077<0.10$,$RMR=0.0035<0.05$,$CFI=0.941>0.90$,$NFI=0.914>0.90$,$NNFI=0.922>0.90$,表明拟合的模型表现较好。

四、结果与讨论

(一) 英语专业大学生的情绪调节策略使用状况

为了回答研究问题 1,本研究首先对受试者的情绪调节策略使用状况实施了描述性分析。Oxford 和 Burry-Stock 把李克特五级量表分为三个等次,分值 1—2.4 为低等水平,2.5—3.4 为中等水平,3.5—5 为高等水平[7]。如表 1 所示,情绪调节策略使用状况平均值区间为 3.066—3.744,这说明受试者在情绪调节策略($M=3.473$)的使用上处于中等水平。

表 1 描述分析

名称	样本量	最小值	最大值	平均值	标准差	中位数
认知重评	320	1.000	5.000	3.744	0.517	3.833
表达抑制	320	1.000	5.000	3.066	0.739	3.000
情绪调节策略	320	1.000	5.000	3.473	0.478	3.500

其中,认知重评策略的位数为 3.833,高于平均值 3.744,这说明超过一半的受试者在这个维度上表现出较高水平的认知重评倾向。他们在日常英语学习中倾向于通过改变对消极情绪(如悲伤或愤怒)的看法,来减少这些情绪的体验。具体来说,有 212 人(66.25%)改变了对这些消极情绪的看法,有 256 人(80%)改变了对相关情境的思考方式,以此来降低消极情绪的影响。此外,有 215 人(67.19%)改变了对积极情绪的看法,有 241 人(75.31%)改变了对相关情境的思考方式,以提升积极情绪在具体情境中的认知。这一发现与徐锦芬等研究结果相反,即非英语专业的英语学习者在认知重评策略的使用上相对较弱[2]。这可能与非英语专业学生的动机水平、心理韧性和英语专业学生存在差异有关。相对来说,英语专业学生的动机水平和心理韧性较高,可能导致他们更倾向于使

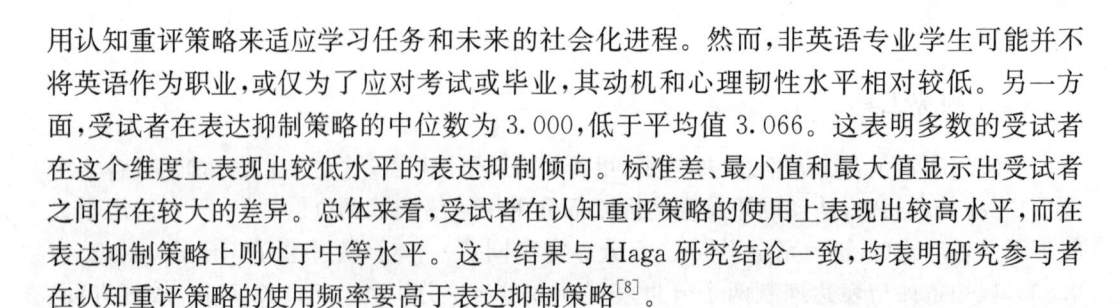

用认知重评策略来适应学习任务和未来的社会化进程。然而,非英语专业学生可能并不将英语作为职业,或仅为了应对考试或毕业,其动机和心理韧性水平相对较低。另一方面,受试者在表达抑制策略的中位数为 3.000,低于平均值 3.066。这表明多数的受试者在这个维度上表现出较低水平的表达抑制倾向。标准差、最小值和最大值显示出受试者之间存在较大的差异。总体来看,受试者在认知重评策略的使用上表现出较高水平,而在表达抑制策略上则处于中等水平。这一结果与 Haga 研究结论一致,均表明研究参与者在认知重评策略的使用频率要高于表达抑制策略[8]。

(二)英语专业大学生使用的认知重评与表达抑制策略相关性分析

为了回答研究问题 2,本研究首先对数据进行了正态性检验。检验结果显示,所有变量的 p 值均小于 0.05,表明表达抑制和认知重评两个变量均不满足正态性假设。进一步观察,所有变量峰度绝对值小于 10 并且偏度绝对值小于 3,结合正态分布直方图、PP 图及 QQ 图可以描述为基本符合正态分布。因此,在进行相关性分析时,我们采用了 Spearman 相关分析方法。

相关分析结果显示,认知重评和表达抑制之间的相关系数为 0.185,且在 0.01 的显著性水平下具有显著性,这表明认知重评与表达抑制之间存在显著正相关关系。然而,这一结果与 Haga 的研究结论[8]不一致,可能存在两个原因来解释这种差异:第一,研究对象的个体差异可能影响了结果。Haga 等人的研究对象包括来自挪威、澳大利亚和美国的心理学专业本科生,年龄跨度在 17 至 65 岁之间(平均年龄为 22.6 岁)。与之相比,本研究的参与者年龄范围在 17 至 24 岁之间(平均年龄为 19.95 岁)。第二,他们对情绪调节等心理知识的了解程度也可能存在差异。此外,尽管两个研究都使用了 ERQ 量表,但 Haga 等人在研究中对挪威大学生和两个以英语为母语的国家的大学生进行了量表的翻译,而本研究的 ERQ 量表并没有进行翻译。不同的文化背景和语言因素可能导致受试者对量表理解的偏差,从而影响了研究结果。

(三)英语专业大学生使用的情绪调节策略在性别与年龄上的差异体现

为了回答研究问题 3,本研究采用非参数检验方法中的 Mann-Whitney U 检验。结果表明,在认知重评和表达抑制上,不同性别样本之间均没有显著差异($p>0.05$)。这表示无论是男性还是女性,他们在认知重评和表达抑制策略的使用上表现出了一致性。这一结果与 Gross 和 John 的发现不一致,他们发现男性使用较多的表达抑制策略,而对认知重评的使用没有性别差异[6]。相反,徐锦芬等的研究数据表明性别影响非英语专业大学生的情绪调节策略的使用,男、女生在认知重评的数据 $t=-3.199,p=0.001<0.05$,表达抑制的数据 $t=-2.302,p=0.021<0.05$,呈现显著性差异[2],这一差异可能归因于文化和语境的不同,而其他研究也证实文化对情绪调节策略使用的性别差异影响[9]。

此外,通过 t 验证了不同性别在认知重评和表达抑制上均未表现出显著性差异。由于本研究的男女样本比例相差较大(接近 1∶17),且平均年龄差异较小,性别作为个体因素在变量数据上没有显著差异。另外,对于女性而言,自我反省对于避免使用抑制和增加使用重评策略具有重要意义。

本研究利用 Kruskal-Wallis 检验方法检验了不同年龄对认知重评和表达抑制策略的差异。结果显示不同年龄受试者在认知重评上未表现出显著性差异($p>0.05$),而在表达抑制上呈现出显著性差异($p<0.05$)。这表明在认知重评策略方面,不同年龄段的样本之间没有显著差异,与 Brummer 等人研究结果[10]一致。然而,在表达抑制策略方面,不同年龄段的样本之间存在显著差异。综上所述,不同年龄对认知重评策略未表现出显著性差异,而在表达抑制策略上呈现出显著性差异。这种差异可能是因为不同年龄段的受试者在认知能力、中介变量以及情绪强度和情境方面存在差异,需要进一步的研究来验证。

五、结论

情绪在语言教学与学习中发挥着重要作用,正确认识和管理这些情绪在很大程度上决定了学业的成就和实践的效果。通过采用行动研究方法,本研究对 320 名英语专业大学生进行了问卷调查,结果显示受试者在认知重评策略的使用上表现出较高水平,而在表达抑制策略的使用上则呈现中等水平。此外,认知重评和表达抑制之间存在着正向但较弱的相关性,而在个体因素方面如性别和年龄,对于认知重评和表达抑制的策略使用没有呈现出显著性差异。本研究对外语教育实践产生的意义在于明确了情绪和情绪调节策略对外语教育的重要性,强调了在实践中正确运用认知重评和表达抑制策略的有效性和适应性。在外语教育中,教师和学习者应充分认识情绪及其调节对教学和学习的影响,要合理运用不同的情绪调节策略从而改善外语教育的质量。此外,本研究也指出了外语教育的改进方向,即教师应关注学生的情绪变化并提供相应的情绪调节策略培训以提高学习者的积极情感和主动性。

本研究也为外语教育实践提供了有益的启示。首先,外语教师应重视情绪和情绪调节对教学和学习的影响,正确认识学生的情绪变化并引导其积极运用情绪调节策略以改善他们的情感体验。其次,情绪调节策略在二语习得领域的研究仍处于初级阶段,这为学术界了解该领域的进展并促进教学和学习改革提供了契机。最后,本研究也存在不足,如在受试者选择方面受限于特定地区,受试者也没有接受情绪调节策略的指导与培训,且所采用的 ERQ 问卷是英文原版的自评量表,可能存在理解偏差。

(黄冈师范学院　教育学院　黄婷婷　刘松涛)

参考文献

[1] GROSS J J. Antecedent-and response-focused emotion regulation: divergent consequences for experience, expression, and physiology[J]. Journal of Personality and Social Psychology, 1998, 74(01): 224-237.

[2] 徐锦芬, 何登科. 我国大学生英语学习情绪调节策略调查研究[J]. 解放军外国语学院学报, 2021, 44(05): 1-9.

[3] BIELAK J, MYSTKOWSKA-WIERTELAK A. Investigating language learners' emotion-regulation strategies with the help of the vignette methodology[J]. System, 2020, 90: 102208.

[4] DAVARI H,KARAMI H,NOURZADEH S,et al. Examining the validity of the Achievement Emotions Questionnaire for measuring more emotions in the foreign language classroom[J]. Journal of Multilingual and Multicultural Development,2020(02):1-14.

[5] SCHAUBROECK J,JONES J R. Antecedents of workplace emotional labor dimensions and moderators of their effects on physical symptoms[J]. Journal of Organizational Behavior,2000,21(02):163-183.

[6] GROSS J J,JOHN O P. Individual differences in two emotion regulation processes:implications for affect,relationships,and well-being[J]. Journal of Personality and Social Psychology,2003,85(02):348.

[7] OXFORD R L,BURRY-STOCK J A. Assessing the use of language learning strategies worldwide with the ESL/EFL version of the Strategy Inventory for Language Learning(SILL)[J]. System,1995.

[8] HAGA S M,KRAFT P,CORBY E K. Emotion regulation:Antecedents and well-being outcomes of cognitive reappraisal and expressive suppression in cross-cultural samples[J]. Journal of Happiness Studies,2009,10(03):271-291.

[9] ALLEN V C,Windsor T D. Age differences in the use of emotion regulation strategies derived from the process model of emotion regulation:A systematic review[J]. Aging Mental Health,2019.

[10] BRUMMER L,STOPA L, BUCKS R. The influence of age on emotion regulation strategies and psychological distress[J]. Behavioural and Cognitive Psychotherapy,2014,42(06):668-681.

近五年课堂师生互动研究现状与研究趋势

——基于 CiteSpace 的可视化分析*

摘要：随着教育的不断发展，课堂师生互动也变得日益重要。文章基于中国知网数据库，以"课堂师生互动"为关键词，检索了 2017—2022 年的 496 篇文献，进行可视化分析，采用关键词聚类分析，对近 5 年来的课堂师生互动研究热点进行共词可视化。研究表明课堂师生互动研究还需增加信息化背景下新型课堂师生互动研究，促进理论与实践相结合，增强研究方法的综合性、深化课堂师生互动的跨学科研究，以期深化课堂师生互动研究的深度与广度，提高课堂教学质量。

关键词：课堂师生互动、可视化分析、研究趋势

引言

课堂教学的本质是师生对话的过程，交往是课堂教学的基本特性。师生交往互动越深，两者就越能够深入交流，进行心灵对话，从而使学生由简单思维进入复杂思维，进入深度学习状态，并能主动准确地建构知识意义。课堂教学是一个互动的过程，包括师生互动与生生互动，在此不能单方面只重视教师或者学生中的一方，需要时刻关注两方动态，以此思想分析课堂中的对话逻辑，不再割裂任意一方面，否则互动则失去意义。课堂师生互动是在改变传统的教学方式上，使师生在一种平等的地位上共同学习、共同探索，从而提高教学的效率和质量的过程。良好的师生互动有利于促进学生主动参与、激发学生学习兴趣，提升学习效果；有利于增强学生沟通与表达能力；还有利于提高学生解决问题的能力和创新能力。虽然大部分教师有一定的互动意识，但是大部分师生互动过于形式化，互动深度不够，重视程度低。本文基于中国知网数据库，以"课堂师生互动"为关键词，来源类别选择了核心期刊来源，检索了 2017—2022 年的 496 篇文献，基于 CiteSpace 的可视化分析，采用关键词聚类分析，对近 5 年来的课堂师生互动研究热点进行共词可视化，以求能初步把握课堂师生互动的研究现状及研究趋势，为未来的教学研究点提供一定的参考。

一、课堂师生互动的研究现状

为了紧跟教育改革的需求，课堂师生互动的研究从 20 世纪 90 年代开始，进入 21 世

---

* **基金项目**：本文为黄冈市教育科学规划 2023 年度重大课题（2023ZD02、2023ZD04）、湖北高校省级教学研究项目（2022425）、黄冈师范学院教学研究项目（2022CE02）、黄冈师范学院"四新"研究与改革实践项目（2022CN01）、黄冈师范学院研究生教学改革研究项目的阶段性研究成果。

纪以来逐渐增多。但关于师生互动的研究属于理论和经验研究的偏多，实证研究偏少。由于中国知网可视化分析一次只能分析 200 篇文献，所以本研究选取了前 200 篇进行可视化分析。近 5 年来，课堂师生互动研究呈现下滑趋势，如图 1 所示。

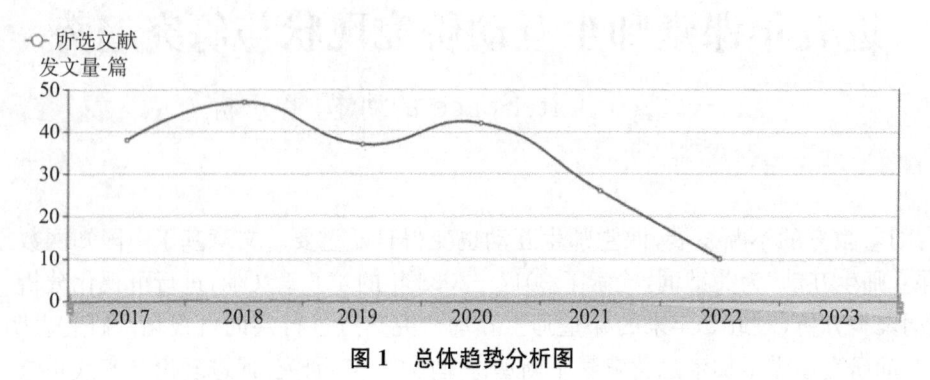

图 1　总体趋势分析图

二、研究工具及数据处理

（一）研究工具

CiteSpace、SPSS、UCINET 和 VOSviewer 等都是绘制知识图谱的主要工具。其中陈超美团队研发的 CiteSpace 是最常用的工具，能通过科研合作网络、主题和领域贡献等分析，定量、可视地将某领域一定时期的研究现状和主题演化展现在图谱上。CiteSpace 主要包括三个部分功能：第一部分是合作分析，主要分析作者、机构、国家的合作关系；第二部分是共现分析，主要分析主题、关键词、摘要的共现关系；第三部分是共被引分析，主要包括引文、作者、期刊的耦合性。CiteSpace 提供时间切片功能，可以按照年份对文献进行切片分析。对于数据庞大的学科，可以使用网络切割，主要方法是最小树切割法和网络切片法[1]。

CiteSpace 主要操作步骤是：将数据以 RefWorks 格式导出，使用 CiteSpace 自带的数据转换器，将导出的数据转换成 CiteSpace 可识别的格式，进行时间切片阈值设置，确定文献的时间区间，选择需要分析的类型节点，采用静态聚类和显示整个网络的方法将数据以可视化的形式呈现。

（二）数据处理

本研究采用的是 CiteSpace 可视化分析软件，该软件被广泛应用于多学科的学术论文分析、期刊、作者共被引关系分析和知识图谱绘制。数据来源是中国知网核心期刊数据库的相关文献。以"课堂师生互动"为主题搜索，搜索年限为 2017—2022 年，剔除无关文献后，分析出文献总数为 496 条。检索结果以 RefWorks 的格式导出并命名为 download_1-496，用 CiteSpace 数据转换功能转换为 CNKI 格式后可用 CiteSpace 进行分析。

三、研究结果与分析

(一) 研究群体分析

运行 Author 标签,显示课堂师生互动研究者及其合作图谱,如图 2 所示。统计显示共有 154 个节点,24 条连线,其中主要发文作者有吴菁、黄山、刘清堂等。尽管课堂师生互动的研究者数量较多,但并没有太多学者将其作为主要的研究领域,且研究者大都"单枪匹马",缺少成熟稳定的研究团队。

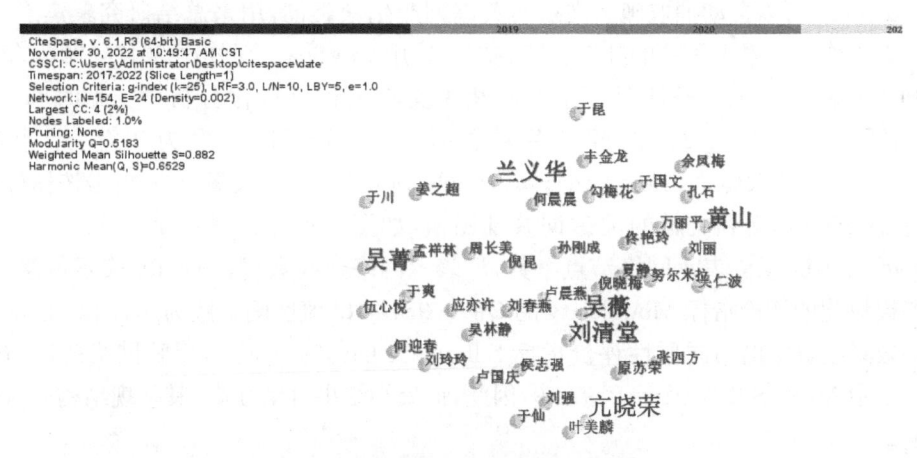

图 2 课堂师生互动研究的作者图谱

(二) 关键词出现频次分析

2017—2022 年,课堂师生互动研究领域出现频次最高的是"师生互动"276 次,然后是"课堂教学"61 次,"翻转课堂"41 次,"策略、初中音乐"19 次,"雨课堂"16 次,"教学改革、教学模式"14 次,"互动教学"13 次,"课堂互动"12 次,如表 1 所示。高频词汇体现出了近 5 年的研究热点和研究重点。

表 1 2017—2022 年课堂师生互动领域的高频关键词

序号	出现频次	关键词
1	276	师生互动
2	61	课堂教学
3	41	翻转课堂
4	19	策略
5	19	初中音乐
6	16	雨课堂
7	14	教学改革

续表

序号	出现频次	关键词
8	14	教学模式
9	13	互动教学
10	12	课堂互动

（三）关键词共现图谱分析

CiteSpace可以自动抽取施引文献的关键词产生聚类词,用来总结研究聚焦点,每个聚类可以当作一个紧密联系的独立研究领域。采用CiteSpace对知网2017—2022年的核心期刊数据库中的496条课堂师生互动相关文献进行可视化分析。文献时间(Time Slicing)设为"2017—2022"时间切片单位(Years Per Slice)设为1年;节点类型(NodeTypes)设为关键词(Keyword);阈值(Selection Criteria)设置0.5,单击按钮(go)开始运行CiteSpace,得到文献的关键词共现图谱,如图3所示。其中$N=248,E=503$,Density$=0.016\,4,N$表示网络节点个数,E表示网络连线数量,Density表示网络密度。而网络模块化的评价指标Modularity的$Q=0.954\,9,Q$值区间一般为[0,1],值越大表示其聚类效果越好。网络同质性评价指标Silhouette的值越接近1,反映网络的同质性越高。图2中Mean Silhouette$=0.976\,9$,因此,该聚类结果可信度高,其呈现结构是有参考价值的。

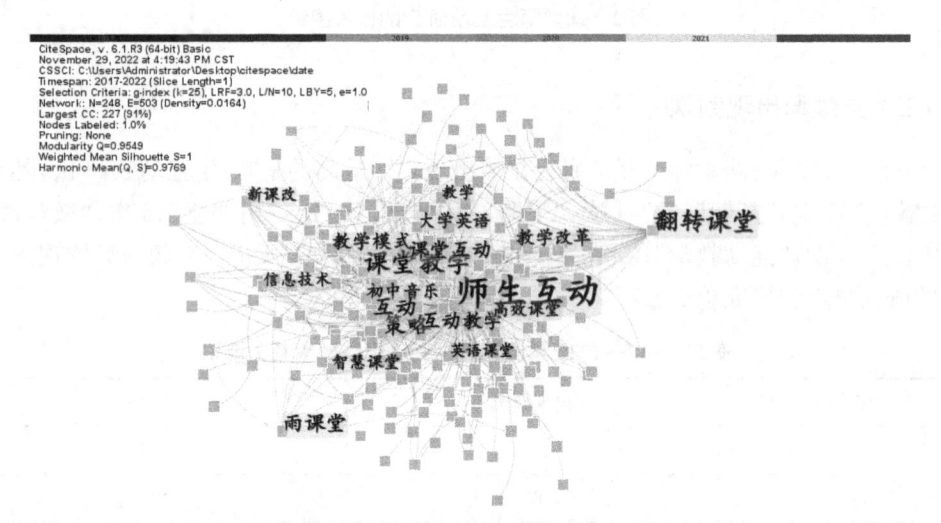

图3　课堂师生互动关键词共现图谱

基于CiteSpace软件对2017—2022年496篇CNKI的课堂师生互动研究文献进行关键词聚类共现分析,研究核心点主要集中在"师生互动""翻转课堂""教学模式""教学改革""课堂教学""互动教学""策略"等方面。可以看出随着时代的发展,与课堂师生互动相关的研究关键词不断增多,从研究共现图谱中可以看出大部分的研究都在课堂观察的宏观研究中,微观研究较少,主要涉及英语学科研究突出一点。

（四）突现词分析

关键词突现度可以反映一段时间内影响力较大的研究领域,进一步探析互动行为的研究前沿动态。突现度前 11 的突现词如图 4 所示。其中"雨课堂"和"高效课堂"的突现度最高,分别达到了 3.07 和 2.93。从时间序列来看,2017 年后的突现词为"智慧课堂""雨课堂""初中""在线教学""互动仪式",其影响力延续至今,是我国学者的研究前沿。从这些关键词的突现度和突现的时间节点来看,课堂师生互动研究与"高效课堂""智慧课堂""在线教学"的发展紧密相关,是近 5 年来研究的重点内容。从突现词的周期来看,智慧课堂的周期是最长的,从 2019 年延续到 2022 年,这与技术的发展、教育改革的背景相关。

Keywords	Year	Strength	Begin	End	2017—2022
课堂	2017	1.08	2017	2018	
有效互动	2017	1.2	2018	2019	
自主学习	2017	1.2	2018	2019	
高效课堂	2017	2.93	2019	2020	
智慧课堂	2017	1.3	2019	2022	
小学数学	2017	1.46	2019	2020	
小学英语	2017	1.05	2019	2020	
雨课堂	2017	3.07	2020	2022	
初中	2017	1.34	2020	2022	
在线教学	2017	1.22	2020	2022	
互动仪式	2017	1.22	2020	2022	

图 4　课堂师生互动突现词分析

（五）聚类视图分析

对关键词网络通过 LLR 进行聚类,得到聚类结果如图 5 所示,共得到 9 个聚类。这 9 个聚类分别是:聚类♯1 课堂教学、聚类♯2 互动教学、聚类♯3 翻转课堂、聚类♯4 课堂互动、聚类♯5 互动、聚类♯6 信息技术、聚类♯7 教学改革、聚类♯8 学习态度、聚类♯9 写作课堂。将这 9 个聚类划分为课堂教学互动、课堂教学改革两大类,下面对两类聚类进行分析。

1. 课堂教学互动——4 个聚类

聚类♯1、聚类♯2、聚类♯4 和聚类♯5 可以划分为课堂教学互动研究,该大类下的关键词有课堂教学、课堂互动、互动教学等,可以看出这 4 个聚类重点研究课堂互动,旨在通过课堂互动促进教学发展。

2. 课堂教学改革——5 个聚类

聚类♯3、聚类♯6、聚类♯7、聚类♯8 和聚类♯9 可以划分为课堂教学改革,该大类下的关键词有课堂教学改革、课程发展、翻转课堂、智慧课堂、信息技术发展等,可以看出这 5 个聚类重点研究课堂教学改革,旨在通过课堂互动促进教育改革、促进教学模式的改革与发展。

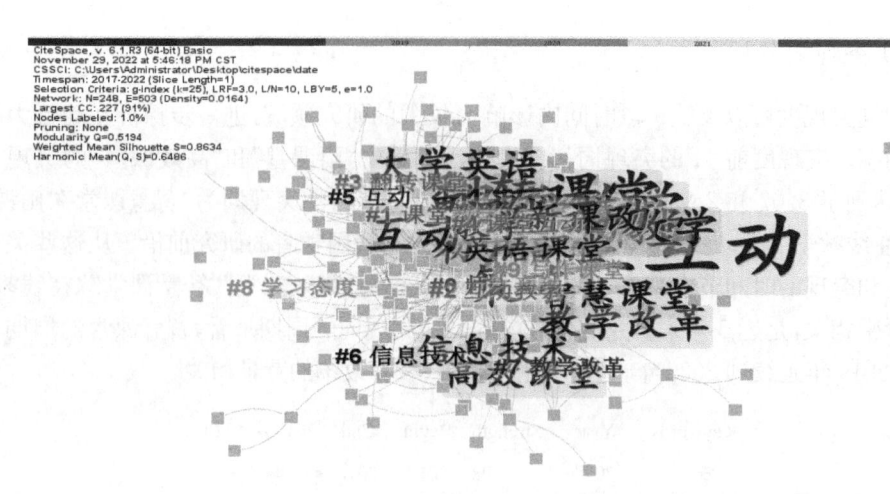

图 5　2017—2022 年课堂师生互动研究的聚类视图

四、研究结论

在过去 5 年,对师生课堂互动进行了持续的研究和探索,推动了课堂师生互动研究的发展,但通过对高频关键词的聚类分析发现,近 5 年课堂师生互动研究的总趋势是:课堂师生互动还是基于传统的教学模式;理论研究多、实证研究少;单一学科研究多、跨学科研究少。因此,课堂师生互动研究应积极探索研究少的方面。

(一)增加信息化背景下新型课堂师生互动的研究

在信息化背景下,教育领域正经历着一场前所未有的变革。尤其是课堂互动这一环节,正逐渐摆脱传统模式,向更加多元化、高效化的方向发展。借助信息化手段,课堂互动可以突破时间和空间的限制,实现线上线下的多元化交流。互动形式也更加多样,如视频通话、在线讨论、实时反馈等。在信息化的支持下,教师可以根据学生的个性化需求和学习风格,制订针对性的互动方案,实施因材施教。但现实的教学情况是,关于课堂师生互动的研究还是基于传统的课堂教学模式,基于"混合式教学""微课"等新型课堂师生互动研究较少。而基于"高效课堂""雨课堂""有效互动""自主学习"的研究较多。说明研究者更倾向于通过有效师生互动促进高效课堂教学,更关注策略研究。因此,后续研究可围绕大数据背景下新型教学模式,深入挖掘不同方式的互动特点、挖掘新型的师生关系,不断延伸课堂师生互动的内涵与外延。

(二)促进理论和实证研究相结合,增强研究方法的综合性

已有的课堂师生互动的研究中,较多研究偏向于文献综述型、模型构建型,而实证研究型、数据分析型较少。关于课堂师生互动的编码框架和分析软件开发的有很多,通过对实际数据的收集和分析,有助于检验理论的正确性,完善和修正理论,从而推动科学研究的进步。因此,在对课堂师生互动的探究过程中,需要研究者亲临实际课堂教学,走进课

堂、观察课堂、研究课堂,从而更好地指导实践。综合采用多层次、多角度的研究方法,对课堂互动进行精确的量化分析,提高研究结果的准确性和可靠性。

(三) 深化课堂师生互动的跨学科研究

已有研究中,关于课堂师生互动的研究一般是基于教育心理学、教育技术学、教育社会学等学科视角来探讨课堂师生互动,然而各个学科的侧重点有所不同。教育心理学更侧重于在学生的主动性、教师角色和学科整合方面做深入研究,强调如何通过互动来促进学生主动学习;教育技术学侧重于利用技术促进课堂教学,探讨如何利用现代技术手段来增强师生之间的互动;教育社会学侧重于研究教育公平问题,探讨如何在师生互动过程中关注社会公正和多元化[2]。课堂师生互动是一个生成性过程,涉及的因素较多,因此不能仅仅局限于一个学科,要尝试将不同的学科视野和方法进行跨学科综合研究。

五、结语

师生互动在本质上是教学过程中平等地交往与对话的活动。通过拜读教育家、教育学者关于师生互动的文献发现了一个规律,即很多一线教师都会有一定的互动意识,但是老师对于如何在课堂教学中渗透有效、高效的课堂师生互动环节知之甚少。同时我国课堂师生互动的研究大多是以经验总结为主,虽然上述分析发现,课堂师生互动的研究涉及不同的学科与课型,但是更有深度和广度的定性研究、跨学科综合性研究以及严谨的实证研究仍有很大的发展空间。因此,研究者需要在考察中国环境的基础上,研究基于中国教育的课堂师生互动特征,真正为课堂教学服务。

(黄冈师范学院　教育学院　吴　芬　程　云)

参考文献

[1] 张兢文,汪俊.1989—2020年中国互动行为研究特征与演进趋势:基于CiteSpace知识图谱分析[J].软件,2021,42(01):150-157.
[2] 欧阳嘉煜,汪琼.IRF课堂话语结构研究述评[J].全球教育展望,2021,50(05):15-28.

师范生具身教育实践的内涵、价值与路径*

摘要：当前师范生教育实践困境的根源在于忽视了教师是一种身体临场的职业,其身心深度参与其中。师范生的教学观及思维模式是在日常教育实践情境中逐步构建的。具身认知理论强调人类在认知世界中的涉身性、情境性、互动性与生成性,这能够为师范生教育实践提供学理阐释和路径指引。具身教育实践可以促进师范生的师德生成以及身心的全面发展,有助于引导师范生逐步成长为有理想信念、有道德情操、有扎实学识、有仁爱之心的"四有"好教师。

关键词：教育实践;具身认知理论;师范生

马克思认为,"全部社会生活在本质上是实践的,人应该在实践中证明自己思维的真理性"[1]。2018年教育部出台《关于实施卓越教师培养计划2.0的意见》,要求在5年内师范生实践教学质量要显著提高。《教师教育振兴行动计划(2018—2022年)》也特别指出要注重教学基本功训练和实践教学。高校师范生教育实践包括教学技能类课程、教育见习、教学实习、教育研习等内容。教育实践是养成师德规范、激发教育情怀、培养师范生教育教学和教学研究能力的重要载体,是当前教师教育研究的重点问题和薄弱环节。随着师范专业认证的持续推进,在"学生中心、产出导向、持续改进"认证理念的指引下,师范生的培养强调实践取向,定位于培养反思性的实践者。但已有的教育实践研究多从实施过程监管、教学方法与内容的改进、学习资源供给等操作层面的角度进行研究,而忽视了教育实践的自身特征、规律与价值的研究,即实践理论的指引作用被忽略或淡化。具身认知理论认为身心活动及其所处的环境都参与并影响着学习者的认知与情感。强调认知过程是被身体作用于情境的活动塑造出来的。强调身心、身体与环境的互动作用在学生人格形成过程中的重要影响。因此,在落实师范专业认证需求的基础上,基于具身认知理论来探讨教育实践的"身体"转向范式,不仅能为教育实践课程提供理论支撑,引导师范生树立正确的教育实践观,更能在实践层面为教育实践课程的开展提供可参考的创新性路径。

一、具身教育实践的内涵

(一)身心体验是教育实践的起点

意大利神经科学家里佐拉蒂团队研究恒河猴运动前皮层F5区神经细胞时,发现这种神

---

* **基金项目**：本文为黄冈市教育科学规划2022年度重点课题(2022GA16)、黄冈师范学院教学研究一般课题(2022CE28)的研究成果。

经元能够像镜子一样"映射"他人动作,故将其命名为"镜像神经元"。这种神经元能够把视觉及听觉刺激与已有的运动范畴进行匹配,同时促进了其对动作意图及意义的理解。当猴子观察同类的动作时,它可以在头脑中模拟该动作并激发相关知识。从这一维度看认知的过程同身体的感知—运动紧密相关,镜像神经元是感觉—运动的通道。这一发现为认知的身心一体性提供了神经生理学上的直接证据,挑战了传统身心二元论的认知观点。人类更善于识别和理解他人的行为意图和情感体验,哲学家狄尔泰就认为人具有"共情"的能力,即设身处地地理解他人的行为和情感。有研究表明人类大脑皮层的镜像神经系统是"共情"发生的神经机制。该系统不仅能够把观察到的动作行为与已有的动作图式进行编码与匹配,达到对他人动作意图的理解,而且能够表征他人情绪,达到理解他们情感体验的目的。换言之,当我们观察他人的行为与情绪时,即便观察者没有任何行为,也会产生某种有意或无意的"模拟",仿佛正在体验着对方的行动和情绪。通过这种具身模拟,我们不仅产生出与被观察对象一致的身体体验,还能产生"意识共鸣",并能引发类似的动作、情感和意志。

因此,在教育实践中,学习者不仅要"以身体之",即通过自身身体直接体验外,而且还可以通过老师的行为示范与言语描绘,或同学、朋友等学习共同体的互动,从而使学习者产生"感同身受"的积极的具身情感体验。梅洛庞蒂认为知觉是身体和心灵的相汇之处,知觉的经验才是最原始的经验。身体塑造了知识的认知,知识学习的实质就是学习者的身体、认知对象及其所处情境发生有效互动的过程。因此,在学习过程中学习者不仅要充分调动自身的身体感官参与,还要积极激发身体发生"运动"与"复演"。同时重视情境化因素,意识到教育实践的整体性综合性。我们不仅要重视身体之于教育实践的重要作用,提供教育实践所需要的情境,更为重要的是要致力于促进学习者身体与认知对象、学习情境之间发生有效的互动。

(二) 身心活动是道德生成的基础之一

梅洛庞蒂认为道德发源于身体之中,从而发展出了"具身道德"的概念,具身道德认为身体经验同道德认知与判断等心理过程相辅相成。具身道德认为道德的抽象思维根植于身体结构、活动方式及与情境的互动之中。有研究表明身体在环境互动过程中,身心结构及其感知觉经验会影响道德的判断、情感及行为。从身体的结构方面看,有实验证明"人们特定脑区的损伤会对其道德认知及道德行为产生影响"[2]。有学者研究身体所处环境明度和颜色的知觉发现其对道德判断有一定关联,有学者从道德词语的表征分析道德与身体空间感知(高、低、上、下等)有一定的关联。身体的感知觉(视觉、听觉、触觉等)和动觉与道德形成亦具有密切联系,神经科学研究发现身体上的不洁感与认知上的不道德感具有较为一致的神经基础,因此会产生"麦克白效应"。从身心嵌入情境来看,有研究者认为情境的好坏与道德现象有一定的相关性,良好的环境会激发正向道德,不良的环境会诱发不道德的行为。同时人所处的环境是持续变化的,所以道德是在一种动态的情境中形成与发展的。道德生成具有情境性,身心所经历的情境不同,会产生不同的道德判断与行为。总之,身体结构、感知觉经验、身体与动态情境的交互作用等影响道德认知的形成与发展,道德生成的具身性得到了广泛的研究和认可,具身道德的观点为开展德育提供了新思路,即道育要回归身体经验,身心主动参与道德认知的生成。

（三）具身隐喻与师范生价值观的形成

具身认知理论认为抽象概念和高级思维通常与身体的感知运动经验相关，个体的认知心理过程受到身体及嵌入环境因素影响。概念系统依赖于身体体验的隐喻功能，具身隐喻是无表征的、默会的。Lakoff 和 Johnson 认为早期儿童经历了一段将感知觉经验与主观判断相融合的阶段，这种融合导致了感知觉经验与主观判断的跨领域关联，即主要的概念隐喻。皮亚杰认为儿童的身体活动是其学习的基础。儿童通过吮吸、抓握等身体动作认识世界，随着儿童身体感知能力的发展才逐渐理解了符号性的事物。儿童最终抽象形式的运算能力是通过动作的"内化"而形成。由此可见，概念隐喻理论认为隐喻的本质是人们在已知的、有形的经验进行加工，并在目标域构建道德概念、抽象概念及社会关系等。同时隐喻映射机制具有双向性，人们能够将抽象概念映射到与身体感知觉系统相关的始源域。因此，抽象概念的理解和高阶思维的形成离不开主体身心与环境的交互作用。教育实践能够更好地把抽象的教育概念与真实的教育情境相关联，把教育理论知识与学生直观的体验相结合，从而增强师范生对教育教学的理解。在具身隐喻中促进了师范生的师德规范、教育情怀等价值观的形成。

二、具身教育实践的价值

（一）身体行动促进认知生成

杜威认为认知是一种在情境中解决问题的实践活动形式，本质上是一种行动。瓦雷拉认为认知依赖于经验，经验来自具有的各种感知运动的身体，个体的感知运动能力内含在一个更为广泛的生物、心理和文化的情境中，在此基础上他提出了心智生成论的思想。生成论认为认知与学习不是一个表征客观世界的信息加工的问题，而是为了指导自身的行动。认知是在行动中实现的，是有机体在具体的实践和情境中与外界互动的结果。认知应该理解为通过行动产生结构的能力。而且生成论认为记忆、思维和想象等高级心理过程的内容是身体行动的沉淀，在新的情境中会得以激活。认知语言学的意象图示理论认为认知结构和思维模式是在反复的身体动作中构建的，高级心理过程同样与身体行动及经历密切相关。由此可见，认知涌现于大脑—身体—情境的动力耦合之中[3]，认知过程是来自大脑、身体行动以及情境交互等因素自组织涌现与生成的过程。由此启示我们在教育实践中应注重创设教学情境，学生身体力行地主动参与、分享，在师生良性的互动中促进学生高阶认知的生成。

（二）具身教育实践情境增强情感体验

杜威认为脱离情境的知识教学会导致"惰性知识"的产生，在教学方法上主张用一个实际的经验情境作为思维的开始。具身认知的具身情境包含个体具身、参与具身、虚拟具身等多种形式。情境的创设可以通过数字化技术、虚拟/增强现实技术来实现，从而增强学习者的沉浸感。情境学习强调学习者与情境的交互，注重认知与生活经验之间的互补，突出情感与学科知识的交融。在情境中产生的情感体验能够成为个体学习的内驱力。

Hochschild 认为情感劳动是个体"管理自身感受来产生一种公众可见表情或身体展示"。师范生教育实践是一种情感劳动，蕴含着一系列情感体验。有研究发现教师的积极情感不仅影响教学质量、自我效能感及职业幸福感，同时对学生的学习行为与学业成绩也有影响。在师范专业认证的指引下，我们预期师范生毕业后能够达到热爱教育、具备较深厚的教育情怀、有仁爱之心等情感目标。当前教师教育课程体系中没有专门情感教育课程，情感态度目标主要是以融合的方式嵌入在每一门课程中。大部分师范生尚未完全掌握情感调节的相关知识与技能。因此在具身的教育实践情境中我们要积极重视师范生情感体验，引导其积极情感状态，以达到情感体验与情感目标相一致，追求教育实践效果的最优化。

（三）具身教育实践促进师范生身心全面发展

传统的教师教育对师范生的身体的理解有很大的误区，身体既不是笛卡尔所说的"我思故我在"的"我"，也不是经验主义认为的作为心智接收感觉经验"通道"的身体，更不是"头悬梁，锥刺股"后就能提升学习效率的身体。当前在师范生的培养中我们总试图将先进的教育理念、最应景的教学方法、最实用的教学技能"传递"给他们，以期塑造他们的价值观、教学观，而忽视了教师职业是一种身体在场的职业，需要"灵魂"与"身体"的统一。教师的教学观及思维模式是在日常实践中逐步构建的，教师的身心深深卷入其中。"身心一体"是一种身体、环境、心智间交互的状态，是产生不同的认知、智慧的基础。教师在长期的教育教学实践中形成了其实践知识及身体语言。教师的身体欲望是其个体感情、感知、感悟的重要引擎，是教师个性化教学风格和个人魅力的源泉和集中反映，理应得到更多的重视。同时，教师在教育教学中的价值理念、行为动作、语言艺术、情感投入都会对学生的学习产生深刻的影响。因此，我们需要注重师范生的身心健康、品德生成、情感归属等方面，使师范生在教育教学实践中构建个体教书育人的价值意涵，形成敏感的身体意识，善于运用身体语言把控课堂氛围及应变突发事件。师范生需要在具身的教育实践中践行师德，学会教书、学会育人、学会发展。

三、具身教育实践的实现路径

（一）在知情意行的和谐统一中践行师德

《关于加强和改进新时代师德师风建设的意见》等文件中将师德规范作为教师培养和考核的首要指标，师范生的培养必须要以德铸魂。为了摆脱传统德育上重知、重情或重行等片面化的行径，基于身心、情感与情境有机交互的具身道德生发理论，师范生的师德形成应该从"知—情—意—行"之间的逻辑与机制来构建有机整合的德育模式。师德从"知"到"行"包含着情感、意志等复杂的心理轨迹。在师范生的教育实践中，首先，我们应该将"知"作为干预的起点，同时设定"知"与"行"的道德学习目标及评价机制，在"知"的方面师范生必须能阐述师德规范的基本内容。其次，将"情"作为重要手段，师范生在涉"身"处地中感知身体经验，在与实践共同体（校内外老师导师、同学、学生）之间互相倾听、接纳、换位思考与敞开心扉的述情中，彼此间充分沟通、互相尊重及理解，从而实现共情共育。再次,师范生在"身"临其境的体验后进行反思,形成自我的道德意志。教育反思的过程交织着教育者的理智与情感,教育反思的本质是教育者发挥自己的主观能动性,进行道德认知上的思索、解析和修正,以求达到道德修养的提升。这需要师范生克服自我的短板和不足,在反思活动中形成正向的道德意志。最后,师范生要在具体的教育情境中做到"身正为范",身体力行。自觉践行社会主义核心价值观,将立德树人任务落实到教育教学活动中,做锤炼学生品格、奉献祖国的引路人。

(二)注重身心感知体验,在动态的教育情境中学会教书育人

亚里士多德在《形而上学》中提到"实践属于个别的范畴,而这类个别行为是出于意愿的。究竟选择哪种行为更好,这很难说清楚,因为具体情境中有很多差异"[4]。实践科学有别于思辨等领域,具有"情境性"和"自由性"的核心特征。教育实践的"情境性"特征根源于在具体场景中教师个体及其行为的复杂变化性,其内涵主要是指实践活动与变化着的具体情况、环境紧密相关。因此我们要重视动态的教育情境,注重师范生的身心感知体验。

在教育教学环境与情境方面,首先,注重教育实践环境,教学环境包括物理环境和文化环境。教室布局、教学设备、校园文化与班级文化都会潜移默化地影响师范生的学习效果。其次,重视师范生在教育实践中的动态教育情境。在课堂上,师范生要在动态的教学情境中学会教学。注重教学情境的创设,善于运用情境化教学,善于运用信息化数字化的手段创设虚拟化的教学情境,将情境与知识相关联,注重知识的迁移性。善于运用个性化的身体动作、语言艺术、情感投入把控课堂氛围及突发事件。在课外,要从教育教学延伸的情境中学会育人。各种鲜活的教育事件往往发生在课外领域,如中小学管理的"幕后"行为,教研活动中的同事交流,师生课后学习上的交流沟通,对学生的成长及心理问题的引导等等。这些事件的身体临场更加有利于师范生从多重维度全面认识教师职业,有利于师范生的全面发展。

在师范生的身心感知体验方面,首先,在教育实践中强调师范生身体参与,注重日常体验。感官体验是一切知识与技能的基础,是师范生高级认知发展的基石。在教育实践中师范生要形成敏感的身体意识,在动态的情境中身体要与认知对象进行深度互动。我们应该创造各种条件和机会充分调动师范生的各种身体感官来对教育教学进行体会、理解、领悟和反思,从而保持其对教育教学的身心投入和实践激情。其次,要构建校内外指导教师、同学、学生共情共育的教育实践共同体。师范生在课内外的感知体验中,一定会从鲜活的教育事件中发现诸多的问题,产生一些困惑。这个时候就需要老师们认真倾听他们的体会,让师范生进行敞开心扉的叙情,在换位思考的经验交流中进行正向引导,从而使师范生的师德修养得以生成,教学能力得以升华,育人手段得以完善,专业情意得以发展。

(三)在走向自由的意义建构中学会发展

马克思指出"人在本质上是自由自在的存在"[5]。而教育实践"自由性"则体现在教育追求的理想性、教育行为的价值性、教育方式的自主性等方面。从教育实践形态来看,随

着数字技术、虚拟/增强现实技术、生成式人工智能技术等在教育领域的应用,技术赋能教育必然会孕育新的教育教学形态,如混合式学习、人工智能辅助教学等。教育实践者的能动性将得到充分的彰显,旧的教育形态会不断被迭代,新的教育形态将不断创生、开拓出来。因此,作为新时代的未来教师应该学会自主学习,具有终身学习与专业发展的意识和能力。了解国内外基础教育改革发展动态,能够适应时代发展和教育发展需求,跟踪学科发展动态,进行适合专业发展的学习和职业生涯规划。

在教育实践中师范生逐步构建出其价值观。不同于皮亚杰的认知建构论,在具身教育实践中师范生通过身心的参与、经历、体验和反思,在大脑—身体—情境的动力耦合之中完成认知与意义的构建。这一意义体系既包括师范生的教育教学观念、知识、技能,也包括师范生的品格、情怀、精神等。其构建过程需要师范生具备良好的教学反思能力,能够在鲜活的教育事件中学会发现问题,分析并解决问题,才能够在漫长的教育教学中形成教师个性化的身体行为、语言艺术、情感表达方式等。从而逐步成长为有理想信念、有道德情操、有扎实学识、有仁爱之心的"四有"好教师。

(黄冈师范学院　教育学院　宋国柱)

参考文献

[1] 马克思恩格斯选集:第3卷[M].北京:人民教育出版社,2012.
[2] 杨帅,赵翼,王洪,等.脑损伤对道德行为的影响及相关伦理困境[J].科学通报,2020,65(19):1922-1935.
[3] 叶浩生.身体的意义:生成论与学习观的重建[J].教育研究,2022,43(03),58-66.
[4] 亚里士多德.形而上学[M].北京:中国人民大学出版社,2003.
[5] 马克思.1844年经济学哲学手稿[M].3版.北京:人民出版社,2000.

教育信息化背景下中小学班级管理路径探究*

摘要:随着教育信息化进程的加快,教育体系也在发生变革。教育信息化有效融入教育管理领域,对班级管理起着重要的推动作用。教育信息化背景下,对中小学班级管理提出了更高的要求,教师需充分将教育信息化特点与班级教育管理相融合,不断创新班级管理方式和手段。本文通过探索教育信息化背景下中小学班级管理中存在的问题,解读教育信息化在中小学班级管理的作用,进行中小学班级管理优化路径探究,为教师中小学班级管理工作提供参考。

关键词:教育信息化;中小学;班级管理;路径探究

在教育信息化背景下,现代化信息技术成为教师进行班级管理的有效手段。教师在班级管理工作中不仅要加强对中小学生的关注,同时应利用网络平台工具等加强与学生家长之间的沟通联系,构建良好的家校合作关系。教育部在 2018 年发布教育信息化 2.0 行动计划,旨在以教育信息化支撑引领教育现代化,构建新的教育时代与教育生态。将现代化信息技术引入班级管理,实现网络技术与班级管理有机融合,使得班级管理更加合理有效。

一、教育信息化背景下中小学班级管理中存在的问题

教育信息化战略一方面助力班级管理体系完善,另一方面也对教师的班级管理提出更高的要求。在中小学班级管理中存在着众多问题,如图 1 所示。笔者对词云中出现频率最高的三个问题进行深入分析。

(一)管理理念落后

中小学教师在进行班级管理时应尊重学生差异,满足学生个性化学习需求,契合以学生为主的管理理念。目前在班级管理中部分教师依然以压制学生为主,容易恶化师生关系、激发学生逆反心理,增加教师班级管理难度。中小学班级管理方式在教育信息化支撑下不断完善和变革,但许多中小学教师由于自身教育信息化能力不足,继续沿用传统的班级管理方式,不但难以跟上教育教学改革的步伐,而且会遏制学生表达他们的想法,阻碍学生创新性思维的发展。教师与家长的沟通交流仅凭微信家长群以及家长会上幻灯片的展示,并未采用功能更为全面的平台或者软件。教师作为连接学校与家庭的纽带,在班级

---

* **基金项目**:本文为黄冈师范学院教学研究项目(WYZL2022HB0011)、湖北省教育厅哲学社会科学研究项目(20Q139)的研究成果。

图1　中小学班级管理问题词云

管理过程中如果不能合理开发和利用信息化技术和资源，将会导致家校联系顺畅性降低。如何更新管理理念，优化管理方法是广大中小学教师解决实际问题的关键。

（二）技术支持不足

大部分中小学对教师进行技术培训投入较少，且培训内容多为概念性的文字，缺少对具体操作的细致讲授。由于对技术以及设备操作生疏等因素，教师在遇到实际班级管理问题时难以顺利解决。因此，在学校组织进行技术培训时，教师希望能够接受更多培训运用技术方法去解决班级管理中的实际问题的培训。而且，由于目前中小学中专业技术人员配备较少，为教师提供的技术支撑和帮助有所欠缺，导致教师在使用设备与学生以及家长进行互动交流时出现障碍。加强教师信息化管理能力以及学校软硬件技术支持成为现在中小学亟待解决的问题。

（三）思政意识淡薄

班级管理是学校管理的重要环节，在班级管理中渗透思想政治教育，是学校形成优秀的班集体，培育具备良好思想品德的高素质人才的重要保障，对完成学校的管理任务和管理目标起着关键的作用。教育信息化为师生创造出一个信息传输迅捷化、互动合作自由化的教学空间，学生对信息广泛的接收与传播对其身心发展也起着间接的影响作用。多元化的网络空间中不仅存在着丰富学生知识、开阔学生视野的积极正向信息。同时，网络中存在的暴力倾向等不良行为会对他们造成极其严重的负面影响。当代中小学生中存在着早恋和沉迷网络游戏的现象，在这个关键的阶段如果没有及时地引导和干预，必将会对学生的学业成绩以及身心健康产生不利的影响[1]。因此，在教育信息化背景下，教师要竭尽所能做好中小学班级管理中的思想政治教育工作。同时,思想政治教育作为管理中小学班级的重要组成部分,它能够对中小学生树立正确的价值观、人生观和世界观产生积极的影响。教育信息化对于班级管理来说是一把双刃剑,而如何采用合理的管理方式,正确引导学生,增强学生的思政意识,帮助学生树立正确的"三观",是现阶段中小学班级管理中教师应该重点关注的问题。

二、教育信息化在中小学班级管理中的作用

(一)提供多样化学习手段

课后学生们可以利用老师推荐的各种公众号等资源,充分地进行课前预习以及课后的查漏补缺。很多学生也在课下购买了多元的网络授课资源,互联网为学生提供了广阔的学习空间和资源平台。通过网络进行虚拟课堂教学,目前已经作为一种新型的教育模式应用于国内外的中小学之中,学生在该教育模式下可以实现课程在线学习,开展有效的师生互动、查漏补缺等。网络技术进步推动教学平台以及网上学校蓬勃发展,为学生提供了优质的学习资源工具和理想的学习空间。中小学生能够培养利用网络查找信息资料,在教学平台以及软件的讨论区与老师同学交流学习体会,共享信息等良好的学习习惯,有效帮助学生落实终身学习观念。合理的利用信息化资源能够转变学生的学习积极性,将被动式学习转变为主动式学习。不能及时问老师的情况下,求助于信息化教育也是一种多元的学习方式。课后学生可以利用老师推荐的各种公共服务,正确地准备课程,跟踪课程,弥补不足。

(二)开发现代化优质课堂

在日常教学工作中,教师能够合理巧妙地运用"中小学智慧教育平台"等进行多媒体备课,里面有优质的教学设计以及课例示范,能够帮助教师充分、全面地备好一堂多元素课程;同步教学能更好地激发学生的学习兴趣。运用多元素的课堂导入模式,改变传统课堂单一的教学模式,充分发挥学生的主体作用,调动学生学习的求知欲,加强训练学生的发散思维,拓宽学生的学习视野,培养学生的创新创造以及解决实际问题的能力,从而优化课堂教学,使得课堂精彩纷呈,能充分调动中小学生的课堂积极性和趣味性。

(三)加强实时化家校沟通

在课堂教学中,教师能够运用"雨课堂""智学网"等软件平台进行课堂管理。教育信息化支撑下的网络技术运用,充分优化了课堂中的过程性评价机制,做到根据学生学习进度安排教学,让学生爱上课堂多元化评价,帮助家长和学生了解学习中的优势与不足,通过监测阶段性在班级内的排名,激发学生的进取心和创造力;报表自动生成,达到成绩管理、增加课堂有趣性及提升课堂活跃度的目的;小组编辑功能更有利于提升小组合作的建设。家长可以通过绑定应用软件,随时随地收到学生的课堂评价提醒,使学生的课堂表现一目了然。家长也能够通过老师的实时点评掌握学生在课堂上的情况,真正做到家校沟通零距离。

(四)提高综合化师生素质

在教育信息化背景下,课上学生能够通过计算机去学习基础知识和基本操作技能,通过互联网对信息进行获取与分享,增强了学生的实践能力;课下学生能对不懂的知识点进行查询回顾,养成课前预习、课后复习的好习惯。教师通过学习平台以及软件对学生学习情况进行分析,根据学生的学习情况发布相应练习,巩固学生的学习成果,加深学生对学习内容的理解。同时,教师需要夯实自己的信息化教学能力并运用于班级管理工作中。学校要定期组织教师进行技术研学工作,学习全面化、综合化的技术技能和管理方式,做到教师综合素质随着时代的发展而提高,学校要经常对教师的班级管理效果进行检验,通过科学的奖励和惩处措施,优化教师的班级管理技巧[2]。

三、教育信息化背景下中小学班级管理的路径探究

(一)合理利用信息化资源,发挥学生主观能动性

在教育信息化背景下,一方面,网络能为师生提供更优质的教学资源,另一方面师生也会通过网络接触到消极不良的信息。面对良莠不齐的网络环境,教师需要合理开发和利用积极的信息化网络资源,并且在现代化信息技术的支撑下,教师更应该学会去激发学生的主观能动性。中小学生具有极强的表现力和丰富的想象力,教师应该根据学生这一特点和个性化需求,选取学生感兴趣的技术以及设备进行班级管理工作。教育信息化时代对中小学班级管理进行了全面系统的改革,主要体现在硬件和软件的升级更新,硬件设施方面包括例如希沃智能电子黑板,以及创新性多媒体设备的使用,有条件的学校针对提高学生操作实践能力和主观能动性,引进AR、VR等技术以及相关设备;软件应用方面包括学习通、中国慕课MOOCS等。这种多角度多方面的现代化信息技术改革也使得中小学班级管理工作呈现出更多的可能性,教师能够引导学生通过互联网发布信息来达到预设班级管理的目的,满足学生内在表现力,充分发挥学生的主观能动性。同时,教师能够运用优质班级管理资源平台,将在数据库中筛选出优秀班级管理的范例与本班班级管理实践情况结合起来,实现班级管理经验与方式的共享,为学生创造更适宜的学习环境。教育信息化改变了教师作为主导者的传统班级管理方式,学生也能发挥主观能动性,作为主体参与到班级管理当中,班级管理能够展现出新的面貌。

(二)构建网络信息交流链,加强家校联系紧密性

由于传统教育思想等因素的影响,学生和家长倾向于接受教师所传达的观点和看法,导致我国中小学学生和家长在家校联系过程中一直处于显性被动地位和隐性被支配地位[3]。在教育信息化背景下,笔者对家校联系环节进行优化并构建网络信息交流链,教师能够通过多种途径实现家校联系平等化和可视化,如图2所示。第一,教师可以利用现有的软件平台实现家校实时沟通互动,例如"智慧通家长版""e微校家长版"等应用软件,通过这些应用家长能够很方便地了解学生在学校的学习情况和生活情况,家长可以和学校的其他学生家长、教师进行交流沟通,学校教师能为家长们解答一些关于学生情况的问题

等,这样有效提高教师教学效率、沟通效率,促进家长参与到教师日常的班级管理中来。"智学网"等平台中的过程性成绩监测可以很方便地让家长知道学生在班级的学习成绩情况。2021年1月教育部办公厅下发《关于加强中小学生手机管理工作的通知》,要求中小学生原则上不得将个人手机带入校园,学校应通过设立校内公共电话、建立班主任沟通热线等学生便捷联系家长的途径,解决学生与家长的通话需求,家长应切实履行教育职责,形成家校协同育人合力。"家视通——智慧校园亲情音视频电话"能够满足中小学校园内学生与家长的实时亲情沟通需求。第二,教师可以合理利用例如微信群、QQ群等社交群聊,快速便捷地将学生的学习情况和生活情况以图片视频等方式反映给家长,做到教学过程和班级管理可视化。这样不仅能够作为维系家校的一种手段,更能够加强家长对学校教师的信任感。通过群聊,教师发布一系列课外主题活动,家长和学生都参与到活动当中,有效提高学生积极主动性和动手实践能力,引导学生形成良好习惯。另外,教师通过群聊召开家长会,转变传统家长会方式,由线下转为线上能够最大限度上满足不同家长在时间空间上的需求。第三,朋友圈和公众号相较于其他教学软件平台来说更能受到家长的喜爱,其优势在于操作简易性,教师根据最近学生表现编辑图文视频等发布到朋友圈中,既能帮助家长了解学生学习生活情况以及班级风采等,又能激发教师对于近期班级管理中遇到的问题进行反思改进。在利用现代化信息技术提高班级管理效率的过程中,可以运用微信公众号建立一套家校共育的班级管理模式,有效解决学生的学习、心理和生理问题,有效促进素质教育,避免家校接收到的信息不对称[4]。好的班级管理需要教师和家长共同经营,在班级管理过程中做到相互配合、相互协作、相互支持、相互补充,共同营造优质的教育生态,形成家校共育模式,在班级管理中取得事半功倍的效果。

图2 网络信息交流链

四、结语

综上所述,在教育信息化背景下,中小学班级管理仍存在很多问题。目前教育正向教育信息化3.0时代迈进,为了优化班级管理工作,中小学教师要不断提高自己的信息化教学以及管理能力。在班级管理过程中,教师可以合理利用信息化网络资源,激发学生的学习兴趣,提高学生自主学习的能力;构建家校互通交流链,充分发挥家校共育力量。有针对性的提高管理中小学的实效,让学生能够得到综合素质全面发展。

(黄冈师范学院　教育学院　王陈成)

参考文献

[1] 王仁进.谈班级管理中做好思想政治教育工作的措施[J].中国校外教育,2017(20):29.
[2] 张改焕,王瑾.教育信息化2.0时代下的小学班级管理策略研究[J].中国新通信,2022,24(22):149-151.
[3] 柯陈洁.建构主义视角下中美公立小学家校合作的比较研究[D].武汉:华中师范大学,2020.
[4] 张思琴.教育信息化背景下美育资源整合的个案研究[D].重庆:西南大学,2021.

县域中小学教师新课标培训的影响因素与对策研究

——基于扎根理论的探索

摘要：在 2022 年《义务教育课程标准》出台后,各县域针对中小学教师开展有关新课标培训的效果至关重要。本文采用扎根理论研究法,对 8 位中小学教师的访谈文本进行编码分析,并据此得到了包括教师内部因素、外部支持和培训活动设计三方面的县域中小学教师新课标培训效果影响因素。为切实增强新课标培训效果,提出以下三条路径:激发教师内在动力,转变教师培训动机;完善学校制度建设,创建和谐家庭环境;结合教师内在需求,提高培训设计质量。

关键词：县域中小学教师;新课标培训;影响因素;扎根理论

教师培训是全面提升教师专业技能的关键,是建设高质量教师队伍的重要支撑,对推进教育公平和全面提高教育质量至关重要。2022 年教育部发布了最新《义务教育课程标准》后,全国各地便迅速开展了以"新课标"为主题的教师培训,对县域的"新课标"教师培训展开研究以提升该培训质量是提高县域教育质量的重要一环。目前在新课标提出的"大单元教学"等新要求下,县域中小学教师培训受哪些因素影响等问题尚未得到有效回应。基于此,本研究重点选取湖南省 N 县中小学教师为调查对象,运用深度访谈和扎根理论等方法,尝试找出新课标下县域教师培训的影响因素,探寻提升培训质量的路径。

一、相关研究综述

以"中小学教师培训"为关键词在中国知网检索可得 905 篇文献,用 VOSviewer 软件对有效期刊文献进行可视化分析后发现我国对于中小学教师培训的研究主要集中在培训课程、培训模式、培训对象三方面。

在培训课程方面,首先是对"课程标准"的探讨,其次是"培训内容"的关注,近年教师培训内容主要以提高中小学教师信息技术能力的研究为主。在培训模式方面,以"国培计划"为主,研究从宏观层面对国培计划的综述,横跨微观层面"国培计划"视角下义务教育乡村教师培训面临的具体问题。在培训对象方面,"农村教师"与"骨干教师"人群一直是学者们的重点研究对象。近年来"体育教师""音乐教师"等学科教师也逐渐成为热门对象。

综上所述,当前我国中小学教师培训的研究范围广泛,随着 2022 年新课程标准的颁布,以新课程标准为背景的教师培训必将成为新的研究方向。但在教师培训相关文献的回顾与梳理过程中发现,当前该领域研究方法较单一。

二、研究设计

(一) 研究方法和工具

扎根理论研究法采用自下而上的方式对文本资料进行思考分析,从经验事实中抽绎出新的概念和范畴,最后在分析不同概念范畴之间逻辑关联的基础上建构实质理论。鉴于此,本研究采用该研究方法,借助 Nvivo 12.0 质性分析软件,对文本资料进行开放性编码、主轴性编码和选择性编码三级分析,探究县域中小学教师新课标培训效果影响因素,提升县域教师培训质量。

(二) 研究对象与资料收集

文章以湖南省 N 县中小学教师为调查对象,对其进行访谈,收集资料并分析。本文采取理论抽样的方法,首先选取了 N 县 6 名不同学校的教师实施半结构化访谈,获取其有关新课标培训的相关资料,对其进行分析后再选取 2 个样本以满足理论饱和准则。在数据收集方面,本研究的受访教师主要来自 N 县公立学校,在保证样本资料不重复的条件下,最终选取 8 名教师作为受访对象,具体情况如表 1 所示。

表 1　8 位访谈合作者基本信息

教师代码	性别	年龄	任教学段	任教学科
Z	女	27	小学	英语
T	女	29	初中	历史
O	女	27	初中	语文
Y	女	26	高中	化学
T	男	30	小学	数学
O	男	28	高中	英语
L	女	35	小学	语文
D	女	43	初中	生物

在进行深度访谈时研究人员主要通过面谈、微信与电话等方式对受访教师进行访谈,最终整理聊天记录和录音形成文本资料。访谈内容主要围绕新课标发布后教师们是否接收过相关培训、培训的形式与具体内容、培训的效果等相关问题展开。例如,"您是否接受过有关新课标的教师培训"等。访谈与资料整理历时 1 个月,每人/次访谈时间在 20—30 分钟,整理文字约 32 000 字,并对文本资料进行整合和检验,以确保所有的资料能真实反映县域中小学教师有关新课标培训的具体情况。

三、研究过程

(一) 开放性编码

根据扎根理论,研究者在进行开放性编码时应在原始访谈资料基础上,对文本内容的具体句段进行分析,先以打标签方式产生初始概念,再对类似概念进行整合以便提炼出具体范畴。文章首先使用"NVivo 12 plus"软件对原始访谈文本进行自动编码,其次人工对文本进行再次标记并对近似意义节点进行合并后获得初始概念,最后依据所得初始概念间的不同内涵关系归纳整合得到初始范畴,结果如表2所示。

表2 开放性编码结果示例

原始资料(节选)	范畴化
语文教师压力好大,好像总会陷入自我怀疑,总觉得有些地方没讲到啊。(教学压力) 我们每年都要修满73分的学分。(培训学分) 我们会进行一些经验分享,或者平时教学中遇到什么问题可以进行探讨。(交流学习) 新课标发布后就想了解新教材跟老教材有哪些地方是不一样的。(教学需求)	学习动机
历史书上只是一些比较笼统的东西,要串联起来的话,需要去查资料。(知识储备) 在分享新课标培训内容时,新任老师可能听得比较认真。(教学年龄)	学习能力
减轻老师的一些负担,因为教学任务压力比较大。(教学任务重) 你那天有三节课,甚至四节课,那你要自己去和其他老师换课。(制度缺位)	学校支持
家里有人带小孩还好,就是晚上睡觉不够。(家庭琐事)	家庭支持
每周去一次,要去三四次,会持续一个月。(培训时长) 希望培训的时间安排在周末,然后不要挑期中考试左右的时间。(培训时段)	培训时间
培训的地方,夏天很热但冬天又很冷。(场地环境)	培训环境
关于新课标的介绍内容,因为新课标会有变动,想比较新旧不同的地方。(新旧课标比较) 培训一般会有示范课,会挑选一些优秀老师上示范课。(示范课)	培训内容
新课标培训回来后,向本组的老师传达一下培训的一些内容。(分享成果) 新课标培训的考核就是让你选课题,然后完成一些课件。(制作课件)	培训考核

(二)主轴性编码

扎根理论的第二步是主轴编码,其目的是从初始范畴中找出主范畴,以此将访谈资料中各部分之间的各种关系表现出来。总的来说,主轴编码就是发现和建立概念类属之间的各种联系,并将资料重新组合到一起。本研究在此基础上进一步归纳整合形成了3个主范畴以及8个子范畴的主轴编码,具体内容如表3所示。

表3 主轴编码结果

主范畴	子范畴	范畴内涵
教师内部因素	学习动机	教师参加新课标培训的原因与目的
	学习能力	教师个人的基础能力、对新课标培训内容的接受与应用能力
外部支持	学校支持	学校行政层面对教师参加新课标培训的支持与鼓励
	家庭支持	教师家庭内部对其工作理解与支持
培训活动设计	培训时间	新课标培训的时间段与时长
	培训环境	新课标培训的地点与基础设施
	培训内容	新课标培训的内容类型、容量、难度与呈现方式
	培训考核	新课标培训后考核方式、内容与难度

（三）选择性编码

选择性编码是进一步分析主范畴，处理主范畴之间的关系，从而构建理论的过程。本研究所有的主范畴主要为了厘清县域中小学新课标教师培训的影响因素，因此核心范畴可概括为新课标教师培训效果。

（四）故事线

故事线就是围绕核心范畴建立的概念化的故事，即以核心范畴为中心，对其进行描述。本研究的核心范畴为"新课标教师培训效果"，根据访谈资料可知受教师参加培训的内部动机不强、个体能力存在差异、缺乏来自学校与家庭内部的有力支持与培训活动本身存在较大差异等多重因素影响，县域有关新课标教师培训的效果还有待提升。

（五）理论饱和度检验

研究者对先前预留访谈文本或原访谈文本再次进行处理，与已形成的概念、范畴加以比对分析，直至不再发现新的概念、范畴，才可以称为达到理论饱和。对预留的2份访谈记录用相同的操作步骤进行编码，在此过程中所得出的概念与范畴并未超出原有范围，因此可以说明县域中小学教师新课标培训效果影响因素已被较好挖掘，达到理论饱和度检验标准。

四、新课标教师培训效果影响因素

运用扎根理论研究法，对湖南省N县8位中小学教师的访谈资料进行编码分析，得到县域中小学新课标教师培训效果影响因素，包括教师内部因素、外部支持与培训活动设计。

（一）驱动要素：教师内部因素

教师内部因素是新课标教师培训效果的驱动要素，教师这一培训主体对新课标培训效果的影响主要体现在其学习动机与学习能力两个方面。

通过梳理分析访谈文本发现，N县中小学教师参加新课标培训的学习动机主要有两类：一是学习理解新课标的具体要求，提升自我。二是为了获得培训学分，完成培训任务。教师学习能力则是指教师个人基础能力与对新课标知识的理解、运用能力，具体体现为教师记忆、理解培训中的主要知识，并结合技术工具将其运用在日常教学中。例如Y教师在新课标培训活动结束后，通过结合教学软件与数字多媒体，将高中化学实验过程直观再现在课堂上。

（二）关键要素：培训活动设计

培训活动设计与新课标教师培训效果密切相关。首先，合适培训时间段的选择与科学的培训时长设置能提升县域中小学教师参加新课标培训的积极性。其次，舒适的培训环境能使参培教师学习更投入，提高其学习效率。此外，培训的内容类型、容量、难度以及内容呈现方式的不同配置直接决定培训效果。多数教师倾向于学习与教学、学生管理等日常工作内容强相关的知识与技巧,因此新课标教师培训内容应以不同学科的新课标教育实践为主,且在培训内容的呈现方式上也应多元化,除传统的专家讲座外还应结合示范课展示、优秀教师说课、教师讨论等多种方法。最后,培训考核既是协助参培教师检测自身培训收获的有效工具,也是激发教师学习主动性的重要手段,因此培训考核的方式应具有针对性且强度适中。

(三)情境要素:外部支持

外部支持是促使缺乏自驱力的教师参加培训的重要推动力。外部支持具体分为学校与家庭两个层面,学校支持指行政层面对教师参加新课标培训的支持与鼓励,而家庭支持则来源于教师家人对其工作的理解与支持。在访谈中得知学校与家庭中的负担往往成为教师参加培训的重大阻碍。学校中的负担往往来自制度缺位,即学校行政层面对教师参加培训所面临困境的漠视。而教师家庭中的负担则体现在其花费了过多的精力在家庭琐事上,县域中小学教师中女性占比较多,而由于社会家庭角色分工中默认女性应承担更多家务,加之教师这一职业特性使得孩子养育职责也向其倾斜,最终使得家庭负担成了教师的又一枷锁,禁锢了其提升自我的意愿。

五、县域中小学教师新课标培训效果的提升对策

当前县域新课标教师培训面临"教师内部动力不足与个人能力素养缺失、外部支持有待加强与培训活动设计存在缺陷"等困境。因此,提升县域中小学教师新课标培训效果可从以下三个方面着手。

(一)"由外推到内驱":激发教师内在动力,转变教师培训动机

有研究发现乡村教师在参与远程培训时出现了学习防御现象且这一现象主要体现在培训信心不足、自主学习意识不强、主体愿景缺失等方面[1]。而当前县域中小学教师在参加新课标培训时的心理表现也与该结论相符。因此,应激发县域中小学教师参加新课标培训的内生动力。首先,通过提高县域中小学教师的职业认同感,增强其主体意识,培养其终身学习理念,从而促进其自主学习意识的提升。其次,建立健全激励机制,强化教师的职业荣誉感,通过多种形式调动教师参与培训的积极性,转变其功利性参培动机。最后,建立科学合理的教师考核体系,避免单一的量化指标,结合多个维度衡量教师发展状况,以考核评价促使教师成长进步。

(二)"由阻力到助力":完善学校制度建设,创建和谐家庭环境

由于学校对教师培训工作重视程度不够、家人对教师工作强度认识不到位等现象存在,县域中小学教师在参加培训时常常面临来自学校与家庭的双重阻碍。为使阻力转变为助力,亟须尽快补齐学校制度建设短板,呼吁减轻教师家庭负担。学校层面,首先应制订一套条理清晰、公开公正的教师培训规章制度,涵盖教师培训名额分配、培训期间课程调换、参培花费报销流程等各个方面。在这一过程中学校应让一线教师参与到制度建设

中来,不仅能增强一线教师的主体意识,还能使规章制度更加贴近教师的实际需求。此外,有效的规章制度关键在于执行有力,否则将流于形式。家庭层面,教师可以通过描述其工作强度与肩负的责任让家人更全面地了解自身工作情况,同时不断强调家庭支持的重要性以鼓励家人主动分担家务劳动,创建和谐互助的家庭环境,使其成为教师们的坚强后盾。

(三)"由粗略到精细":结合教师内在需求,提高培训设计质量

教师培训活动的设计对于提高教师培训效果具有重要意义,培训活动在设计时受培训的组织需求、任务需求和教师个人成长需求的制约。在一份问卷调查的结果显示,受个人主观意识支配和个体所处的层次局限性影响,个人成长需求占据调查对象的主要地位,组织需求和任务需求往往处于次要地位[2]。因此,提高新课标教师培训的设计质量要结合教师的内在需求。根据教师们在访谈中给出的培训活动改进建议,可从以下四个方面提升新课标教师培训设计质量。一是缩短教师培训时间。设计培训时应尽量缩短培训时间,减少不必要的环节,避免影响教师的教学工作。二是优化教师培训环境。良好的培训环境既可以吸引更多教师参加培训,又能提高教师培训时的专注度与学习效率。三是精选培训内容。培训内容是教师培训的核心,直接影响教师的学习效果和培训知识的后续应用。因此,在设计培训时,应根据教师的实际教学工作情况精选培训内容,要注重内容的实用性和针对性。四是完善培训考核方式。培训考核是评价教师培训效果的重要手段,在设计培训时,可以采用多元化的考核方式,如演讲、说课、实操等,全面评价教师的学习效果和教学能力。

(黄冈师范学院　教育学院　肖聪琳)

参考文献

[1] 孔新宇,康红芹.乡村教师远程培训效果影响因素及对策研究:基于扎根理论的分析[J].教育学术月刊,2022(10):106-112.
[2] 范光基,黄澄辉.新时代中小学教师培训需求研析与培训建议[J].教育评论,2022,(11):128-132.

义务教育物理课程标准背景下物理情境教学中教师领导方式的探究*

摘要：《义务教育物理课程标准（2022年版）》倡导物理情境教学。笔者基于在黄冈市Q中学的见习，访谈了该校教授物理的骨干教师，分析、研究义务课标背景下该校物理情境教学中教师领导方式的教学现状。在研究和梳理义务课标和相关教育理论、教育部文件的基础上，探究了义务课标背景下黄冈市Q中学物理情境教学中教师领导方式的策略：鼓励学生主动融入情境教学，各抒己见；情境教学中指导学生全方位、多视角参与学习；师生共同创设物理情境，培养学生的科学探究与合作精神。

关键词：义务课标；物理情境教学；教师领导方式；探究

一、引言

物理是初中二年级才开设的课程，物理教学不应成为纯粹的理论教学，而应遵循义务教育物理课程标准的三原则：坚持创新导向、坚持与时俱进、从生活走进物理。学习物理时，学生不仅需要通过课本中的文字表述来学习物理知识，更需要具备良好的物理科学思维与敏锐的观察力。因此在新一轮基础教育课程改革的背景下，教师应当通过正确的领导方式，让学生身处适宜的物理情境之中，多感官参与教学，以具体事实、鲜活案例引导学生进行理性思考，将物理知识投射到现实生活中，让抽象的知识更加简单和具体，以此来帮助学生理解晦涩难懂的抽象物理知识，培养学生的物理整体观[1]。

二、现状分析

笔者通过访谈的形式了解到，教师在教学过程中对于生活中例子的引入和讲解，主要为师生在课堂上创设关于生活的情境，让学生以代入的角度投入情境之中思考问题，在情境之中进一步深入了解、学习物理知识，但是对于利用课堂进行社会实践等方式由于各种原因受限，这种情境教学较少或是没有，因此本文主要探讨课堂内部的情境创设。

（一）访谈结果

本次调查主要是为了了解中学物理现状、情境教学中教师领导方式的现实情况，主

---

* **基金项目**：本文为湖北省高等学校教学研究项目《基于OBE教育理念的物理学专业人才培养模式研究及实践》、黄冈师范学院研究生培养教学改革项目《地方高校物理教育硕士研究生培养质量提升模式研究与实践》（5052022003）、黄冈师范学院教学研究项目《数字化教育背景下黄冈革命老区红色教育资源共享平台的创设与探索》（2023dc022）的研究成果。

要以访谈的形式展开调研,从教师、学生两方分别进行,涉及了表1所描述的以下几个方面:

表1

		班级 F	班级 T
物理教师	授课方式	课堂主要围绕一个生活情境展开,适时调整授课进度	新课教师主导;习题课学生主导,教师进行补充讲解
	课堂氛围	整体上较为活跃	适时的玩笑反倒吸引学生注意力
	具体回答	我们班主要还是以教师授课为主。因为一节课就40分钟,时间有限,但又需要在课堂上将该讲的知识点讲完,我一般是创设一个生活情境,一堂课围绕情境展开。创设后引导学生不断深入的同时导入课堂知识,再根据学生的课堂反馈适时调整讲课进度。	我们班主要以学生为主,虽然新课还是我讲,因为学生对于这些知识还比较欠缺,但对于作业和试卷的讲解课,我们班在我不在的情况下也能由一位学生作为小老师带领大家学习,其余学生也非常积极地配合,现在基本上习题都是他们自己讲,当然有问题我也会及时指出。
班级学生	课堂评价	物理老师为人亲和,学生积极参与物理课堂	学生课堂参与度较高
	学生期望	教师保持教学现状	多在课堂中添加实验、生活案例,在快乐中学好物理
	具体回答	我们班课堂氛围挺好的,老师有些时候举的例子很有意思,他经常带我们看生活中物理现象的视频,一些讨论大家都很乐于参与。他对我们挺和蔼。	和别的班不一样,我们班同学也会给大家讲课,像一些习题就是同学自己讲的。我希望课堂上,老师能多带我们观察有趣的实验以及好玩的生活现象,当然我也想动手操作。还希望上课能很愉快,能和老师多交流沟通,能轻松地学好物理。

(二)黄冈市 Q 中学物理情境教学中教师领导方式的教学现状

关于笔者在访谈过程中的见闻的阐述:

黄冈市 Q 中学中初二年级与初三年级教学模式上区别较大。初三的课堂主要是为了保障教学质量,物理教师选择的教学内容大多都与中考相关,以中考为基础,重点强调考试范围内的知识。在实际教学中,往往出现教师缺少学生回应、师生互动较少的现象,特别是试卷及习题的讲解课枯燥乏味,最终结果就是学生的课堂学习效果不佳,课堂上存在许多学生发呆以及睡觉等现象。

而初二物理教学任务没有初三繁重,教师能更好地将教学侧重点放在学生身上,更好地贯彻了以学生为本的原则,将生活与课堂教学很好地结合起来,课堂气氛活跃;师生互答的环节中学生热情参与,教师善于引导学生,生活与物理知识相互穿插讲解,提升了学生的课堂体验与参与度。

因此新阶段的物理教学,教师需要及时转换教学模式,不只是新授课需要运用到情境教学的引入,复习课、试卷及习题讲解课更需要教师正确领导学生、增强师生之间的交流互动,打造"以学生为主,教师为导"的和谐的师生关系,调动学生在课堂上的积极性。

三、相关政策及理论研究

（一）义务教育物理课程标准

《义务教育物理课程标准(2022年版)》修订的三原则指出：要坚持创新导向，突显学生的主体地位，关注学生个性化、多样化的学习和发展需求，增强课程适宜性。要坚持与时俱进，反映经济社会发展新变化、科学技术进步新成果，更新课程内容，体现课程时代性。文件内主要的两个变化中也提到在合理设计初中各年级课程时要注重活动化、游戏化、生活化的学习设计。正文部分课程理念中提到要从生活走进物理，遵循初中学生身心发展规律，贴近学生生活，以具体事实、鲜活案例、生活经验和基本概念等引导学生进行理性思考。

（二）情境教学应用于中学物理教学的意义

学生在学习物理时，需要通过课本中的文字表述来学习与应用物理知识，不仅需要具备良好的物理科学思维，还需要拥有敏锐的观察力。那么教师就应该根据班级内学生的实际学习情况合理地采用情境教学法展开教学，让学生对物理知识、问题与实验展开小组或自主探讨等活动，提高学生的课堂参与度，对物理逐渐产生正向的反馈，将枯燥的知识变得生动化，培养学生的物理思维能力，促进师生之间的沟通交流，确保物理教学水平及质量。

情境教学除了需要对授课内容进行设计，还应该结合生活实际，两者相互结合能帮助学生更快进入学习状态，利用情景教学让学生从多方面、多角度、多层次探索、了解物理知识，提高学生对物理的热爱度，丰富学生的知识生活、培养学生的创新能力[2]。

（三）教师领导方式的几种类型

教师领导方式是指在教育活动中，教师引领学生完成既定目标时表现出来的态度、行为倾向[2]。对于教师领导方式的分类主要有两种，美国管理学家罗纳德·李皮特和罗夫·怀特将教师领导方式分为四种类型，而1939年库尔特·勒温根据权力掌握方的不同把领导方式划分为三种类型，详见表2。

表 2

两种分类方式	分类数量	类型名称	类型特征
李皮特和怀特的教师领导方式	四	强硬专断型	态度、行为上的专制
		仁慈专断型	态度民主，但行为专制
		放任自流型	教师什么都不管，任由学生发展
		民主型	最好的领导方式
勒温的教师领导方式	三	专制型	教师在与不在时学生呈现两个样子，成绩好但品德差，学生过度依赖教师
		放任型	教师什么都不管，任由学生发展
		民主型	教师在与不在区别不大，最有利于建立良好的师生关系，最有利于学生的发展

两种版本的教师领导方式相互之间存在对应:强硬专断型对应专制型,放任自流型对应放任型,两个民主型相对应。当然无论哪个版本,民主型的教师领导方式对于构建良好的师生关系、自主学习的班级氛围都是最好的方式。

民主型的领导方式相对于专断型的领导方式,创设了更加轻松愉悦的课堂氛围,给予了学生自主思考、活动的空间,能更好地激发起学生对于物理的学习兴趣与激情。而相对于放任型的领导方式,民主型对于学生又存在一定的约束,给学生指明大致的学习方向,例如:课堂自主讨论前对于学生提出要求,或是在学生讨论偏离主题时及时提醒,能够让学生回到"正轨",在有限的课堂时间里提高学生的学习效率。

四、义务教育物理课程标准背景下物理情境教学中教师领导方式的策略探究

(一)学生融入情境教学,各抒己见

民主型领导方式提倡学生在积极发表自己观点的过程中培养自身各方面的能力,而物理情境教学中需要师生、生生互动来推动课堂进程,这都创设了更加轻松愉悦的课堂氛围,给予了学生自主思考、活动的空间。

课堂上积极主动的同学自然就乐于发言,但课堂不仅仅属于教师与这些积极的同学,不善言表或是内心胆怯的同学"插不上话",自然参与度就低。那么教师可以采取一些措施慢慢将这些学生划入积极生的范围,例如:小组讨论时轮换代表进行总结、补充;课堂上不是仅站在讲台上,而是多走动,提升对这些同学的关注度;无论这些同学的回答是否正确与完整,都给予一定的正向反馈来促使他们下一次积极融入课堂之中。

教师精力有限,很多情况下无法及时跟踪每一位学生的能力培养,那么鼓动学生们主动反馈就很有必要。如若构建了一个学生们都积极参与、讨论的课堂,教师在课上便能及时获得学生言语间直接或间接传达出来的信息及问题,根据这些内容对学生进行引导教育能更好地促进学生全方面发展。

(二)学生全方位、多视角参与学习

民主型领导方式中的"民主"十分重要,以学生为主创设的物理教学情境不能一开始就是理论讲授,这会形成枯燥的理论学习情境,从而引起部分学生的厌学情绪[4]。此外演示实验等以学生视觉刺激为主的教学方法在一定程度上能够吸引学生的目光,但由学生自己参与实验实际上能更直观地让学生体验到物理的乐趣。

教师可以增加学生实验等教学环节在课堂中的比重,学生在过程中受到的感观刺激更多,对于该物理知识点的印象也就更深刻。教师不应该一味地担心学生会在实验上浪费太多时间而对理论的学习造成影响,或者实验室器材会损坏等问题。教师可以在实验之初,首先强调实验仪器的生产制造过程,引导学生爱护仪器设备,强调科学研究过程的严肃性和科学性,以及实事求是的重要性[3]。在学生做实验的同时教师可以进行巡视,不断观察、纠正学生的问题,对于学生不懂的点进行补充说明,加强实验与理论知识的衔接。

(三)师生共同创设情境教学

笔者调查中发现中学物理情境教学主要为教师创设相关教学情境,然后由师生共同参

与。那么能不能由师生共同创设情境,或是由学生创设情境后再由师生共同探讨呢?答案肯定是"能",民主型领导方式发扬教学民主,鼓励集体活动,培养学生的合作意识。

首先,师生共同创设物理教学情境,能激励学生主动思考如何创设情境,培养学生独立思考的习惯以及物理思维能力。其次,教师能在平常教学中发现新的教学闪光点。教学过程中教师与学生的视角并不相同,教师在反复讲解知识的同时会产生倦怠感,学生"突发奇想"的发言会激发教师的思考,也能引用到接下来的教学中,让学生与老师共同成长。最后,学生与学生之间隔阂少、共同话题多,由学生自己创设的情境更能激起学生参与其中的欲望,能很好地培养学生信息共享与合作的意识。

五、具体实例分析

黄冈市 Q 中学初二的方老师在"机械效率"的课堂中,对于通过有用功、额外功、总功计算机械效率的教学部分,创设了学生通过三种不同的方法将 100 N 的沙子搬上三楼的情境问题进行教学,图1、2分别为课堂教学过程以及创设的情境问题。

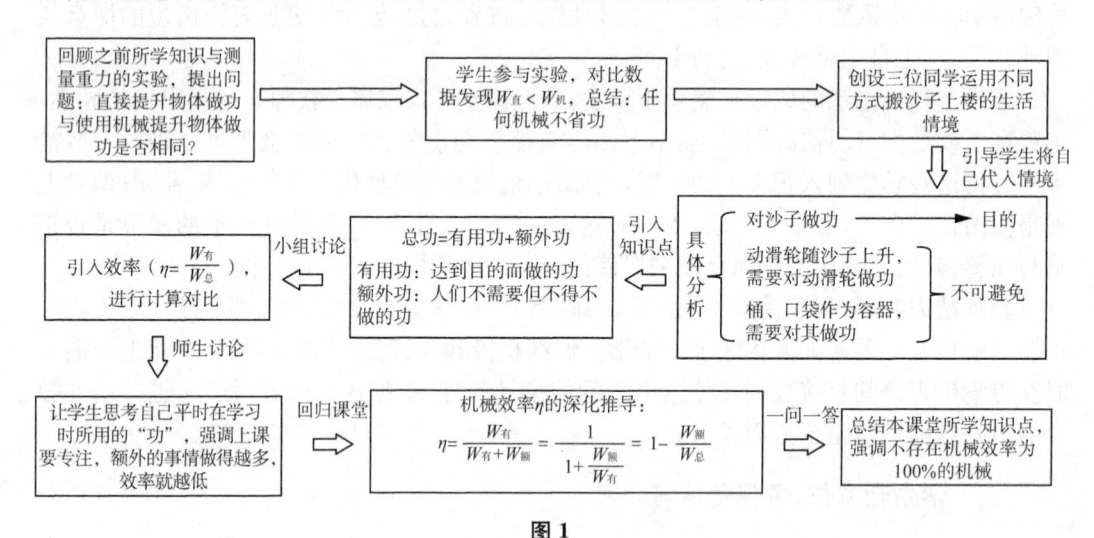

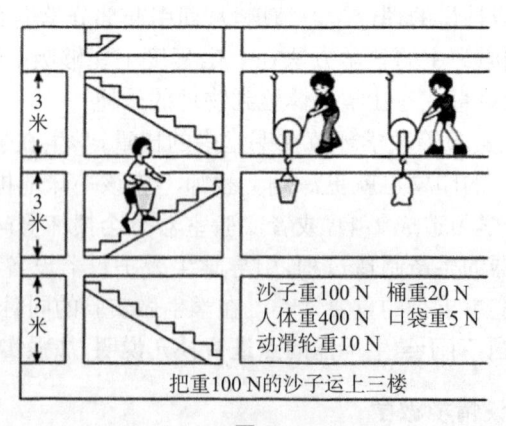

图 1

图 2

在该课堂中,方老师以学生为中心,创设了与生活息息相关的情境,运用了民主型领导方式,注重学生的情感体验,提高了学生的参与度,培养了学生的学习兴趣。学生能积极主动地投入学习,课堂中既有师生问答、小组探究,也有学生自己创设情境代入自身的思考。问题贴近生活、有趣,学生好奇心强,敢于发表自己的观点。这些都是民主型教师领导方式的极好体现,而无论是搬沙子上楼、学习中的效率,还是学生自己讨论、思考生活中的"功",都符合情境教学的真实性、教育性、适切性原则,锻炼了学生对于现实中问题的应变能力[4]。

六、总结展望

在义务教育物理课程标准背景下的今天,倡导物理教学中情境教学以及民主型领导方式的运用,这种教学模式极具价值,不仅仅是师生之间教育知识的讲授,在民主型教师领导方式下,教师采用灵活多变的教学方法,通过与学生设置与不同的情境问题,提升学生的情感体验,学生在投入学习的同时能更好地体验生活、感受知识在实际生活中的运用,架起物理课本知识与生活实践的桥梁,在体验中学到更多。以期创建"师生相处轻松,学生参与度高,教学效果佳"的课堂。

(黄冈师范学院　物理与电信学院　荣　瑾　祁　翔　王小兰)

参考文献

[1] 雷琦.浅谈创设物理教学情境对提高初中物理教学效率的作用[J].天天爱科学(教学研究),2021(12):171-172.
[2] 毛晋平.教师领导方式对学生责任心养成影响的比较研究[J].教师教育研究,2018,30(05):61-65.
[3] 张飞鹏.以学生为中心的情境模式教学实践:以《大学物理实验》课程为例[J].广西民族师范学院学报,2018,35(03):139-141.
[4] 莫美路.中小学教师的课堂领导方式对学生创造性问题解决的作用机制[D].华中师范大学,2016.

"双减"下初中教师工作现状研究

——基于对湖北省部分市区初中教师的调研分析

摘要："双减"政策的提出对教师以及教学提出了新的要求。本文对湖北省部分中学一线教师工作进行问卷调查和对部分教师、家长进行专访，调查显示教师在"双减"实施后工作压力增大、教学出现两难问题、城区学校和乡村学校教师针对政策工作情况呈现出不同等现象，教育教学迎来了新的挑战。据此，提出教师工作精简与待遇提升、"双减"实施城乡区别化以及深化考试招生改革等建议。

关键词：双减；教师；教学；初中

引言

初中教师作为"双减"落实工作的主要负责人，在减负的同时要保证升学质量，更要注重育人培养，这对所有初中一线教师都是挑战。及时了解"双减"在实际教学中的落实情况以及对教师工作和生活的影响将有利于推动"双减"政策的有效实施。而通过对相关文献阅读发现"双减"政策研究主题主要聚焦于以下三类：一、"双减"政策背景下的作业设计，关注作业设计的有效性、作业形式的创新以及校本化作业的开发，并且提出相应的实施策略。二、"双减"政策背景下的课后服务实施，分析课后服务实施困境，如课后服务形式不佳、师资力量匮乏以及家长等群体对课后服务认知偏差等，从而提出构建多元课后服务形式以及家校协同等优化策略。三、"双减"政策背景下的课堂教学，提出教学注重效率，以育人为目标的同时，也要帮助学生对知识的理解与掌握，强调实施应教尽教策略。然而，以上研究较少关注政策下初中一线教师的工作情况，作为"双减"政策下的主要参与者，教师的工作状态、心理以及情绪等方面决定了改革的实施效果。因此，本研究对湖北省2市6所中学进行教师工作问卷调查以及教师专访，力图了解"双减"政策下初中教师工作现状以及需求，并根据教师的发声试图提出自己的见解和思考，促进"双减"政策的长远发展。

一、研究方法与对象

（一）研究方法

本研究采用问卷与访谈相结合的方法，虽然本问卷答案设计属于非量表题，但通过问卷内容效度评价即以文字形式进行描述，信效度依然能够确保。具体如下：本问卷设计由笔者、一线教师以及教授学者等共同编制，问题设计较为符合教师教学情况。在问卷正式发放前进行预测试以及修改，受到受访者、教授学者等的肯定。内容主要包含6个板块，即教师基本信息、"双减"政策的了解程度、课后服务、作业布置、教学安排、工作面临的新问题。随后邀请4名教师与4名家长参与深入访谈，访问活动采取电话联系和微信沟通的方式。教师访谈主要针对问卷反映突出的问题及教师对教学现状的想法感悟以及家校沟通中出现的问题展开探讨。家长访谈主要针对家长对教师工作情况的看法进行讨论。具体信息如表1所示。

表1 研究方法和步骤

研究方法	研究人数	各方法实施时间	时长	实施方式
问卷调查	126人	2022.5.16	2022.5.16—2022.6.10	电子问卷
教师访谈	4人（男1人；女3人）	2022.6.12	2022.6.12—2022.6.13	微信与电话形式
家长访谈	4人（男2人；女2人）	2022.6.15	2022.6.15—2022.6.16	微信与电话形式

（二）研究对象

为深入了解"双减"政策实施后初中教师工作现状，2022年5月，本研究对湖北省内武汉、鄂州城乡共6所学校126名初中教师进行了问卷调查，共回收有效问卷126份。调研对象基本信息如表2所示。

表2 教师的基本信息

	类别	人数	比例
性别	男	43	34.13%
	女	83	65.87%
所教科目	语文	37	29.37%
	数学	31	24.60%
	英语	25	19.84%
	其他课程	33	26.19%
教龄	三年以下	31	24.60%
	三到五年	25	19.84%
	五到十年	17	13.49%
	十年以上	53	42.07%
职称	正高级	4	3.17%
	一级	54	42.86%
	二级	41	32.54%
	三级	2	1.59%
	未评级	25	19.84%

二、研究发现

下文从"双减"政策了解程度、课后服务、作业布置、教学安排以及工作面临的问题等方面进行总结分析。

(一)"双减"政策了解程度

如表3所示,教师对"双减"政策的了解程度较高。究其原因,通过访谈得知,访谈教师在"双减"政策颁布后,学校组织教师对政策内容进行了系统学习。

表3 教师对"双减"政策的了解程度

选项	小计	比例
不了解	0	0%
不太了解	3	2.38%
了解	93	73.81%
很了解	30	23.81%

(二)教师课后服务

"双减"政策表明学校要组织开展好课后服务教学工作,保证课后服务质量以及不得占用课后服务时间上新课。因此,受访学校都开展了课后服务。

表4 教师承担的课后服务任务(多选题)

选项	小计	比例
指导学生在教室写作业,查缺补漏	106	84.13%
给学生上兴趣特长班	25	19.84%
督促学生进行课外阅读	62	49.21%
为学有余力的学生做个性化辅导	63	50%
讲新课	5	3.97%
评讲作业或试卷	45	35.71%
带领学生活动或做游戏	23	18.25%
其他	8	6.35%

上表反映教师课后服务主要用来指导学生完成作业,查漏补缺,有50%的教师会为学有余力的学生做个性化辅导即针对性辅导。除此之外,也有一部分教师会利用课后服务评讲作业或试卷以及讲新课,但培养兴趣特长的比例较少。究其原因,有教师反映:

摘要1

"教学安排很紧凑,课时不够只能占用部分课后服务时间讲新课,并且专业教师对学生兴趣培养的数量不足,农村学校家长也不太支持学生兴趣培养。"(王老师,微信访谈,2022.6.12)由此可见,实际教学中部分教师承担的课后服务并没有真正起到培养学生兴趣爱好的作用。

表5　教师每月课后服务参加人数及课后服务给教师带来的影响

选项	小计	比例
0次	1	0.79%
2—4次	41	32.54%
5—8次	26	20.63%
8次以上	58	46.03%
更了解学生,与学生更亲近了	40	31.75%
学生成绩有所改观,感觉更有成就感	11	8.73%
增加工作量,但在可承受范围内,没有太大负担	49	38.89%
上班时间延长,影响个人休息和家庭生活	26	20.63%

上表反映教师每月参加课后服务次数较多。大多数教师认为课后服务对个人的影响在可承受范围内,甚至会有积极影响,比如拉近了师生间的距离,提升了学生学习成绩。但在访谈中,也有部分教师谈到工作时间的延长导致下班推迟,给生活带来一些不便。

(三) 教师作业布置

"双减"减少学生作业量以减轻学生的学业压力,这就要求教师的作业布置要整体统筹,优化作业类型。表6、表7说明"双减"对校内作业内容和数量的影响较为有限,主要体现在初中阶段有较为明显的减负。但教师作业布置仍受到应试的影响。究其原因,有教师反映:

摘要2

"现在学生的升学压力比较大,而且教学时间紧,教研工作安排不到位,无法做到完全集体教研设计作业。其实老师知道政策的意义,但是升学压力仍然是教师主要考虑因素。"(李老师,微信访谈,2022.6.13)

据此,作业布置方式还有待改善,针对此现象,学校应将作业设计纳入集体教研的重要内容,充分开展集体备课的团队协作,加强教师之间和学科之间的互动沟通,切实提高作业质量。

表6　"双减"政策实施后,教师设计布置作业的方式(多选题)

选项	小计	比例
主要布置教材上的作业	69	54.76%
主要依据教辅材料布置作业	69	54.76%
依据考试需要布置作业	42	33.33%
教研组集体研讨设计作业	62	49.21%

表 7 "双减"政策实施对作业内容的选择产生怎样的影响

选项	小计	比例
所讲内容不变,所以作业基本没有变化	3	2.38%
时长有限制,减少作业量,有一点变化	29	23.02%
明白政策的意义,但考虑到升学因素,还是按照升学要求布置作业	31	24.6%
重新审视作业的功能,集体研讨作业内容与形式,更加科学、系统	63	50%

(四)教师教学安排

"双减"政策实施后,受访学校在教师教学安排上有一定的变化,对教师课堂教学有一定影响(表 9)、原本测试的课堂时间现在用于作业讲解和上新课(表 10)以及教师工作安排变化体现在提高作业设计质量以及课堂教学效率上(表 11)。

表 8 "双减"实施后对教师教学工作的影响

选项	小计	比例
课堂教学过程	18	14.29%
课后作业的布置和设计	65	51.59%
课后辅导	32	25.4%
家校沟通	4	3.17%
没有太大变化	7	5.56%

表 8 所示"双减"实施后,有 14.29% 的教师认为教师教学工作在课堂教学过程这一部分有较大的影响和变化。具体表现,有教师反映:

摘要 3

"我们学校颁布了 2022 年春减负措施,对教师的工作安排做了具体要求。"(陈老师,微信访谈,2022.6.13)

摘要 4

"我们中学组织了全体教师学习全市中小学双减和五项管理应知应做内容一览表。"(李老师,微信访谈,2022.6.13)

从教师学习文件可以看出教师教学工作影响在课堂教学重点上有着较详细的要求。

表 9 "双减"后测试的课堂时间现在用于

选项	小计	比例
教学内容的进一步拓展讲解	49	38.89%
继续按照原有进度上新课	10	7.94%
作业分析讲解	59	46.83%
其他	8	6.34%

"双减"要求考试次数减少,课堂测试时间多用于作业分析讲解以及教学内容的拓展,

这将有利于学生知识的消化和积累,拓宽学生的学习深度。究其原因,有教师反映:

摘要5

"现在测试时间减少了,可以通过作业讲解来反映学生知识掌握情况,帮助学生回顾学习内容。但有时课时不够也会上新课。"(陈老师,微信访谈,2022.6.13)

表10 "双减"实施后,教师工作安排的变化(多选题)

选项	小计	比例
工作分为课内和课后,课后服务为教师考评的重点	51	40.48%
注重教研与课堂效率,减轻学生课后学习负担	106	84.13%
积极开展课外活动,丰富学生课余生活	85	67.46%
提高作业质量,控制作业量	114	90.48%

"双减"后无论是作业布置,学生课外活动安排,教研以及课后服务考评对教师都有新的要求。其中有许多教师认为工作安排变化主要体现在提高作业质量和注重教研和课堂效率上。具体表现,有教师反映:

摘要6

"学校有制订双减劳动竞赛活动方案即教学公开课。比赛完后,针对教师的作业设计进行讨论分析,组织教师分享心得体会。"(刘老师,电话访谈,2022.6.12)

(五)教师工作负担

随着"双减"政策的实施,教师工作时间拉长,工作负担相应增加(表11),教师工作面临许多新问题,如课堂教学要求提高等(表12)。

表11 "双减"政策实施后,教师平均每周在校工作时间及工作负担

选项	小计	比例
40小时以下	14	11.11%
40—50小时	72	57.14%
50—60小时	33	26.19%
60小时以上	7	5.56%
有所减少	10	7.94%
明显减少	0	0%
基本没变	14	11.11%
有所增加	67	53.17%
明显增加	35	27.78%

如上表所示,教师工作时间平均每周大部分为40—50小时,有的甚至在60小时以上,属于超负荷工作。教师工作时间的拉长使得部分教师的工作负担增加也给教师的个人生活带来负担。

表 12 "双减"背景下,教师工作面临的新问题(多选题)

选项	小计	比例
集体教研备课时间减少了	30	23.81%
作业设计要求更高了	101	80.16%
提高课堂教学质量压力更大了	102	80.95%
教师工作时间拉长,职业倦怠感出现了	72	57.14%
其他	10	7.94%

如上表所示,教师面临的新问题有教学质量以及作业设计要求提高,甚至有部分教师出现职业倦怠感。究其原因,访谈了解到:其一,学生作业量减少,练习时间不够,知识无法巩固吸收,教学质量下降。学校要求一边抓教学质量一边减负,教师教学效果无法保证。其二,作业设计问题。学生作业量的减少就要求作业质量要少而精,并且作业形式有所创新,但这并不能保证每位同学能够通过少作业练习到位。其三,教师工作繁杂。在"双减"实施后,教师不仅要从事基本教学工作,还要疲于应付极其繁多的填表考级留痕工程。从访谈教师提出的教学难题可以看出,"双减"实施过程中出现了一些问题并且亟须解决以此来促进政策的健康发展。

(六) 教师与家长专访部分

1. 家校沟通

笔者对教师家校沟通情况进行了访问,访问的主要内容为"双减"后,教师在家校沟通中遇到的困难和看法。主要有以下两点:其一,家长对课后服务期望值过高,期望老师辅导作业与习惯培养并重。而老师表示课后服务要以辅导学生作业为主,学生行为习惯的养成要靠家校配合。其二,家长期望教学进度要适应学生的需求。教师表示教学进度无法关注到每一位学生,对有困难的学生愿意单独讲解。

2. 家长专访

这部分主要为了解家长对"双减"后,学校教师工作情况的看法和意见。

摘要 7

"以前老师找我说他作业不做,我年纪大了,他也不听我的,一点办法都没有。现在好了,他都在学校完成,老师还能教他,一点都不让我操心。"(李同学家长,2022.6.15)

但对于"双减"政策的看法,部分城市家长则较为焦虑。

摘要 8

"我知道这个政策对孩子有益,可是升学摆在那里呀。只有一部分的学生能够上高中,如果减少他的作业量,他学习放松了,成绩就下降了,毕竟考试的难度还是那样。"(孙同学家长,2022.6.16)

家长们对于课后服务的形式较为满意,但对于"双减"政策的实施大部分家长则表现为既支持又焦虑,支持教师对学生的作业辅导,焦虑升学考试不变的情况下,学生的学业压力依然存在,减负并不现实。

3. 教师的诉求

4位受访教师表达了一样的诉求。其一，建立弹性上下班的合理轮休制度。其二，组织教师培训。其三，制订规范的作业评价尺度。从访谈教师诉求可以看出，"双减"政策实施后，教师一方面希望能够有机会进行培训，提高自身工作能力，另一方面希望能够有合理的休息时间，工作能够有一定的自主权。

三、对策建议

(一) 教师工作精简与待遇提升。

教师实际工作时间远超8小时，长期以校为家，工作与生活边界趋于模糊，进而导致教师工作压力增加，身体与心理受到极大影响。针对以上情况提出以下建议。其一，学校增加教辅人员参与到教学活动中。如为符合条件教师配备实习生、鼓励行政人员以及后勤人员等参与到课后服务中协助教师完成部分工作。其二，社会要为学生提供多种学习资源与渠道，如少年宫、社区、博物馆等利用周末以及节假日时间开展书法、话剧、绘画等多种活动，帮助学生多渠道学习，从而减轻学校教学育人双管齐下的压力。

(二) "双减"政策实施要城乡区别化，不能一刀切。

区域的差异性会影响政策的执行力。通过调查发现，"双减"政策实施后，课后服务虽然减轻了家长压力，但对教师要求却有所提升。农村教师身兼数职，教主课的同时需兼职音乐、美术等课程。教师教学期间以文化课为主，主抓成绩，从而忽略素质培养。究其原因，师资力量不够，乡镇学生基础知识薄弱。教育部门在注重多学科教师引进的同时，注重城乡区别化实施。如乡镇学生素质培养聚焦于自然知识的熏陶，充分利用本土资源为学生构建学习平台。鼓励乡镇学校致力于校本课程的开发，利用学生所处环境进行教学引导。

(三) 深化考试招生改革，缓解教师升学负担。

程晓堂指出面对"双减"政策，大规模高利害考试应该通过命题改革来缓解考试给学生带来的过多压力，从而在一定程度上减轻学生学业负担。考试工作做好了，可以缓解与考试有关联性的应试压力和社会压力，进而为减轻学业负担创造条件。考试招生制度的改革在一定程度上也会影响着教师教学工作重心。在"双减"政策背景下，针对这一情况，教育部门也应适时对升学考试作出适当的转变和调整。如录取方式可根据成绩以及综合表现得分择优录取等，转变唯分数论的现象。

通过此次调研发现，"双减"政策实施后，教师的教学工作有着或大或小的变化，教师也遇到了各种各样的困惑和难题。百年大计，教育为本；教育大计，教师为本，应该要了解教师的工作现状并加以分析以找出解决之道来帮助政策更好地进行。

(黄冈师范学院　外国语学院　李　好　叶　薇)

世界性与民族性双重变奏下的晚清外语教育与当代价值[*]

摘要：晚清时期，中国外语教育在面对外部压力与内部变革需求时，展现出世界性与民族性并存的鲜明特点。世界性体现在与世界接轨的追求上，民族性则体现在教育者的身份认同和维护民族文化的文化自觉方面。这种世界性与民族性的融合，深刻影响了晚清外语教育的政策导向、内容设置及教学方法，为现代外语教育改革提供了宝贵的借鉴与启示。晚清外语教育的历史经验表明，当代外语教育需超越单纯的语言技能传授，更加重视培养学生的中国情怀、跨文化交流能力以及国际视野，从而肩负起向世界讲好中国故事的重任。

关键词：晚清外语教育；世界性；民族性

一、引言

随着全球化的加速推进，外语教育的重要性日益凸显。它不仅关乎个人职业发展和文化交流，更是一个国家参与国际竞争、提升国际影响力的关键工具。然而，外语教育并非一成不变，它受到历史、文化、社会等多重因素的深刻影响，在不同时代展现出不同的特色。作为中国历史上一个特殊而重要的阶段，晚清时期的中国正面临着西方列强的武力挑战和文化渗透，这一时期的外语教育便呈现出独特的世界性与民族性双重特征。

晚清外语教育的兴起与发展是近代西学东渐背景下一个极度曲折和坎坷的过程，是以"西学中源"为认知起点，以"中体西用"为实践逻辑的教育运动，也是捍卫"中国固有之道"的一种反现代化思潮的折射。语言作为文化的一种载体，是人们理解、传递、交流文化的关键工具。因此，外语教育在某种程度上象征着对异国文化的理解与尊重。晚清时期，西方列强的入侵和不平等条约的签订使中国逐渐沦为半殖民地半封建社会。在这一背景下，外语教育作为对外开放、学习西方的重要途径，成为部分先驱者在新旧交错的历史浪潮中探索自我救赎的途径之一。先驱者们意识到外语不仅是与西方列强交流的主要工具，更是获取西方科学技术知识的重要渠道。通过与西方的交流与学习，可以获取先进的科技知识和文化理念，进而获取与世界各国进行平等对话和交流的机会，并最终实现国家的自立自强。但也有有识之士认为"学洋人者势必愈尊洋人"，担心年轻一代学习外语会影响他们对中国传统文化的尊重和信仰，主张在教育中加强对古代经典的学习以"陶铸国

---

[*] **基金项目**：本文为湖北省教育厅2021年度哲学社会科学项目《世界性与民族性双重变奏下的晚清外语教育与当代价值》(21G153)的研究成果。

魂",体现了当时外语教育的民族性特征。虽然他们的立场在当今看来可能过于保守,甚至有阻碍进步的嫌疑,但他们的忧虑和反思也为我们今天思考中西文化交流和冲突提供了重要的参考。

通过对晚清外语教育双重变奏特点的深入研究,我们能够更加全面地了解当时外语教育的实际情况与发展动态,进而从中提炼经验教训,为当代外语教育的发展提供宝贵的借鉴与启示。此外,尽管晚清时期已远去一个多世纪,但外语教育的重要性和挑战性仍不言而喻。在全球化的大背景下,当代外语教育肩负着培养具备语言技能、文化素养、国际视野及跨文化交际能力人才的重要使命,同时更要注重引导学生弘扬中华文化,增强文化自信。深入研究晚清外语教育的双重变奏特点及其当代价值,不仅有助于我们为当代外语教育的发展提供新的思路和方向,更能推动外语教育在全球化进程中发挥更加关键的作用。

二、晚清外语教育的政策变迁

回顾晚清时期外语教育政策的发展变迁,以鸦片战争、洋务运动和甲午战争等历史事件等为关键节点和重要标志,可将其分为三个阶段:

(一)鸦片战争时期(1840—1860年)

1840年,第一次鸦片战争爆发,中英双方缔结了《南京条约》。依据此约,英国政府取得了五口通商、关税协定、领事裁判权以及最惠国待遇等诸多特权,中国的大门因此被强行敞开。利用这一连串不平等条约赋予的权益,西方教会势力纷纷派遣人员来华,争相设立教会学校。至1860年之前,仅基督教新教便在我国香港、广州、厦门、福州、宁波、上海等城市建立了五十余所各类学校,拥有上千名学生,其影响力日益显著。这些教会学校主要集中在沿海开放口岸城市,通常使用英语作为教学语言,旨在满足与西方列强交流的需要,以及基督教传教士与中国民众之间的沟通。教会学校的外语教学为后来的外语教育奠定了基础,如由英国伦敦传教士马礼逊(Robert Morrison)和米怜(William Milne)于1818年创办,1843年搬来香港的马六甲英华书院面向华人招生,书院的教学内容涉及圣经故事、西方科学、法律和商业等知识。通过这所书院,西方传教士不仅传播了基督教,还促进了中西文化的交流,对中国近代教育和语言文字的发展产生了深远的影响。英华书院的创立,反映了当时中国与西方接触日益增多,以及西方文化和教育开始影响中国的背景。但是,这一时期外语教育资源的匮乏和教学方法的落后也限制了外语教育的普及和深化。

(二)洋务运动时期(1861—1894年)

洋务运动期间,为培养翻译人才、外交官和技术专家以支持国家的现代化和自强运动,清政府开始将外语教育与军事、工程和技术等专业学科教育相结合。同治元年(1862年),恭亲王奕䜣等奏请开办"同文馆","意在通晓各国语文,俾能自读外国之书,一以储交涉之才,一以备各学校教习各国语文之选,免致永远仰给外国教师"。同文馆的设立标志着中国开始系统地引入西方语言教育,尤其是英语教育,以适应时代的需求和挑战。同文馆聘请了专业的外籍教师，这些教师不仅带来了先进的教学理念和方法，还为中国学生提供了直接接触和学习外语的机会。同时，同文馆编纂的《英文举隅》《英字指南》和《英文话规》等教科书，不仅作为学习英语的重要工具，也成为中西文化交流的重要媒介。此外，晚清时期还出现了其他一些重要的教育机构，如1866年左宗棠在闽局附设的"求是堂艺局"，1880年李鸿章在天津设立的天津水师学堂，以及1893年张之洞在湖北武昌创办的自强学堂等。这些学堂的外语教育内容也更加丰富多样，除了英语外，还开设了英语、法语、德语等外语课程，课程设置以实用为主，注重口语和翻译能力的培养。通过这些学堂，中国开始逐步打破传统的教育模式，引入西方的科学知识和文化，培养了一批具有国际视野和外语能力的新型人才，为中国的现代化和对外开放奠定了基础。

这一时期外语教育观念打破了中国传统的文化观念，改变了国人轻视科学技术的态度，也为后来的外语教学提供了新的思路。虽然他们的努力和付出，并没有阻止西方列强的侵略，也没有改变中国的落后状况，但他们的探索无疑为后来的教育改革和科技发展，积累了宝贵的经验和启示。

（三）甲午战争后时期（1895—1911年）

甲午战争后，中国社会对外语教育的需求进一步增加，外语教育政策和实践进入了一个新的阶段。1904年颁布的《奏定学堂章程》（又称《癸卯学制》）要求"中学堂以上各学堂，必勤习洋文"，外语成为各级学堂的必修课程，标志着外语教育的官方地位的确立。这一时期留学教育兴起，越来越多的中国学生有机会到国外学习外语和专业知识，这也进一步推动了中国外语教育的发展。例如译学馆前后分四次共派出50人前往八个国家留学，其中英国9人、法国14人、俄国3人、德国5人、比利时3人、奥地利1人、美国6人、日本9人。铁路工程师詹天佑、飞机设计师冯如、驻日钦使汪凤藻等均是留学生中的佼佼者。这些留学生在国外接受了良好的外语教育和学科教育，回国后成为推动中国现代化的重要力量，在中国刚起步的海关、铁路、邮电、矿业等企业和外交、教育、海军建设等方面作出了较大的贡献。同时，外语教育开始向内地和边疆地区扩展，中国本土外语教师培养也从蹒跚起步走向制度化和专业化，形成了更为广泛的外语教育网络。

三、晚清外语教育的世界性与民族性的双重变奏

晚清时期的外语教育实质上是在中西文化、传统与改革、开放与封闭的矛盾冲突中探索一条符合中国国情的教育发展之路，晚清时期的外语教育政策的变迁过程也深刻反映了这一特征。面对外来文化的涌入，晚清外语教育政策试图解决的核心问题始终是如何平衡外来文化与本土传统的关系，纠正西方经济发展与道德沦丧之间所存在的二律背反现象，从而在引进外来先进文化的同时，保持本土文化的独特性和道德底线。改良主义先驱人物冯桂芬在提出"中体西用"的指导思想时，就主张要"以中国之伦常名教为原本，辅以祖国富强之术"，这体现了外语教育的民族性特征。这种民族性特征，既是中国传统文化在外语教育中的自然延续，也是中华民族在面对外部冲击时自我意识的觉醒与强化。

(一) 世界性的引入与适应

晚清时期,国际形势发生了深刻而复杂的变化,西方列强的崛起和扩张成为晚清国际形势的重要特征,对中国产生了深远的影响。这一时期,世界正处于资本主义的快速发展和帝国主义扩张的阶段,各国之间的政治、经济、文化联系日益紧密,同时也伴随着激烈的竞争和冲突。工业革命后,西方国家凭借强大的经济实力和军事力量,开始在全球范围内进行殖民扩张和资源掠夺。晚清的中国作为一个封建王朝,自然成为他们眼中的"肥肉"。西方列强通过签订一系列不平等条约,在中国获得了包括割地、赔款、通商等诸多特权,使中国开始意识到与外界接轨的紧迫性。冯桂芬曾指出闭关锁国的清政府有"四不如夷":"人无弃才,不如夷;地无遗利,不如夷;君民不隔,不如夷;名实必符,不如夷。"例如1858年清政府与英国签订的《天津条约》的第五十款对于条约的语言作出如下规定:"嗣后英国文书俱用英字书写,暂时仍以汉文配送,俟中国选派学生学习英文、英语熟习,即不用配送汉文。自今以后,遇有文词辩论之处,总以英文作为正义。"上述条款内容使得清政府丧失了中西语言平等的权利,也意味着如果中国没有懂得英语的人才,一旦出现争议,以英文本为准的规定必然会让中国在外交活动中吃亏。在这种背景下,对外语教育的需求变得尤为迫切,特别是英语教育,成为中国与世界接轨的重要途径。

当然,晚清时期的外语教育并非单纯地为了学习西方语言,而主要集中在培养能够适应国际交流、商贸往来以及外交需要的外语人才。例如张之洞提出的"今欲强中国,存中学,则不得不讲西学",深刻揭示了外语教育在"师夷长技以自强"战略中的核心地位。晚清新式学堂和留学生项目的设立,标志着中国近代教育改革的起步。这些举措不仅培养了大批精通外语的人才,为当时的外交活动提供了有力支持,更为中国了解和学习西方社会提供了重要途径。通过外语教育,中国得以打开一扇观察世界的窗户,逐渐融入全球化的进程。这种实践精神和开拓精神不仅使中国的外语教育得到了飞速的发展,也为中国的现代化进程提供了强大的语言支持,至今仍值得我们学习和借鉴。

(二) 民族性的坚持与融合

尽管晚清外语教育强调与世界的接轨,但民族性的特征仍然十分明显。一方面,外语教育并未完全摒弃中国传统文化,而是试图在新旧知识之间找到平衡。例如,上海广方言馆等教育机构在教授外语的同时,也强调对中国古典文化的学习,体现了"中体西用"的教育理念,蕴含了对民族文化的尊重和自信。另一方面,外语教材和教学方法在一定程度上融入了中国的文化元素,使得外语教育与中国的国情和文化传统相适应。例如,《英语集全》是一部用广东方言编著的英语学习书籍,其中收录了大量与中西商贸文化相关的词汇,满足了当时中国社会对实用外语技能的需求,为早期西学东渐之重要经典。严复的《英文汉诂》是专门为国人学习英语使用的教科书。《东语正规》不仅教授日语语法,也注重中国传统道德教育的民族性特征。

此外,由于这一时期的外语教育者大多是深受传统文化熏陶的士人,因此尽管当时的外语教育大量借鉴了西方的教育模式,但在具体实施过程中,他们仍然坚持"中学为体,西学为用"(简称"中体西用"),以此培养既懂西方科技又具有中国传统文化素养的复合型人才。外语教育者们通过外语教育这一特殊途径,向学生们传递着民族文化的精髓和价值观念,帮助他们形成正确的文化观和世界观,体现了教育者的身份认同和文化自觉。这种身份认同和文化自觉,使得晚清外语教育在传播西方文化的同时,也保持了鲜明的民族特色。

(三)双重变奏的实践与挑战

晚清时期的外语教育培养了一大批翻译家、外交官等外语人才,这些人才在推动中国近代化进程中发挥了重要作用。例如严复和林纾等翻译家不仅通过翻译西方经典著作介绍了西方的科学、哲学、政治和法律等知识,而且通过翻译活动促进了中西文化的交流。最重要的是,他们还在翻译过程中有意识地将中国文化的元素和价值观融入其中。严复在翻译《天演论》(原书名《进化论与伦理学》)时,不仅传达了达尔文的进化论思想,还结合了中国传统的儒家思想,尤其是"天人合一"的哲学来阐述自然和社会的进化。林纾在翻译《巴黎茶花女》时也加入了自己的文化解读和道德评价。

但是,晚清外语教育的双重变奏在实践中面临着多重挑战。一方面,外语教育资源的匮乏、师资力量的不足以及教学方法的落后限制了外语教育的普及和深化。另一方面,晚清时期关于是否要学习外语、如何学习外语,以及学习外语可能带来什么样的影响,存在着大量的争议和冲突,这些冲突不仅反映在人们对英语教育的看法和实践中,更体现在他们对西方科技、社会制度和文化价值观的理解和接受程度上。如何在吸收外来文化的同时保持民族文化的连续性和独特性,成为教育者和政策制定者必须面对的问题。

魏源曾提出:"欲制外夷者,必先悉夷情始;必先立译馆,翻夷书始。"显而易见,他认为外语不仅是获取科技资讯的重要工具,也是国际交流的通行证。但当时也有一些保守人士更关注西方文化对中国社会的消极影响,要求只能以"中学包罗西学",不能以"西学凌驾中学"。因此,他们对于外语教育的态度比较谨慎甚至是抵触,认为"同文馆延聘夷人教习正途一事",是"上亏国体,下失人心"的行为。为防止科举正途学生学习外文而"误入歧途",他们极力阻止外语学堂招考学生、招聘教师等,并给他们的教学管理施加很大的压力。官至驻外公使,曾任光绪帝英文教师的张德彝曾教育其子孙:"国家以读书能文为正途……余不学无术,未入正途,愧与正途为伍,而正途亦间藐与伍。人之子孙,或聪明,或愚鲁,必以读书为要务。"张德彝所说的"读书能文"是指为科举考试而学习,在这种思想的影响下,不少同文馆学生口读洋文、而心在八股,尤其在科举临近时,几乎放弃外语及馆内其他课程学习。这些冲突无疑为晚清时期的外语教育的普及与推进增添了复杂性与挑战性。

四、晚清外语教育的当代价值

晚清时期的外语教育不仅为中国的现代化进程奠定了基础,而且对当代外语教育政策的制定、国际化人才的培养以及民族文化的弘扬与文化自信的增强都有着深远的影响。

(一)对当代外语教育政策制定的启示

晚清时期的外语教育政策是在特定历史语境下孕育而生的,其紧迫性和实用性为当代外语教育政策的制定提供了深刻的历史镜鉴。当时,外语教育的兴起是出于应对外部势力挑战、培养能够与国际社会有效沟通的专门人才的现实需要。这种以实用主义为核心的教育导向,凸显了外语教育在维护国家权益、推进对外交流中的战略地位。

进入当代,全球化与信息化的浪潮汹涌澎湃,对外语教育政策提出了新的时代要求。外语教育政策的制定,不仅要紧密围绕国家发展的核心战略,如推动经济结构的优化升级、增强国家的国际竞争力与文化软实力,更应顺应全球化进程中日益频繁的国际交流与合作的趋势。这要求我们在制定外语教育政策时,必须全面考虑国家战略需求与全球化背景下的国际互动需要。具体来说,外语教育应致力于培养具备跨文化沟通能力、开阔的国际视野以及创新精神的复合型人才。这就要求外语教育不仅要强化英语等主流语言的学习,还应拓宽语言学习的广度,纳入法语、西班牙语、阿拉伯语等多种国际通用语言,以满足与不同国家和地区的交流需求。

(二) 对培养国际化人才的借鉴意义

晚清时期的外语教育以其鲜明的实践性和应用性为特点,不仅注重学生语言知识的学习,更重视跨文化交际能力的培养。通过模拟外交谈判、出国留学等实践活动,学生得以增强跨文化沟通能力和处理国际事务的能力。这种实践为手段的教育方式,对当代培养具备国际视野和跨文化交际能力的人才具有重要的启示和借鉴意义。

在当代外语教育中,我们应充分借鉴晚清时期外语教育的实践性教学方法,将其作为培养国际化人才的有效手段。具体而言,学校应加强与国际教育机构的合作,通过实施学生和教师的国际交流项目,拓宽学生的国际视野,增进对多元文化的理解和尊重。同时,外语教师也应积极探索创新教学方法,如项目式学习、情景模拟等,以提升学生的实践能力和适应国际环境的能力。此外,晚清时期的外语教育还强调语言技能与专业知识的结合,这一理念在当今时代仍具有极高的价值。随着国际交流的日益频繁,对既懂外语又具备专业背景的人才的需求日益迫切。因此,外语教育应与专业教育紧密结合,通过跨学科的课程设计,加强外语教学与经济、法律、科技等专业领域的融合,培养出更能够在国际舞台上发挥关键作用的专业人才。在培养国际化人才的过程中,我们还应注重培养学生的全球公民意识,鼓励学生积极参与国际志愿服务、文化交流等活动以增进对不同文化和社会的理解和尊重,从而成为具有社会责任感和国际视野的全球公民。晚清时期的外语教育对师资质量的重视也值得我们深思。在当今时代,外语教师的专业发展同样至关重要。我们应提供持续的培训和国际交流机会,以提升教师的教学能力和国际视野,确保外语教育的质量和效果。

(三) 对弘扬民族文化与增强文化自信的作用

晚清时期的外语教育,在应对外来压力的过程中,不可避免地卷入了中西文化的交流与碰撞的旋涡之中。尽管这一时期的外语教育以学习外国文化为主轴,但并未忽视对民族文化的传承与弘扬。相反,通过外语的学习与实践,人们得以更深刻地认识本民族文化的独特性和价值,进而增强了文化自信。这种文化自信,不仅有助于捍卫国家的文化安全,更推动了民族文化在国际舞台上的传播与交流。

当代外语教育早已超越了单纯语言技能传授的范畴,在弘扬民族文化、增强文化自信方面扮演着举足轻重的角色。借助外语这一桥梁,我们向世界传播中国文化,展示中国的历史积淀、哲学智慧、艺术魅力以及社会发展成就,推动民族文化走向世界,从而提升中国文化的国际地位与影响力。这种文化传播,不仅增强了国家的软实力,也促进了国际社会对中国文化的理解与尊重。这要求学生不仅具备扎实的语言基础,还需深入了解中国传统文化、现代文化及社会习俗,提升"用外语讲好中国故事"的能力,以便在国际交流中自信地展示中国文化的魅力。此外,外语教育还应与时俱进,充分利用网络平台进行文化传播,通过多媒体教学资源展示中国文化的丰富多样,文化传播更加生动、鲜活。

五、结论

晚清时期,中国面临外部势力的严峻挑战与内部社会变革的迫切需求,外语教育因此展现出独特的世界性与民族性双重特征。其世界性体现在广泛接纳西方语言与知识,通过外语教育这一桥梁,连接中西文化,促进知识的广泛传播。以上海广方言馆为代表的外语学校,不仅教授语言技能,还涵盖西方科学、法律和商业知识,培养出了一批兼具中西文化素养的复合型人才。这一教育模式凸显了中国对西方先进文化的积极借鉴,以及对国际交流的深刻认识。与此同时,晚清外语教育亦展现出鲜明的民族性。在"中体西用"的教育指导思想下,外语教育不是单纯的语言学习,而是与中国传统文化相结合,旨在培养能够代表中国、维护国家利益的人才。这种教育模式既满足了当时社会对外语人才的需求,又坚守了文化自信和民族自尊。

晚清外语教育的这些经验为当代外语教育改革提供了宝贵的历史借鉴。它提醒我们,在全球化背景下,我们应继续深化外语教育改革,推动外语教育的创新发展。当代外语教育应结合我国文化背景和实际需求,不断创新教育制度和教学方法,以适应时代的发展。为此,我们应从多方面着手推进外语教育改革。首先,加强外语教育的顶层设计,制定符合国情和时代需求的外语教育政策。其次,注重民族文化的融入,培养学生的文化自信和爱国情怀。再次,优化外语课程设置和教学内容,注重培养学生的语言技能、跨文化交流能力和国际传播能力。最后,加强师资队伍建设,提升教师的专业素养和教学水平。此外,利用现代信息技术如人工智能、虚拟现实等创新教学手段,提高教学效率和学习体验。

(黄冈师范学院　外国语学院　谢春林)

混合式学习师生话语共同体的构建*

摘要:构建混合式学习话语共同体是改善师生情感疏远、提升学习效率的重要课题。文章分别从话语共同体的语境、体裁和主体开展研究,认为物理与网络空间同构共生,师生对话要遵循话语逻辑、营造互补联通的场景事实。参照两种空间体裁的参与机制、话语模式和语步回合等,打造共同体多对多、多模态、多回合式新型体裁。师生必须具备陈述能力、移情能力和述情能力,才能形成有效对话,其中教师的述情话语要具有表演性、规范性和调适性。

关键词:混合式学习;话语共同体;同构共生;体裁

引言

混合式学习(Blended Learning)指在线和面授相结合的新型学习方式,它打破了传统学习中的共同地缘和知识权威,更强调师生依托物理与网络空间实现共同兴趣与意志的有机结合,因而混合式学习下的师生关系更具有共同体性质。斐迪南·滕尼斯指出:"共同体是持久的和真正的共同生活,社会不过是一种暂时的和表面的共同生活。因此,共同体本身应该被理解为一种生机勃勃的有机体,而社会应该被理解为一种机械的聚合和人工制品。"混合式学习师生话语共同体有物理与网络两种语境,它们既协作又碰撞,容易导致语境不稳定和师生相互理解困难。截至目前,学界对这一现象关注较少。师生话语共同体有一套稳定的交流机制、特殊文体与专有词汇。学界早在20世纪七八十年代就开始关注类似问题,如Bellack、Legarreta、Shapiro、Hernandez、Henzl、Chaudron等就对教师话语的数量、类型、话步、词汇和修辞等做了大量研究。近年来教师提问、反馈语、课堂话语回合等也成了关注的重点。尤其2010年以来,线上教学快速发展,直播教学话语及多模态教师话语等均成为研究的热门话题。但这些研究多以具有变动性与偶然性的课堂口语为主要研究对象,忽略了相对稳定的体裁;师生在话语共同体中是行动的主体,其身份与角色是在行动过程中动态互构的。而现有研究多是基于师生的固有社会角色与分工来探讨教师话语权、教师话语霸权的消解。而对于话语共同体而言,具体的话语交际能力远比先赋的身份与角色更为重要。综上,解决两种语境之间的矛盾,探索稳定的体裁模式,以及切实提升主体的交际行动能力是构建混合式学习师生话语共同体、提升学习效率亟待解决的问题。

一、打造物理和网络空间同构共生型语境

话语共同体产生于一定的社会环境与文化,维特根斯坦称之为"生活形式"。混合式

---

* **基金项目**:本文为湖北省高等学校省级教学改革研究项目(2022428)的研究成果。

学习有物理与网络两种语境,可分为语言逻辑层、交际者心理层、话语背景层三个层面。前者呈以教师为主导的中心化格局,话语具有较强的排斥性和情境性;后者是去中心化的,话语具有包容性和喻义性,两者共同构成话语共同体的双重语境。同构共生是指"两个系统之间在某些结构上具有相对的一致性或可相互借用的共同要素,且两者之间存在积极的相互依存关系,并通过相互影响形成新的结构,达到互利共生、共同发展的效果"[1]。打造同构共生型教学语境目的在于克服物理与网络空间差异、融通两种话语,从而达到逻辑、心理与背景三个语境层面的互利发展。

(一) 遵循统一性逻辑语境

一个民族以"约定"的方式逐渐形成共有的逻辑思维,并在此基础上形成语法规范和上下文,这些构成话语的逻辑语境。唐·依德提出人与技术物之间存在"具身关系""诠释关系""他异关系"和"背景关系"[2],不论哪一种,网络空间作为人的技术物,其思维逻辑与物理空间的常规逻辑是一致的。网络语言也并非"特立独行"的语言,它是现实语言的"方言"或变体,尽管表现不一样,但内在逻辑也是一样的。在混合式学习中,尽管可以利用标新立异的网络语言增强教学趣味性,但词序、词语搭配、语篇组合应尽量遵循符合逻辑的"常理"。

在统一逻辑的前提下,中心化与去中心化只不过是它的两种不同表现,完全可以实现共生。虚拟空间向现实空间靠拢,重建等级化网络学习社群,师生身份延续现实空间格局,按其能力水平和贡献大小分配到不同层级上,使他们充分发挥能动作用;现实空间向虚拟空间靠拢,加大教室的信息与情感流动,增加亲密感。

(二) 构建互补性心理语境

交际者心理层语境是对话者的心态和意图,它是共同体行动目标的关键。在物理空间里,教师可通过语音、语调、重音、停顿以及话语中的笑声、叹气等口头或身体副语言表达他的动机与情绪。在网络空间里,口头或身体副语言变为图像、动画、表情符号、颜文字等文本副语言,这些文本副语言可以弥补口头与身体副语言不够直观的缺点。根据媒介环境学派保罗·莱文森"玩具—镜子—艺术"的媒介技术演进论[3],在网络技术尚不发达时期,偶尔使用一些自创符号是活跃课堂气氛、提升学生学习兴趣、增进师生情感的一种"小玩意儿",起到调剂教学的作用。但当它进化到镜子阶段,成为现实生活的折射时,它就是现实心理语境的重要补充。混合式学习中教师应多从微博、公众号、论坛、B站等平台了解和借鉴这些网络副语言,在现实空间中以图文互构的方式呈现教学内容,从而真正走进学生心里。

(三) 融通关联性场景

场景就是话语交际的具体情景,是交际过程中双方相互明白的事实(facts)和社会文化背景。教室就是物理场景,教室人数、座位格局、课程背景、师生角色是这个场景中被默认的事实,网络场景与物理场景有密切关联性,因为上网者是趋于忠实自己的个性和习性的,而上网者的性别、年龄、职业及身份也与物理空间直接相关。此外,两者还共用同一个社会文化背景和共同生活形式。综上,网络空间就是物理空间的映射。混合式学习中要真正使这两种空间关联起来,可以采取以下手段:1. 仿真。网络技术直接将人的身体机能映射于网络,使网络空间高度模仿物理空间。比如学习账号模拟学员头像、采取实名注册。教材视频力求逼真传神;数字界面模拟现实教学场景,关注、分享、点赞、取关模仿现实师生互动。2. 如真。利用虚拟现实技术将网络空间从仅可看、可读变成可操作的如真空间。教材、界面等平面图像或抽象数据变成融合所有感官的立体体验,从而达到现实与虚拟不分的沉浸状态。3. 镜像。通过增强现实打造一个与主体完全分离的数字孪生,实现真实再造。

二、重塑线上与线下贯通性体裁

除口语外,话语共同体更重视师生的书面语交流,即体裁(genre)。Swales、Bhatia、Miller 都认为体裁有相对固定的语篇形式、内容及语言难度,且具有一定的交际目的和功能。话语共同体使用一种或多种体裁,并通过体裁解决文本角色和话语要素的使用问题。用于混合式学习的书面体裁主要有简答、短文、笔记、案例、教科书等;口头体裁有访谈、口头报告、讨论、辩论、讲座等。这些体裁虽通用两种空间,但由于语境不同,其参与机制、话语模式和话步结构也不一样。贯通性体裁,就是吸收线上与线下的优势,重塑传统体裁新的参与机制和话语模式,使之能高效通行于两个空间,促进师生互相理解和深度共情。

(一) 打造"多对多"参与机制

参与机制指在师生话语共同体中的角色身份、参与方式、参与者关系,它是体裁的程序性知识。以"讨论"为例,线下讨论的参与机制是一问一答、一对一,对话频次少,多借助手势与面部表情,多用短句。线上讨论利用弹幕、投稿或在聊天区打字实现同步,教师可一对多、学生之间可大范围互评,回复多为语气混合的长句。构建"多对多"式师生对话机制,要充分吸收线上讨论的优势,教师提问可借助学习通留言板、活动库等进行现场互动。教师多提开放性、高层次问题,激发学生的创造性思维,形成多次互动;多给予肯定性反馈,加大追问力度,让学习者自己纠正自己的错误。只有这样,才能真正形成学习者同步、多方面和多频次的对话。

(二) 构建多模态话语模式

系统功能语言学和社会符号学认为,传递信息的文本、声音、图像、动作都可以界定为不同的模态(modal)。显然,混合式学习是一种多模态的对话,不论是线上还是线下,几乎都涉及文本、声音、图像、动作等。但线下主要以听觉模态的语音为主,线上可以兼而使用听觉与视觉两种模态。在线下课堂中,通过语词传递的信息仅占整个传递内容的 35%,剩下的 65% 则借助说话姿态、动作、手势、时间间隔的取舍等来传递。因此混合式学习下线下课堂除多用如动作、表情以及语音的升调与降调这些副语言整合表达出来外,还可借鉴线上文体的视觉模式,如边讲课边让学生通过课程软件进行字幕、标注与投稿。

(三) 塑造嵌入式话步结构

Sinclair、Coulthard(1992)提出会话结构由五个不同级阶组成,即教学(lesson)、活动

(transaction)、回合(exchange)、话步(move)和话目(act)。其中教学由活动构成,活动由回合构成,回合由话步实现,因此,话步是课程活动的基本构成,它是最小的自由体。线下课堂对话包含教师提出问题(Initiation)、学生回答(Response)与教师评价(Evaluation)(简称 IRE)或 IRF(Initiation、response、follow up)三段式话步。从 IRE 到 IRF,教师不仅能有效地控制和组织课堂,确保完成既定教学内容,还改变了简单的 Good、Yes、No 等语言评价模式,极大程度地激发学生参与课堂讨论的积极性。在混合式学习中,可充分利用视觉模态的弹幕和投稿,增强学生的互动意愿与学习投入,塑造嵌入式话步 I-I^1-R^1-R-F 模式。其中 I^1 表示学生对教师提出疑问或希望教师澄清问题,R^1 表示教师对学生问题的回答。这种模式能打破简单的三段式话语,增加师生对话回合,为学生创造更多的发言机会,使教学活动更加深入。

三、培养擅长移情和述情的交往型主体

话语共同体中的主体是交际行动的行动者,建构话语共同体,实现平等参与权,主体的交往资质尤为重要。哈贝马斯认为一个成熟的主体应该具有三种资质:(1) 心智能力、即认知性能力。一个具有交往能力的人必须能区分三个不同类型的世界:以第三人称观察者视角把握的客观对象世界;以第二人称的参与者身份介入人的社会世界;以第一人称感受者身份体验到的内心主体世界。(2) 语言能力。a 选择陈述语句的能力,把自己作为客观的观察者所掌握的外部世界的事态用陈述性语句呈现出来,以便使别人能分享言说者的知识和信息的能力;b 具有构成规范调节语句的能力,能使用"请求""劝诫""允许""劝告""要求"等表示自己对别人期望和态度,从而与别人建立人际关系,使自己与别人在行为规范和价值上达到认同;c 具有构造自我情感表达语句的能力,使别人能理解自己的个性、意向和需要等主观性。(3) 反思地对待自己行为的能力。简言之,陈述能力、移情能力和述情能力是衡量主体话语能力的理性标准。

(一) 排除主体的主观性

以第二人称参与人的身份介入人的社会世界,意味着排除诠释主体的主观性,清除一切先入为主的偏见,透过语言真正走近对话者的思想,通过"心理移情"的方式,站在对话者的立场上来解读对方。混合式学习是一个师生、线上教学助理、课程专家、行业专家多方争夺话语权的复杂领域,要想设身处地地相互理解,首先应尽量还原话语的自然属性。每个主体都有个体性,而个体性来源于普遍人性,因此本来人与人之间可以相互理解,但当我们用语言传达思想时,语言的权力属性会遮蔽自然属性与内在思想,从而产生误解、挤压甚至异化。因此,教师教学中应尽量用陈述句把外部世界的事态表现出来,从语法结构、文体、叙事结构、对话组织形式还原语言的自然属性,在与学生互动时多些事实判断,少些价值判断。不仅如此,每个主体还应尽可能地扩大自身的知识储备,从而使对话找到更多的契合点。荷兰语言学家冯·戴依克提出了话语模型理论,"模型(在这里)是指记忆中的特定的知识结构(包括个人经历、知识等)……话语要涉及人和物,涉及其特性和关系,涉及事件、行动及其复杂情节,即我们称为情景(situation)的世界片段。"[4]人与人之间之所以理解变得困难是因为情节记忆的模糊性。因此应尽量拉近师生之间的生活物理

距离,使之形成更多的情境记忆,增强成员之间的联系。还可利用网络学习空间拉近个体学习交互的物理和心理距离,增进个体之间的深度了解和文化认同。在具体教学情境中,可适当运用指示语、模糊限制语和委婉语进行移情,如多使用"我们",而不是"你们",多使用近指 come、this、here 而不是 go、that、there。

(二) 提升语言的述情能力

威廉·雷迪认为情感表达是一种话语——行动,即述情[5]。首先,述情话语应具有描述性话语的外观,常采取第一人称和现在时态,如我很难过,我很悲伤等。教师的情感表达也要借助夸大、减弱、中立、伪装等形象话语进行自我表演,刻意制造一种情境氛围,以吸引学生的注意。尤其在网络空间里,唯有通过形象的、带有表演性质的话语,才能将自己的情感予以定型,从而改变漂浮不定的师生关系。教师可借用形象化的网络流行语如"压力山大""点赞""我也是醉了""我太难了"表达自己的情绪,这些"风格化"明显的网络流行语代表青年亚文化对旧有语言机制和思维方式的反叛,适当引入这些话语,加之技巧性表演,可以在混合式学习师生之间创造情感连接。其次,述情话语指向建立一种连接或关系。如"我看好你"意在提出或确立长期合作关系。为了建立与学生的紧密联系,教师的述情话语要表达积极情感,克制消极情感、表达符合社会期待的情感角色。最后,情感表达是一种自我探索和自我调适。在教学过程中,教师并不总是洋溢着合意、积极的情感,难免会出现失意、消极的情感。教师可通过诸如心理暗示、生理适应和姿势矫正等调适方式,提醒自己与教育情境以及学生的要求保持一致。

结语

《教育信息化 2.0 行动计划》指出要促进网络学习空间与物理学习空间的融合互动,推动网络学习空间在教与学活动中发挥重要作用。构建混合式学习师生话语共同体需要秉持求同存异的基本理念,在充分尊重师生个性和空间特色的前提下,凝聚共同目标、坚守话语逻辑、开通对话渠道,相互借鉴,互利共生。师生话语共同体的文化价值、思想内涵不仅是我国重要的教育资本,更承载着国家和民族特定的思想文化与价值观念,从此处出发,将师生共同话语与中国话语、中国形象联系起来,将是一个值得继续探讨的重要问题。

(黄冈师范学院　新闻与传播学院　吴　静)

参考文献

[1] 瞿国华.同构共生:师生自能发展的理想境界[J].现代中小学教育,2008(11):65-68.
[2] 唐·伊德.技术与生活世界:从伊甸园到尘世[M].韩连庆,译.北京:北京大学出版社,2012.
[3] 保罗·莱文森.莱文森精粹[M].何道宽,译.北京:中国人民大学出版社,2007.
[4] 冯·戴依克.话语　心理　社会[M].冯冰,译.北京:中华书局,1993.
[5] 威廉·雷迪著.感情研究指南:情感史的框架[M].周娜,译.上海:华东师范大学出版社,2020.

乡村小学教师数字素养现状及提升策略研究*

摘要：乡村小学教师数字素养是实现乡村教育数字化转型的关键。调查发现，乡村小学教师在数字化教学、数字网络安全意识、数字化资源整合与创新能力等方面存在着问题。究其根源，主要原因是乡村小学教师开展数字化教学应用的意愿不足、能力不强以及数字化支持条件不完善。在此基础上，提出加快构建乡村小学教师数字素养培训课程体系、着力打造乡村小学教师数字化教学实践支持体系、有效提升乡村小学教师数字素养元动力等策略。

关键词：乡村学校；小学教师；数字素养

一、引言

数字化时代到来，"人工智能＋教育"变革教育生态的要求对学生的数字素养发展提出了更高的要求。如何加强乡村小学数字素养教育，使乡村小学生具备最新的数字化知识与适应数字化变革的能力，是当前基础教育改革的重要诉求之一，也是乡村小学教师专业成长中的"必修课"。乡村小学教师作为乡村小学生数字知识和能力的传播者和启蒙者，其数字素养水平对学生数字素养的培养有着直接、重要的影响。国务院印发的《"十四五"数字经济发展规划》强调深入推进智慧教育，推进教育新型基础设施建设，构建高质量教育支持体系，推进优质教育资源覆盖乡村及偏远地区学校。乡村教育是教育数字化转型扶持的重点，在短时期内难以达到城市教育的数字化水平。目前，乡村小学教师数字化教学能力的构建在师资、课程和资源等方面受到诸多牵制。本研究着眼于乡村小学教师数字素养现状及其影响因素，聚焦于师资、课程和资源三个方面，探索乡村小学教师数字素养的建设路径，致力于为乡村小学教育创建良性的"教育＋人工智能"发展生态。

二、乡村小学教师数字素养相关概念

教育是数字化转型的重要领域，而教师作为教育的践行者，其数字素养亟待提升。学者祝智庭在有关教师发展数字化转型的研究中提到，数字化转型的核心是在进一步研究和明确教师学习规律和需求的基础上推动教师学习真正发生。而教师数字素养的提升是教育数字化转型的关键。数字素养框架最早提出者是以色列学者约拉姆·埃谢特-阿尔卡莱(Y. Eshet-Alkalai)，他将数字素养框架分为图像素养、再创造素养、分支素养、信息素

---

* 项目基金：本文为黄冈市教育科学规划 2022 年度课题"智能时代的课堂生态构建及其优化研究"（2022GB26）的研究成果。

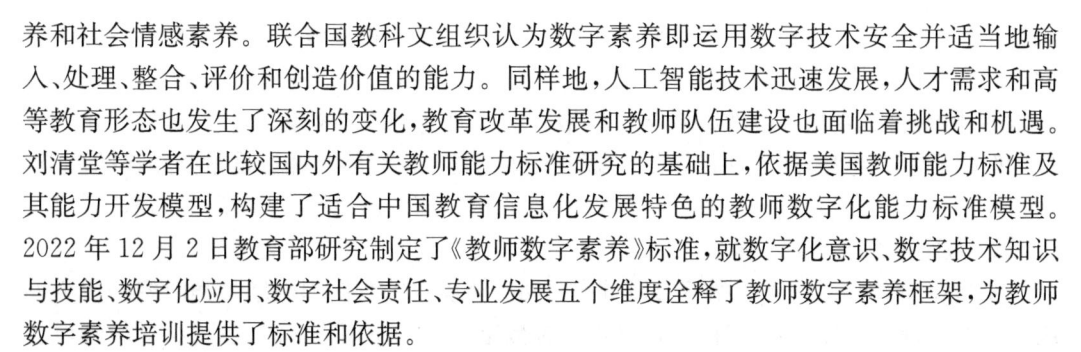

养和社会情感素养。联合国教科文组织认为数字素养即运用数字技术安全并适当地输入、处理、整合、评价和创造价值的能力。同样地,人工智能技术迅速发展,人才需求和高等教育形态也发生了深刻的变化,教育改革发展和教师队伍建设也面临着挑战和机遇。刘清堂等学者在比较国内外有关教师能力标准研究的基础上,依据美国教师能力标准及其能力开发模型,构建了适合中国教育信息化发展特色的教师数字化能力标准模型。2022 年 12 月 2 日教育部研究制定了《教师数字素养》标准,就数字化意识、数字技术知识与技能、数字化应用、数字社会责任、专业发展五个维度诠释了教师数字素养框架,为教师数字素养培训提供了标准和依据。

乡村小学教师是支撑发展更加公平、更高质量的乡村教育的基石,同时也是推动乡村小学教育数字化转型的关键力量。学者郭绍青在有关教师培训转型策略研究中提到,乡村学校教师存在学历达标,但学科知识与能力不达标的问题。学者任友群在新时代乡村教育的强师之路的研究中也提出乡村教师亟须通过一系列技术与教育教学的深度融合,实现三个阶段的发展:计算机辅助教学、"互联网+教育"、"人工智能+教育"[1]。乡村小学教师服务于县城外乡、镇、村等全日制公办小学中的教学、学生管理等工作,其数字资源利用能力的不足可能造成城乡学生数字鸿沟进一步扩大。针对乡村小学教师面临的数字化培训不足和资源不均衡等问题,研究将着眼于缩小数字鸿沟提出相应的策略,以期推进乡村小学教师数字素养能力的提升。

三、乡村小学教师数字素养现状及存在的问题

(一) 乡村小学教师数字素养现状分析

乡村小学教师"数字素养鸿沟"问题是一个重要而复杂的教育挑战,影响着乡村教育质量和学生的未来,需要综合性地看待和解决。以 H 市乡村小学教师为研究对象——H 市除城区几所小学外,全市乡村小学数量居多。随着数字资源全覆盖项目实施,H 市乡村小学基本实现"三通"。但就"三通"之一的"网络学习空间人人通"应用情况来看,乡村小学教师对其的应用效果参差不齐。数字环境下,乡村小学教师的数字化教学局限于应用数字工具投屏和放映功能,应用数字技术"实物投屏""师生互动""基于大数据的教与学分析"等功能未能得到充分实现。为了实现教育数字化转型,部分乡村小学对教师开展了数字化教学培训,但其培训内容局限于短期的具体数字技能教与学。而数字时代,需要提升乡村小学教师数字素养意识,以实现乡村小学教师数字素养不断提升的长久目标。乡村小学教师数字素养水平与乡村教育数字化转型的要求尚存在差距,主要表现在以下三个方面。

1. 数字化教学能力不足

由于地域限制,乡村地区整体的数字化能力较为薄弱,教育理念和整体的数字化意识有待增强。在教学过程的组织阶段,大部分乡村小学教师对教师专业化水平的认识还停留在传统的教学方式或者是数字化教学工具的使用阶段,很难实现智慧教育。比如,部分乡村小学教师甚至对当前大热且比较成熟的翻转课堂还比较陌生,更谈不上实践了。传统的"满堂灌""填鸭式"教学以及简单的 PPT 教材展示等与时代发展不契合的教学方法

仍在乡村小学教学中占据着主导地位。就目前情况来看，相比数字技术较成熟的城市小学智慧课堂的实施，乡村小学数字化课程的实施情况还有较大的提升空间。其次，在课堂教学的评价阶段，乡村小学教师对学生的数字教学评价体系有待健全。随着数字化教学成为时代发展的趋势，新的评价体系也随之要建立健全。教学与评价是紧密相连的环节，没有数字化教学过程的组织，乡村小学数字化评价的阶段也随之处于落后的局面。

2. 数字网络安全意识薄弱

乡村小学教师对基本的数字技能掌握不足，导致他们在使用网络教学时容易成为网络攻击的目标。比如在使用计算机、操作各种数字工具和应用程序时，乡村小学教师可能对网络威胁的种类及其潜在影响了解不足。无法识别潜在的网络安全风险，使得这一群体更容易受到网络欺诈、网络钓鱼等不法行为带来的伤害。更重要的是，由于教学管理需要乡村小学教师收集学生和家长的相关信息，但大部分乡村小学教师对此类信息的保护的重视程度和安全意识还不够，经常出现学生、家长信息泄露的情况。乡村小学教师对此类信息的管理还缺乏专业化的管理意识和技能。此外，乡村小学教师在学校日常办公中对学校的信息和学校平台的维护也缺乏周期性的检查和建设。

3. 数字化资源整合与创新能力有待提升

随着数字化教育的兴起，专为教育服务的资源比比皆是。许多乡村小学教师不了解如何充分利用数字工具来提高教学质量和教育体验，对于数字设备的应用仅限于其最基本的功能。与此同时，当出现数字技术相关问题时，一些教师不知道如何诊断和解决，这可能会导致教学中断和课堂时间的浪费。久而久之，这样的情况不仅降低课堂效率，也使乡村小学教师将数字资源的应用视为一种负担和压力。一些乡村小学教师为了避免这种情况发生，课堂中只是应用一些浅层的简单技术，如多媒体放映PPT、数字平台发布课程作业等。这样的方式实际上只是披着数字教育的外衣而进行着传统教学，很难实现真正的资源应用和数字化创新教学。在这个过程中，学生也很难感受到数字化教育的趣味性和启发性。这也就反映出乡村小学教师数字化资源整合与创新能力有待提升。此外，乡村小学教师在办公中应用数字平台对学校信息进行网络储存、整理分类和分析的能力也有待加强。

（二）影响乡村小学教师数字素养提升的主要根源

1. 乡村小学教师数字素养提升意识有待加强

教师是"互联网＋教育"的先行者和践行者，即教育者先受教育。一些年轻乡村小学教师可能对数字技术理念和技术比较感兴趣，但由于资源、传统教学模式和学校教学压力的限制，无法在实践中进一步学习并实现自己的教学抱负，从而影响了自身数字素养的提升。一些年龄较长的乡村小学教师出于经验之谈，认为传统的教学方式更利于教学。他们认为解决新教学模式下带来的技术难题不仅需要花费大量时间，而且会影响教学进度。

树立职业理想也是影响乡村小学教师自我发展意识的关键之一。部分乡村小学教师安于现状、缺乏竞争，导致视野较窄，对数字化信息的理解不够全面深入，也就造成了其自我提升的内生动力不足。由于地域限制，乡村小学教师感到自己的工作上升空间有限，积极性就会降低。这也就导致乡村小学教师不愿花过多的时间去学习新的数字理念、技术，从而难以提升自身的数字素养。

2. 数字化教学应用能力有待提升

在实践中打造满足学生发展需求的数字课堂模式。一些乡村教师可能没有意识到数字技术在教育中的重要性，或者不知道如何将其应用于课堂教学。比如，部分乡村小学教师甚至对当前大热且比较成熟的翻转课堂还比较陌生，更谈不上实践了。就目前情况来看，相比部分数字技术较成熟的城市小学智慧课堂的实施，乡村小学数字化课程的实施情况还有较大的提升空间。此外，乡村小学教师作为当地学生和知识联系的纽带，其自身对数字化课程的了解程度还有很大的提升空间。数字化进程发展迅速，对乡村小学教师的数字化培训也应该提上日程。大部分乡村小学教师可能缺乏数字化教育的培训和技能，无法有效地运用数字工具进行教学，也就导致数字化教学课堂难以开展。

3. 数字化资源与环境有待进一步优化

乡村地区教育资源相对匮乏、师资力量有限，乡村小学教师整体的数字化教学意识不强。从设备资源来看，乡村小学数字化工具的整体配备水平与数字化时代配备的智慧教室的建设寥寥无几。有的乡村小学即使有一间智慧教室，但因为其设备资源的成本较高以及使用率较低，使得智慧教室形同虚设。从师资力量上看，大多学历较高的师范生在择业时也会倾向于在城市就业。即使有部分愿意在乡村教学，也因为职业待遇和自身优势，更愿意选择在初高中就业。这也就形成了乡村小学教师整体数字素养偏低的局面。

四、乡村小学教师数字素养的提升路径

（一）加快构建乡村小学教师数字素养培训课程体系

定期举办有关数字化教学的讲座培训。乡村小学可以定期邀请数字化教学的专家和学者与乡村小学教师进行面对面的交流与沟通。数字素养体现在现代生活的各个方面且体现在细节中，乡村小学教师在教学中有关数字素养的问题如果得不到及时解决，问题就会像滚雪球一样堆积。将数字素养的培养贯穿在培训课程中有利于帮助问题的解决。培训课程有利于乡村小学教师系统地学习有关数字素养的知识。同时也能查漏补缺，从而有重点地进行学习。课程内容可以围绕技术道德意识、技术伦理、技术思维和基于技术真实性学习模式的设计和实施能力几个方面来开展，以提升乡村小学教师信息技术的知识和操作能力[2]。加强对已有资源的应用能力，能够在熟练应用的基础上实现资源创新。教师要根据学科特点，合理、有效、创新地整合数字资源，以实现数字技术赋能教育教学改革。

（二）着力打造乡村小学教师数字化教学实践支持体系

借助地方政府的力量，引进具备数字化教学能力的师资。引进师资，以"先学"带动"后学"。"先学"的教师在教学研讨时可以传授自己的经验，以这种方式减少乡村小学教师数字化教学实践过程中的时间、精力的浪费，从而有效提升乡村小学教师数字化教学实践的进程。

学校要重视数字化校园建设，打造数字化校园环境，让教师和学生们在潜移默化中感

受数字化生活的魅力,从而提升学习的意愿。同时,学校要在组织乡村小学教师进行数字化教学模式研学的过程中加强乡村小学数字网络安全意识,通过问卷等形式了解乡村学生和教师对数字化教学的需求和实施过程中的问题和疑难。

(三)有效提升乡村小学教师数字素养元动力

制订相应的考评和奖励制度,使教师能保持学习动力,不断提升自身数字素养。学校以数字素养框架中数字化意识、数字技术知识与技能、数字化应用、数字社会责任、专业发展五个维度来考核、检验并加强乡村小学教师数字素养。结合"要培养终身发展的人"的教育理念,致力于完善好"怎么教""怎么学"的问题,服务于乡村小学教师为当代社会培养合格的数字素养公民。

当地政府、企业、学校组织有利于提升乡村小学教师数字素养的活动。乡村小学教师专业发展内生动力的增强和其主观能动性的积极发挥,需要依靠互联网等技术条件来实现乡村教师专业发展共同体。企业为乡村小学教师提供更健全和先进的数字设备,结合当地产业需求的特点开展相关的数字化能力竞赛,将所学服务于所用,提升乡村小学教师数字创新意识。在这个过程中,有助于激发乡村小学教师群体对自身数字素养的不断提升,从而在教学过程中充分发挥数字技术的潜力,促进教和学的发展。以在实践中的应用帮助学生理解数字素养,也为学生在今后社会中的生活和工作做好准备。

此外,乡村小学教师数字素养的提升还需要在平时的教学实践中融入并加强数字社会责任,通过教学实践不断反思以持续提升自身的数字素养。同时还要持续关注信息技术的发展动态,打造良性的乡村小学教师数字素养提升体系。

五、结语

乡村小学教师要保持对新知识的把握和对教育趋势的敏感,在教学过程中充分利用数字技术、依靠政策优势以打破信息差。本研究从乡村小学教师数字素养存在的问题进行了分析,针对造成其问题的影响因素从政府、学校和乡村小学教师自身提出了相应的提升策略。乡村小学教师数字素养的提升是一个长期的过程,需要从日常有意识的"想应用""会应用",再进一步实现数字化资源的整合创新,以期在潜移默化中实现乡村小学教师数字素养的持续提升。

(黄冈师范学院 教育学院 熊佳仪 黄克斌 李一丹)

参考文献

[1] 任友群,杨晓哲.新时代乡村教育的强师之路[J].中国电化教育,2022(07):1-6+15.
[2] 黄小倩,沈小强.教育数字化转型背景下乡村教师专业发展策略研究[J].贵州师范学院学报,2022,38(09):70-76.

高中信息技术课堂学生学习自主性的现状调查及提升策略

——以黄州中学为例*

摘要：在新课改背景下，学生学习自主性越来越受到学校和社会的广泛重视。因此，本研究根据"心理—能力—行为"三维模型，设计调查问卷。通过访谈学生，了解教师教育方式、设备条件和父母教养方式对其学习自主性的影响。最后，分析得出学生自主学习过程中存在的问题，并针对性地提出相应的策略，从而激发高中生的学习自主性，提高自主学习能力。

关键词：学习自主性；自主学习能力；信息技术课堂

一、绪论

新课改的核心理念是一切为了学生的发展。2017年，中华人民共和国教育部颁布普通高中课程方案，指明学生应具有自主发展能力。2018年实施的《教育信息化2.0行动计划》中提道：将学生信息素养纳入学生综合素质评价，并将信息技术纳入初、高中学业水平考试。从这些国家教育政策可以看出，学生学习自主性和信息技术课程越来越受到广泛重视，高中生应通过自主学习实现自主发展。因此，本文将通过问卷调查法和访谈法来了解高中生在信息技术课堂中学习自主性的现状和问题，以保障学生在信息技术课堂中的学习自主性。

二、研究设计

（一）问卷设计

1. 问卷编制

本研究依据"心理—能力—行为"三维模型和高中生的特点，最终将学习自主性评价维度定为：从心理上，分为学习动机和自我效能感；能力上，分为学习策略；行为上，又分为课前自主学习行为、课中自主学习行为和课后自主学习行为。具体调查高中生课前、课中和课后自主学习行为中的学习内容、学习时间和学习结果，如图1所示。

---

* **基金项目**：本文为黄冈市教育科学规划2023年度重大课题（2023ZD02、2023ZD04）、湖北高校省级教学研究项目（2022425）、黄冈师范学院教学研究项目（2022CE02）、黄冈师范学院"四新"研究与改革实践项目（2022CN01）、黄冈师范学院研究生教学改革研究项目、研究生工作站课题（5032023005）的阶段性研究成果。

调查问卷包括两个部分,第一部分是学生的基础信息,即性别、年级,第二部分是问卷主体,即学习自主性现状量表。问卷共38道题目,采用李克特五级量表进行测量,测度从"非常不同意"到"非常同意"。

将问卷中的题目按照学习自主性评价维度进行编码,依次为A、B、C、D、E、F六个维度。A是学习动机,共3道题,即将第1—3题编码为A1、A2、A3;B是自我效能感,共2道题,即B1、B2;C是学习策略,共5道题,即C1、C2、C3、C4、C5;D是课前自主学习行为,共6道题;E是课中自主学习行为,共11道题;F是课后自主学习行为,共9道题。

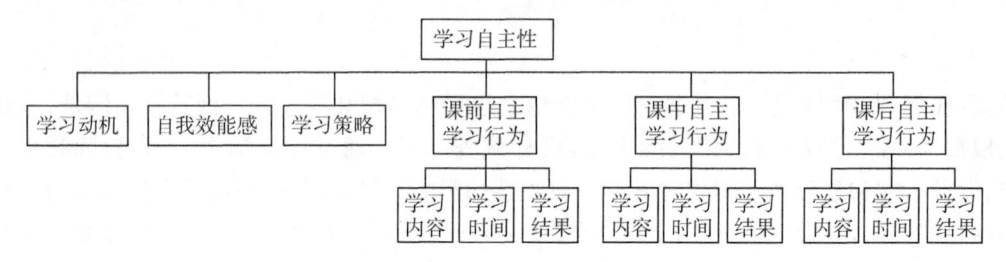

图1 学习自主性问卷评价维度

2. 调查对象

本研究随机选取黄冈市黄州区黄州中学的高一、高二和高三的学生为调查对象,通过线上的形式对其发放问卷。其中,男生60名,女生61名,共回收121份有效问卷。

3. 问卷信度和效度检验

运用"SPSS 26"软件对问卷的信度和效度进行检验,检验结果如下所示。

表1 信度检验——可靠性分析

Variables	Cronbach α 系数
学习动机	0.895
自我效能感	0.816
学习策略	0.935
课前自主学习行为	0.949
课中自主学习行为	0.956
课后自主学习行为	0.912

通过可靠性分析对问卷六个维度的信度进行了检验,从结果可以看出,六个维度的Cronbach α 系数都大于0.81,说明该问卷的信度较高。

通过降维——因子分析得知,KMO值大于0.9,P值小于0.001,说明该问卷的效度较高。

(二)访谈设计

本文随机选取了20位不同年级的学生作为访谈对象。访谈共有5道题目,分别是:"你喜欢信息技术老师教的知识吗?为什么?""信息技术老师在课堂中会有很多互动吗?"

"信息技术老师会在课前让你们自主预习吗？课后会安排需要自学和预习的作业吗？""机房的设备齐全吗？电脑会卡顿吗？""你的父母是用怎样的方式教育你的？"

KMO 和巴特利特检验		
KMO 取样适切性量数		.961
巴特利特球形度检验	近似卡方	4 495.340
	自由度	630
	显著性	.000

图 2　效度分析——因子分析

三、调查结果及分析

（一）问卷调查与数据分析

1. 学习动机

通过描述性统计分析，得出 A1 题均值为 2.33，而另外 2 题均值分别为 3.69 和 3.74，说明大部分高中生对信息技术的学习动机整体较高，且具有良好的自主学习意识。

2. 自我效能感

B1 和 B2 的均值分别为 3.82 和 3.70，大多数同学们认为自己能够自主完成任务，且碰到困难时会挑战、激励自己，这说明大多数高中生的自我效能感较高。

3. 学习策略

表 2　高中生学习策略现状表

	N	范围	最小值	最大值	均值		标准偏差	方差	偏度		峰度	
	统计	统计	统计	统计	统计	标准错误	统计	统计	统计	标准错误	统计	标准错误
C1	121	4	1	5	2.31	0.120	1.323	1.751	0.916	0.220	−0.372	0.437
C2	121	4	1	5	3.76	0.122	1.342	1.800	−0.793	0.220	−0.635	0.437
C3	121	4	1	5	3.66	0.117	1.282	1.643	−0.789	0.220	−0.427	0.437
C4	121	4	1	5	2.21	0.111	1.219	1.487	0.756	0.220	−0.527	0.437
C5	121	4	1	5	2.39	0.119	1.313	1.723	0.776	0.220	−0.522	0.437

如表 2 所示，C1、C4 和 C5 题目分别为："你会充分利用课余时间去学习信息技术知识。""你会采用巧妙的方法，比如借助思维导图等。""你会主动制订学习计划。"其均值分别为 2.31、2.21 和 2.39，说明有一半的学生不会运用巧妙的学习方法进行自主学习。因此，这体现了大部分高中生对于自主学习没有有效的学习策略。

4. 课前自主学习行为

表3 高中生信息技术课堂课前自主学习行为现状表

	\multicolumn{12}{c}{描述统计}
	N	范围	最小值	最大值	\multicolumn{2}{c}{均值}	标准偏差	方差	\multicolumn{2}{c}{偏度}	\multicolumn{2}{c}{峰度}
	统计	统计	统计	统计	统计	标准错误	统计	统计	统计	标准错误	统计	标准错误
D1	121	4	1	5	2.36	0.121	1.335	1.781	0.840	0.220	−0.408	0.437
D2	121	4	1	5	3.69	0.123	1.353	1.831	−0.780	0.220	−0.641	0.437
D3	121	4	1	5	2.25	0.122	1.337	1.788	0.938	0.220	−0.314	0.437
D4	121	4	1	5	3.60	0.119	1.307	1.708	−0.754	0.220	−0.516	0.437
D5	121	4	1	5	2.30	0.122	1.346	1.811	0.900	0.220	−0.395	0.437
D6	121	4	1	5	2.36	0.126	1.384	1.914	0.853	0.220	−0.576	0.437

从表3可以看出，D2和D4题分别为："课前你会打开电脑进行一些与学习无关的操作。""课前你几乎不会花时间自主学习。"其均值分别为3.69和3.60，说明大部分学生不会进行课前自主学习。其中，学习内容为D1和D2题，D2题的均值最高，说明大部分学生在课前会打开电脑做与学习无关的事。在课前学习时间上，学生几乎不会花时间去自主学习。因此，这表明高中生课前自主学习意识较为薄弱，对课前自主学习的态度不佳。

5. 课中自主学习行为

表4 高中生信息技术课堂课中自主学习行为现状表

	\multicolumn{12}{c}{描述统计}
	N	范围	最小值	最大值	\multicolumn{2}{c}{均值}	标准偏差	方差	\multicolumn{2}{c}{偏度}	\multicolumn{2}{c}{峰度}
	统计	统计	统计	统计	统计	标准错误	统计	统计	统计	标准错误	统计	标准错误
E1	121	4	1	5	3.80	0.111	1.222	1.494	−0.977	0.220	0.075	0.437
E2	121	4	1	5	2.36	0.119	1.309	1.714	0.922	0.220	−0.239	0.437
E3	121	4	1	5	3.78	0.116	1.275	1.625	−0.946	0.220	−0.182	0.437
E4	121	4	1	5	3.74	0.126	1.383	1.913	−0.915	0.220	−0.445	0.437
E5	121	4	1	5	2.39	0.116	1.280	1.640	0.907	0.220	−0.231	0.437
E6	121	4	1	5	3.84	0.114	1.252	1.567	−0.942	0.220	−0.157	0.437
E7	121	4	1	5	3.72	0.116	1.279	1.637	−0.889	0.220	−0.261	0.437
E8	121	4	1	5	2.17	0.113	1.247	1.556	0.964	0.220	−0.118	0.437
E9	121	4	1	5	3.93	0.109	1.198	1.436	−1.095	0.220	0.309	0.437

续表

| 描述统计 |
N	范围	最小值	最大值	均值		标准偏差	方差	偏度		峰度	
	统计	统计	统计	统计	统计	标准错误	统计	统计	统计	标准错误	统计	标准错误
E10	121	4	1	5	3.82	0.111	1.218	1.483	−0.854	0.220	−0.297	0.437
E11	121	5	0	5	3.38	0.192	2.114	4.471	0.121	0.220	−1.646	0.437

E1—E6题为课中自主学习内容,其中,E2和E5分别为:"课堂上碰到比较困难的知识点就不愿去自主学习。""课堂上需要老师提醒操作步骤。"其均值为2.36和2.39,这说明知识的难易程度对学生学习自主性影响不大。而课中自主学习时间均值分别为3.72、2.17和3.93,说明学生愿意在课上花时间自主学习。学习结果均值分别为3.82和3.38,说明学生课中的自主学习有良好的效果。因此,可以表明高中生在信息技术课堂中的自主学习行为较好,能够积极参与自主学习活动并取得好的效果。

6. 课后自主学习行为

表5 高中生信息技术课堂课后自主学习行为现状表

| 描述统计 |
N	范围	最小值	最大值	均值		标准偏差	方差	偏度		峰度	
	统计	统计	统计	统计	统计	标准错误	统计	统计	统计	标准错误	统计	标准错误
F1	121	4	1	5	3.83	0.103	1.135	1.289	−0.815	0.220	−0.148	0.437
F2	121	4	1	5	3.84	0.107	1.176	1.383	−0.876	0.220	−0.153	0.437
F3	121	4	1	5	3.72	0.116	1.273	1.620	−0.786	0.220	−0.461	0.437
F4	121	4	1	5	2.39	0.112	1.234	1.523	0.870	0.220	−0.232	0.437
F5	121	4	1	5	1.82	0.074	0.816	0.667	1.002	0.220	1.315	0.437
F6	121	4	1	5	3.68	0.115	1.266	1.604	−0.847	0.220	−0.289	0.437
F7	121	4	1	5	2.21	0.108	1.185	1.403	0.919	0.220	0.002	0.437
F8	121	4	1	5	2.36	0.114	1.257	1.581	0.807	0.220	−0.321	0.437
F9	121	4	1	5	3.76	0.115	1.265	1.600	−0.993	0.220	−0.036	0.437

F1、F2和F3的均值分别为3.83、3.84和3.72,表明学生课后的自主学习意识较高。而F4和F5的均值仅有2.39和1.82,学生不会对学习知识进行归纳总结、分类整理,这表明学生缺乏自主学习策略。在课后大多数同学会花1小时以上的时间自主学习。因此可以得知,高中生在课后具有一定的学习自主性,但自主学习效果不佳,缺乏自主学习策略。

(二) 访谈过程与结果分析

1. 教师教育方式对学生学习自主性的影响

通过询问,了解到大部分高中生喜欢信息技术老师教的知识,因为老师会设置很多游戏和互动环节,学习起来较为轻松。同时,有 4 名同学表示老师在课堂中习惯把操作步骤一下子全部演示完。而剩下同学表示,老师会经常与他们互动。对于最后一个问题,有 14 名同学说老师会在课前提前共享资料,也会布置一些课后自学作业。而学生也认为这种方式更能够促进他们自主学习。综上说明善于运用教育方法的老师能够激发学生的学习自主性。

2. 设备条件对学生学习自主性的影响

据访谈了解到学校设备较齐全,但有 5 名同学表示在上机时电脑会出现卡顿,软件很难运行,跟不上教师讲解的步骤。而其他同学则表示电脑运行很流畅,可以进行自主探究学习。调查显示良好的设备条件能够促进学生的学习自主性。

3. 父母教养方式对学生学习自主性的影响

通过访谈得知,大部分父母对待孩子的学习是鼓励式的,善于激发孩子的学习动机。但是,还有少部分家长会过度干预孩子的学习。在这种环境下,学生的学习处于被动状态,丧失了学习自主性。因此,积极、鼓励式的教养方式能够促进学生自主学习。

(三) 高中信息技术课堂学生学习自主性存在的问题

1. 缺乏有效的自主学习策略,自主学习效果不佳

高中生对信息技术知识的学习动机较强,但缺乏有效的自主学习策略。大多数学生不知道如何进行自主学习,只会采用机械、重复的方法。在课后不会进行深层次的自主学习。虽然花了很多时间,但仍达不到理想的自主学习效果,自主学习能力较弱。

2. 学校机房设备经常卡顿

根据访谈得知,学校的电脑在操作过程中经常会出现卡顿的情况,这导致学生难以跟上教师讲解的步骤,从而影响到上课的积极性和主动性。

3. 父母过度干预学生的学习

家长过度干预孩子的学习,制订一系列的学习计划,会使孩子长期处于一种被动学习的状态,学习自主性下降,自主学习能力无法得到提升。

四、提升高中生信息技术课堂下自主学习能力的策略

(一) 教师应培养学生掌握自主学习策略

教师应转变教育方式,利用情境教学法、任务驱动法和分层教学法等方法激发学生的学习兴趣,在教学过程中设置游戏和互动的环节。课前应给学生自学的时间,提前共享学习资料;课中要经常与学生进行互动,多组织自主探究活动,碰到问题给学生独立思考的时间;课后应引导学生采用巧妙的方法学习,运用思维导图帮助记忆,培养学生自主学习的习惯,掌握自主学习策略从而提升学生的学习自主性和自主学习能力。

(二) 学校应完善机房设备条件

学校应及时检查并更新电脑设备,确保不会出现卡顿的情况,使学生能够在信息技术课堂上流畅地使用电脑,从而保证学生的学习自主性不会受到影响。

(三) 父母应采取鼓励式的教养方式

家长应鼓励孩子自主学习,放手让孩子自己安排自己的学习生活。同时,多引导孩子学习,通过告诉孩子学习知识的好处激发其学习动机,从而提升学习自主性。

五、总结

学生学习自主性在新课改背景下要求更高。因此,本文通过问卷法和访谈法,分析得出高中信息技术课堂学生学习自主性存在的问题有:缺乏有效的自主学习策略,自主学习效果不佳;学校机房设备经常卡顿;父母过度干预学习。提出针对性的解决策略有:教师应培养学生掌握自主学习策略;学校应完善机房设备条件;父母应采取鼓励式的教养方式。针对此次研究的不足,研究者希望在实践中继续逐步研究,提出比较实际的解决方案,为高中生信息技术课堂下学习自主性的提高探索光明的道路。

(黄冈师范学院　教育学院　徐思萱　程　云　艾明迎)

教师专业学习共同体的本土化构建策略研究

摘要：教师专业学习共同体被视作教师专业发展的新范式，对其进行本土化构建有助于我国师资队伍建设和教师教育改革的推进。从教育文化和教育传统、教师职业发展需求、教育政策和制度等方面分析教师专业学习共同体本土化构建的潜质，基于本土化构建的适应性、人本性、合作性原则，提出构建本土化的理念、文化内涵、建设主体等内部建设策略，并从跨专业、跨区域、跨层次三个方面加强教师专业学习共同体外部制度建设。

关键词：教师学习共同体；专业发展；本土化；策略

教师专业学习共同体的概念可以溯源至19世纪80年代末，德国学者斐迪南·滕尼斯基于社会学角度首次提出"共同体（Community）"一词，将其视作"具有共同认同感、归属感的社会团体"。随着"共同体"概念的不断发展，在教师教育领域，美国学者最早提出教师专业学习共同体（Professional Learning Community，PLC）的概念。不同解读视角下的概念定义略有差异，本研究将教师专业学习共同体视作一种以教师为主体，以专业发展为目标，以协同学习为机制，以实践改进为导向的教师集体学习形式。尽管许多研究已经证实教师专业学习共同体在促进教师专业发展、提高学生成绩方面的积极作用，但其以西方的建构主义理论、学习型组织理论、成人学习理论等为理论基础，作为一种"舶来"的教育理论，相较我国存在中外教育理论、教师群体特征、教育政策等方面差异，西方教育理论不能直接应用于中国教育实践，仍然需要结合我国教育实际与地方特色进行教师专业学习共同体的本土化改良，使其适宜各地区教师群体的专业发展。因此，教师专业学习共同体的本土化构建存在以下主要问题：首先体现在教师缺乏群体认同且参与不足，对新生的外来事物持观望态度、接受度低，需要进一步落实教师专业学习共同体理论的本土化构建。其次学校缺乏合作文化，间接导致教师的分享意愿不足、缺乏深度交流合作。教师倾向自我专业发展，教师专业学习共同体内部的交流合作浅表化、形式化，难以从根本上促进教师集体的专业发展。最后外部制度层面，教师专业学习共同体的成员组成、活动组织、参与激励等机制还不够成熟，存在成员组成单一、活动的内容与形式与传统教研活动同质、活动参与受时空限制等问题。

一、本土化构建的潜质

尽管教师专业学习共同体最初是国际教育文化的产物，其依然具备本土化构建的基础。厘清教师专业学习共同体与本土教育实际间共通的内生力量、理念与外部建设，求同存异，可以满足本土化构建的需要。以下将从我国教育文化背景和教育传统、教师职业发展需求、教育政策和制度三个方面阐述教师专业学习共同体本土化构建的潜质。

(一) 教育文化背景和教育传统

教师专业学习共同体提倡共同体内成员间的合作学习,重视通过集体的共同力量促进教师个人专业发展,其中蕴含集体与合作文化。而中国文化强调社群关系和集体主义,集体主义是中国文化传统的精神标识与教育旨归。就学校教育教学活动来说,存在两种形态下的集体主义:作为教育目标的集体主义、教育过程中的集体主义,探索利用集体的力量促进课堂教学发展。在集体主义的观念下,人们倾向于依赖和借助集体力量,在教师专业学习共同体中,这种价值观则意味着教师能够接纳、融入一个平等民主的氛围下的教育者团队,更加愿意分享经验、资源和教学成果。同时,中国有着尊师重教的教育传统,注重学问的传承和师德的培养,教师在社会中享有崇高的地位,进而为教师提供了获得尊重、学习和成长的社会环境。在本土化的教师专业学习共同体中,教师之间的互相学习和交流将得到更多的重视和资源支持。

(二) 教师职业发展需求

教师职业发展需求能够推动本土化教师专业学习共同体的构建。调查显示教师普遍认可通过培训的方式提高专业发展水平,但是教育培训目前存在教师参与不足、认同感不强、培训内容针对性不强、时间缺乏灵活性、形式单一、实践指导作用弱等问题。在改进完善现行教育培训制度的同时,教师专业学习共同体关注基层教师的需求,能够提供切实可行的支持和解决方案。首先,教师专业学习共同体的成员资格和身份增强教师的角色认同感,平等、开放、包容的特质有助于提高教师参与的积极性。其次,教师专业学习共同体强调合作文化的同时保留教师自主权,保证每一位成员在共同体中的主体地位,集体的共同愿景与建设性争论共存,映照"和而不同"的东方智慧。因此教师专业学习共同体可以及时、针对性地回应成员的问题困惑,通过协商共议共同培训的活动内容、时间、形式等,对教师个体、共同体和组织的学习和发展都产生积极影响。

(三) 教育政策和制度

新课程改革背景下,新教师观强调教师的研究属性,重视课程建设与开发、教学反思与终身学习,以及同其他教育者的合作关系,而教师专业学校共同体的构建可以满足上述要求。一些现行教师教育制度,如备课组、名师工作室、教联体等契合教师专业学习共同体的理念,通过承袭和创新,依托已有制度可以建立起本土化的教师专业学习共同体。基于教师专业学习共同体可以搭建一个共享资源和经验的平台,定期组织线上、线下、混合式的教学观摩、研讨会和教研活动等,激发教师之间的交流和协作,促使教师成为开放的教师。

二、本土化构建的原则

教师专业学习共同体的本土化构建,需要在构建教师专业学习共同体的过程中,充分考虑本地的教育文化、教师需求、学校特色等因素,使教师专业学习共同体能够适应本地的教育环境,反映本地的教育特色,满足本地的教育需求,促进本地的教育发展。教师专业学习共同体本土化构建的原则主要有以下几点:

(一)适应性原则

尊重和借鉴国际经验,但不盲目照搬或模仿。教师专业学习共同体是国际上推动教师专业发展的有效途径之一,有许多成功的案例和理论可以参考和学习。但是,不同地区的教育背景、目标、条件、问题等都有差异,不能简单地将国际经验套用到本地的实践中。要结合本地的实际情况,进行创造性的转化和适应性的改造,使教师专业学习共同体能够符合本地的教育特点和需求。

(二)人本性原则

人本性原则要求以教师为主体,以学生为中心。教师是教师专业学习共同体的核心成员,也是教师专业发展的主要承担者。在构建教师专业学习共同体的过程中,要尊重教师的个性和选择,充分调动教师的积极性和主动性,让教师自愿参与、自主决策、自我管理、自我评价。同时,要鼓励教师发挥自己的创造性和创新性,探索适合自己和本地的教学方法和策略,分享自己的经验和成果,促进自身和他人的专业成长。同时,教师专业学习共同体的最终目标是提高学生的学习质量和水平,促进学生的全面发展。要关注当地学生的学习基础、学习效果和发展需求,以此为导向进行教师专业学习共同体的设计、实施、评价。定期收集和分析学生的反馈信息,及时调整和改进教师专业学习共同体的活动内容和形式,使之能够更好地适应和满足学生的多样化和个性化的学习需求。

(三)合作性原则

教师专业学习共同体是一种基于合作理念和模式的组织形式,在构建过程中要强调合作精神和合作能力的培养和提高。要促进共同体内部成员之间的互相信任、尊重、理解、支持、交流、分享、反馈等合作行为,拓展合作的广度和深度,扩大教师专业学习共同体的资源和影响,提高教师专业学习共同体的效能和质量,形成特色品牌,打造具备本土特色的教师专业学习共同体。

三、本土化构建的策略

结合教师专业学习共同体本土化构建的现实基础,从内部文化建设、外部制度建设两方面提出本土化构建的策略。

(一)承袭传统教育理念,倡导"和而不同"的群体生成

近代教育史的实践证明,中、西学之间的良好融合需要秉承鲁迅先生的"拿来主义"精神,促进本土化融合,其中传统教育智慧与教育理念是民族教育的根魂所在。教师专业学习共同体追求群体的共同愿景的一致性,同时尊重个体意识与个体差异,保留个体表达思辨冲突的权力。儒家文化的代表著作《论语》中"君子和而不同,小人同而不和"的理念早

已呈现不同群体处理共同愿景与思辨冲突的关系的大相径庭的态度。"和而不同"可以概括为"学习共同体"的基本特征。

(二) 融入地方历史文化，浸润"因地制宜"的精神共鸣

基于区域地理自然条件、人文特色的差异性，我国各地区域文化特色呈多元化发展。在教师专业学习共同体中融入地方历史文化，有助于教师在文化社群中获得浸润的力量，增强在共同体内的文化认同感与角色认同感。以黄冈地区为例，地处吴楚，依山傍水，有着悠久的历史，在政治、军事、经济、科技、文化、艺术、医药、宗教等领域有众多显著成就的文化名人，近代以来贯穿从辛亥革命到新民主主义革命的全过程的革命历史，形成内涵丰富的黄冈历史文化，囊括红色文化、名人文化、戏曲文化、禅宗文化、医药文化、生态文化、东坡文化、根亲文化。在教师专业学习共同体的构建过程中融入地方历史文化，有助于在熟悉的文化氛围与背景中消解对新事物的抵触与畏难情绪。共同的区域文化背景，有助于产生强烈的群体认同感与归属感，增进共同体内部个体间的交流与融合，促进教师间的深度连接，增强教师专业学习共同体的黏性。

(三) 关注专业技能成长，明确"以师为本"的建设主体

现行的中小学教师教研制度，如备课组、教研组、师徒制、教联体、名师工作室、工作坊等可以视为教师专业学习共同体的几种形式，尽管还不足以成为真正的教师专业学习共同体，但其在实践中已明确建设的主体是教师，建设的意义在于促进教师的专业发展。"以师为本"需要重视教师专业内部建设，赋予教师更多的自主权，包括管理与组织权等，可以尝试通过民主决策领导力，实施平行领导模式等，打破传统的等级制度和权威关系，促进教师自我专业发展的自觉性，强化自我管理。以刘祖希2006年发起的新青年数学教师工作室为例，作为全国各级各类学校（含大中小学、职业学校等）青年数学教师、青年数学教研人员、青年数学教育工作者进行数学教育研究、交流的非正式学术组织，其具备教师专业学习共同体的形式与内涵，致力于服务全国青年数学教师的专业发展，定期开展论坛会议，并编撰出版图书期刊。同时，该工作室基于网络资源，借助微信公众号的交流与分享，辐射到更大群体的、非工作室成员的数学教师，在一定程度上构建起网络研修共同体平台。无论是广域的还是更聚焦于学科的教师专业学习共同体，必须明确建设的主体。同时，教师只有锻造出过硬的专业技能，才有可能在把握学科本质，保留学科核心的基础上实施跨学科、跨领域教学与研究。

(四) 开发乡土校本课程，构建"跨专业"教师专业学习共同体

乡土校本课程的开发，以当地自然、历史、文化等乡土资源为依托，以任务为载体，不同学科的教师可以共同参与，促进教师之间的交流和学习，发挥各自的专业优势。乡土校本课程开发前，要求教师充分了解当地乡土资源，历史文化资源，形成对地方文化的全面认识，增强将地方乡土文化资源转化为课程资源的意识。乡土校本课程开发过程中需要以学生为主体，以教师为指导者，制订具有地域特色的课程方案，并能够通过实践活动开展课程，为学生提供丰富的学习体验，多角度、多层次的学习内容，培养学生的乡土情怀，

传承地域文化,同时提高教师的课程开发能力、资源整合能力和自主学习能力。以黄冈市为例,部分学校已完成校本课程的开发与实施,如黄冈市实验小学基于黄梅戏文化开发的音乐校本课程,在构建"跨专业"教师专业学习共同体方面已经取得初步的成效,值得借鉴与进一步发展。

(五)依托地方教育集团,构建"跨区域"教师专业学习共同体

集团办学早在20世纪末就开始萌芽,"十三五"时期以优质均衡为基础教育发展总体要求,各地积极响应并纷纷成立地方教育集团。这些集团受到广泛认可,并已初步形成规模和影响力,在实践中涌现出一些典型案例,如北京海淀区、西城区教育集团以及深圳南山教育集团等。近年来黄冈市也在探索集团化办学,2021年成立了以黄州区优质学校为龙头的4个教育集团。依托教育集团跨区域、跨学段、跨性质的特点,共享优质教育资源与教育经验,在"合作、共享"的理念下,基于本土教育特色构建"跨区域"教师专业学习共同体。通过教育集团组织的校级交流与合作活动、定期开展的专业发展培训活动等,促进教师资源、教学资源、科研资源的流动,可以为教师提供更多的学习和发展机会,提高教师的专业素质。未来还需进一步扩大教育集团的容量,纳入县域学校,丰富"跨区域"教师专业学习共同体的成员组成,融通师资,发挥带动作用,缩减城区学校与县域学校、偏远薄弱学校间的师资差距与教育资源差距。

(六)注入地方高校力量,构建"跨层次"教师专业学习共同体

虽然高等教育在研究教育理论、探索创新教学模式和教学范例方面处于先导地位,但由于与中学课堂和一线教育实践的距离较远,存在与基础教育实际脱节的问题。基础教育与高等教育的结合需要注入地方高校力量,需要教师跨越教育层次的边界,继续自我学习,自觉延长接受高等教育的学习时限,以高层次、高观点指导中小学教学。广东省教育研究院主办的南方教研大讲堂可以视作"跨边界"教师专业学习共同体构建的一个探索,其系列主题教研活动内容丰富、形式灵活,线上线下同步开展,全省各级各类教研员、教研基地负责人、名教师、名校长及高校专家等组成教研团队共同参与,已形成广东基础教育教研特色品牌。针对黄冈地区,结合地方师范院校的教育资源,加强"专家教授—职前教师(师范生)—中小学教师—中小学教育管理者"四类教育者的群体交流,凝结区域教育教研群体力量,在共同的地理文化背景下借鉴南方教研大讲堂的实践经验,构建黄冈区域范围内的"跨层次"教师专业学习共同体。以真实的教育问题为导向,通过组织课堂诊断、专题讲座、课题研究、研读课标、精品优质课例(案例)展示、教学教研学术研讨沙龙、联动研修等多样化的学习方式,实现大、中小学教师同向同行,教育理论与教育实践有效结合,指导教师专业的高质量发展。

四、总结与展望

综上所述,本文的研究通过分析教师专业学习共同体本土化建设的基础,对教师专业学习共同体的本土化构建策略进行了梳理,以期为教育改革和教师专业发展提供有益的借鉴和启示。新加坡作为全世界范围内首个在全国实施专业学习共同体模式的国家,其

教师学习共同体的本土化构建实施已久并初显成效。同为亚洲国家,相似的东亚文化背景为我国本土化构建提供经验借鉴与信心支持的同时,提示着还有更多相关研究,如影响本土化构建的因素、现代科技在教师专业学习共同体中的应用等有待深入开展。

(黄冈师范学院　数学与统计学院　叶　蕾　库在强　田茂栋　万琴思)

传承大别山精神　弘扬黄冈红色文化

——与学生讲好身边的红色故事*

摘要： 习近平总书记多次指出，把红色资源利用好、把红色传统发扬好、把红色基因传承好。同时，在中华人民共和国成立72周年之际，经党中央批准，第一批纳入中国共产党人精神谱系的伟大精神向全社会公布，大别山精神在列。黄冈红色文化是黄冈人民在两千多年的社会实践中形成的思想理念、传统美德和人文精神的汇集。传承大别山精神，弘扬黄冈红色文化，特别是利用好思政课堂，与学生讲好身边的红色故事，对于我们铭记光辉历史、坚定文化自信、传承红色基因具有重要意义。

关键词： 大别山精神　红色文化　红色故事

一、大别山精神是精神的高地，也是红色的宝藏

习近平总书记指出，"大别山精神是我们党的宝贵精神财富"，肯定了大别山精神在中国共产党精神谱系中的重要地位。从1921年中国共产党诞生到1949年中华人民共和国成立，大别山军民在党的领导下，浴血奋战、前仆后继，革命斗争不断、革命火种不灭，创造了"28年红旗不倒"的革命奇迹，孕育了彪炳史册的大别山精神。党领导大别山军民长期的革命斗争实践，决定了大别山精神的形成与发展，铸就了大别山精神的丰富内涵。

（一）追求理想、不屈不挠的奋斗精神

大别山精神的核心是对共产主义的崇高理想和对中国革命必然成功信念的执着追求。俄国十月革命后，中国共产主义运动先驱董必武、陈潭秋、恽代英等就开始在大别山区传播马克思主义。1921年11月，中共一大代表陈潭秋在湖北黄冈成立了中共陈策楼小组，为鄂豫皖边区第一个党小组。此后大别山区党组织不断发展，鄂豫皖苏区根据地成为我党重要的建党基地。在党的领导下，大别山共产党人和革命群众坚定马克思主义信仰，在艰难曲折的斗争中，无论处于顺境还是逆境，始终保持对党忠诚、坚守信念的高贵品质，"一根筋，不二心"，初心不改，不屈不挠。

土地革命战争时期，鄂豫皖革命根据地第四次反"围剿"失利，红四方面军主力被迫离开大别山，向西实行战略转移。红军主力转移后，留在根据地的中共鄂豫皖省委确立了独

---

*　**基金项目：** 本文为黄冈师范学院李霞老师主持的大别山红色文化研究中心开放课题"大别山精神融入思政课教学研究"（项目编号：202213804）的研究成果，系主持人和团队成员在黄冈万叶文化传播有限公司挂职期间的阶段性研究成果。

立坚持斗争的方针,并于黄冈市红安县重建了红二十五军,创建了红二十八军,进行坚持和保卫根据地的斗争。在敌人重兵"围剿",根据地人力、物力枯竭的情况下,省委奉命率领红二十五军长征,向其他地方转移。留在根据地的红二十八军在长期与党中央失去联系、根据地屡遭敌人"围剿""清剿"的情况下,独立坚持了艰苦卓绝的三年游击战争。从土地革命战争时期到解放战争时期,大别山先后经历4次主力部队转出,每一次主力离开后仍然有武装力量在大别山坚持斗争。他们靠着对理想的执着和革命必胜的信心,愈挫愈勇,一次次从磨难中奋起,革命的红旗始终在大别山上高高飘扬。

革命战争年代,大别山人民坚持革命斗争,为新中国的诞生作出了巨大牺牲。从1921年至1949年,大别山区为革命牺牲近百万人,仅在册革命烈士就有130 351人,可谓"山山埋忠骨,岭岭铸忠魂"。大别山革命的播火者红安革命前辈董必武主席在其90岁生日的诗作《九十初度》中写道:"遵从马列无不胜,深信前途会伐柯。"这是大别山人坚定理想信念、不屈不挠斗争的最好注解。

(二) 胸怀全局、勇挑重担的奉献精神

大别山的党组织和革命群众对党和革命事业无比忠诚,在革命斗争中始终能够以革命大局为重,为了革命需要和全局利益勇挑重担,牺牲小我,无私奉献。

1935年7月,为了与中央红军会师,鄂豫陕省委决定率领红二十五军西征北上策应中央红军。在出征动员大会上,军首长吴焕先、徐海东对战士们讲:"这次的行动,我们这几千人就是牺牲完了,也要牵制住敌人,保证党中央和中央红军顺利北上。"1935年7月16日,红二十五军在鄂豫陕省委率领下开始了第二阶段的长征。其西征北上的战略行动,吸引和牵制了川陕甘边界的敌人,有力地配合了党中央和中央红军的北上行动。

1947年,中共中央和毛泽东决定晋冀鲁豫野战军以半个月行程直出大别山,建立根据地,以破解国民党对山东解放区和陕北解放区的重点进攻。对这场关乎解放战争全局的战略任务,刘伯承、邓小平始终从战略全局出发,把是否对全局有利作为取舍的首要标准。邓小平向中央军委明确提出:"我们在大别山背重些,在三个月内,陈粟、陈谢能大量歼敌,江汉、桐柏及豫陕鄂区、淮河以北地区能深入工作,对全局则极有利。"1989年,邓小平在会见编写二野战史的老同志时讲,解放战争时期有很多重担,最重的担子是挑挺进大别山这副担子。

大别山军民以对党和革命事业的绝对忠诚,始终把全局的利益放在首位,勇于牺牲,甘于奉献,深刻诠释了胸怀全局、勇于担当的大别山精神。

(三) 依靠人民、万众一心的团结精神

大别山区党和军队从诞生之日起,就同人民群众同甘苦、共命运,与群众建立了血肉相连的党群、军民关系,筑起了打不破、摧不垮的铜墙铁壁。

土地革命战争时期,大别山党组织紧紧依靠群众、充分发动群众,在发动武装起义和创建根据地之初,即着手建立革命政权。在根据地逐渐形成了省、特区(道)、县、区、乡、村六级苏维埃政权,大别山广大穷苦人民第一次成为社会的主人。苏区开展了轰轰烈烈的土地革命,制定了土地分配政策,农民几千年来第一次分得了土地。苏区的政治、经济、教

育、卫生各项事业在党的领导下蓬勃发展，老百姓在政治上、经济上翻了身，文化教育上得到解放。党一心为民，成为人民的主心骨；人民一心向党，成为党的铁靠山。群众纷纷参军参战，为革命凝聚了巨大力量。"小小黄安，人人好汉；铜锣一响，四十八万；男将打仗，女将送饭。"黄安战役中，数万群众组成担架队、运输队、救护队、送饭队、洗衣队，不分昼夜地支援红军。徐向前在回忆大别山革命斗争时说："红军的力量在于民众之中。有了群众的支持，红军如鱼得水，任我驰骋，这是弱小的红军能够生存发展、克敌制胜的根本原因。"

大别山党和军民团结一致、万众一心，凝聚起人民战争的磅礴伟力，这是大别山 28 年红旗不倒的关键所在。

（四）自强不息、排难创新的进取精神

在新民主主义革命的各个历史时期，大别山党和军民面对艰难曲折的斗争形势，始终能够保持自立自强、求实创新的宝贵精神，把马克思主义与大别山斗争的具体实践结合起来，形成了山沟沟里的马克思主义。

黄麻起义后，由于国民党军疯狂反扑，起义部队决定转战木兰山区，保存和发展革命力量，开展游击战争，后开辟了以柴山保为中心的鄂豫边革命根据地，在长江北岸率先竖起了武装割据的旗帜，是以毛泽东为代表的中国共产党人探索农村包围城市、武装夺取政权革命道路的重要实践。

大别山党和军民从当地革命的具体实践出发，探索新的规律和方法，坚持长期斗争，独立自主解决问题，展现了大别山区军民自强不息、排难创新的进取精神和革命智慧，是革命取得最终胜利的最坚实保证。

大别山精神是对大别山"28 年红旗不倒"奇迹蕴含的革命信念、革命意志、革命品质和革命行动的高度凝练，是对中华民族优秀传统文化的继承和发扬，是中国共产党精神谱系中不可或缺的重要组成部分。大别山人民用鲜血和生命铸就的革命精神在新时代具有重要的时代价值。居安必要思危，我们要牢记幸福生活来之不易，要抓好大别山精神深度发掘和创造性转化，让大别山精神在新时代焕发更加璀璨的光华。

二、黄冈红色文化是血染的风采，更是指引我们前进的丰碑

（一）黄冈红色文化是无数血染的风采

黄冈红色文化是 20 世纪 20 年代出现在湖北黄冈大地上的一种马克思主义革命文化。在中国新民主主义革命的大背景下，黄冈红色文化从黄冈的具体实际出发，通过对党组织建设、革命军队建设、革命宣传教育开展、根据地政权建设、统一战线工作等问题的进一步探讨，及时回答了黄冈向哪里去、如何去，以及在遭遇外敌入侵时黄冈人民怎么办的问题，并通过千百万黄冈军民英勇的革命斗争实践，有力推动了黄冈新民主主义革命的伟大进程。黄冈红色文化既是一部黄冈人民反抗剥削压迫、追求幸福生活的革命文化，也是一部黄冈人民高举科学社会主义伟大旗帜、紧跟党走的马克思主义文化，还是一部解决黄冈问题、具有浓郁黄冈特色和黄冈形式的民族区域文化。可以说，黄冈红色文化是无数血染的风采。

(二) 黄冈红色文化是指引我们前进的丰碑。

党的十六届六中全会提出构建社会主义核心价值体系以后,中央高度重视红色文化在构建社会主义核心价值体系的作用。黄冈红色文化是我国红色文化不可或缺的重要组成部分,这不仅因为黄冈是我国新民主主义革命的先发地之一,在这里爆发了声势浩大、影响深远的黄麻起义,产生了一大批无产阶级革命家和将军,涌现了无数革命战斗英雄和革命先烈,而且还在于从黄冈走出去的许多革命家和将军后来成为党和国家以及军队的重要领导人,黄冈红色文化对我国红色文化建设起到了不可替代的作用。在全面建设社会主义现代化国家的今天,进一步学习和研究黄冈红色文化,不仅可以激发人们的爱国情感,激励人们的奉献精神,陶冶人们的道德情操,而且对传承中华文化,进一步推进党风廉政建设、把我国建成富强民主文明和谐美丽的社会主义现代化强国具有重要意义,是指引我们前进的丰碑。

三、传承大别山精神,弘扬黄冈红色文化,与学生讲好身边的红色故事

1. 通过红色故事引导学生加强对马克思主义理论的学习

黄冈红色文化是在马克思主义指导下创立的革命文化,特别是作为学生,如果对马克思主义缺乏一个最基本的了解,我们学习和研究黄冈红色文化时就会为表面的现象所迷惑,甚至可能作出完全相反的理解和解释。通过红色故事引导学生学习马克思主义理论,最主要的就是要引导学生掌握马克思主义的无产阶级解放和人类解放的立场,就是要掌握马克思主义的辩证思维方式,学会从事物的内外部联系中和从事物的发展过程中考察事物。只有掌握了马克思主义的精髓和精神实质,才能保证我们所学到的正是当年黄冈红色文化建设时想要达到的。

2. 通过红色故事引导学生学习和了解黄冈历史

黄冈红色文化是在黄冈历史积淀的基础上产生的文化,它在新民主主义革命时期围绕黄冈党的路线方针告诉人们做什么、怎么做,以及遇到困难了怎么办,不是一时的突发之想,其中蕴含着黄冈长期以来形成的各种理念、风俗和文化传统。如果不了解黄冈历史,对黄冈红色文化就会产生一种无根式的理解,很不稳定,容易受其他因素的影响和干扰。通过红色故事引导学生学习和了解黄冈历史,不仅了解黄冈的自然地理条件及其变化,更主要的是了解黄冈人民进行社会活动的历史,即黄冈人民是在什么样的社会制度下和通过什么方式利用这些自然条件的,取得了什么样的成果,特别是在开展活动时黄冈人是如何思考的,包括思维方式、理想、信念等。

3. 通过红色故事引导学生树立问题意识,注意史论结合

问题意识是学习时必备的意识,学习不是一个简单的被动接受过程,通过学习得来的知识最终要运用到实践中去,这就需要充分发挥学习主体的能动作用,把知识变成主体的要素。而要发挥主体的能动作用,就需要学习者通过问题把一些僵死的材料贯通起来,多追问为什么会这样,找到彼此之间内在的联系。通过红色故事引导学生学习黄冈红色文化,首先要了解黄冈红色文化产生、发展的历史,包括一些重大会议的召开、重大决定的作出以及重大历史事件的发生等,这个过程基本上就是一个接受的过程,然后充分发挥自己

的理解力、想象力、创新力,把这些不同的历史事实关联起来,找到其中发展的内在规律,从而在掌握局部、片段的基础上形成对黄冈红色文化的整体性认识。

4. 通过红色故事,引导学生把自己融入黄冈红色文化之中

任何理性认识都是建立在感性认识的基础之上的,否则就是无源之水,无本之木。而在非理性因素中,兴趣、情感又是极为重要的内容,只有有了兴趣和情感,才能持之以恒地学习,才能为之吸引,为之着迷,从而熟能生巧,达到无人之境。通过红色故事,引导学生把自己融入黄冈红色文化之中,不把它看成是他人的事情,而自然看成是自己的事情。引导学生思考:当我自己遇到这种情况时,会怎么办和能够怎么办?我的选择与黄冈红色文化最终所呈现出来的有无区别?哪种选择更加符合大多数人的利益,更加符合历史发展的规律?必要时可以带领学生参观一下黄冈的红色资源景区,体验一下当年红军走过的路、吃过的饭菜、做过的事情,也可以请老红军给我们讲一讲英雄先烈们曾经发生过的感人故事。

(黄冈市明珠学校 李晓霞 麻城市第一初级中学 李胜鹏)

"县中模式"下高中生心理健康状况及其对策研究

摘要：本文以湖北省麻城市第一中学 4 106 名高中生为被试对象，采用北京心海导航教育科技股份有限公司心理管理系统提供的心理健康诊断测验(MHT)量表和 SCL-90 症状自评量表，分别对该校三个年级所有学生进行问卷调查，研究心理健康状况，并分析心理问题产生原因及影响，试图从家校社协同育人的角度来寻求对策。

关键词：县中模式　高中生　心理健康

一、调查意义

所谓"县中模式"，即以大量时间投入为表象，促使教师和学生在一个封闭的空间里，全力以赴，通过研究高考，应对高考，以获得高考佳绩为唯一目标的教育模式。笔者所任教的湖北省麻城市第一中学就是这样一所县级中学。麻城市第一中学是一所文化底蕴深厚、具有光荣革命传统的百年名校，既是湖北省首批重点中学，也是湖北省省级示范中学。

因此全面了解我校学生的心理健康状况，既能帮助老师、家长和学生本人了解存在的问题，有的放矢地从认知和行为等层面上进行辅导，又可以一叶知秋，以改善、维护和提高所有"县中模式"下高中生的心理健康水平，促进学生在学习过程中身心全面发展。

二、调查方法

(一) 被试

被试是湖北省麻城市第一中学的全体学生。

(二) 工具

1. 心理健康诊断测验(MHT)

又叫焦虑测验，是由华东师大周步成教授等人根据日本"不安倾向诊断测验"修订而成的，成为适用于我国中学生的标准测试——《心理健康诊断测验》。

其中有 100 道测验题，包含了学习、对人两个方面的焦虑，孤独、自责、过敏、恐怖以及冲动等五个方面的倾向，还有身体症状这一个方面，共计八项内容。以上每个内容量表的标准分是 8 分，超出 8 分则代表在该项内容量表上检测出了心理问题。所有内容量表的标准分总分即是全量表的标准分，代表总焦虑倾向，超出 64 分，视为有严重的心理健康问题。对于这类人，咨询师需要给予有针对性的个人指导计划。

2. 症状自评量表(SCL-90)

反映的是个体最近一周心理健康状况。它是世界上最著名的心理健康测试量表之一,是当前使用最为广泛的精神障碍和心理疾病门诊检查量表,能协助测试对象从10个方面来了解自己的心理健康程度,具体有:躯体化、强迫症状、人际关系敏感、抑郁、焦虑、敌对、恐怖、偏执、精神病性症状、饮食及睡眠10个因子症状群。这10个因子分,如果在1—2分之间,是阴性;2—3分之间为轻度阳性;3—4分之间为中度阳性;4—5分之间为重度阳性。通过测量结果可以判断某个因子即症状群阳性,及其严重程度。

(三) 程序

本研究采用问卷法。问卷调查的实施过程严格按照心理测量的程序进行,以班级为单位,利用北京心海导航教育科技股份有限公司心理管理系统统一发放量表、做完即刻自动记录回收,使用统一的指导语进行集体测试。对收回问卷进行整理,剔除无效问卷后,采用统计软件对所收集到的数据进行处理。

三、调查结果

(一) 高中生心理健康总体水平

高一总学生数为1 345名,有效测试人数共计1 314名,有效率为97.70%;高二总学生数为1 320名,有效测试人数共计1 273名,有效率为96.43%;高三总学生数为1 441名,有效测试人数共计1 436名,有效率为99.65%。

	高一年级(MHT)	高二年级(MHT)	高三年级(SCL-90)
有效人数	1 314	1 273	1 436
异常人数	596	533	495
异常占比	45.36%	41.87%	34.47%

全国教育科学"九五"规划教育部重点课题《中小学生心理素质建构与培养研究》课题组北京师范大学发展研究所按照国际卫生健康标准,曾对当前青少年心理健康状况开展广泛调查,结果显示高中生基本心理健康比率为82.7%,异常心理倾向的比率为14.8%,严重心理问题的比率为2.5%。由此可见,我校学生无论是哪个年级,心理异常占比过高,需要重视起来。但是值得一提的是,三个年级的心理异常占比呈递减趋势,这说明我校近年来的心理健康教育工作还是有一些不错的效果。

(二) 高中生心理健康的性别差异

从下表来看,女生人数占比不足总人数的一半,但无论是哪个年级的女生异常人数占比都高出同年级男生异常占比5个百分点以上,这说明女生心理问题更为普遍和突出,需要加强女生的心理健康引导工作。

	高一年级（MHT）		高二年级（MHT）		高三年级（SCL-90）	
性别	男	女	男	女	男	女
有效人数	725	589	702	571	790	646
异常人数	311	285	259	274	252	243
异常占比	42.90%	48.39%	36.89%	47.99%	31.81%	37.62%

（三）高中生各分量表心理健康水平

2023年秋高一异常学生各因子平均分									
因子	学习焦虑	对人焦虑	孤独倾向	自责倾向	过敏倾向	身体症状	恐怖倾向	冲动倾向	总分
平均分	11.48	6.60	4.10	6.71	7.58	8.34	4.57	4.21	53.59
标准差	2.54	2.13	2.71	2.50	1.69	3.00	2.82	2.52	11.97

2023年秋高二异常学生各因子平均分									
因子	学习焦虑	对人焦虑	孤独倾向	自责倾向	过敏倾向	身体症状	恐怖倾向	冲动倾向	总分
平均分	10.95	6.73	4.54	6.23	7.55	8.47	4.43	4.54	53.44
标准差	2.98	2.32	2.95	2.73	2.00	3.10	2.97	2.78	12.68

由以上两个表格可以看出，高一和高二异常学生的问题主要集中在学习焦虑和身体症状，以及过敏倾向方面。这三个因素可以说是互相影响，互为因果。

作为要参加高考的学生，谁都希望自己有个好成绩。但并不是所有的努力都会得到想要的效果，所以学生害怕成绩不好，这很正常。这种适度的焦虑属于情境式焦虑，对学习是有利的。当这种焦虑超出了正常范围，就会引发一系列的生理反应，比如头痛、失眠、容易疲劳、心跳过速等。这些反应会影响学习状态，致使其学习效率低下，学习成绩难以有长进，甚至反而越努力越退步。在这种情况下，强烈的身体症状正好完美地解释了学生成绩不好的原因，分担了精神上的压力和痛苦。他们以为解决身体上的问题就能恢复好的学习状态，结果通常是徒劳无功的。这种徒劳，反过来又容易加重心理负担。特别是对于那种有过敏倾向的人来说，原本就经不起一点风吹草动，现在解决不了身体不适，可能就意味着学习没有救了。这种认知只会让他们更加焦虑。

2023年秋高三异常学生各因子平均分											
因子	躯体化	强迫症状	人际关系敏感	抑郁	焦虑	敌对	恐怖	偏执	精神病性	其他	总分	总均分
平均分	2.25	2.91	2.67	2.56	2.48	2.42	2.21	2.37	2.33	2.47	223.01	2.48
标准差	0.71	0.6	0.71	0.72	0.72	0.8	0.74	0.73	0.7	0.7	53.63	0.6

高三异常学生的主要问题反映在强迫症状、人际关系敏感和抑郁方面。当然这并不是说高三的学生就不会学习焦虑，事实上强迫症状主要反映那种明知道没有必要，但又无

法摆脱的想法、冲动或行为,人际关系敏感的是反映个人不自在感或自卑感,抑郁反映苦闷的情感体验。作为反应个体最近一周心理健康状况的自评量表,再加上心理测试处于高三才开学的时间点,把这些因素综合在一起,不难看出高三异常学生因为成绩不如人意而敏感自卑,抑郁苦闷。

四、问题根源

表面上,高中生的心理问题都跟学习成绩有着密切关系,其实不然。心理问题往往是多种因素共同作用的结果,其中最主要的是学生自身的内在原因,其他因素都是外在诱发条件。

(一) 个体心理素质

如果把学生比作是植物,一株植物长势如何,不能只看它是否枝繁叶茂,而要看它是否有健康的根系。倘若根系受损,即使现在看起来枝繁叶茂,以后依然会慢慢枯死。倘若根系健康发达,哪怕在严酷的环境中受尽摧残,枝枯叶落,萎靡不振,只要环境合适,依然抽枝吐叶,焕然一新。"县中模式"就相当于一个严酷的环境,心理素质就是植物的根,而成绩只是枝叶。有些人即使成绩好,也依然有心理问题。有些人哪怕成绩不好,也照样心理健康。可见真正能决定孩子能否适应"县中模式"而健康生存的并不是环境,也不是成绩,而是他的心理素质。心理素质好的同学能量充足,经得起消耗,恢复起来也快。无论遇到什么问题,他们都能想办法解决。自己解决不了,也会积极寻求援助。在"县中模式"这个能量消耗比收入大的地方,很有生存优势。

(二) 学校因素

学生大面积出现心理问题,显然跟学校教育有关系。《教育——财富蕴藏其中》说:"把一个人在体力、智力、情绪、伦理各方面的因素综合起来,使他成为一个完善的人,这就是对教育基本目的的一个广义的界说。"换句话说,教育的基本目的应该是培养一个德、智、体、美、劳全面发展的人,学校应该推行素质教育,而"县中模式"是典型的应试教育,重智育、轻德育、重成绩、轻素质。学校生活方式单一,学习内容枯燥无味,学习时间长得不可思议,从早上6点到晚上10点,至少持续12天,多的甚至要一个月才放一次假,远超打工人备受争议的"996工作模式"(早上9点到晚上9点,一周工作6天)。这种长时间高强度的学习节奏造成学生疲劳作战,他们的身心难以负荷,长期下来必然会导致各种各样的问题症状。此外,学校的各种生活条件、师生关系、同学关系等也会影响学生的身心健康发展。

(三) 家庭因素

教育从来都不是学校一方的事,实际上家庭教育更重要,它是学生最早接受影响的方式。家长自身的文化水平、道德修养、经济能力、教育方法以及夫妻关系等都对孩子的心理素质有着既直接又重大深远的影响。中学生大多数时间都在学校,跟家长的接触和交流少得可怜。很多家长也从来不跟老师联系,不曾了解过学生在校的真实情况,只关心学生考试的分数,无视孩子成长过程中的情感需求,这容易使孩子形成自卑、敏感、抑郁、焦虑等不健康的心理品质。

(四) 社会因素

学生每天被困在学校里,学校承担了管理学生安全的重要责任。出于安全考虑,也是追求成绩的需要,学校拒绝让学生参与很多必要的社会实践活动,这就导致社会教育的缺席。学生无法走出去,那些"某某进校园"的社会教育实践很多时候也变成了敷衍的形式,根本无法满足学生的发展需求。

五、对策

要解决高中生心理健康问题,需要学校、家庭、社会三方协同努力。2023年1月,教育部等十三部门联合印发《关于健全学校家庭社会协同育人机制的意见》,明确了要构建"学校积极主导、家庭主动尽责、社会有效支持"的协同育人机制。其中家庭教育是根本,学校教育是保障,社会教育是辅助,不能本末倒置。

(一) 成立家委会,加强家校沟通,引导家长重视家庭教育

真正的家庭教育,关注的应该是孩子的成长,而不是成绩;关注的是孩子学习的过程,而不是结果。学校可以鼓励家长自发成立家长委员会,明确家长委员会的职能,健全与家长的沟通机制。一方面为他们提供专业的家庭教育指导,让他们承担起提供温馨家庭氛围,跟孩子建立和谐亲子关系这一职责,用正确的方法把他们深沉的父母之爱传递给学生;另一方面引导他们参与学校的发展建设中来,为学校的各种活动出谋划策,集思广益,更有效地实现教育目标。

(二) 加强师生辅导,推进高中生心理健康教育

心理健康教育是一件专业性强的工作,学校要给学生开设心理健康教育课程。即使师资力量有限,无法大面积开课,也应该储备一批专业过硬的心理健康教师,除了提供个体咨询指导,还要定期开展有针对性的心理健康教育讲座,比如考前心理指导,女生心理健康辅导等。也可以根据学生常见的心理困惑,编制心理健康教育读本,在报栏和广播台设立专刊,最大限度地普及心理健康教育知识。

另外,要组织其他教师参与学习一些基本的心理健康知识,提高他们自身的心理健康素养,帮助他们在执教过程中能够顺应学生心理发展特点,多些方法,少些教训。

(三) 统筹社会资源,拓展校外教育空间

《关于健全学校家庭社会协同育人机制的意见》明确"学校要把统筹用好各类社会资源作为强化实践育人的重要途径,积极拓展校外教育空间,着力培养学生社会责任感、创新精神和实践能力"。因此,学校要全面落实《中小学生综合实践活动课程指导纲要》,利用各种社会资源,建立学校校外教育基地,开展以本地地域自然、历史文化为本的特色实践活动。也可利用各种重大节假日,根据不同的节日特点,以社会参与、设置工作任务的

形式，让学生走出学校，获得丰富的实践经验。

总之，如何提高"县中模式"下的高中生心理健康水平是一个充满挑战的课题。作为高中老师，我们应深入研究，争取有效地整合学校、家庭和社会等各方面教育资源，切实保障高中生的心理健康，这样才能保障高考取得好的成绩。

（麻城市第一中学　王妙婷）

中小学开展法治教育:价值、现状以及策略探析

摘要:中小学法治教育事关中小学生的健康成长和法治中国的建设成效。开展法治教育不仅是建设法治中国的基础,而且是预防青少年违法犯罪,增强法治意识,增强法治素养的重要途径。目前,中小学在开展法治教育的过程中还存在着重理论、轻实践,法治教师专业化程度低,法治教育得不到重视等问题。学校、家庭和社会应共同推进未成年人的法治教育,形成法治教育的合力,切实提升新时代中小学法治教育成效。

关键词:法治教育;中小学法治教育;法治素养

2021年12月,教育部颁布《中小学法治副校长聘任与管理办法》,此前教育部印发《全国教育系统开展法治宣传教育的第八个五年规划(2021—2025年)》主要目标为:到2025年,普法的针对性和实效性明显增强,教育系统法治素养和依法治理水平显著提升,广大干部师生尊法学法守法用法的自觉性和主动性不断提高。我国对青少年的法治教育极为重视,党的十八届四中全会提出了"将法治教育纳入国民教育体系,从青少年抓起,在中小学设立法治知识课程"的要求,中共中央印发的《法治社会建设实施纲要(2020—2025)》中再次强调要"加强青少年法治教育,全面落实《青少年法治教育大纲》,把法治教育纳入国民教育体系"。

一、法治教育的价值

中小学阶段是价值观形成的关键时期,法治教育也要遵循青少年成长规律和发展需求。学校是接受教育的主要场所,中小学法治教育的开展是建设法治国家的必要条件。因此,有必要在探讨法治课程专门化、法治教育体系化这一新形势下,以学校教育为主,协调发挥各类社会团体、家庭作用的多元法治教育格局,增强中小学生的法治素养,树立法治理念,为依法治国提供人才支撑。

(一)中小学开展法治教育是建设法治中国的基础

《全国教育系统开展法治宣传教育的第八个五年规划(2021—2025年)》指出:"实行公民终身法治教育制度,把法治教育纳入国民教育体系,加强青少年法治教育。"学校法治教育是实现中华民族伟大复兴、建设民主法治国家的基础条件。中小学法治教育抓得好,可以增强学生法治素养,树立法治理念,为依法治国提供人才支撑。扎实过硬的法治教育可以为未来公民培育法治精神,为未来社会培养守法公民。中小学法治教育事关中小学生的健康成长和法治中国的建设成效,青少年法治教育是中国法治教育的未来,未来年轻一代的法治素养的养成决定我们整个国家法治发展的方向,这是我们法治国家的一个基

础性工程。

（二）中小学开展法治教育预防违法犯罪、增强法治意识

法治教育，不仅是法律知识的传授，而且是法治思维和法律精神的培养。从小培养学生的法治素养，能让学生知道哪些事情可为，哪些事情不可为，触犯法律会有何种后果。对青少年来说，扎实过硬的法治教育，可防止他们因不懂法而寻衅滋事、聚众斗殴，也可防止他们因不知法而使自身的合法权益受到侵犯。

（三）中小学开展法治教育有利于发展学生的核心素养

当前，我国基础教育改革已经迈入培育核心素养的时代。中国学生发展核心素养以培养"全面发展的人"为主线，分为文化基础、自主发展、社会参与三个方面，综合表现为人文底蕴、科学精神、学会学习、健康生活、责任担当、实践创新六大素养，其中，"具有规则与法治意识，积极履行公民义务，理性行使公民权利"是"责任担当"素养的重要内涵。修订后的《普通高中思想政治课程标准》（2017年版，2020年修订）也将"法治意识""法治观念"确定为学科的核心素养之一。新时代中小学开展法治教育以法治观念、法治意识的培育为中小学法治教育的目标和方向。

二、中小学法治教育的现状

加强中小学法治教育是对全面依法治国战略的实践和有效落实。毋庸置疑，近年来我国法治建设成绩斐然，但不可否认，在法治建设领域，我国法治建设仍面临无法回避的挑战与困境。作为法治建设的一项重要内容，中小学法治教育不可避免地表现出一系列问题。

（一）法治教育重理论轻实践，法治素养难以提升

当前还比较缺乏完整的、系统的法治教育的相关资源，在法治教育的教学方式方法上，也需要开展更丰富、更多元的教学实践，而不是简单地读课本、满堂灌。长期以来，不少学校开展法治教育，基本局限于张贴宣传标语、举办专题讲座等形式，部分法治教育流于形式。小学法治教育教师队伍建设滞后，专业性教师占比较少，多为没有系统学习法律知识的兼职教师或临聘教师，教学活动重理论轻实践[1]。根据问卷统计，只有20.44%的中小学生所在学校经常组织学生参观法院、检察院或者其他法治教育场所，29.50%的学生所在学校偶尔组织学生参观上述场所，还有50.07%的学生所在学校从未组织学生参观上述场所。其中，只有9.41%的普通高中学生所在学校经常组织学生参观上述场所，明显低于其他学段[2]。中小学道德与法治课程在实践中过于强调法律概念、法律条文、法律原理的讲解与识记，因而难以取得良好效果。公民法治素养的形成是法治社会的基本保障，而法治素养的提升离不开学校的法治教育。法治素养包括四个层次的发展，一是掌握法治知识，二是形成法治思维，三是学会依法行事，四是树立法治信仰。如果仅仅停留在表层的法治理论知识的传授与讲解，则不利于中学生法治素养的培养与提升。

(二) 法治教育师资不足,难以开展

一些地区缺少不足没有法治教育方面的师资配备,课程难以开展。目前中小学的法治教育教学工作多是由《道德与法治》课程的教师来承担,有的中小学甚至没有专职《道德与法治》课程的老师,该课程由其他学科老师或者由校领导、教导主任、德育主任、大队辅导员兼任,这些教师普遍缺乏专业法治知识。中小学具有法学专业背景的专职教师微乎其微,更谈不上拥有法学实践经验,大多只能沿用单一理论灌输的模式进行教学,使教育效果大打折扣。此外,这些教师只有极少部分接受过短期的市、县级专门培训,课程所需知识主要通过自学途径获得,教师对课程内容的掌握差异较大,对教法鲜有研究,更不具备科学化、系统化的法治教育观念。

(三) 法治教育得不到重视,收效甚微

现阶段我国的中小学教育实践中普遍存在"重智轻德"的倾向,学校、家长以至学生普遍更重视文化课程而轻视法治教育。部分学校对法治教育的认知仍然停留在"说起来重要、忙起来不要"的阶段。现行法治教育多服务于《中小学生守则》,对培养学生法治意识效果甚微。另外,只有少数学校拥有固定的法治教育课时间,大多学校的法治课程设置在班会、自习时,部分学校存在长期占用法治教育课时的情况,有些学校则只是将法治教育课程写入了课程表,但并未落实。

(四) 普通高中和农村学校法治教育亟待提高

普通高中和农村地区学校的法治教育亟待加强。其中普通高中在法治课开设、教材使用、课外活动设置等方面,相比小学、初中和职业学校都处于较低的水平。而且普通高中学生对学校法治教育开展的认可度也比较低,认为学校法治教育非常好的学生仅占比23.53%,比较好的占17.65%,都远远低于平均值。与高考关联度较低的法治课程在学校教学中没有得到应有的重视。而农村地区学校则在学校管理规范性方面亟待加强,学校和教师违法管理的现象比非农村地区学校更严重。相关调研数据显示,城市学校中认为学校不存在违法管理现象的学生占总数的81.68%,乡镇学校该数据为74.18%,农村学校该数据为66.35%。

三、法治教育的策略

法治教育能让中小学生知法、守法,减少青少年犯罪,是促进青少年学生全面发展的重要保证。下面,本文从三个方面对提高中小学法治教育质量的有效策略进行探讨。

(一) 创新法治教育实践活动

开展中小学法治教育实践活动应贴近学生的生活,让学生在学习过程中有参与感、获得感,真实地感受到法治精神。

首先,拓展法治教育的内容和形式。教育部在上述规划中提出,要结合安全、禁毒、国防、防灾减灾救灾以及防范学生欺凌、网络诈骗、人身侵害和人口拐卖等内容开展日常宣

传教育,将法治教育纳入中小学课后服务范围;深入开展法治实践教育;推广启发式、互动式、探究式教学方法,加大情景模拟、案例教学等方法应用。法治教育不能是简单的知识灌输,而应是引导学生理解法治的核心理念,树立法治信仰。

其次,利用好课堂外的法治教育。可以拍摄法治剧,编排法治相声、法治绕口令、法治戏曲等文艺节目。组织学生参加法治教育研学活动,比如:去湖州市吴兴区的沈家本纪念馆,了解中国法治现代化的历程;去杭州五四宪法纪念馆,学习中国宪法诞生的历史。还可以到更远的地方,如西安商鞅变法发生地、抚州王安石纪念馆、湖北张居正纪念馆等,学习中国古代如何实现法治。

再次,举办大型主题教育活动。学校可以邀请检察官和法治副校长一起参加,共同见证未成年人的成长。这种活动一方面能够让检察官和法治副校长更加清楚地了解未成年人的成长特点和需求,有针对性地进行法治教育;另一方面,也让学生感受到法治教育并不遥远。

最后,模拟法庭进校园。模拟法庭通过案情分析、角色划分、法律文书准备、预赛、正式开庭等环节,模拟刑事、民事、行政审判及仲裁的过程,在调动学生积极性与创造性、提高学生法律文书的写作能力等方面具有独特的价值[3]。将被动灌输法律知识的模式转化为主动学习模式,同学们身临其境,参与全过程,可以更加直观地了解审判过程的程序,切身感受法律的庄重威严,这是最直观生动的法治教育。还可以组织学生到学校所在区法院旁听庭审,使学生通过走进检察院、法院、律师事务所等活动进行深度的实践体验。

(二)加强法治教育师资队伍建设

不断培养高质量的法治教育师资,同时打造一支机制灵活、专业化程度高的校外、兼职法治教师队伍,弥补法治教育师资短缺和教师授课水平不高造成的青少年法治教育的短板。

首先,应当建立专业化法治教育师资队伍。在职前培养环节,可在师范类或法律类学校设置法律教育专业,为中小学培养专业性法治教育人才。在入职环节,可以优先录用获得教师资格证的法律类专业毕业生。在在职教育环节中,可以通过持续系统的法律知识培训,实现在职教师转岗为法治教育教师。

其次,要大力提升现有师资队伍的法律素养与法治教育能力,将法治教育纳入教师教育必修内容,提高全体在职教师的法律素养与法治教育能力,为法治教育融入学科教学提供保障。学校要完善法治教育培训制度,形成系统的法治教师培训计划,开展骨干教师法治教育专题培训等,提高法治教师课堂讲授、组织法律实践活动的专业能力,并尽可能地为教师提供校外的机会和资源以促进他们的专业发展。

再次,扩大法治副校长的人选范围。法治副校长的设立,对中小学法治教育的开展有诸多益处。让司法部门的人士到学校去普法,虽然能增强法治教育的专业性,但法官、检察官等多是就违法犯罪问题展开教育,比如哪类违法犯罪行为将受到怎样的惩罚等。法治教育应在此之外多给学生进行权利与义务等知识的普及。因此,法治副校长的人选范围可以不局限于司法部门内部,高校里的法学专家和大学里读法律专业的学生都可纳入筛选范围。人选范围扩大后,对偏远欠发达地区的学校来说,也有更多机会选择懂法的人员来担任法治副校长。

最后,应加强对学校教师的培养,尤其是道德与法治的授课教师,应定期组织培训,使教师成为学生们身边的"法律明白人"。发挥好道德与法治课程的主渠道作用,离不开一批有学识、涵养高的教师队伍,这就需要进一步建立中小学法治教育骨干教师培养机制,完善对法治教育教学成果的支持和奖励制度。推动实施法治教育名师培育工程,创新法学人才培养机制,广泛推行教师集体备课活动,实现教学资源共享,推动青少年法治教育高质量发展。在师范学校里开设法治教育专业或学位,对应培养法治教育领域的教师人才,使得中小学法治教育更为专业。

(三)构建家校社法治教育联动机制

通过多方联动凝聚合力,构建全社会青少年普法工作的大格局。通过政府、学校、家庭、社会组织多方协作,以教育管理、宣传引导、志愿服务等形式营造良好法治氛围,以润物无声的方式推进青少年法治教育,引导广大青少年养成自觉守法、遇事找法、解决问题靠法的思维习惯和行为方式,构建青少年宪法意识。

首先,持续开展全国学生学宪法、讲宪法活动,以多种方式激励学生通过教育部全国青少年普法网持续参与宪法学习。

其次,在升国旗仪式、成人仪式、毕业仪式等活动中,设置"礼敬宪法"环节,增强青少年的法治认同感。通过设立青少年法治教育实践基地,扩大法治社会大课堂的活动范围。加强法治文化建设,推动法治教育与历史、国情、中华优秀传统文化和行为养成教育相结合,与学校教育教学和日常管理相融合,潜移默化,弘扬法治精神,构建和谐校园。学校注重法治教育宣传的实效性,促使同学们不断增强自觉遵守法律、尊崇法律的坚定信念并争做法律的忠实崇尚者、自觉遵守者和坚定捍卫者。

再次,通过全方位的"家庭教育指导"、多角度的"云端法治教育"、沉浸式的"法治宣传模式"不断创新中小学法治教育形式,比如通过开展法治讲座、法院开放日、旁听庭审、模拟法庭、线上游法院等活动,激发中小学生学习法律知识、提高法治意识的兴趣与积极性,引导家长"依法带娃"。

最后,政府可以建立各类法律博物馆,打造体验式、沉浸式法治教育展馆,以适应各类青少年接受法治教育的需求。深入推进"互联网+"法治教育,加强青少年普法网络平台建设,着力提升教师法治教育教学能力,加强青少年法治教育实践基地和法治资源教室建设。在中高考增加法治知识占比,要求教育部门、学校着力提升授课老师的法治知识素养、法治教育授课水平。

学校、家庭和社会共同推进未成年人的法治教育,形成合力,这样可以整合优质资源,共同促进青少年成长。构建全方位、多层次的青少年法治教育格局,通过"小手拉大手"的形式,带动家庭、辐射社会,提升全民法治意识和法治素养。

(黄冈师范学院 教育学院 张 静 熊莹芬 张志勇)

参考文献

[1] 李娜,苗绘.中小学生法治教育问题与对策探析[J].理论观察,2017(10):156-158.
[2] 马一鸣.中小学生法治教育状况调查研究[J].中国德育,2017(22):26-29.
[3] 陈华.情景模拟在中学生法治教育中的实施[J].中学政治教学参考,2020(11):53-55.

专题二　课程与资源建设

农村幼儿园食育课程资源开发的现状与实践研究

——基于湖北省四个县（市）的调查*

摘要：与城市幼儿园相比，农村幼儿园食育课程资源开发发展缓慢。本文基于湖北省四个县（市）的农村幼儿园进行调查分析，总结归纳农村幼儿园食育课程资源开发存在的问题，提出了具有针对性的改进策略，以期助推农村幼儿园食育课程资源及时合理开发。

关键词：农村幼儿园；食育；食育课程资源；课程资源开发

《幼儿园教育指导纲要（试行）》指出："幼儿园必须把保护幼儿的生命和促进幼儿的健康放在工作首位。"[1]幼儿期是饮食习惯养成的重要时期，开展"食育"活动和开发高水平食育课程资源对幼儿健康成长有诸多帮助[2]。与城市幼儿园相比，农村幼儿园食育课程资源开发发展缓慢[3]。为此，笔者选取了湖北省黄冈市、荆州市、咸宁市、武汉市黄陂区四个县（市）农村幼儿园在岗幼儿教师及园长进行调研。

一、农村幼儿园食育课程资源开发的现状调查

（一）农村幼儿园食育课程资源开发的认知现状

调研发现，农村幼儿教师了解食育课程资源概念的均值为2.90，且对开发食育课程资源意识的均值为2.90，这说明农村幼儿教师存在对食育课程资源认识不足、理解不深刻、开发意识淡薄等问题。农村幼儿教师比较依赖于政府、园长、专家等主体，作为幼儿园食育课程最直接的实施者，却较少提出对食育课程资源开发的想法，开发食育课程资源的意识不强。

（二）农村幼儿园食育课程资源开发的内容现状

本次调研中，食育课程资源内容分为本土食材资源、本土人力资源和本土文化资源三类。通过调研发现，教师在选择本土食育课程资源的内容中，选择本土食材资源的教师人数最多，选择本土文化资源的教师人数次之，而选择本土人力资源的教师占比最少。

---

* **基金项目**：本文为湖北省教育科学规划2022年度一般课题"湖北省普惠性幼儿园教育质量提升路径研究"（项目编号：2022GB076）、2021年教育厅人文社科项目"乡村振兴背景下湖北省农村幼儿教师专业发展的支持机制研究"（项目编号：21Y216）、湖北省教育厅"百校联百县——高校服务乡村振兴科技支撑行动计划"项目"农村幼儿园乡土课程资源的开发与利用研究（项目编号：BXLBX0831）"、黄冈市教育科学规划2022年度重点课题"黄冈市普惠性幼儿园教育质量提升路径研究"（项目编号：2022GA14）、黄冈师范学院教学研究项目"农村幼儿园乡土课程资源开发的行动研究（项目编号：2021CE60）"的阶段性成果。

1. 农村幼儿园本土食材资源的开发

表1数据表明,农村幼儿教师更多选择种植本土农作物,均值为3.12;了解并投放烹饪用具和体验亲手制作食物次之,均值均为3.11;然后是参观当地菜场、农场等食材基地,均值为2.99;养殖本土常见家禽这类开发情况最低,均值为2.96。笔者对均值进行分析,说明农村幼儿园本土食材资源开发均位于中等水平。

表1 农村幼儿园本土食材资源开发情况

	参观当地菜场、农场等食材基地	养殖本土常见家禽	种植本土农作物	了解并投放烹饪用具	体验亲手制作食物
均值	2.99	2.96	3.12	3.11	3.11

2. 农村幼儿园本土人力资源开发

表2数据表明,农村幼儿教师更多的是请家长或社区代表到幼儿园交流食物的神奇与奥秘,均值为2.81;请当地厨师到幼儿园来交流食物制作次之,均值为2.73;请当地农民到幼儿园交流农作物栽种、培育、收获方式的最低,均值为2.68。从均值中可以看出,农村幼儿园本土人力资源开发均在中等水平以下,本土人力资源水平相较食材资源与文化资源开发最少。

表2 农村幼儿园本土人力资源开发情况

	请当地农民到幼儿园交流农作物栽种、培育、收获方式	请当地厨师到幼儿园来交流食物制作	请家长或社区代表到幼儿园交流食物的神奇与奥秘
均值	2.68	2.73	2.81

3. 农村幼儿园本土文化资源开发

通过表3数据可知,农村幼儿教师更多选择了解本土特色美食,均值为3.11;学习本土饮食行为习惯次之,均值为3.08;然后是了解本民族特色美食,均值为3.06;感受不同文化下的饮食文化差异,均值为3.01;感受本土饮食风俗与氛围的最低,均值为2.92。从均值中可以看出,除感受本土饮食风俗与氛围低于中等水平外,其他种类的开发频次均处于中等水平以上。

表3 农村幼儿园本土文化资源开发情况(均值)

	感受本土饮食风俗与氛围	了解本土特色美食	了解本民族特色美食	学习本土饮食行为习惯	感受不同文化下的饮食文化差异
均值	2.92	3.11	3.06	3.08	3.01

(三)农村幼儿园食育课程组织实施途径现状

在农村幼儿园食育课程的组织实施途径中,调研发现农村幼儿教师选择融入游戏中的人数最多,占62.3%,选择进行家园合作的占59.79%,选择创设美化环境的占58.76%,选择融入集体教学活动的占57.39%,选择生成主题活动的占56.36%,选择用于活动延伸中的占48.45%,选择融于日常生活和节日娱乐活动中的占47.42%,选择其他选项的占0.34%,这说明农村幼儿教师对食育课程组织实施途径偏好比较明显,农村幼儿教师更多将食育课程资源融入游戏、家园合作、环境创设和集体教学活动中,但较少将其融入日常生活和节日娱乐活动中。

(四)农村幼儿园食育课程资源开发的管理现状

调研发现,农村幼儿教师在开发食育课程资源建设进程中需要多方面的支持与帮助,农村幼儿教师认为最希望获得的支持是设备、经费的支持,占比78.69%;其次是希望获得培训、服务支持的,占比76.63%;希望获得软件、资源支持的占比66.67%;希望获得课题活动支持的占比59.45%。这些数据显示,教师们非常希望教育管理部门、幼儿园管理者能够重视食育课程资源开发,并且能够提供相应的帮助。

(五)农村幼儿园食育课程资源开发的培训现状

选择经常参加与食育课程资源开发相关培训的占6.53%,选择参加过食育课程资源开发相关培训的占26.12%,选择很少参加食育课程资源开发相关培训的占31.96%,选择几乎没有参加食育课程资源开发相关培训的占25.77%,选择完全没有参加的教师占9.26%,这说明大部分农村幼儿教师较少参加关于食育课程资源的相关培训。

二、农村幼儿园食育课程资源开发存在问题分析

从调研来看,农村幼儿教师开发食育课程资源的现状并不理想。

(一)幼儿教师食育课程资源开发认知不足

农村幼儿教师在工作和学习中较少关注食育课程资源方面的内容,较少参加有关食育课程资源开发相关的培训活动,或者在学习中没有将学习到的知识转化为行动,开发食育课程资源的能力没有受到专业性的指导[4]。从根本上来说,还是教师对于开发本土食育课程资源有怠惰的心理,较少积极主动试错,开发食育课程资源的意识自然淡薄。

(二)食育课程资源开发内容不全面

农村幼儿教师可开发的食育课程资源是比较丰富的,如果合理开发,能够对幼儿食育活动的开展产生积极影响,同时加深幼儿对本土食育资源的认识与理解。但是目前面临以下困难:

1. 部分教师在食育课程资源的认识上不足,部分教师在行动上没有积极主动地去开发资源,缺乏沟通、协调多方的能力。

2. 经费不足、园长不支持、工作压力大等问题,考验教师多方面的能力,需要教师努力克服困难,从而获得助益。

(三)食育课程组织实施途径不够多样化

农村幼儿教师可选择的食育课程组织形式是丰富且多样的,它涵盖了幼儿的方方面面,如若结合多种组织形式,将会对幼儿产生积极作用,使幼儿的理解更加深刻。但是目前面临以下困难:

1. 部分农村幼儿教师专业知识与实践能力不足,缺少将食育课程资源充分将其利用到食育课程组织的能力;部分幼儿园教师能够将食育课程资源利用到食育课程组织中,但实施途径局限在角色游戏"娃娃家"、亲子开放日等,没有将食育课程资源充分利用到各个途径之中。

2. 幼儿园对食育课程的重视程度不够,部分幼儿园仅通过频次不高的节气、亲子开放日等重要时间开展食育活动,较少形成幼儿园特色的食育课程,没有将其融入幼儿生活的方方面面。在实施途径上,若幼儿园的主体地位没有发挥,单靠农村幼儿教师是很难组织多样化的食育课程得到。

3. 教育主管部门缺乏相对应的政策引导,一方面,农村幼儿园的幼儿隔代家长较多,更加看重幼儿是否在幼儿园得到了识字、算数等知识性收获,忽视幼儿客观发展规律。部分中大班教师在家长的强烈要求下,会出现小学化倾向,忽视了食育课程在幼儿健康成长中的重要地位,从而减少食育课程资源的开发。另一方面,部分幼儿园教师完全按照教材上课,而一些学校的课程设置中没有安排食育课程的时间。

(四)食育课程资源开发的支持条件不足

1. 资金方面。与城镇相比,农村经济发展水平相对较低,幼儿园能得到的财政支持相对较少。在资金有限的情况下,幼儿园更多考虑招生问题,而不是食育课程资源如何开发的问题。另外,农村幼儿教师工资待遇普遍较低,工作任务繁重,教师难以在工作之余开发食育课程资源。

2. 管理方面。幼儿园管理者忽视食育课程资源的开发,未表现出鼓励教师开发食育课程资源的倾向。部分农村幼儿园配备的师资力量不足,除小班外,基本配备为一教一保,相较开发新颖的食育课程资源,园长更关注幼儿在园的健康和安全问题。

三、农村幼儿园食育课程资源开发策略

(一)加强理论学习,提高农村幼儿教师食育课程资源的认知水平

农村幼儿教师应深刻意识到自己是食育课程资源的开发者,同时也是食育课程开展的实施者,明确自身作为食育课程资源开发主体的重要地位,提高对食育课程资源的认知水平。

1. 教师在日常工作中,应加强理论学习,树立终身学习的良好品质,积极关注幼教最新动态,利用工作之余学习。教师们可以组成学习小组,分享优质的与食育相关的书籍和读后感,在交流中碰撞思想的火花。

2. 农村幼儿教师应牢牢把握住国家、地方组织的食育课程资源的培训机会,主动与专家、其他园的一线教师沟通交流,学习借鉴他们的食育课程资源开发的经验,在交流中更新知识、学习长处、改善不足。

(二)立足本土特色,探索适宜农村幼儿园的食育课程资源内容

农村幼儿教师在探索和协调本土食育课程资源内容的时候,应主动了解本土食材资

源、本土人力资源和本土文化资源的相关内容,探究其资源开发的价值。

1. 明确目的,保证资源开发的实效性和适宜性。开发无效的食育课程资源是一种浪费,所以教师在开发食育课程资源之前,应提前思考食育课程开展的目标,并对课程设置的目标进行深入分析,有针对性、选择性地进行课程资源的开发,而不是一味求数量多就是越好。教师应首先思考"准备什么?""如何准备?""数量多少?"的问题,这是保证开发食育课程资源实效性和适宜性的重要前提。

2. 因地制宜,选择本土特色的食育课程资源。本土特色资源是潜移默化地陪伴幼儿童年成长的重要财富。教师应该结合当地特色,发挥地域优势,贴近幼儿生活,依据本地情况对食育课程资源进行充分开发。

3. 因材施教,选用符合幼儿特点的食育课程资源。幼儿是食育课程的学的主体,同时也是食育课程资源开发的主体之一,教师应重视幼儿发展,不仅要关注幼儿的年龄特征,区分大、中、小班食育课程资源的内容,还应该了解幼儿的个性特点,关注每一位孩子,注重差异,因材施教。

(三) 线上线下结合,组织实施途径多样化的食育课程

1. 充分利用线上优势,建立线上共享食育课程资源库。能够让教师与教师、班级与班级、幼儿园与幼儿园、农村与城市中搭建沟通的"桥梁",互通有无。本土食育课程资源丰富,种类繁多,数量巨大,农村幼儿教师个人很难充分开发所有的食育课程资源,集众多教师之力建立线上食育课程资源库后,能够拓宽教师的认知面,使教师更加便捷地选择适合的课程资源,并实践到食育课程中。

2. 积极创造线下条件,完善线下食育课程资源开发路径。幼儿园管理者应提供专项教研资金和开辟专用场地,建立食育课程资源开发的评价与激励机制,鼓励农村教师更加积极地投入食育课程资源的开发之中。创造条件多交流、多观摩。

3. 线上线下结合,组织实施途径多样化的食育课程。如何将线上和线下的食育课程资源都利用好并最终转化为多样化的食育课程,是农村幼儿教师面临的一大考验。

(四) 加大支持力度,完善食育课程资源开发管理机制

教育主管部门应加大财政支持力度,从行动上体现对食育课程资源开发的重视。每年应拨出一笔用于乡村幼儿园的专项资金,要鼓励农村幼儿教师大胆尝试开发食育课程资源,并对其所获成绩予以表彰,激发农村教师进行食育课程资源开发的热情,促进农村幼儿教师多方面成长。教育主管部门还应该完善食育课程资源开发管理制度,制定相应的保障机制,为教师赋权,鼓励教师大胆开发食育课程资源,为教师开发食育课程资源提供政策保障。

(五) 培训教研并重,提高农村幼儿教师食育课程资源开发能力

农村幼儿教师职后培训能促进教师专业成长,如何通过有针对性地培训提升教师食育课程资源开发的能力,是我们目前关注的重要问题。

1. 教育主管部门应认识到农村幼儿园食育课程资源开发的重要价值,积极主动为农

村幼儿教师提供符合当地特色和与食育课程资源开发相关的培训与交流机会,邀请学前教育专业教授、一线特级教师、学前教育教研员、食育课程开发示范园园长等专家讲授关于食育课程资源开发的理论知识及经验,引导农村幼儿教师开发与本土食育课程相关联的资源,将理论与实践相联系,积极探究食育课程资源开发。

2. 幼儿园管理者也应该积极成立教研团队,让每一位幼儿教师都有机会参与开发食育课程资源,在此基础上,幼儿园管理者可以凝练智慧结晶,开发符合幼儿园本土特色的食育课程资源,通过"实践——认识——再实践——再认识"的形式,循环往复地将园本食育课程打磨精细化,最终形成园所特色食育课程。

(六) 加强家园合作,提高家长对食育课程资源开发的积极性

家长是食育课程资源的重要主体之一,幼儿园应加大宣传食育课程资源,重视家长在食育课程中的主体地位。幼儿园管理者应定期开设食育课程资源的相关知识讲座,鼓励幼儿家长积极参与,增加家长对食育课程资源开发的了解,激发家长参与对开发食育课程资源的兴趣,提高家长对食育课程资源开发的积极性,让家长感受到幼儿园开设食育课程的价值与意义。

(黄冈师范学院　教育学院　陈　思　武汉市江岸区沈阳路幼儿园　刘佳颖)

参考文献

[1] 中华人民共和国教育部.幼儿园教育指导纲要(试行)[M].北京:北京师范大学出版社,2001:12.
[2] 闫晓丽.食育文化在幼儿园的开展与实施[J].新课程,2020(30):220.
[3] 邵文字.幼儿园食育的定位与食育内涵的四重境界[J].教育观察,2020(20):44-45,111.
[4] 卢琰,朱宇航.幼儿园食育实施策略探析[J].课程教育研究,2020(16):232-233.

大学英语写作课程思政：理据、困境与建议*

摘要：本文根据《大学英语教学指南(2020版)》和《高等学校课程思政建设指导纲要》的精神，简要阐述了实施大学英语写作课程思政的理论依据。针对当前大学英语写作课程思政实践所面临的现实困境，本文从激发学生学习自主性、构建融合发展的育人机制和建立多维评价体系三个方面对大学英语写作课程思政的实践路径提出了一些建议。

关键词：英语写作；课程思政；理据；困境；建议

引言

自2016年12月习近平总书记在全国高校思想政治工作会议上提出"把思想政治工作贯穿教育教学全过程"到2020年教育部印发《高等学校课程思政建设指导纲要》（以下简称《纲要》），"课程思政"已经从一个政治思想工作用语演变为一种教育理念和教育实践，全面实施课程思政，已成为中国高等教育界的共识。大学英语作为高等教育的重要组成部分，在提高学生的人文素质、道德修养、认知能力方面有不容忽视的作用。大学英语不仅是"本科教育阶段必修的公共基础课程，亦可被视为铸就学生家国情怀和融通中外能力的通识课程"[1]，在大学英语课程教学中贯彻落实课程思政教育理念的意义毋庸置疑。学界就大学英语课程思政的价值意蕴已达成共识，对大学英语课程思政的实施路径也提出了富有建设性的意见。但相比之下，对大学英语写作课程思政的研究却显不足。截至2023年9月，笔者以"英语"和"课程思政"作为主题，在CNKI数据库中共检索到论文4 118篇，其中核心期刊论文仅167篇，占比仅4%。在这167篇论文中，英语写作课程思政相关论文仅2篇：王颖运用POA理论框架，探讨了将"课程思政"融入英语专业写作教学中的体系构建[2]；刘岩冬等采用行动研究的方法，提出用"教师示范引导—学生合作探究"的教学方案解决课程思政元素如何融入英语思辨写作课的问题[3]。梳理这些成果发现，大学英语写作课程思政的实施常常受到忽视。根据笔者的调研，在大多数院校的课程设置中，大学英语写作鲜少作为一门独立的课程，而是作为大学英语的一个教学环节来实施。鉴于此，本文拟聚焦于非英语专业学生的大学英语课程中的写作环节，从阐释大学英语写作课程思政建设的必要性和可行性入手，分析大学英语写作课程思政面临的现实困境，试图对大学英语写作课程思政的实践路径提出建议，从而更好地实现大学英语课程的育人目标。

---

* **基金项目**：本文为湖北省教育厅哲学社会科学研究项目(22Y160)、黄冈师范学院教学研究项目(2018CE37)的相关研究成果。

一、大学英语写作课程思政的理论依据

与英语专业独立开设的写作课程不同,大学英语写作面向的是非英语专业的学生,他们在语言水平、学科背景、写作目的等方面与英语专业的学生存在较大差异。他们的英语学习和写作训练会受到未来职业需求的影响,写作课程思政的实施在关注其人文素养、社会责任感和国际视野的同时,也要注重实用性。《大学英语教学指南(2020版)》提到大学英语课程是高等学校人文教育的一部分,兼有工具性和人文性的双重性质,大学英语的教学目标是培养学生的英语应用能力,增强跨文化交际意识和交际能力,包括提高学生的英语写作能力。大学英语课程的性质和目标为大学英语写作课程思政的实施提供了理论依据。

(一)大学英语课程的工具性决定了大学英语写作课程思政的必要性

工具性的主要目的是进一步提高学生英语听、说、读、写、译的能力,同时获得在学术或职业领域进行交流的能力。写作体现的不仅是学生的语言表达能力,也反映了学生的认知、思维和逻辑分析能力,"是作者对思维进行提炼、用语言表达认知的过程,也是作者传递声音、表达立场的方式"[4]。英语写作的教学目标不仅仅是词汇语法的强化、篇章结构的训练和写作方法的传授,教师应该站在更高的格局,从立德树人的根本任务出发,深刻认识写作与思维、认知的关系,引导学生理解英语写作规则、思维模式以及与之相匹配的价值体系,客观地认识中西方世界观、价值观的差异,理解语言与价值观输出、传播之间的关系,培养学生的批判性思维。在大学外语学习中学生不仅应熟悉中华优秀传统文化的精髓,而且肩负着对外传播的使命[5]。在大学英语写作教学的过程中,教师在着力于提升学生语言表达能力以使英语成为表达自我、提升学术和职业交流能力的有力工具之外,还要引导学生尊重和学习其他文化,提升他们传承中国文化、传播中国声音的意识和能力。因此,在大学英语写作中践行课程思政的教育理念符合新时代人才培养的目标,是落实立德树人根本任务的需要。

(二)大学英语课程的人文性决定了大学英语写作课程思政的可行性

人文性的核心是以人为本,弘扬人的价值,注重人的综合素质培养和全面发展,将社会主义核心价值观有机融入大学英语教学内容。《大学外语课程思政教学指南》围绕"充分挖掘大学外语课程中蕴含的丰富育人资源,强化课程育人,实现价值塑造、知识传授和能力培养三者相统一"的议题,提出"在大学外语中系统开展中国特色社会主义和中国梦教育、社会主义核心价值观教育、中华优秀传统文化教育"[1]的育人目标。将课程思政有机融入英语写作教学实践,可以在对学生进行语言技能训练的过程中,让学生领悟语言中所包含的人文价值、道德情感和教育意蕴,使他们的思想观念和行为规范受到潜移默化的影响,将所学知识内化为稳定的行为和心理模式。通过写作教学,教师引导学生探讨社会问题、参与社会事务、倡导公平正义,这不仅是一种工具性技能,更是价值观的表达和实践。所以说,除了知识传授与能力培养,写作教学在学生的思想引领和价值塑造中也发挥着重要的作用。而大学英语课程周期长、学生覆盖面广,这种人文浸润的影响更为深远。

因此，在大学英语写作中践行课程思政的教育理念是回归大学英语人文属性、实现育人目标的有效举措，将课程思政融入大学英语写作教学是完全可行的。

二、大学英语写作课程思政面临的现实困境

随着信息技术的发展和社会的进步，教学环境、教学模式、教学目标等发生了巨大的变化，大学英语写作课程思政的实施面临着很多现实困境。

（一）学生的学习自主性不强

在大学英语学习的过程中，学生自主性比较差仍然是非常普遍的现象。很多学生缺乏对大学英语工具性与人文性的必要认识，在英语学习上缺乏内生动力，写作更是一个被忽视、被冷落的环节。尤其是在地方院校，很多学生英语基础薄弱，在英语学习上存在畏难情绪。当老师布置写作任务以后，有的缺乏信心不愿或不敢尝试；有的缺乏必要的语言基础，写出的作文词不达意。对于非英语专业的学生来说，英语学习的动机仅源于考试的压力。为了应对各种考试，学生机械背诵所谓的"万能模板"现象屡见不鲜，写出的作文千篇一律，看似辞藻华丽，实则缺乏个人见解。在这种情况下，写作教学很难达到提升学生逻辑思维和语言表达能力的目的，想要通过写作实现价值塑造的目标就更是"空中楼阁"。

（二）教学主客体的协同性不足

《纲要》指出，高校课程思政要融入课堂教学建设，落实到教学各个方面，贯穿于教学各个环节，要综合运用第一课堂和第二课堂，不断拓展课程思政建设方法和途径。虽然课堂教学是主渠道，但从课堂到宿舍、从线下到线上，学生校园学习和生活的各个环节都可以成为思政育人的阵地。这就是说，大学英语教师、专业课教师、辅导员、班主任等相关学生工作者都要牢固树立对学生进行思想政治教育的行动自觉，各自"守好一段渠"，"种好责任田"，做到"三全育人"，形成协同效应。但实际上，大学英语教师与专业课教师之间、大学英语教师与辅导员、班主任等学生工作者之间、第一课堂与第二课堂之间还没有形成很好的育人合力，协同性欠佳。在课程思政这项系统工程中，教师是关键，但学生才是主体。如果对学生这个主体缺乏足够的了解，教师主导和学生主体很难做到协同发展，大学英语教师在课堂教学这个"主渠道"上的思政育人工作难以做到有的放矢、润物无声。

（三）教学评价体系不够科学

为适应社会发展变化，高校在人才培养方案、培养目标、教学安排等方面都作出了相应的调整。在大学英语学时学分缩减、大班教学已成事实的背景下，大学英语写作很难作为一门独立的课程，而只能贯穿于教学环节。但囿于学生就业、深造等方面的压力，加上对学生思政意识、人文素养、内化程度这些思政目标的达成度难以作出量化评价，相关职能部门以学生在大学英语四六级、考研等重要考试中所取得的成绩来衡量大学英语教学效果仍然是无法回避的事实。从笔者调查的结果来看，尽管大学英语教师对课程思政的内涵与价值有非常深刻的认识，但是在写作教学实践中，教师总是"好心"地想利用有限的时间来教授学生更多的语言知识、写作技巧、写作规范等来帮助学生在考试中获得高分，

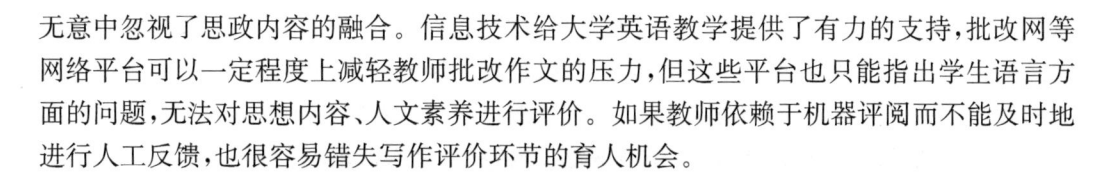

无意中忽视了思政内容的融合。信息技术给大学英语教学提供了有力的支持,批改网等网络平台可以一定程度上减轻教师批改作文的压力,但这些平台也只能指出学生语言方面的问题,无法对思想内容、人文素养进行评价。如果教师依赖于机器评阅而不能及时地进行人工反馈,也很容易错失写作评价环节的育人机会。

三、大学英语写作课程思政的实践路径

《纲要》指出,全面推进课程思政建设,就是要寓价值观引导于知识传授和能力培养之中,帮助学生塑造正确的世界观、人生观、价值观,课程思政要贯穿于大学英语写作教学的目标制定、资源选择、实践练习、评价反馈、课后拓展等各个环节,培养社会所需要的人才。要实现这个目标,大学英语教师就需要针对当前写作教学中所面临的困境,结合课程特征,创新教学思路,提升思政教育的有效性。

(一) 产出导向,激发学习自主性

"自主学习并非学习者的完全自由学习,学习者英语自主学习能力的提高还取决于教师的支持、介入、引导与帮助"。针对当前学生缺乏英语学习自主性的现状,大学英语教师可以在"产出导向法"理论[6]的指导下,树立"学习中心、学用一体"的观念,遵循"驱动—促成—评价"的教学流程,激发学生的学习欲望。在驱动阶段,教师呈现贴近生活实际的交际场景,让学生先尝试写作,为学生提供"知不足"的机会。在促成阶段,教师描述写作任务,为学生提供适当的输入材料。根据学生的不同水平和需求,指导学生进行选择性学习并练习产出,当好学生完成产出任务的"脚手架"。在评价阶段,教师除了关注学生作文的内容、语言、话语结构,对学习态度、合作精神、价值观念、社会责任等人文素养也予以反馈。

这种以产出为导向的教学方法缩短了输入与输出之间的时间间隔,让学生学一点、用一点,有利于克服"学用分离"的弊端,帮助学生克服畏难情绪,激发自主性。而这种自主性对于增强学生对思政教育的认同感、培养终身学习的观念、提升批判性思维和解决问题的能力是至关重要的。而且,这种方法将思政教育贯穿于话题选择、场景设置、材料输入、范文评价等各个方面,让学生反复接触,取得入脑入心的效果。

(二) 多方协同,形成育人合力

学习是学生个体将知识内化于心、能力外显于形、价值彰显于行的过程,它也与学生个体的先天禀赋、成长经历、情感状态等人格要素密不可分[7]。大学英语写作课程思政想要做到溶盐于水、润物无声,构建多方协作、融合发展的育人机制必不可少。除了以强烈的思政意识和高度的情感认同对学生进行言传身教,班主任、辅导员等学生管理者还应加强与专业课教师、公共课教师(包括大学英语教师)的沟通,便于他们了解学生个体情况,从而选择合适的思政资源进行有效的教学活动设计。

英语写作具有很强的生活性、实践性和应用性,大学英语写作课程思政只有与写作实践结合起来,才能促进社会主义核心价值观在学生心里的巩固与内化。这种实践并不只限于传统课堂的练习,社团生活、社会实践等活动可以让学生的体验更直接、经历更丰富、

认知更深刻,促进他们的接受性知识转化为更有效的语言个性化输出。因此,各方应结合自己的工作实际,充分发挥自身优势,将思政教育融入传统课堂、社团活动、社会实践等不同的教学形式融合贯通,形成育人合力。这样更有利于大学英语教师充分掌握学生的个体差异,有的放矢地创新教学设计,拓展课堂深度,提升育人效果。

(三)多维评价,提升思政成效

《纲要》指出课程思政建设评价的首要标准是人才培养效果。这就说明对大学英语写作教学的评价就不能只是以学生的考试成绩作为标准,而应该建立多维的课程思政建设成效考核评价体系和监督检查机制,制定科学多元的课程思政评价标准。教师层面上,除了教学与科研业绩的量化考评,相关职能部门还要对教师的思政理论水平和实践能力进行评价,包括对教师在写作教学中融入思政元素的能力、选取符合思政目标的素材和案例的能力、引导学生进行思政讨论的能力等各方面的评价。学生层面上,除了对知识内容的终结性评价,教师还应考查学生在课堂表现、小组活动、习题作业等学习过程中所表现出来的认知能力、批判性思维、合作精神等思政素养,将学生的精神成长纳入考评范围。

此外,还要建立学生自评和同伴互评机制,让学生在自我反思、同伴互促的过程中发现自身在大学英语写作课程思政学习中的优势和不足,进而主动调整,自我完善,适应大学英语课程思政的总体要求。最终,建立一个量化评价与质性评价相结合、形成性评价与终结性评价相结合、师生互评、学生自评与同伴互评相结合的多维评价体系,促进学生的全面发展。

结语

依据《大学英语教学指南(2020版)》和《纲要》提出的新要求,本文简要阐述了大学英语写作课程思政的理据。通过分析当前大学英语写作课程思政所面临的学生英语学习自主性差、教学主客体的协同性不足、教学评价体系不够科学这些现实困境,提出采用产出导向法激发学生学习自主性、构建融合发展的育人机制和建立多维评价体系的大学英语写作课程思政实践路径。推进大学英语写作课程思政建设是全面深化大学英语教学改革的要求,也是落实立德树人根本任务的需要,需要全体外语教师共同的努力。因此,广大外语教师要坚持以文化自信为基石,引导学生将社会主义核心价值观根植于内心并内化为行动自觉,为培养学生成长为既有国际视野又有家国情怀的社会主义建设者和接班人而努力。

(黄冈师范学院 外国语学院 严菊环)

参考文献

[1] 向明友.基于《大学外语课程思政教学指南》的大学英语课程思政教学设计[J].外语界,2022(03):20-27.

[2] 王颖."产出导向法"视域下"课程思政"在英语专业写作教学中的体系构建[J].外国语文,2021,37(05):147-156.

［3］刘岩东,许宏晨,刘雯婷.英语写作课程思政引导性合作探究实施效果行动研究[J].外语学刊,2023(04):75-81.
［4］曹瑜.基于过程写作构建大学英语写作课程思政的探索[J].吉林省教育学院学报,2023,39(01):65-70.
［5］孙有中.课程思政视角下的高校外语教材设计[J].外语电化教学,2020(06):46-51.
［6］文秋芳."产出导向法"与对外汉语教学[J].世界汉语教学,2018,32(03):14.
［7］刘秉栋,冯蕾.英语专业课程思政体系建设:现实困境与突围路径[J].外语电化教学,2022(04):23-28.

国内教师课程领导力研究述评及启示[*]

摘要：随着新课程改革的深入推进，教师在课程领导中的能动作用日益凸显，教师课程领导力逐渐成为教育教学领域的研究热点。通过文献梳理，围绕教师课程领导力内涵、构成要素、影响因素、提升策略等方面的研究进行综述。最后，从拓展研究内容、挖掘理论深度、推动研究方法多元化融合等视角讨论了教师课程领导力的未来发展趋势。

关键词：教师；课程领导力；专业发展；教育质量

课程改革是教育教学改革的必然要求，也是基础教育改革的焦点和关键。随着《中学教育专业师范生教师职业能力标准（试行）》《普通高中学校办学质量评价指南》等国家相关教育政策的出台，新课程改革的全面深化，对教师课程实施能力、教学能力、育人能力等提出了更高要求。然而，国家行政力量主导下的课程改革容易忽视教师在课程改革中的主体者身份，忽视教育政策在课堂环境下落地的复杂性。因此，在全面落实新一轮课程改革、构建课程改革新生态的过程中，应给予教师课程领导力以充分的重视和审慎合理的评价，从而助力新阶段课程改革朝着更加公平而富有效率的方向发展。基于此，有必要对教师课程领导力研究加以回顾和评介，以进一步推进教师课程领导力在我国教育更大范围内和更深层次上的发展。

一、教师课程领导力研究现状概述

在中国知网上以"教师课程领导力"为主题进行检索，截至2023年9月，得到相关文献331篇，其中北大核心期刊、CSSCI来源期刊相关文献44篇，硕博学位论文54篇。同时，通过知网的计量可视化分析，国内关于教师课程领导力的专门研究始于2006年，于2015年、2019年、2021年达到三个研究高峰，发文数量虽有波动，但总体呈现增长趋势。以上数据表明，国内直接以"教师课程领导力"为研究对象的文献总量不多，且高质量研究相对较少，这反映出国内对教师课程领导力研究的重视程度还有待提高。

从"教师课程领导力"的相关文献来看，研究的主题主要聚焦于教师课程领导力的内涵，研究的具体内容包括课程改革背景下教师课程领导力的影响因素、发展困境、突破路径等。如王淑芬（2020）从理论溯源、定义与内涵、构成要素、影响因素、作用机制和提升策略等六个方面分析了教师课程领导力的研究现状，并尝试建构教师课程领导力研究框架[1]。叶丽萍、朱成科（2014）提出通过适当增权赋能、开阔理论思维、实施合作分享等能够提升教师课程领导力，帮助教师走出课程领导的发展困境[2]。近年来，教师个体价值进一步凸显，课程领导

---

[*] **基金项目**：本文为黄冈师范学院教学研究项目（2023CE01）的研究成果。

力的研究对象从校长逐渐转移到教师,教师的课程领导属性日益显现。蒲蕊(2022)认为真实的课程改革是一个多元主体参与的过程,只有重视教师在课程决策中的参与权力才能通过赋权增能提高学校的课程实施能力[3]。同时,在核心素养、智慧教育视域下,教师课程领导力的研究已然成为教育研究热点,聚焦教师课程领导力提升路径、教师课程领导力发展面临的困境等。在研究方法上,当前关于教师课程领导力的研究主要使用了访谈调查、问卷调查、个案分析及叙事研究法等。尽管方法选择呈现出丰富多样的多元化趋势,质性研究仍略显不足;实证研究的维度虽广泛,其测量工具标准化仍需进一步验证[4]。

综上所述,国内关于教师课程领导力的理论基石、作用机制、领导过程的高质量研究尚显不足,尤其在理论框架构建方面。随着课程改革深入推进,教师作为课程的领导者,应积极参与到课程改革的前沿,运用多种领导方式和策略,推进教育综合改革实践。

二、教师课程领导力的内涵研究

学界对教师课程领导力的内涵研究成果较为丰硕,普遍基于能力要素对其进行定义。有研究认为,随着领导力、课程领导和教师领导力理论的演进,教师课程领导力也在不断发展,主要体现于教师在教育教学情境下在规划、管理、开发、实施和评价课程中的实践能力。然而,对于这一问题,也有不同的观点,如黄云峰、朱德全(2015)对教师课程领导能力的理解更侧重教师"引领和指导的能力",强调教师的主观能动性与人际互动[5]。也有研究不仅重视教师对课程的个体领导力,同时也关注到教师实施课程领导力的目标指向,认为教师课程领导力不仅仅局限于教师的个体领导能力,更是指向学校场域的学校、教师、学生等多元主体的一系列的集体行为和实践。如张琼、傅岩(2013)认为教师课程领导力体现为教师为达到促进学校课程发展、增强学生学习效果及推进教师职业成长所展现出的课程综合应用能力[6]。尽管侧重点不同,但以上对教师课程领导力的界定多从课程角度出发,聚焦于领导力的本质特征和属性。

同时,有研究从过程视角对教师课程领导力进行阐述。将领导定义为一个过程,认为领导力不再是教师的特质,而是教师与学校场域其他要素之间交互活动中产生的关系。黄显华、朱嘉颖(2005)在《课程领导与校本课程发展》一书中提到,学校为教师提供课程的各种资源,教师在交流与合作中逐渐组建起课程领导共同体,在此互动中教师自然发展出课程领导力[7]。田友谊、石蕾(2022)指出,教师应当深入了解并确定学校课程的现状和发展方向,结合实际情况,以问题为导向逐步调整,从而探索课程改革的新路径。这不仅要求教师在实际操作中进行横向交流,还需要根据实践情境进行由内而外的创新和重构[8]。

除此之外,也有学者认为教师课程领导力是教师在实现对课程领导过程中所形成的对学生、对其他教师及整个学校的影响力。杨跃(2017)认为教师课程领导力即教师个体或群体在课程领导实践活动中表现出的积极影响力[9]。影响力的来源并非只有权利一端,不具有行政职位和权力的教师也可以通过个人的影响力来实施课程领导。在熊鑫(2011)看来,教师课程领导力是在围绕提高学生学习品质和重塑学校组织的过程中,以教师专业知识和能力为核心的综合素质相互作用所产生的影响力[10]。

总的来说,教师课程领导力代表了教师或教师团队为实现课程目标、推进教师职业成长、提高学生学习品质等目的,在长期实践中所展现的基于平等和协同合作的引领行为,以及所具备的课程能力的综合体现。

三、教师课程领导力的构成要素研究

随着课程领导的重心从行政管理层逐渐转向教师或教师团体,每位教师都应有机会参与学校课程领导,享有参与课程的决策、研发、实施和评估的权益。借鉴校长领导力的研究范式,学界从构成要素的角度对教师课程领导力进行了研究。

根据课程的各个运作阶段,教师课程领导力的核心要素可以细分为:课程设计领导力、课程开发领导力、课程执行领导力以及课程评估领导力[11],强调教师在各环节中课程能力对领导力的积极影响。

有研究从课程实践和领导力的角度出发,认为课程领导力主要由课程愿景领导力、技术领导力、人际领导力、文化领导力和道德领导力五大要素构成,突出了外部环境因素在教师课程领导力发展中的地位。还有一些研究将焦点放在了教师的认知与情感上,从全人视角探讨了教师课程领导力的成因,提出教师课程领导力主要包括课程领导认知力、实践力和认同力三大方面[12]。

笔者更倾向于从学校课程领导的实践出发,认为"主体""目标""内容"和"领导方式"是构成教师课程领导力的核心要素。教师课程领导力的形成与学校群体、其发展愿景、现实中的调整问题以及具体的领导行为密切相关。其目的是使教师或教师团体在互动沟通中形成共同的目标和文化认同。这种认同是基于对课程政策、资源、设计、执行和评估的现状及发展规划的理解,并与学校的发展方向保持一致。

四、教师课程领导力的影响因素与提升策略研究

(一)教师课程领导力影响因素

为了深入理解教师课程领导力的作用机制,首先需要明确其背后的影响变量。学界已经对教师课程领导力背后的因素进行了深入研究,普遍认为影响教师课程领导力的因素众多。有研究认为,教师专业角色的建构、组织的环境以及个人知能是影响教师课程领导力的关键因素[13]。有研究指出,影响教师课程领导力的因素包括学校文化、领导角色和人际关系、学校组织结构等[14]。也有研究尝试将影响教师课程领导力的因素划分为外部和内部两大类。其中,外部因素主要涉及学校情境中的信任感、同事间的信赖度和学校的制度架构等;而内部因素更侧重于教师自身的专业素养和领导能力[15]。从促进教师专业发展的角度出发,有研究认为政校关系和教育行政部门只能是影响教师领导的外部因素,教师领导者信念与沟通能力、教师的自我更新意识等则为内部因素。下文将对既有文献进行梳理,旨在析出教师课程领导力的外部制约因素和内在制约因素。

从外部因素来看,科层制管理等外部环境是影响教师课程领导力的深层原因。虽然科层管理制度确保了学校的高效运作,但其单一的管理主体使得权力倾向于稳定、集中,导致对教师自主意识、个性特点的忽视。在课程的目标设定、内容选择、实施方式和评价过程中,教师的专业贡献和发展潜力往往受到限制,对课程改革的积极性、主动性、参与性不强,教师参与课程的权力在某种程度上有其名无其实[16]。荆菁(2019)通过个案研究,

发现院校人文环境、制度管理、社会需求以及家庭环境对教师课堂领导力影响显著[17]。同时,教师对学校文化的认同和学校对教师的资源支持都是影响教师课程领导力提升的关键因素。例如,过于强调功利的传统学校文化可能造成教学评价走向功利导向性,从而使教师更容易按照分数为主的评价方式进行教学,导致教师与学生、教师与管理主体之间缺乏有效沟通,学校课程领导文化氛围不浓、教师课程领导力缺失等。此外,学校是否能为课程改革提供必要的硬件和软件资源,是否能为教师提供课程开发的专业技能培训等也直接关系到教师课程领导力的落地与实践[18]。

另一方面,内在制约因素也影响教师课程领导力的发挥。课程意识体现了教师在参与课程决策和实施时对自身角色和作用的认知与信念。教师是否具有强烈的课程意识和出色的课程领导能力,直接影响到课程能否实现预期效果[19]。然而,由于长期处于应试教育制度和以分数为主导的评价机制中,教师更看重与分数相关的教师的课程意识作为课程领导力生成的先决条件并未获得应有的重视。熊鑫(2011)的研究发现,除了学校的管理体制和管理文化等外在因素,新课改大背景下的教师专业水平和课程领导意愿是影响教师课程领导力的主要因素。此外,教师的课程开发技能也是限制其课程领导力提升的关键因素。通常情况下,教师的教学知识在其专业知识结构中比重较大,并受到较高关注,而与课程相关的开发和领导能力则常被忽视。这导致教师在课程领导力和经验方面存在明显不足,缺乏课程开发与实施的相关信息素养。因此,在面对课程实践中的问题时建言、创设、决策等权力发挥不充分。还有研究指出,教师的性格、价值观、知识背景以及反思实践等也是影响其课程领导力发展的重要因素。

(二) 教师课程领导力提升策略

纵观国内学术界对于提升教师课程领导力的提升策略研究,主要包括外铄和自养两条路径。

所谓"外铄",强调的是教师课程领导力的提升需要外部资源的支持和驱动。首先,需要加强学校的顶层规划,确保教师课程领导力发展有足够的制度支撑。这就要求我们努力促进国家、学校和教师三个层面的课程管理制度在学校中得到真正执行,调整学校的课程管理体系,从过去的集中式管理模式转向更为分散的权力分享模式,确保教师成为课程管理的主体,从而真正实现为教师赋权增能[20]。同时,改变唯分数论,建立多元评价体系。宋佳音(2022)指出,要将教师课程领导力作为教师评价指标之一,通过对教师是否具有课程开发意识、参与课程决策的专业能力、与同事沟通合作的人际关系等多维度的评价和激励制度等,促进教师课程领导力的提升。其次,构建学习共同体,为发挥教师课程领导力提供根本保障。周晓静、郭宁生(2018)在《教师领导力》一书中提到,"为教师赋权增能并积极构建学校学习共同体文化是教师能够践行课程领导、发挥课程领导力效能的根本保障。"[21]从教师专业发展的角度来看,学校必须从教师的日常专业实践入手,为教师建构学习共同体文化,使具有共同课程愿景、相似价值观的教师在共同体中共同商讨课程开发、设计、实施等相关事宜。随着课程问题的解决,学习共同体的成员获得专业成长,并在教学实践中逐渐掌握课程开发的技术。最后,加强教师培训,为提升教师课程领导力提供专业支持。杨跃(2012)认为培养和提升教师课程领导力要从教师职前培养入手,从本科师范生抓起,设置教师课程领导力相关课程,使教师都是领导者的观念深入人心[22]。

因此,在教师自主的专业发展中,学校应把课程领导力作为教师职前与继续教育培训的重要内容,聚焦课程领导理论和知识,有针对性地组织教师参加培训,挖掘、提升其领导潜力。

所谓"自养",指的是教师课程领导力的提升需要探索教师本体生成路径。作为推动学校课程改革的行动主体,教师不仅是课程改革的参与者与实施者,也是课程的开发者、领导者。新课改赋予教师更多角色,教师应积极学习先进的课程理论和相关的教育理论,切实承担起以上角色,在教育教学实践中适应课程领导角色,提升个人课程领导力。同时,课程领导力的实现不仅是理论问题也是实践问题,只有当教师面临并解决课程中的问题时,他们通过判断问题的性质和选择合适的解决策略,才能真正培养和锻炼其解决问题的能力,进而提高自身的课程领导力[23]。另外,在发现问题到解决问题的过程中,教师要更新课程观念、唤醒课程领导意识,离不开教学反思。根据焦小英(2022)的观点,教师应当在智慧学习场域进行深入的行动研究,以明确课程内容的发展和学习范式的变迁。同时,为提高课程领导活动的质与量,教师还需进一步反思课程的核心价值、支持课程的学科知识、社会需求以及综合评估等更为深入的问题[24]。

五、研究启示

近年来,国内关于教师课程领导力的专门研究呈现逐年增长的趋势,已然成为研究热点。教师课程领导力研究热度不减,客观反映了教师对当前教育改革的现实诉求,也是学界借此推动课程改革、教师专业发展等诉求的直观表现。笔者认为,未来教师课程领导力的研究可以围绕以下内容展开更深入、更广泛的探讨。

(一)拓展教师课程领导力的研究内容

教师课程领导力研究既能对发挥优秀教师的引领作用、教师的自我成长与专业发展提供路径参考与政策建议,也为提高教师教育质量提供更好的理论与实践支撑。随着新课改的深入推进,教师课程领导力的影响因素与作用机制、教师领导者的培养路径等是当前的研究热点,也应是未来一段时期内的研究重点。从研究对象来看,课程领导力的研究已从早期对校长的关注发展到对普通教师的关注。因此,教师课程领导力研究已经成为教师教育研究的重要组成部分,教师课程领导力、教师与校长课程领导力的相关性研究应予以重点关注,并持续产生新的研究视角与研究成果。

(二)挖掘教师课程领导力研究的理论深度

现有的研究主要集中在讨论教师课程领导力的概念、构成元素、影响要素和提升策略等方面,为该领域后续的研究打下了坚实的理论基础。目前关于教师课程领导力内涵和构成要素的探讨主要是从课程的视角进行,而从宏观的"大课程"视角出发,结合课程实施和课堂教学过程中领导力的研究则相对较少。对于教师课程领导力的提升策略,现有研究大都较为宏观,但由于现实情境的限制,其实际操作性不够强;对教师课程领导力的研究还不够系统和深入,关于教师课程领导力的研究框架、结构模型等研究较少;教师课程领导力机制研究相对孤立窄化,政府、高校、中小学彼此疏离,鲜有三方协作提升教师课领导力的路径探索。基于以上问题,教师课程领导力相关理论研究仍有较大提升空间。

(三) 推动教师课程领导力研究方法的多元化融合

当前对教师课程领导力的研究多采用访谈调查、问卷调查、个案分析以及叙事研究等方法。虽然实证研究的视角较为多样,但所采用的测量工具的标准化程度仍需进一步验证。为了使研究更加深入,未来可以考虑引入结构方程模型、课程图谱以及知识图谱等方法,以推进教师课程领导力领域的持续研究。

(黄冈师范学院 外国语学院 陈 曼)

参考文献

[1] 王淑芬. 教师课程领导力研究框架探析[J]. 社会科学战线,2020(11):274-280.
[2] 叶丽萍,朱成科. 我国教师课程领导力提升的困境及其出路[J]. 当代教育科学,2014(08):20-22.
[3] 蒲蕊. 义务教育新课标视域下的学校课程领导策略[J]. 中小学管理,2022(10):55-58.
[4] 宋佳音. 教师课程领导力研究进展述评及现实启示[J]. 中小学班主任,2022(08):26-30.
[5] 黄云峰,朱德全. 教师课程领导力的意蕴与生成路径[J]. 教学与管理,2015(04):1-3.
[6] 张琼,傅岩. 教师课程领导力的发展表征探析[J]. 江苏师范大学学报(教育科学版),2013(S1):25-28.
[7] 黄显华,朱嘉颖. 课程领导与校本课程发展[M]. 北京:教育科学出版社,2005.
[8] 田友谊,石蕾. 课程图谱:教师课程领导力提升的新路径[J]. 教育理论与实践,2022(06):51-56.
[9] 杨跃. 教师的课程领导力:源泉、要素及其培育[J]. 当代教师教育,2017(01):67-72.
[10] 熊鑫. 小学教师课程领导力研究[D]. 重庆:西南大学,2011.
[11] 赵垣可. 教师课程领导力的实践困境及生成策略[J]. 江苏教育,2017(22):33-36.
[12] 许锋华,陈俊源. 核心素养视域下的K-VPI教师课程领导力:模型建构与内涵阐释[J]. 南京社会科学,2021.11,149-158.
[13] D. Frost,A. Harris,TeacherLeadership:Towardsa Research Agenda,Cambridge Journal of Education,Vol. 33,No. 03,2003.
[14] 吴颖民. 国外对中小学教师领导力问题的研究与启示[J]. 比较教育研究,2008(08):52-56.
[15] 王绯烨等. 骨干教师领导力影响因素的实证研究[J]. 湖南师范大学教育科学学报,2017(03):83-88.
[16] 李乔生. 教师课程参与:现实与策略[J]. 浙江教育科学,2012(02):7-9.
[17] 荆菁. 高校汉语国际教育专业教师课堂领导力研究[D]. 上海:上海外国语大学,2020.
[18] 黄云峰. 新世纪课程领导力研究:现状与启示[J]. 中国成人教育,2018(01):105-109.
[19] 曹二磊. 由"失语"走向"参与":重建教师与课程的关系[J]. 教育理论与实践,2015(16):55-58.
[20] 许占权. 论教师的课程领导[J]. 中小学教师培训,2006(11):3-5.
[21] 周晓静,郭宁生. 教师领导力[M]. 北京:北京师范大学出版社,2018.
[22] 杨跃. 本科师范生的教师领导力培育初探:以《教师领导力》课程建构为例[J]. 当代教师教育,2012(03):1-5.
[23] 钮雪芬. 在解决课程问题中实现教师课程领导力[J]. 当代教育科学,2015(24):40-41.
[24] 焦小英. 智慧学习背景下高校教师课程领导力建设:内涵要义、关键要素与路径选择[J]. 教育理论与实践,2022(06):48-52.

黄冈红色文化融入幼儿园课程开发的个案研究*
——以湖北省黄冈市 Y 幼儿园为例

摘要：红色文化融入幼儿园课程开发是发展德育与爱国教育的关键。本研究以湖北省黄冈市 Y 幼儿园为例,总结归纳黄冈市 Y 幼儿园在课程开发的过程中成效以及存在问题,提出黄冈红色文化课程开发的有效建议,从而助力幼儿黄冈红色文化课程的开发。

关键词：红色文化；黄冈红色文化；幼儿园课程开发

引导幼儿感受祖国文化,激发他们的爱国热情,是《幼儿园教育指导纲要(试行)》中所提到的重要内容[1]。习近平总书记强调从娃娃时期就要抓起革命教育,使红色文化渗入心里[2]。红色文化既包括物质文化,也包括精神文化。红色文化融入幼儿园教育有利于增强幼儿的民族归属感,培养幼儿的文化自信。黄冈是中共早期建党活动的重要驻地和鄂豫皖革命根据地的中心,黄麻起义、刘邓大军挺进大别山等重大历史事件铸就了黄冈红色老区革命精神。黄冈红色文化融入幼儿园课程开发不仅是新时代"立德树人"教育理念的体现,而且有助于推动黄冈红色精神、红色"基因"代代相传、发扬光大。

一、黄冈红色文化融入幼儿园课程开发个案实践

(一) 黄冈红色文化融入幼儿园课程开发个案研究对象

黄冈市 Y 幼儿园位于黄州区东湖街道,是黄冈市市直公办园之一。该园从 2020 年开始探索以红色文化为课题开发园本课程。本文选取黄冈市 Y 幼儿园作为个案进行研究(见表1)。

表 1 主要受访者基本资料

类别	代号	年龄	教龄	学历	班级	备注
园长	Y1 园长	46	27	本科	/	副园长
	Y2 园长	51	34	本科	/	园长
幼儿教师	T1 老师	24	1	本科	小班	主班老师
	T2 老师	28	3	本科	中班	主班老师
	T3 老师	45	20	本科	大班	主班老师
	T4 老师	30	5	本科	中班	主班老师
	T5 老师	47	28	本科	大班	主班老师
	T6 老师	29	5	本科	小班	主班老师

---

* **基金项目**：本文为湖北省教育科学规划项目(2022GB076)、湖北省教育厅人文社科项目(21Y231)和(21Y216)的研究成果。

(二) 黄冈红色文化资源概述

黄冈是大别山鄂豫皖革命根据地的中心,英雄的黄冈人民用鲜血和生命书写了中国革命的历史传奇,为创建新中国作出了重要贡献。

1. 黄冈红色文化物质资源

(1) 黄冈革命遗址和红色故居

鄂豫皖省委旧址位于湖北省黄冈市红安县檀树岗乡长冲村。乘马会馆保留当年激战过的杨四寨、得胜寨等遗址。红安七里坪革命旧址,位于距红安县城 25 公里的大别山南麓。黄州陈潭秋故居、李先念故居、董必武故居、李四光纪念馆等。

(2) 黄冈革命文物和革命标语

黄冈是鄂豫皖革命根据地的核心区,登记认定馆藏革命文物共 15576 件(件/套)。"一寸土地不让敌人蹂躏""为保持土地革命的胜利而战"是土地革命标语。

(3) 黄冈烈士陵园与纪念碑

黄冈革命烈士陵园是全国红色旅游经典景区,烈士纪念碑始建于 1977 年。黄麻起义和鄂豫皖苏区革命烈士陵园、麻城烈士陵园为红色旅游经典景区。

2. 黄冈红色文化精神资源

(1) 黄冈红色故事

黄冈是革命的圣地,英雄的黄冈人民书写许多的红色故事(见表2)。

表 2　代表性黄冈红色故事

类别	故事
为红二十五军长征引航、带路使红军胜利会师的故事	《担当重任的特使》《地下交通员石先生》《为红二十五军引路的工委书记》《给红军带路的小货郎》《永宁山下红旗展》《沸腾的永坪镇》等
巾帼英雄革命斗争的感人故事	《铁血征程"七仙女"》《军长的妻子》《大别山女儿肖国清》《巾帼英雄戴醒群》《舍身跳崖的晏春山》《用生命守护党的秘密》《清秋傲放的仙菊》等
红二十五军孤军北上的故事	《牧童从军记》《华阳游击队》《红色袁家沟口》《红二十五军征战平凉》《雪中送炭见真情》等
红军母亲或干娘忠心向党、拥护革命的故事	《军长的母亲》《两枚沉甸甸的银圆》《周大娘易子取义》《将军与慈母》《母亲坟头将军泪》《唱着山歌殉难的母亲》《英雄母亲何大妈》等
"儿童军"红二十五军在长征途中的英雄群像故事	《"少队长"孙家山传奇》《吴华夺与"小豁牙"》《小号兵》《从放牛娃中走出的三位将军》《两个小红军》《吴小锁和他心爱的小马刀》等
在大别山和长征路上严明军纪和军民鱼水情的故事	《"军魂之歌"的诞生》《西山地里的银圆》《"不准吃鸡"的故事》《什么是红军》《红军保护合法营商》《归来的银鹤》《青青西瓜地》《情深谊长》等

(2) 黄冈红色歌曲

《三大纪律八项注意歌》《八月桂花遍地开》是经典传唱的革命红歌。为了宣传革命精神,推动革命进程,大别山地区先后改编或创作了几百首红色歌曲(见表3)。

表 3　红色歌曲

类别	歌曲
大革命时期	《步工伤心事》《农人伤心事》《为什么贫穷不均》等
抗日战争和解放战争时期	《救国歌》《民族革命歌》《解放四季歌》等
工农革命武装暴动时期	《黄麻起义歌》《解放黄安城》《打商城》《打新集》等
描写军民鱼水情	《编双草鞋送红军》《拥护红军歌》《送郎当红军》等
描写苏区人民痛恨国民党反动统治	《五更恨》《骂蒋匪》《十恨》等
描写广大农民土改后的喜悦	《生产忙》《五朵花儿开》《今年的新年不一般》《土地革命歌》《翻身歌》《庄稼人翻身乐》等
描写官兵革命乐观的精神	《打"反围剿"》《红四军胜利歌》《一九二九年》《换枪歌》《红旗插遍大别山》等
根据当时新歌词而即兴创作曲调	《红军革命歌》《工农暴动歌》等
利用古典或传统民歌填词而成	《黄麻起义歌》《青年参军歌》《八月桂花遍地开》《送郎当红军》《十二月宣传歌》《拥护红军歌》《土地革命歌》等

（3）红色诗歌

黄冈红色诗歌的创作主体是早期的革命领导者和参与革命的文人学者以及现代诗人对黄冈的歌颂，其中最著名的是董必武和闻一多（见表4）。

表 4　红色诗歌

类别	诗歌
红安党史教育感怀诗歌	《访七里坪长胜街》《红安学训》《往事感吟》等
红安农民哲学诗歌	《全家三代学哲学》《人人学习劲头强》《哲学好比一件宝》《哲学好比一座山》《保证战士都健康》等
革命传统教育的诗歌	陈毅《梅岭三章》、董必武《病中见窗外竹感赋》、董必武《访问红安三首题诗》《题赠中学生》等
歌颂黄冈的诗歌	邓拓《写红安》、邓拓《赠徐大妈》、邓拓《赠方和明同志》《红色家书》《保卫黄河》《祖国，我爱你》等

（4）红色戏剧

拥有《张南一豪气冲天》和《王秀松大义灭亲》等曲艺节目 20 多曲，黄梅戏《大别山母亲》《党的女儿》等 30 多部。许多以红安革命为背景的电视剧、纪录片等。

(三) 黄冈红色文化融入 Y 幼儿园课程开发的现状分析

通过问卷调查和访谈得知，大家普遍认为红色文化课程开发非常有必要。

(四) 黄冈红色文化融入幼儿园课程开发的 Y 幼儿园活动分析

1. 黄冈市 Y 幼儿园国庆节主题教学

笔者在调查期间收集了黄冈市 Y 幼儿园国庆节主题"童心颂祖国-喜迎二十大"欢度国庆的教学内容计划表（见表5）。

表5 各年龄班集体教学活动目标表

小班主题活动:传承红色文化 继承红色精神	
活动名称	活动目标
健康活动:《我是小小解放军》	1. 知道食物对身体的重要;2. 学习小红军珍惜粮食的优秀品质;3. 感受粮食的重要性
语言活动:《伟大的人》	1. 认识陈潭秋;2. 激发爱国情感;3. 学会朗诵诗歌
美术活动:《五星红旗》	1. 知道五角星的外形特征;2. 能够体会绘画的快乐;3. 学会画五星红旗
音乐活动:《国旗红》	1. 了解儿歌;2. 懂得尊敬国旗;3. 学会歌唱儿歌
中班主题活动:小小中国心 浓浓中国情	
美术活动:《中国红》	1. 知道红色的寓意;2. 感受中国红明快艳丽的色调;3. 尝试制作各类红色的民间装饰品
语言活动:《董必武诗选》	1. 了解诗歌内容;2. 学会倾听和讲述诗歌;3. 感受诗歌的节奏和韵律
音乐活动:《国旗多美丽》	1. 以愉快的心情参与到活动中;2. 感受歌曲的强弱规律;3. 增强热爱祖国、爱护国旗的情感
社会活动:《祖国妈妈过生日》	1. 了解关于国旗、国徽的知识;2. 懂得现在生活的来之不易;3. 激发爱国热情
大班主题活动:鲜艳中国红 祖国在心中	
活动名称	活动目标
健康活动:《我是小军医》	1. 了解抢救伤员的方法;2. 主动和同伴交流,互相帮助;3. 能不怕困难,坚持完成任务
语言活动:《我是中国人》	1. 了解我国的红色文化;2. 积极回答问题,感受爱国情绪;3. 能够向他人讲述红色文化
美术活动:《我心中的英雄》	1. 知道陈潭秋的英雄事迹;2. 主动用绘画的方式表达自己的情感;3. 主动学习英雄坚强勇敢不怕困难品质
音乐活动:《八月桂花遍地开》	1. 学习用铃鼓表现人们坚定的信念;2. 能与同伴合作看指挥进行演奏;3. 运用动作表现歌曲欢快的情绪

小班幼儿的活动目标主要是使幼儿了解幼儿红色文化的有关基本概念,中班幼儿的活动目标主要是使幼儿从平时活动中感受红色文化,大班幼儿的活动目标主要是使幼儿能主动表现自己对黄冈红色文化的想法。

2. Y幼儿园黄冈红色文化融入课程开发的内容方面分析

（1）红色遗址和文物

黄冈市Y幼儿园所在区分布着丰富的红色革命遗址。每年清明节,该园均组织幼儿赴陈潭秋故居接受革命传统教育及爱国主义教育,讲解文物,参观革命烈士题词、烈士雕像等,还会让幼儿穿上军装军帽亲身体验小红军。

（2）红色故事和红色歌曲

为了传承红色精神,黄冈市Y幼儿园大班的小朋友开展了《园园·丁丁故事屋》之"我在阳光下成长"红色故事比赛活动和"童心永向党 红歌代代传"系列活动。

3. Y幼儿园黄冈红色文化融入课程开发的途径方面分析

在幼儿园中,黄冈红色文化课程开发在确定课程目标以及课程内容之后,选择什么样的途径去实施就成为至关重要的问题。通过调研,发现日常生活活动占比最高,其次是游戏活动、教学活动、环境创设和家园合作,而传唱活动、区域活动和其他占比较少。

二、黄冈红色文化融入 Y 幼儿园课程开发的问题及影响因素分析

Y 幼儿园在黄冈红色文化融入幼儿园课程开发过程中取得了一定的成效,也呈现出一些问题。

(一) Y 幼儿园在黄冈红色文化融入课程开发中存在的问题分析

1. 开发目标不明确

在访谈过程中,当问及教师在开发利用黄冈红色文化课程过程还存在哪些问题时,受访教师表示"很难去实施"。部分教师希望幼儿仅通过几次活动就能获得坚韧、执着、自强不息的品质,这对于课程的实施是不利的。

2. 开发内容筛选标准不完善

Y 幼儿园在选择黄冈红色文化课程内容时,筛选标准不完善,缺乏利用黄冈红色文化资源的经验,对幼儿理解黄冈红色文化造成一定的障碍。

3. 开发实施途径流于形式

黄冈红色文化课程开发的方式流于形式,没有深入开发。

(二) 影响黄冈红色文化课程在 Y 幼儿园开发的因素分析

1. 幼儿园方面

幼儿园关于黄冈红色文化的环境创设只是幼儿自己在国庆节的一些绘画和手工,在娃娃家和区域角关于黄冈红色文化的想法还是比较匮乏的。很多教师有一些想法,但比较零散,没有具体规划。

2. 教师方面

教师工作任务重,对黄冈红色文化课程开发了解不够。教师很难有时间去具体地思考黄冈红色文化应该怎样融入幼儿园课程开发的问题,因此,黄冈红色文化在课程中运用较少。

3. 社会方面

家长忽略黄冈红色文化课程开发的教育价值,缺乏参与课程开发的动力。就幼儿园现在的课程实施状况而言,家长一般只是按照老师的要求去完成。

三、对 Y 幼儿园黄冈红色文化融入幼儿园课程开发的对策建议

(一) 完善黄冈红色文化课程体系

幼儿园应根据幼儿的发展水平,选择最适合的黄冈文化内容,建立系统的红色文化教学体系。

1. 目标方面:幼儿园可以组建课程开发团队,让有课程开发经验的幼儿教育工作者带领青年教师,收集各种黄冈红色文化素材和开展调研会,并向专业人士请教,积极开发

黄冈红色文化课程目标。

2. 内容方面:幼儿园可以多选择黄冈本地的红色文化素材,让幼儿多了解家乡文化。多方面选择内容,不只局限于红色遗址、红色文物、红色故事、红色歌曲这四大类型。

3. 途径方面:幼儿园除了五大基本途径外,还可以通过区角活动、传唱活动等形式开展课程,满足幼儿多样化的需求。

(二)建立黄冈红色文化资源存储网

幼儿园可以聘请专业人员建立黄冈红色文化课程的资源网,利用公共资源网,存储教师在各自的教学活动中使用的黄冈红色文化相关资料。

(三)加强幼儿园黄冈红色文化环境创设

教师可以将幼儿的红色文化作品在幼儿展示区摆放,还可以将区域角进行丰富,放置一些黄麻起义的模型,或者在班级内装饰有关黄冈红色革命主题的摆件,还可以将幼儿园内的大型玩具摆放在适合玩黄冈红色文化主题游戏的区域。

(四)增强教师课程开发能力

教师需要脚踏实地,不断提高自己的知识水平,提升对于课程开发的理解与对于黄冈红色文化的认识,积极探索黄冈红色文化,参与黄冈红色文化课程开发举办的相关教研活动,开发幼儿感兴趣的黄冈红色文化课程。

(五)加强专业人士指导

教师可以向黄冈红色文化的专家请教,提升对于黄冈红色文化的认识,还可以通过网上咨询等方法向专业人士请教,幼儿园也可以请一些专家对老师进行培训。幼儿园应邀请弘扬黄冈红色文化课程的专家、研究人员等参与到黄冈红色文化课程的开发中来。

(黄冈师范学院　吕瑞文　汤　静)

参考文献

[1] 中华人民共和国教育部.幼儿园教育指导纲要(试行)[M].北京:北京师范大学出版社,2001:12.
[2] 习近平.用好红色资源 传承好红色基因 把红色江山世世代代传下去(一)[J].前进论坛,2021(07):25.

大别山红色文化融入大学英语课程思政教学实践与探索[*]

摘要:作为中国革命老区之一,大别山地区孕育了丰富而独特的红色文化资源,具有深厚的历史内涵和时代价值。本课题从大别山红色文化入手,通过教学实践探讨融入大学英语课程思政的有效途径,将大别山红色文化融入大学英语教学有利于创新思政教学形式,提升思政育人成效,促进红色文化的对外传播。

关键词:大别山红色文化;大学英语;课程思政;教学实践

立德树人是高校教育的根本。课程思政是把立德树人作为教育根本任务的一种综合教育理念,是新时期立德树人的根本遵循[1]。《高等学校课程思政建设指导纲要》指出,文学、哲学类专业课程要结合专业知识教育引导学生深刻理解社会主义核心价值观,自觉弘扬中华优秀传统文化、革命文化、社会主义先进文化。大学英语课程属于人文学科范畴,以前以培养学生的语言运用能力为主导,过于注重课程的工具性,价值引领缺失,因此在大学英语课程中融入思政教育,加强对学生人生价值观的引导,对培养德智体美劳全面发展的社会主义建设者和接班人具有重要意义。

近年来,国内学者对大学英语课程思政的研究主要有以下方面:第一,对大学英语课程思政的术语界定,比如何莲珍主张全面推进课程思政建设是大学英语教育教学的应有之义和必备内容[2],刘正光等强调以课程思政推动立德树人[3]。第二,对大学英语课程思政的必要性、可行性分析,学界已达成共识;第三,对大学英语课程思政实施路径的探讨较多,比如基于人的全面发展理论、布鲁姆教育目标分类理论、教学过程最优化理论、成果导向教育理论,探讨"互联网+"背景下大学英语课程思政教学模式等;第四,对大学英语课程的思政融入元素进行思考,研究中国文化、红色文化融入大学英语思政教学的可行性路径等。目前对大学英语课程思政教学融入元素及实施路径的研究还不够充分,对红色文化与大学英语课程思政融合的相关研究也比较少。本课题拟从大别山红色文化入手,通过教学实践探讨融入大学英语课程思政的有效途径,以期为地方高校大学英语课程思政建设提供参考。

一、大别山红色文化及大别山精神

习近平总书记强调,"要把红色资源利用好、把红色传统发扬好、把红色基因传承好。"

---

[*] **基金项目**:本文为2022年黄冈师范学院省级实验教学示范中心研究课题"大别山红色文化融入大学英语课程思政的创新研究"的研究成果。

红色文化是中国共产党团结和领导各族人民在革命、建设和改革开放时期形成的宝贵精神财富,体现了中国共产党为中国人民谋幸福、为中华民族谋复兴的光辉历程。

大别山横跨鄂豫皖三省,是红军的故乡、将军的摇篮。中国共产党人坚定的革命信念和不屈的革命精神开创了鄂豫皖革命老区的光辉历史,凝成了内涵丰富、底蕴深厚的大别山红色文化。大别山红色文化是在大别山这一特定区域融合生成的一种具有明显地域特征的特色文化,它与中国其他地域的红色文化共同构成中国红色文化的有机整体,对近代以来的中国社会产生了极其深刻的影响[4]。大别山红色文化的内涵及价值主要体现在:第一,大别山地区曾是中国革命的重要阵地,这里诞生了许多英勇奋斗的革命先烈,他们为了民族独立、人民解放而英勇牺牲,创造出"坚守信念、胸怀全局、团结一心、勇当先锋"的大别山精神。第二,大别山地区有着许多与中国革命相关的历史故事,比如井冈山时期的斗争、红军长征等,这些故事激发了人们的爱国情感和对革命事业的敬仰。第三,大别山地区保存着许多重要的红色遗址,如井冈山革命根据地等,这些遗址见证了中国共产党领导革命的历史轨迹,具有重要的历史价值。

大别山精神是中国共产党领导大别山人民在长期的革命斗争中形成的以为共产主义奋斗为价值取向的革命信念、革命意志、革命品质和革命行动的总和。坚守信念、对党忠诚,依靠群众、团结奋斗,不畏牺牲、无私奉献,胸怀大局、勇当先锋是大别山精神的基本内涵。大别山精神是追求理想、不屈不挠的奋斗精神,是胸怀全局、勇挑重担的奉献精神,是依靠人民、万众一心的团结精神,是自强不息、排难创新的进取精神,也是社会主义核心价值体系的重要组成部分。将大别山红色文化融入大学英语教学是实现英语课程思政的一种有效形式,对培养学生爱国主义精神和民族认同感、实现红色基因的传承都具有非常重要的意义。

二、大别山红色文化融入大学英语课程思政的意义

(一) 丰富英语教学内容,增强学生文化自信

大别山是中国革命的象征,红色文化具有独特的历史背景和文化内涵,将其融入大学英语教学可以丰富教学内容和资源,使学生在学习语言的同时,了解和传承红色文化,增强文化自信和民族自豪感。

(二) 培养学生社会责任感和爱国主义精神

大别山红色文化属于中华优秀传统文化的重要组成部分,蕴含着丰富的人文精神和价值观念,如坚定的信仰、大无畏牺牲精神等。在大学英语教学中融入这些价值观,可以增强学生对中华优秀传统文化的理解与认同,培养学生正确的人生观、价值观,提高他们的社会责任感和爱国主义精神。

(三) 激发学生学习兴趣,提升跨文化交流能力

红色文化作为中国特有的文化符号,具有浓厚的历史感和鲜明的时代特征。通过引入红色文化相关的故事、歌曲、诗歌等素材,可以激发学生学习英语的兴趣和动力,使他们

更加积极地投入到英语学习中去。大别山红色文化是中国革命历史的重要组成部分，将其融入英语教学可以使学生了解和尊重不同国家和民族的文化传统，增强跨文化交流和合作的能力。

总之，将大别山红色文化融入大学英语教学可以增强学生对中国传统文化的认同感，激发学习兴趣，培养正确的价值观和人生观。这样的教育理念有助于培养全面发展的人才，提升学生的综合素质和国际竞争力。

三、大别山红色文化融入大学英语课程思政存在的问题

近年来，许多高校在红色文化融入大学英语课程思政方面进行了有价值的探索，但也出现了一些问题。例如，现有教材中关于红色文化内容资源匮乏，教师对红色文化缺乏深入研究，以及传统教学方法不适合将红色文化融入英语课堂教学等。针对这些问题采取有效措施，才能将大别山红色文化融入大学英语课堂教学，以发挥思政育人作用。

1. 教材选择问题：让红色文化进课堂，首先要提供丰富的红色文化资源，服务于大学英语课程的教学需要。选择与大别山红色文化相关的教材可能较为困难，因为目前大多数大学英语教材主要关注语言技能和文化背景的介绍，较少涉及具体的思政内容。因此，需要英语教师花费较多时间针对大别山红色文化进行教材编写或教学资源整合。

2. 教师素养问题：通过访谈发现，大学英语教师对大别山红色文化的了解和理解程度参差不齐。有些教师对大学英语课程的思政目标认识不明确，没有花时间去整理红色文化资源，导致与大学英语教学内容契合度不高。还有些教师掌握的红色文化知识较少，缺乏相关的教学经验，无法推进红色文化与大学英语课程的融合。因此，学校需要提供相关培训和支持，以提高教师的素养和教学能力。

3. 教学方法问题：如果教师在大学英语课程中生硬地穿插红色文化，导致红色文化与英语教学内容割裂，必然会影响教学质量。如何将大别山红色文化与英语教学有机地结合起来，启发学生对思政内容的理解和思考，这其实需要创新教学方法。比如采用项目式、任务型、反思法等，使学生能够更好地理解和应用大别山红色文化的思想精髓。

4. 评估问题：传统的英语考试评估可能无法全面评估学生对思政内容的理解和应用能力，如何对学生在大别山红色文化融入的英语课程思政中的学习效果进行评估，需要探索新的评估方式，如口头表达、写作、演讲等。

解决这些问题需要学校和教师共同努力，加强教师培训，提供相关教材和教学资源支持，探索适合的教学方法和评估方式，以确保大别山红色文化融入大学英语课程思政的有效实施。

四、大别山红色文化融入大学英语课程思政的教学实践

大别山红色文化是中国先进文化的代表，其中包含的大别山精神是大学英语课程思政的重要内容，可以从以下几方面着手融入大学英语课程教学。

（一）围绕单元主题拓展教学内容

大别山红色文化为大学英语课程思政实施提供了宝贵的文本资源。当单元主题涉

战争、和平时,可引申出爱国主义精神、大别山精神等,待学生熟悉这些名词后将其翻译成英语,从而将红色文化资源融入教学,强化思政教育效果。

笔者以所在高校使用的教材《全新版大学进阶英语综合教程2》第二单元为例,本单元讲述是二战期间诺曼底登陆之前一位服役士兵写给妻子的情书,知识目标是以"long for home"、"undergo hardship"、"endure separation"为重点词汇,结合时代金句进行词汇思政教学,加深学生对家国情怀的内涵认识。除知识技能培养目标外,根据单元主题和教学内容制订课程思政目标,即学生能够用英语正确表达中华传统文化中的爱国精神,用英语讲述身边的英雄故事,表达和平时期的家国情怀。育人目标则是建立本单元学习与家国情怀之间的关联,引导学生正确认识"小爱"与"大爱"的关系,树立正确的家国观,加深对中华优秀传统文化的理解,逐步培养文化自信。

课前通过观看视频"D-Day:The Last Heroes"让学生了解二战英雄所做的牺牲,以及他们对小家和国家的爱。回望历史,在大别山这片热土上也涌现出了许多夫妻英烈,他们因共同的理想信念走到一起,为革命抛头颅洒热血,谱写了一曲曲英雄壮歌。比如,在湖北红安县,王鉴、夏国仪这对夫妻双双投身革命,1927年大革命失败后,由于叛徒告密,夏国仪不幸被捕,面对酷刑,她严守党的秘密,牺牲时年仅28岁。丈夫王鉴当时正奔走于湘鄂西工作,对妻子的牺牲一无所知,创作诗作《怀乡》"遥聆故里起风波,听说罹灾人更多。隔断乡音无信息,不知情景又如何?"来表达心中的思念。教师可以此为切入点引导学生思考和讨论,帮助学生理解革命先辈们坚守信念、不畏牺牲、舍小家为大家的无私奉献精神,从而形成正确的价值观。在课文讲解的过程中,教授学习重点词汇时教师举的例子尽可能地与时事相关联,比如"overwhelm"、"dominate"、"insight"、"realization"、"sympathize"、"compensate for"、"separation"等,让学生练习造句或复述课文内容,激发学生参与的积极主动性。

在教学内容中加入与大别山红色文化相关的音视频资源,引导学生了解大别山红色文化的历史、价值观和精神内涵。例如,可以选择以大别山革命战斗、红军长征等为背景的文化素材,如革命歌曲《八月桂花遍地开》《黄安谣》《送郎当红军》等,让学生通过阅读、听力、口语等综合技能方式去理解和讨论。课后教师可利用网络红色资源拓展教学内容。例如,阅读《红星照耀中国》(*Red Star Over China*),结合英语阅读加强红色文化输入;结合党史,融入"学习强国"学习平台中有关中国共产党人的精神谱系研究,要求学生关注中国红色文化传播。

将大别山红色文化融入大学英语课程思政的过程中,要注重培养学生的综合素质,包括语言表达能力、批判思维能力、团队合作能力等。通过不断引导和提供实践机会,鼓励学生积极参与,培养他们的创新意识和独立思考能力。

(二)结合专业特点开展实践活动

大别山红色文化育人不能局限于课堂,还应延伸到社会实践中。通过参观大别山红色教育基地让学生真正感受到波澜壮阔的大别山革命斗争历程,深刻领悟大别山精神内涵,传承、弘扬大别山精神,坚定理想信念。组织学生观看大型音乐舞蹈史诗《红色薪传》,邀请专家学者给学生做相关专题讲座,激发学生对大别山红色文化的兴趣,引导学生思考大别山红色文化对当代社会和个人的影响。

让学生利用寒暑假参观当地红色旅游景点或博物馆,搜集相关资料并进行英文翻译,以小组为单位交流讨论,最后进行展示评比。鼓励学生自主设计弘扬大别山精神的海报,在制作过程中重温红色历史,领悟中国共产党的初心使命。组织学生进行小组项目研究,让他们深入研究大别山红色文化相关的话题,例如红色旅游、革命英烈等,引导学生运用英语表达自己的观点,并通过写作、演讲等形式展示他们的研究成果。学生可发挥专业特长,设计红色文创产品并参加创新创业大赛,将专业知识与红色文化相融合,做到学以致用。教师可以指导学生拍摄有关革命人物的微视频,对学生的字幕翻译进行英语语言上的修改润色,帮助学生讲好红色革命故事,传承红色文化。通过实践活动,学生可以将所学的专业理论与英语知识应用到实际中,增强他们的社会责任感并拓宽国际视野。

(三) 优化细化思政考核评价体系

在大力推进课程思政建设背景下,改革大学英语考核评价模式,将红色文化纳入考评体系之中,引起师生对弘扬红色文化的重视。教师每学期组织开展讲红色故事、读红色著作、走红色道路等活动,以此提高学生的英语运用能力,也可以将学生的活动成果作为期末考核的一部分,督促学生注重红色文化知识的积累。优化考评体系后,红色文化在期末总评的占比提升至20%。对于教师来说,在课堂教学中要注重红色文化的渗透;对于学生来说,不仅要掌握英语技能和英语知识,还要加深对红色文化的理解,自觉传承革命精神,实现大学英语课程与红色文化的有机融合。

五、大别山红色文化融入大学英语课程思政的探索研究

(一) 开展以红色文化为主题的研学活动

对今天的青年而言,他们的成长环境与孕育红色文化的历史环境截然不同,对红色文化和革命精神可能会有距离感。而通过开展大别山红色研学活动,用英语介绍学校历史,讲述革命时代大别山精神,发挥红色文化育人优势,可以激发学生的爱国热情,培养学生的跨文化意识,树立对外交流时"以我为主"的意识,自发自觉成为中国的发言人。

(二) 编写校本教材,提升教师红色文化素养

依托大别山红色文化研究中心,教师加强与专家学者的交流,共同编写英译版校本教材。在编写教材的过程中,教师会对大别山红色文化有深入的了解,从而提升个人的红色素养。教师具有合格的政治素养和深厚的家国情怀,才能引导学生认识红色文化资源的价值,树立正确的理想信念。这就要求教师加强自身品格建设,作为学为人的表率。只有做到课堂内外言行一致、自觉践行所教所讲、严于律己、表里如一,才能真正用理论引导学生、用情感感化学生,在学生面前有说服力,进而把红色基因传承好,让红色文化深入人心。

（三）用外语讲好中国故事，赓续红色基因

习近平总书记强调："要在厚植爱国主义情怀上下功夫，让爱国主义精神在学生心中牢牢扎根，教育引导学生热爱和拥护中国共产党，立志听党话、跟党走，立志扎根人民、奉献国家。"将红色资源与大学生爱国主义教育互融互通，厚植爱国主义情怀，是新时代赓续红色血脉、传承红色精神、提高大学生爱国主义教育实效的重要举措。外语学院可结合专业特色，开展"用外语讲好红色故事"的主题活动，通过对陈潭秋、董必武、李先念等重要党史人物事迹及大别山精神的回顾，激发学生以"功成不必在我，功成必定有我"的信念，主动投身社会主义现代化强国建设，为实现中华民族伟大复兴中国梦而不懈奋斗。

结语

在大学英语课程教学中引入红色文化，不仅能使学生掌握英语知识，还能继承和发扬革命者坚定的理想信念与不怕牺牲、艰苦奋斗的优良传统。红色文化是中华优秀传统文化的重要组成部分，具有民族性、本土性特征，深入理解大别山红色文化内涵，有利于推动大学英语教学本土化发展，增强学生文化自信，并使学生学会在对外交流中传播红色精神和红色文化。将大别山红色文化融入大学英语教学是实现课程思政的一种有效形式，一方面，帮助学生树立正确的人生观、价值观，坚定理想信念，避免受西方消极文化的影响；另一方面，引导学生了解中国革命史，增强民族自豪感和认同感，培养学生爱国主义情怀。

（黄冈师范学院　外国语学院　熊晶晶）

参考文献

[1] 张大良.课程思政：新时期立德树人的根本遵循[J].中国高教研究，2021(01)：5-9.
[2] 何莲珍.新时代大学英语教学的新要求：《大学英语教学指南》修订依据与要点[J].外语界，2020(04)：13-18.
[3] 刘正光，岳曼曼.转变理念、重构内容，落实外语课程思政[J].外国语（上海外国语大学学报），2020，43(05)：21-29.
[4] 沈成飞，连文妹.论"中国近现代史纲要"课教学中的四种意识[J].思想理论教育导刊，2018(09)：107-112.

基于新文科建设的地方高校传媒专业教育教学改革实践与探索*

摘要：数字技术快速发展的新时代及新文科建设的双重背景，对传媒专业教育教学创新及人才培养质量都提出高要求，高标准。面对颠覆性的技术变革，传媒专业教育在以新基建、新传媒、新教育为特色的数字空间发展中，更要坚持"价值引领、知识传授、能力培养"三位一体的教育教学理念，紧紧围绕国家战略需求，地方经济发展，行业岗位需要，创新教育教学改革，落实新文科建设。本文以黄冈师范学院新闻与传播学院广播电视编导专业为例，探析传媒专业教育教学改革实践的路径，以期为地方院校传媒专业教育高质量发展提供参考。

关键词：新文科；教育教学；学科竞赛；课程群

一、新文科背景下传媒专业的专业建设与人才培养

黄冈师范学院新闻与传播学院广播电视编导专业2004年开始招生，是湖北省首个广播电视编导专业，2019年获批湖北省省级一流专业，2021年获批国家级一流专业。该专业拥有省属高校唯一一家传媒类国家级实验教学示范中心，在省内首创卓越艺术人才培养计划"微电影班"，已成为华中地区传媒教育品牌和产学融合示范基地，专业全国排名位列前茅。该专业立足黄冈，面向湖北，辐射全国，在"红专互融互通"的人才培养理念下，秉承学生中心、产出导向、五育并举的教育初心，确立了传媒工具使用、视听语言认知、编剧导演、艺术创新与媒介融合、团队协作"五能力"人才培养体系，致力于培养思想政治坚定、人文关怀深切的厚基础、宽视野、善思维、强创作、重实践的应用型高素质编导人才。

二、新文科背景下传媒专业教育教学的现状与困境

作为一所地方高校的传媒教育专业，始终秉承面向基层、服务地方的专业定位。如在2021年首届主播大赛专业活动中，师生走进田间地头，在黄冈市罗田县燕儿谷开展直播带货演练，以专业助农，助力乡村振兴。活动中学生用自己的专业知识与技能向用户介绍罗田当地的特产美食，以行动助农兴农，呈现了一场青春洋溢、精彩纷呈的直播实战。此次活动构建起校企、校地合作新模式，打通人才培养的最后"一公里"。同时学院秉承"立

---

* **基金项目**：本文为湖北省省级教学改革研究项目"新文科背景下地方高校传媒类'专业思政'建设的路径与实践研究"（编号2023479）的研究成果、黄冈师范学院教学研究重点课题"新文科背景下地方高校传媒类'专业思政'的探索与实践"（项目编号：2023CE07）的研究成果。

足黄冈、融入黄冈、服务黄冈"办学理念,落实"校地融合、开放共享、协同创新"的工作思路,借助学院学科优势和专业力量挖掘黄冈本土文化资源,传播黄冈地域文化,助推黄冈经济社会发展。

然而在新文科建设过程中,我们曾对黄冈市十几家融媒体中心、1 000余名在校学生、100余位毕业生以座谈、问卷调查等方式进行人才培养需求的专项调研,其核心的需求点聚焦在实践创新能力、新媒体运营能力、文案策划能力等方面。可见传媒专业教育还未完全适应社会发展的需要,人才培养与社会职业岗位需求依然存在错位问题,同时,传媒专业师资的匮乏,教学内容滞后于传媒科技的更新与发展,由于师资力量、教学场地、实验设备等客观条件的限制,教学中很难将新的传媒技术、传播技术、软件技术融入课程体系,如数据新闻、融合作品创作、新媒体运用、大数据应用等课程在案例教学、项目教学内容设置上存在一定的难处,导致学生在传媒实践实际工作中分析问题和解决问题的能力较弱[1]。此外,教师的教学方式单一,教学方法缺乏创新,较少关注到学生的个体差异,未能充分调动学生学习的主动性,为了适应新时代传媒教育的需要,师生的数字素养也亟待提升。以上因素都使当前传媒人才的培养难以充分发挥自身专业优势并缺乏核心竞争力。

三、新文科背景下传媒专业教育教学改革的实践路径

(一) 协同创新:专业建设与行业岗位需求紧密结合

2020年,《中共中央关于制定国民经济和社会发展第十四个五年规划和二〇三五年远景目标的建议》发布,其中对媒体深度融合、全媒体传播、县级融媒体中心建设的重要部署,为传媒专业建设和人才培养指明了方向。如今,我院与县市融媒体中心及相关文化企事业单位已建立稳定而深入的合作关系,形成企业进课堂,师生进企业的"双进"格局,建立联合培养、平台共建、资源共享的友好合作关系。新文科、新技术的时代背景下,学院在"请进来、走出去"的改革实践中增强学生对传媒产业现状和行业岗位需求深刻的认知,进而树立专业学习的方向与目标。在2023年人才培养方案修订时,我们的思路是进一步落实校企共同制订人才培养方案,共同开展课程建设与人才培养,在教学、见习及实习等环节深度融合。例如,广播电视编导专业设置专业认知与职业规划课程,在课程教学中邀请媒体单位的行业专家开展专题讲座与校内专业教师的专业教育相结合,让学生一入学就有清晰的职业认知,培养学生发现、分析及解决问题能力,能独立规划未来职业方向。借助学院与多家融媒体中心及传媒公司建立的合作平台,进一步为学生提供实习实训机会,提升专业能力。如在专业见习活动中,学生走出校园到融媒体中心参观、了解工作环境及流程,了解新媒体时代媒体人应当具备的核心素养及专业技能。此外在2023年10月,学院为进一步检验教与学的效果,在专业见习环节进行创新改革,通过为期一周的校外艺术采风活动,将学院广播电视学、广播电视编导、播音与主持艺术三个本科专业打通,采用学生分组合作,专业教师跟踪指导的方式,通过策、采、摄、编、播全流程实践创作检验学生的专业素养、创新能力及师生的合作能力。并通过艺术展览、作品展映等方式展现教育教学成果。这是一次全新的尝试,为的就是让学生在实践中感知专业发展,明晰行业岗位需求。在专业实习环节,学生直接参与相关企业的公众号运营、短视频创作、新闻采编等工

作,让学生真正知道用人单位的需求。学院已与永州印象传媒有限公司建立实习基地,邀请企业负责人、技术专家等专业人员为学生讲解数字图片处理、影视后期特效、摄影技巧等专业知识,同时企业为学生提供真实案例进行创作,订单式的教学实践让学生在真题真做中增强专业学习内驱力并提升职业认同感、价值感。

(二)思政育人:专业教育与思政教育同向同行

党的二十大报告中指出"全党要把青年工作作为战略性工作来抓,用党的科学理论武装青年,用党的初心使命感召青年"。《新文科教育宣言》也指出,推进新文科建设要遵循守正创新、价值引领、分类推进三个基本原则[2]。传媒类专业具有鲜明的意识形态属性,学生更需要用马克思主义新闻观武装头脑,更应该高度重视人才培养过程中的价值导向、思想导向和育人导向,才能真正成长为党和人民需要的高质量传媒人才。新时代的传媒人的创作视角应放在人民群众的现实生活中,增强对现实的关照,反映人民群众的心声。所以在传媒人才培养中,必须将课程思政和马克思主义新闻观全过程、全方位融入教学的各个环节中[3]。创新改革专业课程中的思政教育、发挥专业建设人才培养中的价值引领作用,应该是传媒类专业建设发展的规定动作。然而如何将思政教育嵌入专业课程体系、活化教学方式、提升学生专业素养,是传媒专业建设与人才培养需要回应与解决的迫切问题。

一种价值观要真正发挥作用,必须融入社会生活,让人们在实践中感知它、领悟它。以我院为例,这些生于和平年代,沐浴在祖国春风中且伴随着互联网成长起来的传媒青年,对大别山红色文化、革命文化的感知依旧是模糊的,缺乏深刻的理解和情感共鸣,也难以将其融入日常生活,成为内化于心、外化于行的精神信仰。为此,在2021年建党百年的伟大时刻,在深入学习百年党史过程中我们挖掘课程思政元素,培养学生主动参与内容生产并运用新媒体技术实现红色文化的有效传播,讲好中国故事。实践教学中师生借助大别山地缘优势,关照现实生活,以革命精神为价值引领,挖掘红色文化资源,以影视创作为手段传承及传播红色文化。师生共创的微视频作品《王金初的金句与初心》《心中有信仰,脚下有力量》等作品在学习强国平台刊载,彰显专业品牌,更重要的是让学生在实践创作中增强红色信念的情感培育,使红色基因、革命精神在潜移默化中完成对英勇无畏、家国情怀、自强不息等价值观的内化和精神引领,增强守初心、担使命的思想和行动自觉。在课程思政示范课《电视节目类型与策划》《新闻学概论》课程中,以主题化编排的方式贯穿教育教学全过程,立足社会、文化视角,引导学生结合社会热点和重要时间节点,积极策划创作相关题材的影视作品,在课程中,围绕诚实守信,善言善行善心,理想照耀中国等公益命题创作优秀作品讲好中国故事。教学实践中思政理念与教学内容相互浸润的教学方式,将对学生的价值引导潜移默化地融入专业课教学的知识传授和能力培养中,帮助学生树立正确的"三观",也进一步促进学生脑力、脚力、眼力、笔力的协调发展,实现专业教育与思政教育的同频共振,增强学生的职业素养和作为新时代传媒人的使命与担当。

(三)资源整合:搭建与行业对接的平台

当前,我院专业教师呈现高学历低实践的现实窘境。专业发展的前沿课程及与行业岗位对接的职业能力培养很难达到预期效果。为夯实人才培养质量,教师是关键因素。教师需要掌握国内外行业领域发展的最新动态与前沿内容,学习借鉴先进的教学理念及教学方法,提升教育教学能力,成长为双师型教师。当然,也需要在专业建设及课程建设上逐步实现传媒产、学、研协同育人,整合课程及教学资源,打破教学封闭性,推进专业教师"送出去、请进来"模式,搭建校内外师生实践平台。当前学院经过多方考察,选择一批知名企业进行合作,如湖北长江云新媒体集团有限公司、黄冈广播电视台、罗田燕儿谷生态农庄等20多家企业签订实习就业基地和长期战略合作协议,跨越专业与职业对接的鸿沟。

加强校企合作,推进产教融合是推进传媒教育改革和发展的必由之路,也是新文科、新技术背景下高质量传媒人才培养的强劲动力。为此,近年来学院多措并举。如派遣专业教师到相关媒体单位进行实践锻炼或参加专业培训,鼓励支持多名青年教师开展技能类课程培训,提升数字素养。教师深入一线,进一步将理论与实践结合,更新教学方式及课程设计,对教学效果起到正向作用。同时学院以学生社团为核心,组建校内外师资队伍开展微电影小班化特色教学,培养卓越传媒人才。授课过程中邀请行业专家、业内专家、优秀校友等通过系列讲座分享行业最新资讯、经验和心得,帮助学生提前了解真实行业现状从而思考自身职业规划,明确自身学习和发展方向。这种校内外的联合方式,小班化卓越人才的培养,一定程度上弥补了常规教学内容固化、老化的不足,也利于企业对传媒人才的选拔。传媒市场日新月异,前沿的、实践的创新课程及校内外师资的联合会激发学生的学习动力,有助于形成校企校媒协同育人的"双融合、双促进"模式,为高质量创新型传媒人才培养奠定坚实基础。坚持主流价值观塑造与引导,紧密围绕传媒技术发展、媒体生产标准、职业岗位需求,在人才培养及课程建设中形成理论与实践、课内与课外、校内与校外、集中与分散的"四结合"模式,整合多方资源,保证人才培养与媒体人才岗位需求高度衔接。

(四)以赛促学,以赛促教:提升人才培养质量

教育以人为核心,坚持"以人为本"推进"四个回归"是高等教育的根本。近年来学院依托传媒与艺术国家级实验教学示范中心平台,逐步建立了学科竞赛项目化规范运行和保障机制,形成以多形式的学科竞赛为载体,以制度建设为保障,以教科研项目、创新创业项目和实验室建设项目为抓手,实现学科竞赛项目驱动,教师团队指导、学生团队创作的运作机制。在新文科的背景下,传媒与艺术国家级实验教学示范中心逐步将实验课程项目进行分类、整合,形成有步骤、分层次、系统化的实践教学体系,完成微视频、微电影、影视广告、剧情片等各类视听作品的创作,在实践中提升学生的综合素质,从根本上解决学校教育与社会需求相脱节的问题,从而增强学生进入社会的竞争力。经过探索,学科竞赛项目实施规范的课程化运作,实施项目课程化实践教学模式的深化改革。课程教学中落实竞赛项目指导老师和学生创作团队,确保项目有目标、有计划、有过程、有结论、有评价。如将全国大学生广告艺术大赛项目植入影视节目策划与创作类的课程教学中,学生对企业命题进行真题真做,在策划、拍摄、制作、包装等过程中全方位落实"五能力"培养,并通过作品创作检验学生"五能力"情况。如今,教师团队已有效地将学科竞赛融进课堂,融进

培养方案，融进毕业设计，形成以"三融"为核心的教学改革模式，以教学改革提升人才培养质量，以人才培养质量树立学院品牌。如师生先后创作反映红安革命文化的《姥爷的铜锣》荣获第二届平安中国微电影比赛优秀奖，根据黄冈师范学院扶贫事迹改编的《三河口》荣获首届中国（麻城）微电影大赛红杜鹃艺术奖，表现革命地区节俭传统的《破洞裤子》荣获第八届亚洲微电影艺术节优秀奖。此外，师生在全国大学生广告艺术大赛、湖北省新闻传播教育实践技能竞赛、全国高校数字艺术设计大赛，大学生影评大赛等高级别学科竞赛中屡获佳绩。

以学科竞赛为平台，实施"案例任务驱动"的教法和"项目任务驱动"的学法，实现了课程间的联动，项目化的综合实训，让师生在"真题真做"中彼此成就。从教师层面，创新了教学手段、成绩评价体系；激发了教学改革的积极性和创造性，保证教学质量。从学生层面，拓宽了专业视野，培养了创新意识和团队意识，激发了学习的内在驱动力，使学生的学术思维、创新思维、科研及艺术创造力显著提升，增强了专业自信，进而实现学生的自我价值认同。逐步实现"以赛促改，以赛促学，以赛促教"的教学改革目的，落实了新文科背景下应用型、创新型传媒人才培养的要求。

四、结束语

地方高校传媒专业人才培养的实践教学改革逐步实现了面向地方，服务基层的目标。近五年来，毕业生的就业率较稳定，湖南电视台、湖北卫视等重要媒体就业人数增加，深受用人单位好评。今后，学院将继续强基固本，创新教学体系持续完善人才培养方案，优化课程体系，努力建成一批"金课"，造就高效课堂。同时广纳人才，进一步强化专业特色，发挥大别山区域红色文化资源、教育资源优势，进一步加强校企联动、师生联动、多学科联动，坚持立德树人的根本任务，坚持"学生中心、产出导向"，积极推动新文科建设，为地方社会经济和文化事业发展提供人才支持。

（黄冈师范学院　教育学院　孙喜杰）

参考文献

[1] 郑久良.基于产教融合的应用型本科高校传媒专业课程教学改革研究——以常州工学院调查报道课程为例[J]传播与版权.2022(12):105-108
[2] 刘丹."新文科"视域下高校《语言学概论》教学质量提升路径探析[J]汉字文化.2023(06):39-41
[3] 温建梅.产教融合视域下卓越新闻传播人才培养路径探究——以山西传媒学院新闻传播学院为例[J]传媒.2023(17):22-24

高中思想政治课高阶思维培养实践新路径的探索*

摘要:现阶段,我国高中思想政治教学模式已从应试教育逐渐向高阶思维培养转变。对此,高中思想政治课更加关注学生的综合分析能力、问题求解能力、批判性思维和创新能力。高中思想政治课教学培养学生高阶思维能力需要明确其路径。在课堂教学中着力打造以教材为基础、以情境为载体、以问题为阶梯的优质课堂;利用课后实践活动将课堂内容扩展延伸,挖掘学生的实践、创新能力,将高阶思维落到实处。

关键词:高阶思维;高中思想政治课;实践路径

一、高阶思维的基本内涵及特点

(一) 基本内涵

高阶思维核心概念最早来源于1956年布鲁姆提出的认知目标分类学说,主要由记忆、理解、运用、分析、综合、评价六个核心概念组成。2001年,布鲁姆教育目标分类学说进行了新的修订(见图1)。其中,这六个核心概念更新为记忆、理解、运用、分析、评价和创造[1]。高阶思维是相对低阶思维而言,是比低阶思维更高层的思维模式。低阶思维包括记忆、理解、应用等思维模式,分析、评价和创造这些具有创造性思维和批判性思维的思维模式则属于高阶思维模式。

国内普遍接受钟志贤教授定义的高阶思维,他指出,高阶思维是指发生在较高认知水平层次上的心智活动或认知能力,主要指创新能力、问题求解能力、决策力和批判性思维能力[2]。培养学生高阶思维能力的有效方式则是将其融入具体教学活动之中。

本文以布鲁姆教育目标分类学和钟志贤对高阶思维的定义为依据,结合高中思想政治课程的特点,对高阶思维能力进行界定。高阶思维能力是相较于低阶思维而言的较高层次的认知能力和心智活动。具体到高中思想政治课程教学,主要指通过教学设计使学生经历探究过程,引发深度思考,鼓励批判质疑、创造发明的思维的活动。从而以全面、整体的眼光在联系发展、对立统一中去看待事物、构建新知、解决问题、生成意义。

(二) 高阶思维的特点

1. 综合性

综合性是指将不同部分、不同事物的属性合并成为一个整体来对待。高阶思维并不

---

* **基金项目**:本文为黄冈师范学院研究生工作站课题(5032023007)的结项研究成果。

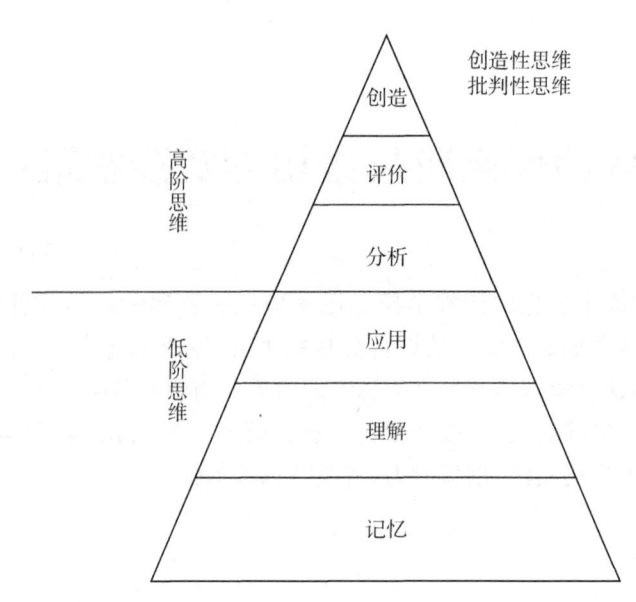

图1　布鲁姆教育目标分类学说（2001年修订后）

是特定认知情境下一种单独的思维过程，而是分析、创造、综合、评价等一系列认知成分协同作用的复杂思维，表现为思维的整合度。它表现在教师在教学时由满堂灌的教学模式向活动性课堂转变。在活动型课堂中，教师为学生创造真实的情境，通过协商、讨论、启发、诱导、探究去解决问题。这样不仅提升了学生的知识技能，而且有利于培养学生的核心素养，使学生在发现与探索中学会思考并培养知识构建能力、问题解决能力和意义生成能力。

2. 深刻性

深刻性是指能够达到对事物内部更深层次认知的能力。这种能力展现为对概念的深入理解、分析的周密性，以及善于捕捉事物本质和规律。学生需要理解事物的含义和范围，掌握事物运行的规则和特点，确定事物之间以及事物内部最基本和最重要的联系。高阶思维能够让学生的学习更加深入，超越对学科思维的表面理解限制，不断激发学生进行更深入的思考。

3. 创新性

创新性是指突破传统思维模式，提出新颖的解决方案，并勇于尝试不同的方法和途径。学生摆脱固有思维的束缚，发散性、创造性、灵活性地思考、解决问题。高阶思维不仅促使学生进行深入思考和深度学习，更重视学生的活跃参与和实际运用，使他们能够灵活地迁移和应用知识与技能，并以富有创造性的方式解决实际问题，从而培养学生的理解、实践和创新能力。

二、高中思想政治课培养学生高阶思维能力的现实价值

（一）有利于学生的全面发展

在知识信息大爆炸的今天，低阶思维能力难以胜任复杂信息的处理任务。相反，高阶

思维能力打破了简单记忆和检索等低级思维的限制,高阶思维能力的拥有者能更好地应对生活中的各种情况,解决实际生活问题,突破思维的屏障,培养核心素养。在教学过程中,教师会根据教学内容的特点,引入新颖的活动,以帮助学生培养具有创造性思维的稳定人格。为实现这一目标,必须将创造性情感和行为融入课堂教学中。因此,教师的任务不仅是传授课堂知识,还包括拓宽学生的思维视野、提升思维能力,并帮助学生树立正确的三观,以塑造完善的人格。

(二) 有利于教师教学能力的提高

学生高阶思维能力的培养关键在于教师素质的支持和引导。高阶思维意识的形成需要以教师深刻理解教育本质为前提。教师的教育实践受到思想意识的支配,如果教师对学生思维培养只停留在低阶思维层面,会直接影响他们对学生高阶思维培养的重视程度和行动力度。培养学生的高阶思维能力,有助于提升教师的思维认知水平。教师可以更清晰地理解教育的本质,增加对高阶思维重要性和必要性的认识。

(三) 有利于新课标的落实

新课标实施建议中提道:本课程的教学要运用多种方式、方法,引导学生自主学习、合作学习和探究学习;着重强调解决情境化问题的过程和结果。[3]在高中思想政治课中,教师通过案例探究和阅读思考等活动,让学生围绕政治议题展开讨论,并创设问题情境引导学生总结政治知识,以此培养学生的政治探究能力,让学生经历分析问题、解决问题、提升创新意识的动态过程。从而促使学生高阶思维的达成,有利于落实新课标中开展活动型学科教学的建议。

三、高中思政课教学中学生高阶思维达成新路径

将教学与实践相结合是促进学生高阶思维达成行之有效的路径。马克思主义认识论的基本观点证明了实践是认识的基础,高中思想政治课程本身具有课程内容综合性、学校德育工作引领性等特征,在思政课教学过程中秉承理论性与实践性相统一、知识性和价值性相统一、显性教育与隐性教育相统一等教学理念。本文结合高中思想政治学科的特殊性,采用课堂教学与课外实践双管齐下的逻辑策略促进高中生高阶思维达成。课堂教学环节,教师通过深度挖掘教材元素,设置序列化问题;通过问题链驱动,突出重点、突破难点层层递进;随后创设真实情境的活动型课堂。教师引导学生在课堂探究中,运用所学知识全面辩证分析问题,提高思维能力。在实践环节,则通过布置课外任务、结合乡土资源等方式为教学提供丰富养料、精心策划活动,让学生在活动交流中产生思想碰撞,让思维进阶,培养学生的合作精神和创新能力,使学生从感性认识走向理性认识。以此,落实核心素养,实现德育目标。具体路径如图2。

(一) 教学方面

1. 加强教材各元素衔接——高阶思维达成的基础

首先,关注"教科书包含了什么元素"。着眼点在教科书的表层内容和呈现方式。如

```
                            教学
                              |
         ┌────────────────────┼────────────────────┐
        基础                  载体                  阶梯
         |                    |                    |
   加强教材各元素衔接    应用真实情境的活动型课堂    设计课堂序列化问题
         ↓                    ↓                    ↓
   教材内容与课外         情境课堂与课外         问题设计与活动
   任务紧密结合          实践相辅相成           策划双管齐下
         ↑                    ↑                    ↑
   布置课外任务           巧用乡土资源           精心策划活动
         |                    |                    |
        前提                 依托                  保障
         └────────────────────┼────────────────────┘
                             实践
```

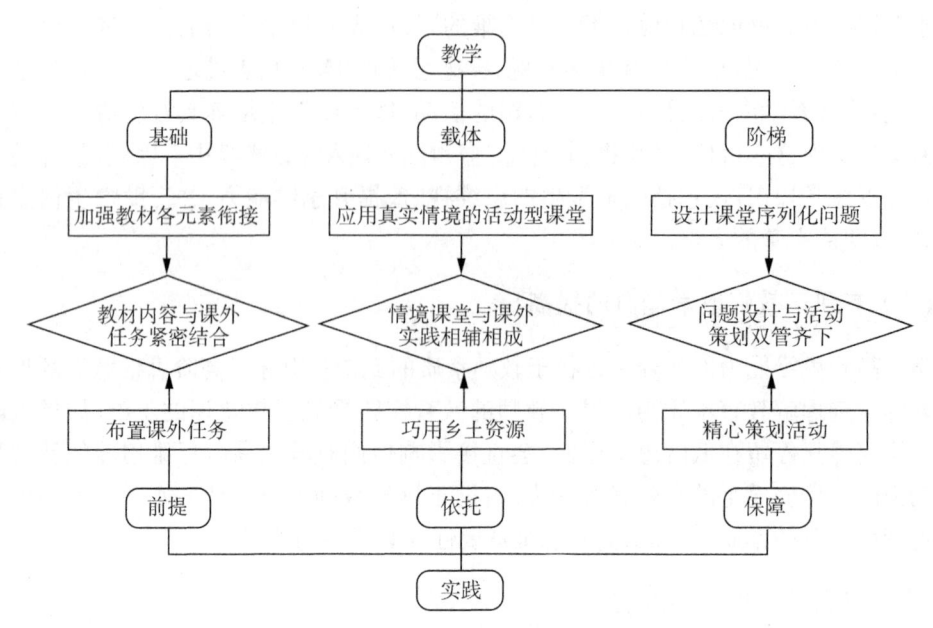

图 2　高阶思维达成新路径思路图

高中思政教材每节课包含几个知识点、几个"探究与分享"、几个"相关链接"、几幅图片等。这些材料虽然表面上看起来是零散的，但它们并非随意选择，而是具有典型性，并且都服务于思想政治学科核心素养目标，突出课程的政治导向，有效地培养学生的探究分析能力。

其次，关注"教科书内容的组织和整合"。一节课的整体感主要表现在两个方面：一是教材中知识的组织顺序应与现实生活相符合，二是知识与话题的整合程度。在人才培养过程中，高中思想政治课教师需要注重培养马克思主义立场、观点和方法的理论型人才，同时还要培养具备创新发展实践能力的应用型人才。为了增强理论与学生之间的亲和性和真实感，教师需要在社会实践的基础上进行理论传授，并通过丰富的教学内容、综合运用多种教学手段来达成目标。

最后，关注"'相关链接''探究与分享'栏目的应用"。"相关链接"栏目通常会提供一些与当前主题或课程相关的资源。这些资源可让学生对主题有更深入的认识和理解，帮助学生拓宽资源。在使用"相关链接"栏目时，学生需要通过阅读和分析链接资源，理解其内涵和思想，进而将其与课程内容相互比较、联系、对比，形成自己独立的思考和判断。

2. 应用真实情境的活动型课堂——高阶思维达成的载体

学生是教学活动的主体，激发学生主体探究兴趣，是高质量完成任务的基础。任务的设计要把握以下三点：一是任务的设置应当具有启发性和开放性。它能够激发学生的求知欲和主动思考。二是思想政治学科本身具有强烈的时代性。因此，任务的设计角度应该具有新颖性，具备时代特点，以激发学生的求知欲望。三是任务的设计还应具有一定的难度和广度。教师要对教材深度挖掘，引导学生将理论知识与实践相结合，让学生在任务的求解过程中提升高阶思维能力。在活动型课堂中，教师的作用是引导和促进学生的学习，而不是仅仅传授知识。教师要根据学生的学习情况和学科特点，设计合适的任务，并在任务的实施过程中,及时给予指导和反馈。

总之,应用真实情境的活动型课堂是高阶思维达成的良好载体,能够培养学生的综合素质和高阶思维能力,提高学生的学习兴趣,促进学生的情感发展和价值观培养。教师应当充分利用活动型课堂的优势,设计合适的任务,引导学生进行探究和创新,让学生在活动中不断提高自己的思维能力和素质水平。

3. 设计课堂序列化问题——高阶思维达成的阶梯

指向高阶思维的问题设计,需要注意以下几个方面。第一,重视问题的序列化设计。高中思想政治教学内容涉及经济学、政治学、哲学、文化学、法学等多类型知识,单一的知识记忆学习已经无法满足核心素养的要求,问题的设计要考虑知识的整体性以及知识与经验的相互转化。因此,在问题设计中立足结构化情境创设,精心设计教学问题,遵循"关键问题统领,辅助问题落实"的原则,搭建引领学生深入思考的问题链。问题链可以分为递进型和并列型,前者关注情境的空间转化,引导思维的层层深入;后者注重各辅助问题之间的相互联系,实现分析思维和综合思维的统一。第二,充分预设师生问答过程。从高中学生的知识储备和生活经验出发,充分预设可能出现的答案和困惑,甚至可以进行简单的课前调查,抽取不同认知层次的学生率先尝试思考,观察学生群体的思维视角和思维深度,以此来指导问题的设计。第三,针对性开展课堂延伸问题。高中思想政治课学习仅仅依靠书本知识远远不够,这就要求教师在引导学生尝试描述自己的思维过程、思路方法的过程中结合社会现状、密切联系生活实际,深化对学科知识的理解同时,学会用科学思维有效地解决实际生活问题,也进一步拓展思维发展的空间。

(二) 实践方面

1. 布置课外任务——高阶思维达成的前提

课外作业应注重发展德育功能、提高知识能力。给学生们展示能力的机会,激发学生的学习兴趣,提高学生的综合素质。在高阶思维下,布置课外任务要注意以下几点:第一,作业要有梯度。传统的作业形式单一,结构散乱,内容枯燥,已不能符合时代的要求,高阶思维下的作业必须有梯度,要有挑战性与创新性。学生可以根据自身的学习实际情况和知识掌握程度,选择适合自己能力范围内完成的作业,从而将做作业的方式由被动转变为主动。第二,作业形式要多样。多样的作业可以让学生的各种能力得到锻炼。例如:辩论任务、研究性任务。

将主题辩论引入课堂,如通过"医疗保险应不应该报销牙科"主题辩论赛学习我国的社会保障制度。这样的课外作业需要学生收集支撑整场辩论的相关资料,学生的课外作业由单一的学科知识的学习转向对社会价值的思考。这些过程中,学生需要进行逻辑思考、实事求是地分析,寻找数据支持自己的观点。以此,培养学生问题辨析能力和逻辑思维能力。

2. 巧用乡土资源——高阶思维达成的依托

依据学生身心特点及成长规律,巧妙使用乡土资源。根据普通高中思想政治课程标准(2017年版2020年修订)中指出:"本课程力求构建学科逻辑与实践逻辑、理论知识与生活关切相结合的活动型学科课程。"[3]开发和利用符合学生身心特点及成长规律的乡土课程资源,增加一些具有生活情趣和地方特色的思想政治课实践活动,有利于吸引学生自觉参与思想政治课实践活动。

在活动中,教师需要进行思维引导以提高学生的独立思考水平和创造性思维能力。例如在"文化传承"这一课的学习中,教师可以以"东坡"之名,设计一场独一无二的非遗文化之旅。从遗爱湖公园到东坡庙会,走在遗爱湖公园的小路上学习东坡精神,感悟东坡遗风。在旅行过程中,教师可以引导当地学生,对苏东坡与遗爱湖公园之间的渊源展开讲解。帮助学生初步感知活动内容,达到激发兴趣、引发思考的效果。随后,围绕遗爱湖文化继承了苏东坡的哪些人文情怀展开讨论,在师生不断交流中,对学生的回答进行辨析,使学生掌握正确的知识,实现知识的融合和具体构建,在辨析中促进学生高阶思维能力的生成和发展。

3. 精心策划活动——高阶思维达成的保障

充分展现思政教育的隐性教育功能。教师在设计活动时要立足于学生的认知起点、明确活动目标、处理好活动环节之间的衔接,争取达到预期的活动效果并在后期做好完整的活动记录、分享成果。其中最核心的部分是活动目标的设计,活动目标既是具体活动行为的任务和指引,又是活动效果评价的依据和指标。清晰明确的活动目标,能避免思想政治课社会实践活动流于形式,但是活动目标并不是盲目设计的。高中思想政治课活动目标的设置要遵循学科核心素养的要求,除此之外,学生学会用马克思主义的立场、观点、方法为指导解决问题。其次,活动目标是要基于学生所学效果或发展需要,由于活动目标中的行为主体是高中学生,因此应该规定学生通过社会实践活动要获得什么样的发展,而不是如何发展。最后,活动目标应当在传统的三维目标的基础上转变为核心素养的目标。高中思想政治课所开展的社会实践活动它不是学生自由、散漫的课外活动,而是要基于教材内容所开展的高质量、精设计、妙指导的优质学习活动,所以教师要立足于教学实际精心策划活动,使社会实践活动能够更好地助推学生对知识的深刻理解与应用。

综上所述,高中思想政治课培养学生的高阶思维具备其学科特殊性,促进学生高阶思维达成的有效路径是将课堂教学和课外实践有效结合。在课堂教学中教师通过深入挖掘教材的典范性,结合学生的认知水平设计序列化的课堂提问并将其融入真实情境的课堂活动中。课外实践以课外作业为前提,立足教学实际精设计、妙指导,创造具有地方特色的社会实践活动。落实课堂内容与课外任务紧密结合、问题设计与活动策划双管齐下、情境课堂与课外实践相辅相成的教学设计,以此来帮助学生主动加入教学活动当中,在完成学习任务的同时培养学生独立思考和研究能力,促进学生高阶思维的达成。

(黄冈师范学院 马克思主义学院 张 月 蔡 潇)

参考文献

[1] 布鲁姆. 教育目标分类学:认知领域[M]. 上海:华东师范大学出版社,2001:1-20.
[2] 钟志贤. 如何发展学习者高阶思维能力?[J]. 远程教育杂志,2005(04):78.
[3] 普通高中思想政治课程标准(2017年版2020年修订),2020.

九年一贯制学校思政一体化建设的路径探索

摘要：推进大中小学思政课一体化建设，是党中央对学校思政课教学改革与创新提出的新要求。九年一贯制学校在推进思政一体化建设中有其独特的优势，因此在新时代一体化背景下开展其路径探索对增强思政课程的实效性具有重要意义。

关键词：一体化；九年一贯制学校；路径

2019年3月18日，习近平总书记在学校思想政治理论课教师座谈会上指出："在大中小学循序渐进、螺旋上升地开设思想政治理论课非常必要，是培养一代又一代社会主义建设者和接班人的重要保障。"[1]2019年8月，中共中央办公厅、国务院办公厅印发的《关于深化新时代学校思想政治理论课改革创新的若干意见》指出："大中小学思政课一体化建设需要深化""遵循学生认知规律设计课程内容，体现不同学段特点"[2]。进一步明确大中小学思政课一体化建设。

思政课一体化是指在全面贯彻党的教育方针，解决好培养什么人、怎样培养人、为谁培养人这个根本问题的前提条件下，统筹中小学学段、高中学段和高校学段三个阶段的思想政治理论课教育[3]。因此，加强思政课教学改革创新，尤其是加强中小学思政课一体化建设，是思政课自身发展的需要。本文结合我校思政课开展的实际情况，对九年一贯制学校如何更好开展思政一体化建设进行路径探索。

一、九年一贯制学校思政课实施现状

黄冈市明珠学校是一所九年一贯制公办学校，依托黄冈师范学院，也是黄冈师范学院附属学校。学校对面有黄冈市明珠幼儿园，黄冈中学，黄冈师范学院，地理位置优越，在大中小思政一体化的建议上拥有得天独厚的优势。但目前还是存在一些问题。

第一，缺乏组织力量，没有形成团体合力。没有组织就如同一盘散沙，很难集聚各个学段的教学力量。九年一贯制学校虽然地理位置是在一起，但是分学部开展教学活动，各学部之间思政工作没有牵头领导组织，很难去推进教学一体化。

第二，缺乏贯通机制，没有发挥课程实效性。在传统的学校育人体系中，上下学段往往"各自为政"，彼此之间缺乏贯通机制，教师对其他学段的思政工作重心不了解。这就使得上下学段的思政工作存在重复或者疏漏。

第三，缺乏专业队伍，没有提高思政教师专业性。以明珠学校为例，学校思政队伍还不够壮大，小学思政课语文老师兼职居多，初中思政课老师三个年级25个班，5位专职思政老师。平均每位老师都带了五个班的课，每周15节课以上，这也让老师们疲于上课，无法投入更多精力在专业的学习钻研上。课堂教学上教学方法相对还比较单一，把教学重点放在如何让学生记住记牢这些知识点上,很少积极主动地贯彻科学的教育理念,不能在思想政治教育教学中做到理论和实际相结合。例如:在对学生进行中国优秀传统文化教育和理想信念价值观教育时,学生将课本中的基础概念、基本观点和相关理论背诵得很熟练,考试成绩比较优异。但是在现实生活中却没有真正认同这些观点。而且思想政治课本身就具有时效性,很多理论观点也需要不断更新。

鉴于此,注重思政课一体化和推动思政工作的开展,既是九年一贯制学校在"立德树人"背景下需要完成的主要任务,又是促进中小学生全面发展,培养他们成为合格的接班人的重要举措,因此在九年一贯制学校推进思政一体化是十分有必要的[4]。

二、九年一贯制学校思政一体化建设的路径探索

笔者通过搜集相关文献以及结合自己的思考,对推进九年一贯制学校思政一体化建设有以下几点思考。

(一)成立大中小幼思政德育发展共同体,发挥组织合力

明珠大道片区学校相对集中,幼儿园、小学、初中、高中、大学都集中在一起,这五所学校可以携手成立"明珠大中小幼思政德育发展共同体",开展大中小幼思政一体化建设。通过组织上得到保障,从而发挥片区的教育集群作用,调动思政老师的积极性,同心协力,一起为思政一体化发力。其次思政一体化建设也需要从学校高度将思政教育纳入重点工作,从而完成学校整体布局的升级。在九年一贯制学校内部建立以书记为思政一体化建设负责人,党委委员、校级干部为思政一体化建设中心成员的"党委领导的思政中心",保障工作推进力度。相关人员应充分认识到,思政课一体化仅仅凭借某个人或是某个部门是远远做不到的,唯有建立良好的协同体系,充分发挥各方人员的力量,才能形成统一的教育环境,给予学生较为深刻的熏陶[5]。

(二)推进教学研究一体化,形成良好的贯通机制

提升理论研究的一体化协同能力是一体化建设持续深入的重要保障。需加强协作校班主任、团队干部、心理健康教师、思政教师之间的交流和合作,探讨新时代思政工作的新思路、新方法,协作在校教师在解决问题中互促互进,全面提升政治素养和专业能力。两个学部之间成立大教研组,保证团队联合教研时间,深入研究思政一体化理论,聚焦思政一体化教学的重点、难点、堵点,讨论解决的方法与路径。主抓备课源头,建立健全两个学段思政课教师一体化备课机制,实行思政课教师集体备课制度全面提升教研水平[6]。具体来说,有以下几点。

一是推进课程建设一体化。在备课环节,需要打通教材和课程。义务教育学段长、跨度大、教材内容多。针对思政教学较少关注年段衔接、缺少一体化教学设计的主要矛盾,学校首先把教材中关联性强的主题作为突破口,通过跨学部协同教研,立足本年段目标,远观教材中相关主题的发展目标,选择共同主题的教材进行研究。共同体需要对各学段的思政课程统筹规划,打破学科教学的育人边界,以"课程思政"带动全学段教学与思政育人的有机结合,将政治认同、家国情怀、道德修养、法治意识、文化素养等内容有机地融入

各学段课堂教学,实现"堂堂有思政"与"思政亮堂堂"。思政课一体化建设既遵循统一标准,也注重因材施教。我们要主动创新教研的方式方法,以优化单元教学设计为抓手,根据学生认知特点和接受习惯,做好理论体系向教学体系、知识体系向价值体系的有效转化,使得教学内容和教学方法与学生认知阶段和接受能力相适应。

二是推进主题教研一体化。每学期确立一个主题进行联合教研,并就一个主题深度共研,逐步提炼中小学思政一体化的切实做法和经验。例如在中小学联合教研中,可以选定三年级上册的《"家"是最温暖的地方》,四年级上册的《我的家庭贡献与责任》和七年级上册的《亲情之爱》三课,围绕"家庭责任"这个主题,进行教学共研。还有以"构建人类命运共同体"一体化教学为例,小学阶段可以"什么是人类命运共同体?有何作用"为议题,让学生在地球生存大考验之类的微游戏等体验活动中懂得"地球人,国不同,命相共"道理,在守护家园手拉手之类微倡议等"议中做"活动中发出"小伙伴,手拉手,护家园"声音。初中阶段可以"构建人类命运共同体,少年如何行动"为议题,让学生在"议中研"活动中感受全球问题的冲击,在新闻发言人之类角色体验等"议中研"活动中了解中国构建人类命运共同体的行动,在少年行动派之类角色体验等"议中做"活动中践行构建人类命运共同体的理念。

三是推进主题活动一体化。主题活动是扩大育人载体、提高学生思想道德认知水平的重要途径。比如"寻东坡文化"为主题的思政一体化活动中,可以以延续文化血脉为主线连接中华文化、文化自信、文化作用及中华美德等知识,让学生从文化认知到文化自信最后做到文化自觉,在生活中自觉承担延续文化血脉的使命。据此,课程可以采用议题式教学模式,以黄冈东坡文化为素材,设计总议题:延续文化血脉传承东坡文化,设置子议题一:探源·知文化血脉的内涵;子议题二:承韵·品文化血脉的价值;子议题三:延续·寻文化血脉的路径,讲清楚延续什么文化血脉,延续文化血脉的原因及如何延续文化血脉。通过主题活动也促使老师们深挖当地特色文化资源,使课堂更有趣、有料。除了东坡文化外,黄冈还有丰富的红色资源,这对开展爱国主义教育也是很有利的。此外,结合黄冈的社会文化背景,借助一体化活动贯通家、校、社三位一体协同育人场域,依托一体化活动,实现对社会资源精细化开发与深度整合,进一步挖掘黄冈市社会资源的德育功能。通过邀请家长参与协作校的活动,将黄冈市优秀的传统文化反哺到家庭,不仅实现对学生道德角色的塑形,而且有利于更新家庭的道德观、教育观等,进一步扩大大中小幼思政德育发展共同体的影响力。

(三)推进教师队伍素质化,提高思政教师专业性

高素质教育队伍是提升思政课一体化体系实效性,确保其内容得以充分落实,从而推动思政教育发展的关键力量。再完美的体系,再有力的制度,若是没有人去执行,或者教师的综合素质相对较低,未能发现其中的不足之处,并进行科学改进,体系与制度的作用也是无法充分发挥的。九年一贯制学校应借助各种工具,打通不同学段思政教育队伍之间由于资源未能及时共享、交流不够及时等原因形成的堵点,从而创建不同学段思政教育队伍之间交流与借鉴的沟通路径,使他们能在增进了解中相互支撑。思政课教师要坚定理想信念,厚植家国情怀,思维要新,视野要广,做照亮学生的那一束"光"。教师要在学好马克思主义哲学的基础上，关注社会发展和实践变化，拓宽知识视野、国际视野和历史视野，创新观念、创新课堂，真正做到"授人以渔"，给学生心底种下一颗会发芽的种子。除此之外，教师要注意知识的流动性、批判性、多元性和情境性，在课堂教学目标的设定上要兼顾知识掌握和核心素养的提升，在教学内容的选择上要注重理论知识与社会实践知识相结合，在教学评价上要坚持辩证否定观，将学生成绩的提升与学生能力和素养的提升相统一。

三、结语

大中小一体化是大势所趋，一体化建设过程中，我们也必须使各学校各学段的思政工作"系统"起来，真正打通学段壁垒，实现全过程育人；必须使思政工作"联动"起来，打破教育资源的边界，促成全方位育人；必须使思政工作"鲜活"起来，契合时代特点，整合各方育人合力，以生动活泼的形式走进学生的心里，深化全员育人。唯有切实立足学生成长发展规律，方能完成培育少儿心中的"火种"，展现青春应有的担当，完成"螺旋上升的教育任务"，达成思政课一体化育人的整体目标。

（黄冈市明珠学校　杨小林）

参考文献

[1] 习近平.用新时代中国特色社会主义思想铸魂育人，贯彻党的教育方针落实立德树人根本任务：在学校思想政治理论课教师座谈会上的重要讲话[N].人民日报，2019-3-19(001).
[2] 新华社.中共中央办公厅、国务院办公厅印发《关于深化新时代学校思想政治理论课改革创新的若干意见》，http://www.gov.cn/zhengce/2019-08/14/content_5421252.htm，2020.06.30.
[3] 钟启泉，崔允漷，张华.为了中华民族的复兴为了每位学生的发展：《基础教育课程改革纲要（试行）》解读[M].上海：华东师范大学出版社，2001.
[4] 马宝娟，张婷婷.大中小学思政课一体化：问题与对策[J].思想政治课教学，2020(02).
[5] 李昕.统筹推进大中小学一体化推动思政课建设内涵式发展[J].中国高等教育，2019(07).
[6] 王玉国.大中小课程一体化背景下课堂教学变革[J].大学（研究版），2019(01).

"英语词汇学"课程思政实践探索*

摘要：如何将语言知识的传授、技能的培养与思想政治教育相结合，充分发挥课程的育人功能，实现课程思政的目标，是英语专业教学的重大课题。以华中师范大学出版社出版的教材《英语词汇学教程》为例，通过积极探索英语专业课程思政教学设计与实践，研究、挖掘、利用教材中的思政元素，尝试更合适的教学方法，将思政教学润物细无声地根植在学生的习得中，对确立大学生的理想信念、提高他们的道德水准和文化自信发挥着十分积极的作用。

关键词：课程思政；英语词汇；课堂教学

一、引言

教育部 2020 年印发的《高等学校课程思政建设指导纲要》（以下简称《纲要》）明确要求全面推进课程思政，发挥好每门课程的育人作用，构建全员全程全方位育人大格局。外语教学是我国高等教育的重要组成部分，《大学英语教学指南（2020 版）》提出：大学英语教学应融入学校课程思政教学体系，使之在高等学校落实立德树人根本任务中发挥重要作用。《纲要》提出应正确处理专业教学与思想教育的关系，强调英语教学不仅要在英语基础知识和基本技能方面对学生进行全面的严格的训练，还必须在各个教学环节中重视对学生进行思想教育，特别是对教师职业道德和专业思想方面的教育。本文以张维友主编的《英语词汇学教程》[1]为例，探讨将德育教育融入英语词汇学课程的路径。

二、"英语词汇学"课程及思政目标

"英语词汇学"是一门系统介绍英语词汇基本概念、历史发展、形态构成、词义概念、词义发展、词义关系、词汇与语境、英语习语等内容的课程，对于理解语言的本质和二语习得具有重要的意义。英语词汇学是英语专业核心课程之一，也承担提高大学生思想政治素质的重任。在实际教学中，应注意挖掘教材内容，融入思想政治教育，不仅培养学生语言综合应用能力，而且旨在提高学生的思想政治素养。

通过该课程的学习，学生能将英语词汇学知识和中华元素有机结合，认可中国元素，提升文化自信，接受"润物细无声"的思政教育。让学生能用好词、用对词，讲好中国故事、传播好中国声音，让更多的外国友人倾听到更好更真实的中国声音，同时树立社会主义核心价值观，增强中华文化自信，培养家国情怀与道德修养。

---

* **基金项目**：本文为黄冈师范学院一流本科课程"英语词汇学"（2022KC30）的阶段性研究成果。

三、"英语词汇学"课程思政实践路线

以课程内容为基础,以学习思政语境下的英语词汇学知识为知识目标;以培养学生团队合作能力和批判思维能力、文化自信为能力目标;以培养学生家国情怀与道德修养,并塑造学生"人类命运共同体"全球价值观为价值目标,将知识传授、价值塑造、能力培养结合起来,从教学设计、教学模式、评价方式等方面实践课程思政。

(一)组建课程思政教研小组,培养优秀课程思政实施者

教师是课程思政的实施者,推进课程思政首要工作是提高教师课程思政意识和能力,"英语词汇学"这门课是英语专业学生选修课,可以充分发挥任课教师的集体智慧,倡导成果共享,提高全程全员全方位"三全育人"推进效率。

1. 培养教师课程思政意识

首先,课程负责人组建课程思政小组,集体学习关于课程思政相关文件精神和文献资料,并通过考察兄弟院校课程思政探索和实践成果,使小组成员意识到思政教育融入课程的重要性、必要性及可行性。其次,修订课程大纲,在教学目标中融入思政育人目标。传统的课程大纲中,教学培养目标主要着重于知识的理解、掌握和运用能力的提高,突出知识的工具性和课程的人文性。结合相应知识点加入思政元素,突出"知识学习+能力培养+思政育人"的复合培养目标,拓宽培养的维度,强化育人的价值。最后,召开教学团队会议,团队成员群策群力,课前规划并明确细化思政育人目标。从案例内容、教学方式等各方面交流方法和经验,将思政育人目标细化为培养爱国主义精神、坚定理想、勤奋学习、培育诚信价值观等若干小目标。

2. 提高教师课程思政能力

教师课程思政能力直接影响课程思政的效果。课程负责人积极参加各类课程思政系列课程培训,参与思政教育大讨论,如上海外国语大学"高校外语课程思政教学设计与示范"线上研修、外语教学与研究出版社数字课程"课程思政育人理念下的国际化人才培养"、高校外语教师发展数字课程"大学英语课程思政智慧教学设计与示范"等课程的学习。课题组自购《大学外语课程思政的内涵和实施框架》《英语专业教育改革:课程思政与价值引领》《习近平谈治国理政》等相关图书,每周进行教学研讨时一起交流读书中的心得体悟。平时备课中有意识搜集关于课程思政元素的视频、动画、图片等相应素材,充分挖掘课程思政元素,创新教学设计。另外,组织课题组成员积极申报课程思政教学研究项目,本课题组成员获批2021年湖北省高校省级教学研究项目一项。

3. 加强师德师风建设

学高为师,身正为范。教师要用党的方针政策、正确的政治思想观念指导教学工作,在工作中坚持教书与育人相统一,坚持言教与身教相统一,坚持学术自由与学术规范相统一。教师的崇高品德和优秀学术修养也是进行课程思政的"活"素材。

(二)挖掘课程思政元素,创新教学设计

将思政元素融入课程,将立德树人理念贯穿课堂,是本课程教学改革的重点之一。将

爱国主义、英语文化、英语素养和科学精神等融入课程，使思政教育与专业知识相得益彰，育人成效与课程质量双向提升。

1. 利用时事热点词汇，实现思政元素的融入

思政内容融入英语词汇学课程，更要遵循教学规律，凸显英语词汇学课程的学科特点。只有英语词汇学课程这个承载体站稳了，其承载的思政内容才能有效着陆，从而最终实现"价值、知识、能力"三位一体的课程教学目标。教师要积累学科发展史、科学家事迹、名人名言、时事热点等材料，搜集视频、动画、图片等相应素材。该课程也可以和现实生活紧密相连，特别是过去几年，我国社会主义制度的优越性得到充分彰显。在教学中，教师可紧密联系实际，在教授词汇学知识的同时，要激发学生的爱国主义情感和民族自豪感。

2. 利用中华元素词汇，增强"中国英语"意识

在教学中有意识地去联系思政教育元素，从新的角度去处理课本知识，以实现"润物无声"的教育效果。如在"英语词汇学"思政教学内容中凸显汉语词汇、文化和中国词汇学理论，将中华元素融入词汇形态、语义、语用之中，增强"中国英语"意识。(1) 英语词汇形态教学。在词汇形态教学中引入《习近平谈治国理政》(第三卷)英文版中政治热词的形态构成实例，如复合法：New Food Security Concept(新粮食安全观)；Civil-military Integration(军民融合)等；词缀法：eco-civilization(生态文明)，eco-environment(生态环境)，eco-conservation(生态保护)等。首字母缩略法(中国特色数字缩略词)：Four Consciousnesses(四个意识)；Four Principles of Deference(四个服从)等。对比汉语词汇形态构成规则，熟知中国热词的英汉表达。(2) 英语词汇语义教学。在词汇语义教学中讲解语义变化和生成机制，引用《习近平谈治国理政》(第三卷)英文版中大量的概念隐喻和概念转喻实例进行演绎，如 Forever green is the tree of life. (生活之树长青。)；uncharted waters(深水区)等，对比英汉概念隐喻、概念转喻的共性和差异；(3) 英语词汇语用教学。英语词汇的使用离不开语境，每种语言都有其文化负载词，这些词反映了本民族特有的文化以及独一无二的历史语境。语言的一个基本属性就是文化传递性，即人类学会某种语言不仅仅是遗传的结果，更是文化传递的结果。《习近平谈治国理政》(第三卷)英文版中有大量中国特有的俗语、习语、典故、特色政治表达，能帮助学生更好地理解语境的作用，如 The red rising sun will light up the road ahead. (红日初升，其道大光。)；The ceaseless inflow of rivers makes the ocean deep. (河海不择细流，故能就其深。)等。(4) 世界英语背景下"中国英语"教学。"中国英语"作为世界英语重要组成部分，是众多英语变体之一，是英语本土化的具体表现，是世界各国认识中国的重要桥梁。在"英语词汇学"课程中加入"中国英语"的概念，能培养学生的全球视野和本土意识，增强学生的文化自信。《习近平谈治国理政》(第三卷)英文版很多表述浸润着这一文化内涵，如 Laozi(老子)，Zhuangzi(庄子)，Three Stricts and Three Earnests(三严三实)，Five-point Strategy(五位一体)等。

(三) 创新特色：结合线上线下混合式教学，构建协同育人模式，多角度嵌入课程思政

1. 采用灵活多样教学模式

探索运用"SPOC+"翻转课堂的混合教学模式，借助学习通平台，发挥学生的主观能

动性，进行课程思政建设。以"英语词汇发展历史"为案例，首先学生自主进行第二章 SPOC 学习，然后分小组进行词汇发展历史展示，并以视频形式提交小组报告，后在课堂上展示小组报告并分享自己对英语发展历史的理解，以及对汉英词汇发展特征的感悟，最后教师点评和提问，师生展开讨论。

2. 拓展课后交流渠道

课后教研组老师利用"MOOC""学习通""腾讯会议"等平台，通过在线直播等形式开展公益答疑辅导活动，利用班级 QQ 群、微信群，加强师生间的沟通交流，关心关爱学生的思想、学习和生活等各个方面。比如教师在平时学习过程中注重对学生独立自主学习能力的培养，正确理解汉英语言的差异，树立民族文化自信等。积极拓展思政育人渠道，将思政教育融入在线开放课程，比如在"英语词汇学学习通"里将线下课堂的思政案例融入教学当中。

3. 构建协同育人模式

建立教学管理人员、任课老师、辅导员、班主任协同育人模式，共同关注学生学习和成长。还可以发挥朋辈力量，拓展"全员"育人的范围。

(四) 构建多元评价体系，创新评价方式

教学评价主要遵循产出导向法的教学理念，遵循"教、学、评一致性"原则，以教学目标为导向，在教学的各个环节实施即时评价或延时评价、教师评价、生生互评、师生合作评价。打破"学"与"评"的界限，通过"超星学习通"线上应用程序让学生边评边学、边学边评，将评价作为学习的深化阶段，努力践行"以评促学""以评促教"的评价理念，力求创建一个教师专业引领、学生广泛参与、科技手段有效补充的多元评价体系。

四、"英语词汇学"课程思政实践成效显著

(一) 提升了学生的综合素养

在"英语词汇学"课堂上，通过深入挖掘融入思政元素的途径和方法，从多个角度深入分析课程思政建设内容，优化教学设计过程，将课程的教学过程转化为对学生进行价值引领的有效载体，在讲授知识、培养能力的同时塑造学生的品德和价值观，从而实现"知识传授、能力培养与价值引领"相融合的教学目标，最终提高了学生的综合素养。

(二) 提高了学生的综合能力

此课程与英语专业课程设置及师范专业认证理念深度融合，覆盖面广。信息技术与课堂教学紧密结合，效果显著。经过两年的课堂教学实践，对"英语词汇学"课程思政教学效果进行了调研分析，参与调查的 2019 级和 2020 级近 300 名学生中，80% 以上的同学认为在"英语词汇学"课堂教学过程中融入适当的思政元素，能够增加英语词汇学的学习兴趣。

（三）实现了全过程育人理念

对"英语词汇学"的课程内容、教学方法、考核形式进行改革。对照金课"高阶性、创新性、挑战度"的要求[2]，秉持在课程介绍、概念引入、案例分析、思维训练等环节适时进行课程思政渗透的宗旨，重塑教学内容，初步完成全书的教学设计，其中思政融入点达 50 个，增加应用案例 20 个；在教学过程中充分使用线上学习平台，在课前规划阶段、课堂教学核心阶段及课后拓展阶段不断指导和参与，全面客观对学生学习态度、学习能力进行考核，体现以学生为本和全过程育人理念。

五、总结

"课程思政"对于高校思想政治教育和专业课程开展有着极其重要的意义，是推进高校思政教育改革的重要举措。在"英语词汇学"教学实践中践行课程思政，能够增加学生对英语词汇学的学习兴趣，调动上课的积极性和主动性，发展学生的文献检索能力、自主学习能力、批判思维能力、团队协作能力，进而有助于其形成正确的学习观、人生观和价值观。

（黄冈师范学院　外国语学院　占晓燕　王　玲）

参考文献

［1］张维友.英语词汇学教程[M].3 版.武汉：华中师范大学出版社，2015.
［2］吴岩.建设中国"金课"[J].中国大学教学，2018(12)：6.

种下规划树　静待花开时
——高中生生涯规划辅导案例*

摘要：随着新高考综合改革的深入推进,高中生生涯规划工作越来越受到人们的重视。笔者通过调查发现,很多学生对未来的规划只停留在考上一所理想的大学,学习动力不足,人生目标不明确。对高中生开展个性化生涯指导,可以引导学生正确地认知自我,确立学业和职业目标,更科学地规划人生。因此,指导高中生做好生涯规划对于学生终身发展有着极其重要的意义。本文从自我探索、学业分析、生涯决策三个方面,形成高中生生涯咨询案例。

关键词：高中生;自我认知;志愿填报;人生规划树

一、具体案例

佳文(化名),女,16岁,高二学生。父亲高中文化,母亲小学文化。独生子女,品貌端正,身体健康,学习成绩在班级前列,但尚有进步的空间。性格温和大方,在班里人缘不错。自己表示想当一名老师。家长认为教师工作安全稳定,很认同她的理想,但对她的学业不能进行具体的指导。作为她的科任老师,我观察到她平时完成作业很认真,但在课堂上比较安静,并不喜欢主动发言,于是我鼓励她在语文课堂上大胆展示个人素养,朗诵、演讲等,让她体会到展示个人风采的成就感,更加自信坚定,在实现教师梦的路上踏出坚实的步伐。

二、咨询过程

（一）制定咨询方案

佳文同学比较确定未来读师范类大学,将来要当一名教师。但是对于要报考哪一所师范类大学,还没有明确的目标。针对她的具体情况,我预设了咨询目标:明确高考目标,激发潜能,用发展的眼光分析周围的人和事物,更要学会用发展的眼光看待自己。

（二）咨询过程

1. 第一次咨询

本次咨询目标:自我探索。一是性格分析。我采用了"MBTI职业性格测试"[1],发现佳文的性格类型代码为INFJ,即提倡者型人格。这表明佳文喜欢观察和独立思考,有创

---

* **基金项目**：本文系湖北省教育科学规划2019年度一般课题"基于健康人格构建的普通高中学生生涯规划行动研究"(课题批准号:2019JB264)研究成果。

新意识。计划性强,原则性强。关心他人,同情心包容心极强。根据她的性格特点,我认为佳文更加适合在稳定的环境中工作,如教育、科研等领域。二是兴趣分析。为了帮助佳文深入探索自己的兴趣,我采用了"霍兰德兴趣类型"[2]对她测试,发现佳文的兴趣代码为SIA,与之相匹配的职业有社会学家、心理咨询者、学校心理学家、政治科学家、大学数学、医学、物理、社会科学和生命科学的教师等。三是能力分析。我采用了"撰写成功故事"的方法。结果如下:读初一时,参加学校语数外知识竞赛,获得一等奖;初二时,代表巴河镇中参加全县演讲比赛,获得二等奖;整个初中阶段,学习非常突出,成绩一直稳定在班级前三名;高一年级参加英语单词听写比赛,获班级前五名;同学们喜欢跟我聊天,因为我是个值得信任的人。通过以上成功故事,我加强了对佳文的了解,也对她的能力进行了初步概括:能客观分析自己的情绪,自控能力强;具有较强的表达能力、沟通能力和组织能力,且善于倾听,能清晰察觉他人思想变化,从而用他更加暖心的方式来帮助他人。四是价值观分析。通过"我的价值观"测试,我发现佳文更加钟情于稳定而有保障的工作,并期待在工作中有良好的人际关系。梳理以上分析后,我初步判断佳文可选择职业的范围依次是:教师、作家、心理咨询人员等。

2. 第二次咨询

佳文 高二上学期期中考试成绩单

科目	语文	数学	英语	物理	政治	生物	总分
成绩	96.5	108	116	56	62	72	510.5
班次	39	8	4	7	21	6	2

本次咨询目标:了解师范类大学近三年的录取情况,参考学生潜能和心理测评分析结果,综合评估学生与家长对学业发展的预期、学生本人及其家庭的客观条件。在征求学生想法的前提下,筛选出更适合佳文个人发展的学校与专业。

佳文同学的父母原来希望她毕业后考公务员,经过孩子与父母的多次沟通,家长最终同意她将来当老师。因为是家中独女,父母希望她将来在本省工作。我向她表示祝贺,并提醒她努力考上理想的师范类大学,回省内工作才会有更大选择空间。

通过观察和面谈,我觉得佳文的仪态和表达能力都很棒,具备做教师的潜质。佳文也表示对当英语老师比较感兴趣。根据她本学期期中考试总分511分的现状,参考湖北省近三年高考录取批次线、志愿顺序、级差等因素,商定她心仪高校的三个层次目标。

模拟填报志愿情况:

高考填报志愿时,毕业生除了参考招生杂志提供的高校专业和录取人数外,高考分数一分一段表是重要的参考依据。为此,我主要参考了2020、2021、2022年湖北高考分数一分一段表,虽然每一年存在专业和录取人数的变化,但也是目前还算比较有价值的一个参考。以下采用最低分位次法和冲、稳、保的方法选学校。

模拟志愿填报	预计分数	湖北位次排名	超过本科线(分差)	可报师范类高校
冲一冲	560分左右	35 549	163	浙江师范大学、福建师范大学、天津师范大学

续表

模拟志愿填报	预计分数	湖北位次排名	超过本科线（分差）	可报师范类高校
稳一稳	550分左右	40 910	153	湖北大学、重庆师范大学、四川师范大学
保一保	520分左右	57 036	123	安徽师范大学、西北师范大学、河南师范大学

通过规划，她看到了自己的优势，也找到了发展方向。即在学业方面，要保持英语、数学、物理、生物的优势，也要找到语文和政治学科的增长点，争取期末考试总分再提升20分。她表示以后在课堂上会紧跟老师们的步伐，认真思考，加强训练，及时总结，争取取得更优异的成绩。

我肯定了佳文的想法，建议她抽时间理清一下思路，"种下规划树"，列出计划清单，落实在行动上。

3. 第三次咨询

佳文展示自己的"人生规划树"；在班级演讲"放飞理想，规划人生"。

老师对"种下生涯规划树"的指导：

①画出树根：对我而言，生活中最重要的是什么？没有对错之分，请用几个词语概括出来。②画出树干：在高中阶段或者今后的生活中，我的主要目标是什么？用一句话概括：比如，"我想……"③画出树枝和树冠，每一个树枝代表一个阶段性目标。为了实现我的主要目标（大目标），我希望做到的阶段性目标（小目标）是什么？

在"人生规划树"的创作过程中，可以凭着自己的主观感受给自己的树涂上颜色。

佳文的个人展示：

我的树根是健康快乐、稳定的生活及和谐的家庭，它们对我来说很重要。未来我希望自己成为一名优秀的英语老师，在省内工作，同时可以照顾父母。所以我现在的任务是，认真学习，努力提升语文、政治学科的成绩，在课堂上积极思考，努力地展示自己，全面提升个人素养。

三、辅导效果

咨询结束后，佳文同学在语文课堂上俨然成为课堂小助理。公开课上，她是《职来职往》的主持人，讲述大学生的故事，娓娓道来，启人深思；指导同学交流，点评自然，表达流畅，思维灵活。

老师批改班级同学期中考试错题分析时，她进行总结发言，反馈批改结果，展示优秀作业，号召同学们取长补短，一番话有条不紊，个人状态自信大方，真如一棵亭亭玉立的树。静心浇灌，静待花开，他日向阳而生，必成栋梁之材。

四、辅导反思

1. 高中生生涯规划应建立在完善学生健康人格的基础上。

目前许多高中学生学习按部就班，循规蹈矩，并不刻苦努力。究其原因，主要是目标不明确，学习缺乏持久的动力。作为科任老师，如果能对他们提前开展必要的生涯规划教育，引导他们正确地自我认知，将人生理想融入国家和民族的伟大梦想之中，帮助他们实现个人素养的提升,更积极地克服困难,锐意进取,规划好人生道路,协助他们把握奋斗的方向,树立明确的目标,找准成才的正确路径。

2. 高中生生涯规划要正确处理好共性和个性的关系。

一个开放的社会,基本上承认每个成员的天分都有个别差异存在,同时也能提供机会,使这些天分得到确认、培育与发挥。对高中生进行生涯规划指导时,及早让学生了解外部世界,知晓湖北省选课走班各种组合与大学专业、社会职业的匹配,这是共性要求。在此基础上,我们还应当客观分析个人兴趣、能力和价值观,尊重孩子的自由选择权和决定权,帮助学生抓好学业规划,确定好高考目标和高中三年的努力方向,增强他们学习的内驱力,再进行必要的职业规划,将对不同的学生个体有着更强的针对性和更好的效果。

3. 高中生涯规划要坚持教师指导和学生实践相结合的原则。

学生在教师的指导下,通过 MBTI 职业性格测试、霍兰德职业倾向量表等生涯工具进行自我测试,相关结果可以让学生对自我和外部世界有更全面的了解,但仍然只能参考。因为每个学生都是发展中的人,性格、能力、价值观都没有完全定型,何况还处在较为封闭的校园里,对于未来的专业和职业既缺乏理性的思考,更缺乏实践的检验。从这个方面讲,让学生多参加职业体验等社会实践活动,不失为一个可行的办法。

4. 高中生涯规划中的教师专题性规划和渗透性规划相得益彰。

高中阶段是学生生涯探索的重要阶段,专题性的生涯规划教育课程是学生生涯唤醒、生涯决策和生涯管理的重要途径之一,有助于学生形成较为系列的自我认知、职业认知和专业认知。学科渗透性生涯规划,通过各门学科课程化整为零地实施生涯教育。如将职业生涯规划教育的内容融入语文教学中,既可以提高学生的写作水平,给新高考下对语文核心素养要求的"自主发展""社会参与"等方面提供好的素材,又可以通过对秘书、记者、教师等职业的分析,提高对语文学科素养的了解,加深对理想职业的理解和提高职业选择的自觉性。

5. 高中生涯规划离不开父母的参与和支持。

运用生涯工具和专业、职业分类等相关知识进行生涯规划,并非一蹴而就。佳文同学的父母原来希望她毕业后考公务员。经过孩子与父母多次沟通,将自己的爱好、特长和未来的设想与家长坦诚交流,家长最终同意她将来当老师。可见,学生在生涯规划的过程中,人生目标日趋清晰,指导教师和家长也需要不断跟进,并做好指导。

综上所述,构建教育高质量发展体系,高中生生涯规划教育刻不容缓。高中教师在教育教学工作中,指导学生正确认识自我,科学确定人生目标,从而将实现个人价值的"小我"和担当强国复兴责任的"大我"有机地结合起来,对于培养社会主义建设者和接班人具有十分深刻的意义。

(浠水实验高中 谢志勇 夏春慧)

参考文献
[1] 李南,谭光霞. 高中生生涯咨询案例分析[J]. 成才之路,2019,23.
[2] 蔡晓东. 高中生生涯规划[M]. 北京:北京师范大学出版集团,2018.

专题三　教学改革与实践

"澄怀观道"：以少儿绘本图画为内容的初中美育探索*

摘要：新时代学校美育的目标是通过提升学生审美与人文素养实现人性的完善与社会的整体完善。少儿绘本是美术与文学相结合的独特的艺术形式，具有审美性与人文性双重特征。少儿绘本中的图画是对主题的形式化或对自然物质的形式化创造，体现了艺术家的文学理解力和艺术表现力，对于初中学生来说，经由"悠然自在"的视觉审美通道比经由纯粹的文学研读路径更容易引发其情感共鸣，进而实现新时代学校美育目标。

关键词：少儿绘本图画；初中；美育

2020年，中共中央办公厅、国务院办公厅印发的《关于全面加强和改进新时代学校美育工作的意见》提出，"以提高学生审美和人文素养为目标，弘扬中华美育精神，以美育人、以美化人、以美培元，把美育纳入各级各类学校人才培养全过程，贯穿学校教育各学段，培养德智体美劳全面发展的社会主义建设者和接班人"（以下简称《意见》）[1]。《意见》指出，学校美育在提高学生审美与人文素养、促进学生全面发展中发挥着重要作用。少儿绘本是一种以图像为主的独特艺术形式，少儿绘本图画是造型艺术与文学艺术的结合，是"图像"和"文字"两种符号共同表现故事的内容[2]。现代学者关注少儿绘本故事的叙事性研究，认为少儿绘本通过故事叙事，不仅架起了少儿认知和把握世界的桥梁，而且在游戏本性、种族记忆和文化展演等方面使故事达到传承流转的目的[3]。或关注绘本画面结构的叙事性问题，认为现代绘本画家意识到（画面边界对叙事展开的）局限，尝试利用伸向边界以外的线条和形状开展叙事[4]。本文旨在以少儿绘本的图画内容为基础，探索少儿绘本图像叙事在初中美育中的应用。通过少儿绘本图画直观简洁的视觉审美通道来引发学生情感态度及价值观方面的共情，从而实现学生人性的完善与学校美育的发展。

一、新时代学校美育的目标与内涵

"澄怀观道，卧以游之"。语出《宋书·宗炳传》，"澄怀"是对审美主体的要求；"观道"是主体对客体的审美过程；"澄怀观道"指审美主体用虚静、非功利的审美心理去品味客观自然中蕴含的物象，在自我统一中追求精神意蕴与心灵解脱。《庄子·齐物论》有言："不知周之梦为胡蝶与？胡蝶之梦为周与？"生动地描绘了"身与物化"的审美境界。宋代严羽提出"妙悟"说，他以禅喻诗，将"意"赋予"境"，审美主体在精神畅游中，超越时空限制成为

---

* **基金项目**：本文为黄冈师范学院教学研究项目（WYZL2022HB0011）、湖北省教育厅哲学社会科学研究项目（20Q139）的研究成果。

审美境界的一部分。"澄怀方能观道,观道适以澄怀"。由此可见,审美对人精神陶冶的重要性。近代蔡元培主张以美育代宗教。他认为陶冶情感是美育的关键环节,美育要使受教育者在审美教育中形成正确的世界观、人生观、价值观,他这一观点影响着当代美育的发展。新时代学校美育的主要目标是通过各种艺术及自然界、社会生活中美好的事物,培养学生健康的审美情趣,帮助学生树立正确的审美观念,发展学生表现美与创造美的能力,并通过特定文化情境,引导学生理解艺术作品的人文内涵,提高感悟、领会、探究、体验艺术魅力的审美境界。《中国教育现代化2035》提出了推进教育现代化的八大基本理念:"更加注重以德为先,更加注重全面发展,更加注重面向人人。"[5]学校美育着眼的是学生整体的身心健康和发展,各学科都要在融合教学中发挥着美育工作的育人价值。审美教育的根本是美感教育、心灵孕育和人格塑造,所以,美育要从塑造心灵入手,促进学生身心的完善与全面的发展。

"以美育人、以美化人、以美培元"贯穿新时代学校美育的内涵。美育可以激发学生的审美情感,使其心灵得到净化,精神境界更为高远,使他们的审美与人文素养达到完美统一。席勒在《美育书简》中写道:"正是通过美,人才可以达到自由,自然的人只有通过审美的陶冶才能逐步成为道德的人"[6]。他从"人性的观念"和"美的观念"两个角度作为出发点,认为美的教育可以唤醒人们内心深处的情感,使各项心理功能健全发展,以此来恢复人性的和谐完善。现如今,学校对美育的忽视会导致学生缺乏基本的审美素养,难以获得健康向上的审美趣味。如果学校美育失去了培养人性、陶冶情操的重要价值,也不利于人文素养走向更高的目标。所以,新时代美育理念要以"立德树人"为根本任务,将美育融入学校课程体系中,着力发展学生的核心素养,促使学校育人方式的转变,推动学校美育工作的建设。

二、少儿绘本图画的审美性与人文性特征

少儿绘本图画主要是由"图像"和"文字"两个符号系统共同传递故事内容。少儿绘本图画既是视觉艺术又具有文学性质,其内容反映了特定时代的美学与文学理念,体现出创作者的个人情感、态度及价值观。学生阅读与鉴赏不同风格的图画,会产生不同的审美体验。少儿绘本图画经由"图像"与"文字"的共同叙事,能清晰直观地表达视觉美与人文美,体现出创作者的审美意趣以及故事背后暗喻的人文内涵。

审美性是少儿绘本图画的重要特征之一,审美式阅读是绘本阅读的基本特征。图画具有较强的表现力,图画的审美性在于其可以进行视觉意义的传达。少儿绘本的内容绝大多数是用视觉性的图像直观具体地讲述故事,绘本创造者将美的元素注入图画内,学生在欣赏的过程中,可以提高审美感知力。格式塔心理学的研究者提出了"完形"理论,他们认为,人对各种视觉图像的整体理解先于局部的感知感受。比如,人在欣赏绘画作品时,首先会用"整体感觉"把握图像的内容[7]。学生在观察少儿绘本图画时,会先利用视觉符号整体感知画面,激发想象并以自己的审美原则重新组合排列。例如,图画的色彩元素能带给学生视觉上的整体性和心灵上的愉悦感,给予学生一定的审美联想。罗玲的《白马》是中国画传统的水墨风格与西方瑰丽色彩的碰撞,是中西艺术完美的混搭结合。其色调鲜艳活泼,学生可以在解读视觉符号中轻易捕捉画面整体的异域色彩与水墨风格,在多

元艺术氛围里受到审美熏陶,从而激发审美联想,与作者共游艺术空间。不同风格的绘本图画也呈现出多样的视觉感受,学生在欣赏少儿绘本图画的过程中,可以获得相应的审美体验。李欧·李奥尼的《小蓝与小黄》《田鼠阿佛》等作品都是运用拼贴画的风格。周雅雯的《小雨后》是中国传统的水墨风格,作者通过特殊的绘画技法,挖掘图画中的视觉美感与趣味,在欣赏凝视图画的过程中,不仅仅是视觉上的享受,更是一种深层次的审美体验。学生能够通过观察画面中的元素、色彩、构图等细节,逐渐进入画面所呈现的世界,通过这种由画入境的欣赏过程,学生不仅能够获得审美体验,还能够促使美感经验的形成。这些经验会在学生的心中留下深刻的印象,影响他们对美的认识和追求。同时,这些经验也能够提高学生的审美能力和艺术鉴赏水平,为他们的全面发展打下坚实的基础。

绘本图画不单单只展现图文的关系表达,绘本图画与文字间存在着第三种文本,即图像文本与文字文本相结合后的"复合文本"。"复合文本"是通过特有的连续性图像与少量文字的整体叙事,表现图画内容及隐喻图画背后深藏的文化意蕴。"图像"与"文字"的关系在中国书籍中有着生动的体现。郑樵在《通志·图谱略》写道:"见书不见图,闻其声不见其形;见图不见书,见其人不闻其语。图至约也,书至博也,即图而求易,即书而求难"[8]。他详细地解释了图与文之间的相互联系及重要性。佩里·诺德曼在《阅读儿童文学的乐趣》中写道,一本图画书至少包含三种故事:"文字讲述的故事、图画暗示的故事以及两者结合后所产生的故事。"[9]图画不单单为文字服务,图文的结合可以超越单一形式的内容与情感表达。少儿绘本图画的创作者在图文中融汇情感,表达出故事的人文内涵,而学生可以在图文一体的叙事中感知其中蕴藏的人文精神。少儿绘本图画的内容或是展现人性中的温情,或是根植于本民族的文化传统,甚至是对生命和死亡的探索。学生以其情感因素与审美经验将主观情感与客观事物相融合,在审美想象活动中潜移默化地启发心智、陶冶情操,以此来体会少儿绘本图画的文化内核。《护生画集》是丰子恺与李叔同用文字与绘画结合的方式创作出的作品,作品中的图画内容是真、善、美的结晶,因具有丰富的趣味性和生活化特征所以深受读者喜爱。在《冬日的同乐》这幅作品中,图画表现了人与自然、人与动物间和谐相处的景象。丰子恺曾说,他的作品"能小中见大,还求弦外之音"[10]。他的图画描绘了日常生活中最常见的人与动物的相处,并配以诗文注解。画中兴起的情感、引发的文思超越了图画本身,进而阐发了更加深刻的人文内涵,即众生平等的观念。图与文的结合,让画面的内容上升到新的高度。"护生画"以人与动物间共处的行为引发人的慈悲心,进而延伸到对人心的救赎,以此揭示其背后隐藏的哲理韵味。在阅读中,学生通过审美移情产生独特的感受与形象化的审美意象,在似现实又超现实的境界中达到物我统一,感知到人类精神纽结点的一体两面,即生命体验和心灵感悟,从而获得精神上的享受,以达"澄怀观道"的审美境界。

三、以少儿绘本图画为内容的初中美育方法与路径

美术课程是学校实施美育的重要途径,也是培养学生审美和人文素养的主要途径之一。艺术新课标明确了艺术学科审美感知、艺术表现、创意实践、文化理解这四类核心素养的内涵,彰显出美术学科在大美育工作中不可替代的学科价值[11]。初中阶段的学生正处于皮亚杰认知发展理论的第四阶段——形式运算阶段。他们已具有基本的抽象逻辑思

维,其道德认知水平和审美判断能力更接近成人,这一时期是学校培养学生审美情操和人文素养的关键阶段。所以,初中美育的重心应放在学生情感教育和道德素养的培育上。

图画是视觉符号的具象化,初中阶段的学生已经具备一定的图像识读能力,更容易感知图画中美的元素。图画的色彩、线条、形状等视觉符号不仅仅是画面的构成要素,更是传递情感、表达主题的重要媒介。这些视觉符号生成的信息这些视觉符号所生成的信息不仅能够愉悦学生的眼睛,吸引他们为之停留,更能在情感体验中激起心理上的同情和共鸣。当学生通过欣赏图画感受到画家的情感表达时,他们的道德情感也会得到相应的提升。所以,学生在欣赏图画时,才能更深入地利用图像识读能力准确把握图画中的视觉美与人文美,并通过图文结合进而理解图画叙事背后暗喻的道理,引发对图画内容哲理性的思考。少儿绘本图画与文字的巧妙结合,蕴藏着作者对自然的热爱、对生命的赞颂和对人生哲理的思考。在阅读过程中,学生怀着美的心灵,用审美的眼光领悟图画的审美意趣,在悠然自在中品味图画内容的人文精神。以少儿绘本图画为内容,在美术教学中渗透美育,既能陶冶学生的审美情操,又能培养学生良好的审美意识和人文修养。

以人教版初中美术教材七年级下册的《春天的畅想》,并结合绘本《獾的礼物》为例,对少儿绘本图画在初中美术教学进行探索。情感体验是学生审美经验的核心与动力。苏霍姆林斯基曾说:"感知和领会美,是审美教育的基础和关键,是审美素养的核心"[12]。教师要用纯粹的美育去培养学生的审美情操,学生要在"图像"与"文字"互文中深度感知画面传达的情感,在美的欣赏中感知、感受、感悟自然之美,在探索"复合文本"中激发审美情感,理解故事的文化内涵,得到心灵净化。绘本《獾的礼物》讲述了爱的传递与延续,作者用深入浅出的故事内容向我们展现了生命的内涵,这是绘本独特的艺术语言,它传递给我们的正是一种生与死、爱与悲共生的力量。教师带领学生一起"讲读"绘本,运用视听结合的方式,学生经多重感官驱动深度领会故事中的内容与所蕴藏的情感,在对比艺术美与现实美中引发情感共鸣。通过欣赏绘本《獾的礼物》学生可以更加深刻地感悟春天降临的意义,通过观察、体验、联想的方法扩大审美认知视野,拥有关爱生命情感的态度。绘本创作者利用图文独特的吸引力与生活化的内容,向学生传递着春天之美、自然之美与人文之美,学生不仅能够感受美,而且还可以创造美,学生在品读中真切地感受到图画所富有的美感和魅力,心灵受到美的启迪与滋养。通过美术教学培养学生的审美情感和人文素养,可以突显出美术学科的育人价值,促进艺术核心素养与学校美育的落实。

结语

少儿绘本是美术与文学相结合的独特艺术形式,将少儿绘本图画融入初中阶段美术教学,学生可以受到美感教育的熏陶,在心怀澄澈的精神世界中畅游,孕育美好的心灵和塑造人格的完善。学校将少儿绘本图画作为美术教育新的生长点,用情境化、有人文意义的图画激发学生的兴趣与动机,使其在身心愉悦中达到精神共鸣,以此培养具有崇高审美追求、高尚人格修养的高素质人才,发挥美术学科的育人价值,进而实现新时代学校美育目标。

(黄冈师范学院 美术学院 米雨馨 童 坤)

参考文献

[1] 中共中央办公厅国务院办公厅印发关于全面加强和改进新时代学校体育工作的意见关于全面加强和改进新时代学校美育工作的意见[N].人民日报,2020.

[2] 夏平.绘本中图像与文字之间的关系[J].出版科学,2016,24(02):36-39.

[3] 周子渊.故事与话语:少儿绘本叙事的基本范式[J].中国编辑,2022(12):50-54.

[4] 童坤.突破画面边界:绘本《抵岸》的叙事结构及其启示[J].装饰,2019(03):134-135.

[5] 中国政府网.中共中央、国务院印发《中国教育现代化2035》[EB/OL].(2019-02-23)[2023-11-07]. https://www.gov.cn/zhengce/2019-02/23/content_5367987.htm.

[6] 席勒.美育书简[M].徐恒醇,译.北京:社会科学文献出版社,2016:28.

[7] 贾炜.从格式塔心理学看美术学习[J].电影评介,2009(8):79.

[8] 郑樵.《通志》卷七十二[M].杭州:浙江古籍出版社,1988:837.

[9] 诺德曼·雷默.阅读儿童文学的乐趣[M].陈中美,译.上海:少年儿童出版社,2008:28.

[10] 范晓利.图像与文本的相互阐发:论《护生画集》的文本"互读"[J].兰州学刊,2018(04):47-54.

[11] 中华人民共和国教育部.义务教育艺术课程标准(2022年版)[M].北京:北京师范大学出版社,2022:48-49.

[12] 李范.苏霍姆林斯基论美育[M].长沙:湖南人民出版社,1984:12.

初中道德与法治教学改革实践初探

摘要:在新的时代背景下,初中道德与法治教学面临着全新的任务和要求,需要做出改革与创新,才能够全面贯彻党的教育方针,落实立德树人根本任务,积极培育和践行社会主义核心价值观,充分发挥思政课关键课程作用。本文将从利用信息技术、组织学习小组、创设生活情境、树立学习榜样、创造实践机会五个方面出发,系统地分析初中道德与法治教学改革的具体策略和方法。

关键词:初中;道德与法治;教学改革;实践

初中道德与法治新课程标准中明确指出"初中学生正处在身心发展的重要时期,教师要切实转变教学行为和方式,坚持引导与学生独立思考、积极实践相统一,以促进学生的自主性、合作性和探究性学习,全面提升教学的有效性,使学生将情感态度价值的培养、知识的学习、能力的提高与思想方法、思维方式的掌握融为一体"。因此,初中道德与法治教师应当冲破传统观念的束缚,树立起科学、先进的理念和思想,结合初中生的生理、心理规律和学习特点,来推进教学方法、模式等各个方面的改革与创新,进而实现初中道德与法治教学的转型、升级。

一、利用信息技术,革新教学手段

随着信息时代到来,教育教学逐渐呈现出信息化的发展趋势,更加注重课程与信息技术、先进设备的有机整合,以促进知识呈现方式的优化和教学成效的提升。所以说,初中道德与法治教师应该顺应这一基本趋势,不断学习,提升自身的信息素养和技能,巧妙地利用多媒体等先进教学设备来辅助教学,将知识以图像、动画或者短片等形式呈现、展示出来,让课堂教学变得声情并茂,带给学生多个层面的外部感官刺激,充分优化学生的感性认识,进而加快学生对知识的理解与消化。例如,在教授《坚持改革开放》这节课时,我们利用多媒体展示一些改革开放前后人们的衣、食、住、用、行的图片,学生通过对比,更加直观地认识到为什么说改革开放是强国之路。还可以用短视频展示中国改革开放40年的成就。让学生了解中国改革开放以来在国家综合国力、人民生活、国际影响方面的成就。这样一来,在初中道德与法治教学中,笔者通过利用多媒体设备展示更新更全面的内容,利用信息技术手段让教材与实际生活相结合,加深了学生对知识的理解。

二、组建学习小组,转变学习方式

以往学生的学习方式主要是被动接受,缺乏自主学习和深入探究的动力,学习小组的构建可以活跃课堂气氛,激发学生的求知欲望,让学生从被动学习转为主动学习,学生在知识、能力、兴趣、素质等方面相互沟通,相互补充,相互促进。因此,初中道德与法治教师需要打破学生之间的个体竞争和相互分离关系,按照科学的标准和原则将全班学生分成6—8人一组的学习小组,并突出每个学生的主体地位;随后,教师需要鼓励、引导学生针对同个问题或者知识点,展开小组间的讨论、互动与交流,实现相互启发、互帮互助和合作学习,发挥出学生的主观能动性与潜能,最终收获理想的教学效果。例如,在教授《公平正义的价值》这节内容时,本节课的教学目标是让学生认识公平正义的含义,丰富内涵及重要价值,为了达到这个目标,笔者开展了小组合作学习的方式来学习。在课前将学生分成6个小组,每个小组8个人,小组成员确定好后,再为各小组布置探究任务:什么是公平、正义?公平正义有什么样的内涵?公平正义具有什么价值?任务下发后,各小组先结合自主学习找出答案再在小组中积极踊跃的展开讨论。经过在小组中讨论,学生们最终得出结论。这样一来,在初中道德与法治教学中,笔者通过组织学习小组,转变学习方式,激发了学习兴趣,提高了学生的学习效果。

三、创设生活情境,提高教学效果

初中道德与法治学科在教学中,理论知识偏多,初中生受年龄影响,面对大量宽泛和枯燥的内容,很难产生具象的认识,为此教师需要创设情境来丰富教学形式,使学生能在相关实例中找到理论教育知识,让学生通过这个情境模仿,来感受事物的价值和立场,从而使思想得到有效提升。道德与法治教学外延等同于现实生活,这也就充分表明了道德与法治与现实生活之间的紧密关联,因此在实践教学中创设生活情境至关重要。在《道德与法治》教材中,引入了很多学生熟悉的生活化案例,学生能获得启发,但教材中也有一些内容过于偏向理论层面,增加了学生的理解难度和兴趣,针对这部分内容,笔者在教学活动中给学生创设了各种有趣的生活情境,以此提高课堂教学效果。例如,在教授《依法行使权利》这一课时,为了让学生知道被侵权后我们有哪些维权途径。笔者设计了学生都熟悉的一个情境:妈妈在某购物平台上买了一个电饭煲,用了一次后就坏了。妈妈该怎么办?然后利用小组分设可能出现的五种情况,小组学生分别扮演不同角色,得出结论。通过讨论比较容易得出有协商、调解、诉讼等方式,老师在指出还有一种维权途径叫仲裁,这样学生就知道消费者维权有四种途径。通过创设生活情境,学生不仅感兴趣,也大大提高了课堂的学习效果。

四、树立学习榜样,引导学生健康成长

"师者,人之模范也"。要求学生做到的,自己应带头先做到。在教育过程中,教师的治学精神、科学态度、思维方式都对学生起着示范作用,教师的师德价值观潜移默化地影响着学生,对学生的人格塑造,健康成长起着至关重要的作用。学生会通过观察教师的一言一行来学习知识、技能和做人的道理。教师的思想观点、文明礼貌、行为习惯等日常表现,就会潜移默化地影响学生。因此,教师一定要严格要求自己,立德立行、以身作则,为学生树立学习和生活的榜样,努力做到"学为人师,行为世范;言行润物、举止育人"。用自己的立场和行动感染学生,自觉弘扬主旋律,传递正能量,做学生健康成长的指导者和引路人。比如要求学生爱护环境,不仅自己要爱护环境,遇到垃圾要捡到垃圾桶,看到有学

生主动捡垃圾丢垃圾桶也要在班上加以表扬,给同学们树立榜样,帮助他们养成爱护环境的好习惯。

五、创造实践机会,体现课程实用性

初中道德与法治教学要将理论与实践相结合,所以教师不能只传授教材中的理论内容,更要给学生创造实践参与的机会,通过社会实践活动的方法,丰富政治课堂模式,也能加强学生对所学知识的巩固与理解,做到学以致用,例如每个章节的课程结束之后,教师就可寻找恰当机会带领学生参加社会实践,通过召开主题班会、布置课后论文、社会调查及公益活动等方式,让学生在社会环境中践行课堂所学的知识,在践行中影响他们的思想与行为,进而树立正确的人生观与价值观。例如为了培养学生养成亲社会行为,教师不仅可以提倡学生在校内要互相谦让,互帮互助,还可以带领学生向灾区学生捐钱捐物,到敬老院看望老人等,让学生感受到个人与社会的关系,以积极的心态融入社会生活。

总而言之,在新一轮基础教育课程改革不断推进和深入的背景下,初中道德与法治教学也必须以新课程标准为核心进行相应的改革与创新,在现实学情的基础上,通过利用先进信息技术、组织学习小组、创设生活情境、树立榜样、积极实践等策略的运用,带给学生全新的学习体验,充分激发学生的学习潜能,最终切实提升初中道德与法治教学的成效,更好地为课程改革助力,促进学生知识与能力的全方面发展。努力贯彻党的教育方针,落实立德树人根本任务。

(红安思源实验学校教联体　汪　卫　孟银花)

非遗文化视域下"黄州蓝靛染色技艺"与高中化学教学融合的探索*

摘要：湖北黄州蓝靛染色制作技艺是荆楚地区珍贵的非物质文化遗产，蓝靛制作和染色工艺涉及诸多化学原理，与高中化学知识联系紧密。将黄州蓝靛染色制作技艺与高中化学相融合，有助于实现化学学科核心素养的发展，激发学生传承和保护传统文化的责任心。研究从制靛工艺原理和染色工艺原理两个角度对黄州蓝靛中的化学教学资源进行整理分析，并尝试将其融入有机化学复习、化学工艺流程情境、探究式教学、跨学科主题教学四个方面。

关键词：黄州蓝靛；化学教学；非物质文化遗产

一、引言

习近平总书记指出："文物和文化遗产承载着中华民族的基因和血脉，是不可再生、不可替代的中华优秀文明资源。"湖北黄州蓝靛染色制作技艺是荆楚地区重要的非物质文化遗产之一，其中蓝靛制作和染色技艺中蕴含的化学原理与高中化学知识联系紧密。《普通高中化学课程标准(2017年版2020年修订)》中强调："充分开发和利用化学课程资源，对丰富化学课程内容，促进学生积极主动地学习具有重要意义。"将黄州蓝靛染色制作技艺涉及的化学知识融入高中化学学习中，不仅可以让学生拓宽视野，体会到化学与生活的联系，还可以激发学生的文化自信和传承文化的责任心，具有较高的实践价值。

二、"黄州蓝靛染色制作技艺"简介

湖北黄州蓝靛染色制作技艺历史悠久，早在明弘治十三年《黄州府志》中便记载了"黄州靛"；李时珍在《本草纲目》中也记载了相关工艺。黄州蓝靛的制作主要在黄冈市黄州区李家寨一带，然而，随着合成染料的出现，黄州蓝靛制作技艺逐渐衰败。近年来，在李祖桥夫妇的努力下，不仅逐步恢复了中断长达半个世纪的蓝草种植、蓝靛制作和染色工艺等相关产业，蓝靛染色制作技艺还成功申报进入黄州区和黄冈市的"非物质文化遗产"名录。湖北黄州蓝靛染色制作技艺由制作蓝靛(图1)和蓝靛染色(图2)两部分组成。

---

* **基金项目**：本文为黄冈市教育科学规划(2022GA20)、黄冈师范学院智库项目(202319304)的研究成果。

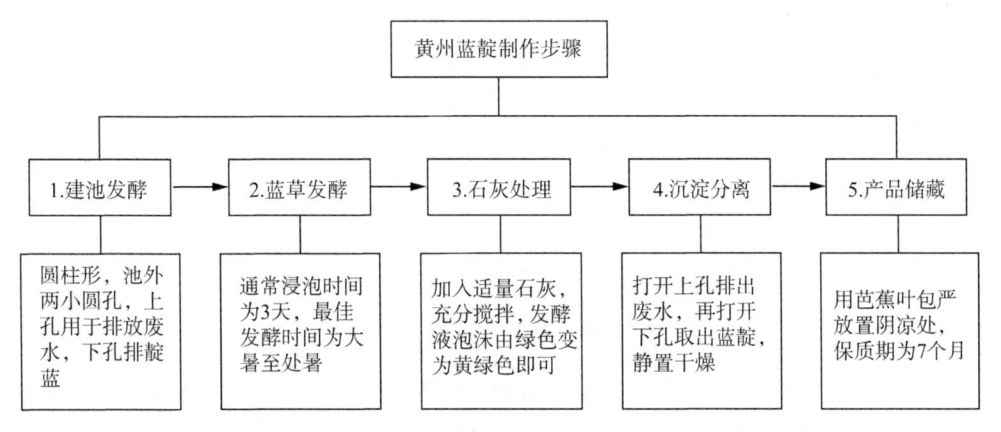

```
黄州蓝靛制作步骤
├── 1.建池发酵 → 2.蓝草发酵 → 3.石灰处理 → 4.沉淀分离 → 5.产品储藏
```

- 1.建池发酵：圆柱形，池外两小圆孔，上孔用于排放废水，下孔排靛蓝
- 2.蓝草发酵：通常浸泡时间为3天，最佳发酵时间为大暑至处暑
- 3.石灰处理：加入适量石灰，充分搅拌，发酵液泡沫由绿色变为黄绿色即可
- 4.沉淀分离：打开上孔排出废水，再打开下孔取出靛蓝，静置干燥
- 5.产品储藏：用芭蕉叶包严放置阴凉处，保质期为7个月

图1　黄州蓝靛制作步骤

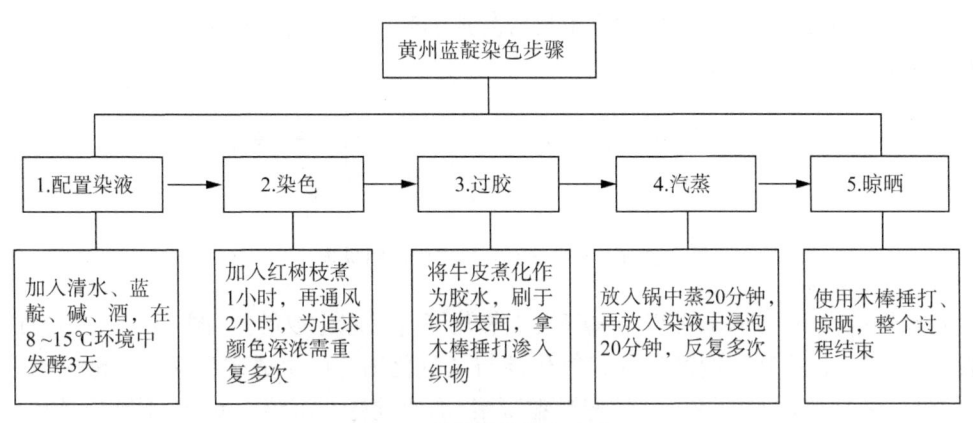

```
黄州蓝靛染色步骤
├── 1.配置染液 → 2.染色 → 3.过胶 → 4.汽蒸 → 5.晾晒
```

- 1.配置染液：加入清水、蓝靛、碱、酒，在8~15℃环境中发酵3天
- 2.染色：加入红树枝煮1小时，再通风2小时，为追求颜色深浓需重复多次
- 3.过胶：将牛皮煮化作为胶水，刷于织物表面，拿木棒捶打渗入织物
- 4.汽蒸：放入锅中蒸20分钟，再放入染液中浸泡20分钟，反复多次
- 5.晾晒：使用木棒捶打、晾晒，整个过程结束

图2　黄州蓝靛染色步骤

三、"黄州蓝靛染色制作技艺"中的化学资源

1. 制靛工艺中蕴含的化学知识

靛蓝作为人类应用最早的染料之一，通常是通过蓝草发酵制得。蓝草为可以制作靛蓝一类植物的总称，在黄州地区种植的蓝草以菘蓝草和蓼蓝草为主。然而，在蓝草中并不直接含有靛蓝这一物质，需要通过一系列的工艺流程才能制得。例如蓼蓝草中含有的靛甙(图3)，它是吲哚酚与葡萄糖的缩合物，是制取靛蓝的重要原料之一。

图3　靛甙分子结构(R基代表葡萄糖)

在浸泡发酵这一流程中，随着蓝草的腐烂变质，植物细胞内的靛甙慢慢溶于水中，一般植物内甙类多与水解酶伴生，故靛甙会发生水解反应生成吲哚酚和葡萄糖(图4)。靛

161

甙上的甙键通常需要经过长时间的发酵才能发生水解断裂,但发酵池中含有大量微生物,微生物的繁殖会产生糖化酶,糖化酶会加速靛甙的水解反应。同时,靛甙水解反应生成的葡萄糖被分解为乳酸,为靛甙的水解提供了酸性环境,增强糖化酶的活性,进一步加速反应。

图4 靛甙水解生成吲哚酚和葡萄糖

在蓝草浸泡发酵完全后,需要加入生石灰。生石灰的主要成分为氧化钙,当石灰被加入发酵池中,与水反应生成氢氧化钙,其在制取靛蓝中起着决定性作用。一方面,氢氧化钙中和了发酵池的酸性,为发酵提供一个碱性环境。碱性环境会破坏植物细胞有助于靛甙的溶解,提高靛蓝的产率。靛甙水解反应生成的吲哚酚在碱性条件下会发生酚-酮互变异构反应,生成吲哚酮(图5)。

图5 吲哚酚互变异构生成吲哚酮

在碱性条件下,吲哚酮可以与氧气发生氧化缩合反应生成靛蓝(图6)。另一方面,随着发酵的进行,微生物代谢产生的二氧化碳与氢氧化钙反应生成碳酸钙。碳酸钙可以作为凝聚核,使悬浮在发酵液中的靛蓝颗粒凝聚,加速靛蓝的沉淀。此外,不断搅拌也增加了发酵液与氧气和二氧化碳的接触,加速靛蓝的生成。

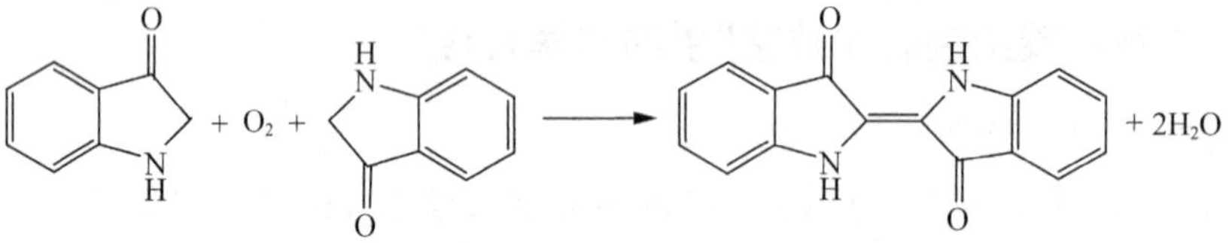

图6 吲哚酮氧化缩合生成靛蓝

黄州蓝靛的主要成分便是靛蓝分子(图7),化学式为 $C_{16}H_{10}N_2O_2$。虽然靛蓝是由几种常见元素所组成,但这些元素所形成的特殊结构使得靛蓝表现出独特的性质。相比于

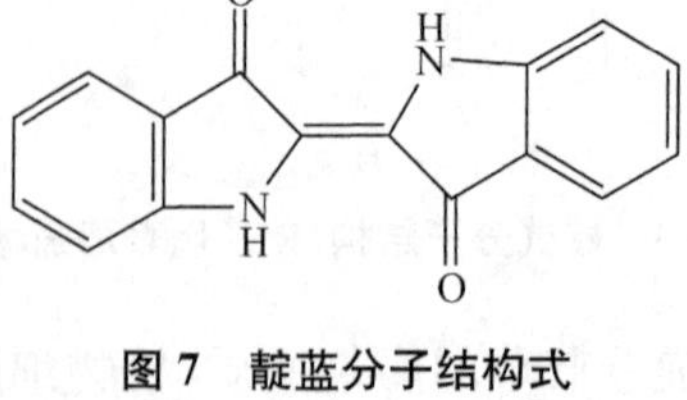

图7 靛蓝分子结构式

其他靛类化合物,靛蓝分子结构中的发色体为给电子-受电子基本发色体[1],其中给电子体为具有孤对电子的氮原子,受电子体为羰基,氮原子和羰基之间通过碳碳双键相连,形成交叉共轭体系,这使得靛蓝分子具有独特的吸光性质,呈现出深蓝色。

2. 染色工艺中蕴含的化学知识

靛蓝作为一种羰基化合物,不易溶于水,且对织物纤维没有亲和力,若直接用靛蓝进行染色,上色效率很低。因此,在配置染液时常常会加入草木灰,形成碱性环境,同时微生物发酵产生的氢气作为还原剂,将靛蓝还原成可溶于水的靛白,使其更容易附着在织物纤维上。正如靛白的名字一样,其本身不具有颜色,在织物染色充分后需要将织物进行通风晾干。在晾干的过程中,靛白被氧气氧化复变为靛蓝并固着在织物上,通过此工艺染色的织物具有很好的色彩牢度(图8)。

图8 靛蓝与靛白之间的氧化还原转化

利用黄州蓝靛进行染色时有时会出现杂色,造成这种现象主要有两种原因:第一种可能是在吲哚酚氧化缩合生成靛蓝时,若发酵池中温度过高、碱性过强,会生成靛玉红(图9);第二种可能是在染色后的通风晾干时,靛白可能会发生过度氧化生成靛红(图10)。为了控制这两种杂质的产生,在染色时会增加"过胶"这道工序。这样做一方面可以减少杂色的产生,另一方面也可以增加织物的强度。

图9 靛玉红　　**图10 靛红**

四、"黄州蓝靛染色制作技艺"中化学资源的使用策略

通过梳理黄州蓝靛染色制作技艺中的主要化学资源,我们发现这些知识与必修模块《化学2》中的有机化学和选修模块的《有机化学基础》有着密切联系(表1)。

表1 "黄州蓝靛染色制作技艺"中的化学原理与中学化学知识的关联

序号	"黄州蓝靛染色制作技艺"中的化学原理	中学化学知识关联
1	靛蓝分子的结构	官能团的辨别
2	靛苷在糖化酶的作用下水解	酶的催化作用、酯类物质的水解
3	吲哚酚与吲哚酮的互变	烯醇与酮作为同分异构体的互变

续表

序号	"黄州蓝靛染色制作技艺"中的化学原理	中学化学知识关联
4	吲哚酮氧化缩合成靛蓝	有机物的氧化反应
5	靛蓝与靛白之间的转化	氧化还原反应
6	制靛过程中石灰的作用	氢氧化钙的化学性质

关于如何利用好"黄州蓝靛染色制作技艺"这一珍贵的教学资源,充分发挥课程资源的教育功能和实践功能,我们提出以下四个融合路径(图11)。

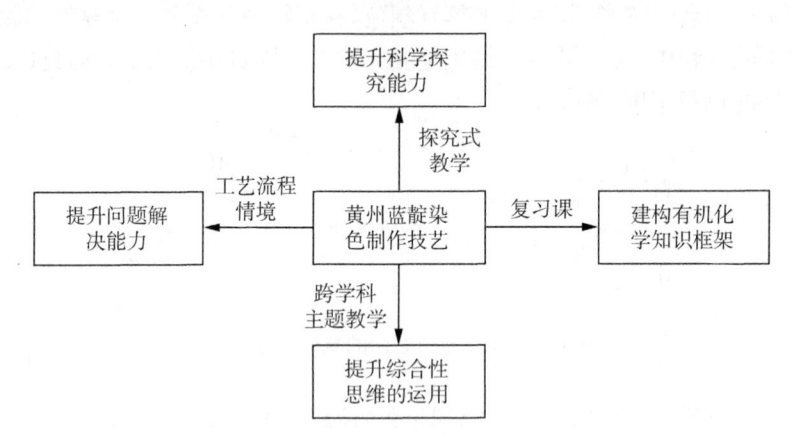

图 11 黄州蓝靛染色制作技艺融合路径

1. 融入有机化学复习课,建构有机化学知识框架

化学复习课是以巩固所学知识并提高运用知识解决实际问题的能力为主要任务的一种课型。由于有机化学知识多而杂,学习时间分散,导致学生在学习结束时虽对有机化学的基础知识有一定程度的了解,但不能将有机化学的知识进行整合、建构。近年来,高考中的有机化学题不仅考查学生对有机化合物性质的掌握,还利用合成路线题、有机推断题等考察学生的逻辑推理能力。黄州蓝靛中的制靛技术和染色工艺与有机化学知识,如酯基、羟基等官能团和水解反应、取代反应、氧化反应等有机反应,都有着密切的联系。利用黄州蓝靛设计的有机化学复习课,在分析制取蓝靛和染色工艺中的化学知识的基础上,可进一步结合合成靛蓝的制作历程,并对靛蓝染料的现状与未来进行介绍。通过有机化学复习课将有机化学知识进行串联,在拓宽学生知识面的同时帮助学生完善有机化学知识结构框架。

2. 融入化学工艺流程,提升问题解决能力

化学工艺流程题所考察的核心价值能够全面体现化学学科的社会价值、本质价值和育人价值,在全方位考察各项学科关键能力的同时,评价学生的化学核心素养水平。在教学中,教师可以参考黄州蓝靛的制作流程,依据学生的发展水平,设计恰当的工艺流程题,可以围绕制取蓝靛过程中的基本实验操作、试剂的选择、时间的把控等进行提问。例如可以就发酵体系中加入生石灰的作用进行提问,引导学生通过生石灰的化学性质和相关有机反应的条件进行分析。利用黄州蓝靛作为化学工艺流程题的情境,一方面从学生更熟悉的知识出发,从而促进化学知识的迁移和运用;另一方面可以加深学生对化学工艺流程的理解,提高对化学工艺流程题的把握能力。

3. 融入探究式教学，提升科学探究能力

在新课改的背景下，教师要设计探究性实验教学，培养学生的实验探究能力，发展学生的化学核心素养。选择中华优秀传统文化设置问题情境，用其工艺引出实验方案。学生可以在传统工艺的基础上进行改进，对传统工艺与现代技术进行对比，从而进行实验方案的设计，在实验中培养学生分析问题和获取信息的能力。在制取黄州蓝靛时，匠人们对制作环境的控制、试剂的添加等往往依据经验，这导致靛蓝的产率不稳定。《齐民要术·种蓝》中关于蓝草发酵时间有"热时一宿，冷时再宿"的记载，说明蓝靛的制取受到温度的影响。教师可以以此为切入点，就"探究靛蓝制取的最佳工艺"这一命题设计探究式教学。但该实验是一个多因素实验，学生只掌握了单因素对比实验，因此教师应该降低实验难度，着重于发展学生的科学探究能力，将学生难以理解的多因素实验作为拓展延伸。

4. 融入跨学科主题教学，提升综合性思维的运用

跨学科主题教学是对学生真实生活的回归。分析"黄州蓝靛染色制作技艺"中所涉及的知识主要集中在化学学科上，关于蓝草的种植与分布涉及生物知识，其染色成品蓝印花布作为一种民俗用品也具有艺术价值，因此若以黄州蓝靛为主题开展跨学科主题教学应主要集中在化学、生物和美术三科。通过对比化学、生物和美术的学科核心素养，发现化学和生物均提到了学科观念、科学思维、科学探究和社会责任四个方面，美术作为艺术课程更倾向于创意实践和文化理解两方面。教师在设计以黄州蓝靛为主题的跨学科教学中应以化学和生物知识为核心内容，通过知识的讲授和讨论，着重培养学生的综合思维能力、分析解决问题能力，并辅以美术相关知识，从而达到同时发展化学、生物和美术的核心素养的目的。教师在选取教学内容时，不仅要体现知识的跨学科性，还要回归教科书本身，让学生在掌握知识的基础上增进对多学科的理解和联系，从而培养学生在解决问题时综合性思维的运用。

五、结束语

在新课改的背景下，本文从化学角度对"黄州蓝靛染色制作技艺"中蕴含着的教育资源进行分析，并尝试将其作为教学情境融入中学化学教学，让学生在感受化学与生活密切联系的同时渗透保护和传承黄州蓝靛染色制作技艺等非遗的思政教育，有助于提升学生的化学学科素养和文化自信心，对黄冈地区的中学具有较高的实施价值。教师应当发挥自身的创造性，珍惜黄州蓝靛染色制作工艺这一本地文化的教育价值，对其教育资源进行充分开发和合理利用，有效地充实化学课堂教育内容，激发学生的主观能动性，培养学生善于思考、勇于探索的精神，从而促进学生专业化、个性化的发展。

（黄冈师范学院　化学化工学院　郑　悠　湖北省黄冈中学　张　凯　陕西师范大学教育学部　宋倩雯）

参考文献

[1] 鞠紫昕. 植物靛蓝染料的结构与性能研究[D]. 上海：东华大学，2020.

以美育人，以文化人*

——从 2023 年高考作文窥探高中语文的美育走向

摘要：美育是把自然的人化外在方面的形式结构（审美客体）的成果和内在方面的"形式感"成果以情感教育的方式对美育对象实施教育的过程。高考作文作为一种评价机制仍然属于语文教育的范畴。重视对高考作文美育走向的研究，不但有利于疗治当下高中语文教育滋生的急功近利、工具化和"非美化"等时代病症，而且对于高中生的情感发展、创造性思维的培养以及生命活力的提升有着重要功用。

关键词：2023 年高考作文；美育；高中语文

2020 年 10 月 15 日，中共中央办公厅、国务院办公厅印发了《关于全面加强和改进新时代学校美育工作的意见》，强调了美育的重要性，并制定了主要目标："到 2022 年，学校美育取得突破性进展，美育课程全面开齐开足，教育教学改革成效显著，资源配置不断优化，评价体系逐步健全，管理机制更加完善，育人成效显著增强，学生审美和人文素养明显提升。到 2035 年，基本形成全覆盖、多样化、高质量的具有中国特色的现代化学校美育体系。"而高考作文正是《普通高中语文课程标准（2017 年版 2020 年修订）》（下文简称《新课标》）核心素养中"审美鉴赏与创造"的有效落实。从 2023 年高考作文看高中语文教育的美育走向，对学生的智力发育、思维发展、情操陶冶和追求诗意人生等方面有着重要的启开意义。

一、写作拥有得天独厚的语文美育因素

语文美育是语文学科内在的必然要求，语文美育同写作的关系极为密切。写作作为语文能力的一种，写作能力的提高、文章理想图样的形成、意蕴世界的建构都是语文美育同写作的关联点。语文美育的性质决定了写作中可以应用于语文教学的内容，同时写作也因其丰富个体生命体验的特点，成为培养学生语文核心素养的有效途径。

1. 巧析命题，发现美

首先，从题目中发掘审美因子，选取合适的审美角度，剖析命题中所蕴含的审美要素，体会美的乐趣。高考既考查学生的知识和能力，又考查学生的情感态度与价值观。因此，在高考作文的命题中，注重培养学生的心灵，既富有教育意义，又追求美感。例如新课标 I 卷："好的故事，可以帮我们更好地表达和沟通，可以触动心灵、启迪智慧；好的故事，可以

---

* **基金项目**：本文为湖北省人文社科基地重点项目"乡村振兴视域下乡村教师专业成长路径研究"（203202237004）、湖北高校省级教学研究项目"地方院校'优师计划'创新培养模式的探索与实践"（2022426）、黄冈市教育科学规划重大课题"鄂东乡村名师成长路径研究"（2022ZD03）、黄冈师范学院研究生工作站课题的研究成果。

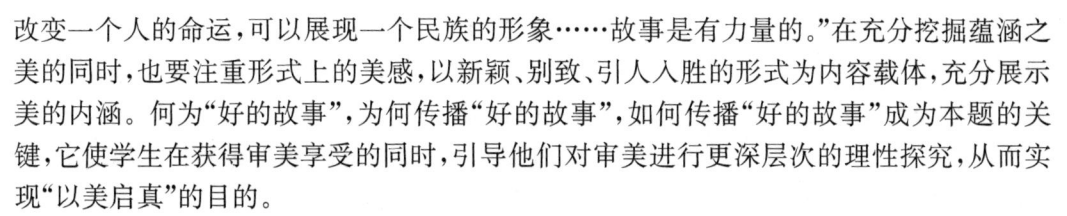

改变一个人的命运,可以展现一个民族的形象……故事是有力量的。"在充分挖掘蕴涵之美的同时,也要注重形式上的美感,以新颖、别致、引人入胜的形式为内容载体,充分展示美的内涵。何为"好的故事",为何传播"好的故事",如何传播"好的故事"成为本题的关键,它使学生在获得审美享受的同时,引导他们对审美进行更深层次的理性探究,从而实现"以美启真"的目的。

2. 创意表述,传递美

教育家叶圣陶指出:"通过写作关,大概需要在思想认识方面多下功夫。思想认识是文章的质料,有质料是首先的,没有质料如何能写? 质料有了还要求其好,不好的质料当然写不成好的文章。"他将写作与做人、修养与品格相结合。思想境界高,文章构思就高;对语料有了深入的了解,文章的构思才会有深度。所以,在作文写作过程中,学生受过思想政治教育的培养,并建立了健全的道德规范,培养了正确的人生观、审美观,提升了自己的思维深度,便能够通过事物的表象,发现其中的精髓,把美的内涵简单化,把审美与写作融为一体。被授予"人民教育家"称号的于漪老师对语文人文性做了精深解读,认为"学语文就是学做人"[1]语文渗透着情感教育、人格教育。对人的解放、完善、发展以促进良好个性的形成是语文美育的主旨所在。

因此,写作通过提高写作主体的审美感受——审美鉴别——审美表达,可培养主体正确的审美观,塑造完美的人格,激发写作主体的本质力量,在美的原则下,让学生成为求真向善和善思善想相统一的人,做到作文如做人。

二、2023年高考作文(部分)的美育指向

(一) 理念指向

新时代高考命题理念的转变首先体现在对"人""文"思想的回归,对高中生"审美人格"的重视上。新时代的高考作文由以往鲜明的政治色彩,逐步转向学生联系社会实际,关注社会热点,再到贴近学生实际,考查思维能力,越来越追求人在写作中的价值,凸显人在写作中的地位,其实质是追求"人""文"的融合,这是高考作文命题人文价值取向的基本理念。《新课标》明确提出"继承和弘扬中华优秀传统文化、革命文化、社会主义先进文化,培养文化自信,推动文化的创新发展,具有不可替代的优势"[2]。2023年高考作文题中,这三种文化得到了鲜明体现。全国乙卷直接引用习近平总书记的讲话"吹灭别人的灯,并不会让自己更加光明;阻挡别人的路,也不会让自己行得更远"和"'一花独放不是春,百花齐放春满园。'如果世界上只有一种花朵,就算这种花朵再美,那也是单调的",既包含了传统文化精髓,又守正创新。新课标Ⅰ卷通过阐释何为"好的故事",引导考生思考如何讲好中国故事,传达当代中国精神。天津卷引用了周恩来总理在青年时期撰写的一副对联"与有肝胆人共事;从无字句处读书",从交友之道和读书求知两方面勉励当代青年,提醒他们牢记肩头的责任使命。通过回望过去,提醒学生注重道德的修养;串联当下,使物质文明同步提高,才是构建和谐社会的必然途径,也是审美育人的重要旨归。

(二) 分布指向

2000年,教育部在全国范围内实行分省命题。一是在全国统一的前提下,建立一个

地方性的多元化模式。据统计，截至2009年，18个省市实施分省命题，参与人数约占全国考生的85%，初步形成了"统一考试、分省命题"的格局。二是地方化、多样化趋势增强。2023年高考作文题共7道，其中教育部教育考试院命制4道，分别为全国甲卷、全国乙卷、新课标Ⅰ卷、新课标Ⅱ卷；北京、天津、上海3地自主命题。这些题目依然体现出"把握时代精神，落实立德树人根本任务，加强关键能力考查"的指向。

这种多元命题模式的背后，折射出的是对人差异的美学教育关怀。不同的区域会自然而然地产生出不同的区域文化特征。因此，在全国范围内进行分省命题，更有利于展示出更丰富的区域文化特征。丰富多彩的地域文化，大大创新了高考作文的艺术特点。

（三）内容指向

1. 时代气息强烈的学生生活

叶圣陶先生曾说："生活充实才会表白、抒发出真实的深厚的情思来"。今年的新课标Ⅱ卷："安静一下不被打扰"的想法，在当代青少年中也不鲜见。青少年在学习、生活中，有时希望有一个自己的空间，放松、沉淀、成长；北京卷的微写作（1）：近年来，微信公众号成为信息传播的一种重要媒介。班级准备创建自己的公众号，但对是否需要创建，同学们意见不一，请说明你的观点和理由。这些命题表明，新时代的命题已经由回避了完全的政治问题而走向与时代、与学生情况的结合。生活是取之不尽的源泉，作文开放了，就有利于开掘生活源头活水，从而走向社会、走向自然、参与生活、体验人生，培养关心社会、热爱自然、爱护生命、同情弱者的爱心，让自己笔下的文章丰富人文的底蕴，更具人格的力量。高中生作文脱离不开社会生活，"这种回归生活的趋势，究其实质是从竭尽粉饰生活之能事的'大我'归到再现生存之本相的'小我'，从假大空的应试套路回归到真实的朴素写作……这种'生活流'与'思想流'的融通，使作文的情思具备了灵魂裸露的真切感，从而为美文的诞生铺就了可以附丽的基本底蕴。"同时，也要与时俱进，关注社会热点，把握时代的脉动。这一命题的内容就是要告诫高中学生，要与时代紧密相连，要从社会生活中汲取营养，要与时代产生共鸣，要立足于现实，放眼于世界，才能创作出既有时代感，又有情感真挚的作品，才能站在时代的潮流之上，而不受时代的限制，进而超越时代，吟唱出诗意的人生诗篇。

2. 思辨色彩灵动的人生哲思

思辨色彩丰富是新时代高考作文命题的又一个显著的特点。"这一方面固然与我们的写作传统有关，另一方面也是适应学生的思维发展特点并有意识地去培养、启发、锤炼学生的思维品质需要。哲学是爱与智慧的学说，是真善美的学说，它能够帮助我们克服认识过程中存在的种种偏见，引领我们走向最真的世界。用含有哲理性的材料让学生理析文本，能够更好地区分出文章的优劣，反映出学生的思维发展水平，有利于选拔优秀的人才。"例如引发热议的全国甲卷，"人们因技术发展得以更好地掌控时间，但也有人因此成了时间的仆人"，表述精炼，但极富思想力。把"人"与"时间"的关系呈现为矛盾对立的两端——人通过发展技术而掌控时间，却有人反被时间所控，成为时间的仆人。在掌控与被掌控、驾驭与被驾驭、主动与被动之间，人与时间的关系充满哲学意味。对立的两端之间，不论何者走向终极，都会被拉向另一极端。成为"时间的仆人"也不过是一种比喻说法，作文撰写可以没有情感抒发而写出具有思辨意蕴的佳作。上海卷的作文题同样具有突出的逻辑理性特点。"一个人乐意去探索陌生世界,仅仅是因为好奇心吗?"与全国甲卷相比,上海卷的题目并不隐晦,考生理解题干内容较为容易。不过,题目的内涵远不止于此:与好奇心同等重要或更为重要的精神品质,如理想信念、责任心、使命感等,同样能够激发个体探索世界的热情;但好奇心无疑是不可或缺的前提。这些具有鲜明特征的作文,体现出命题者对学生思辨能力的重视。借助高考这一"指挥棒",使理性思辨逐步成为人类思维与文化发展的主流,进而促进中国近代科学技术与文明水平的不断提升,这是坚定走"中国式现代化道路"的必然。高考作文在一定程度上是一种对生活的理性思考与认识,并将其提升到哲学的层面,这也是一种美育的又一途径。

三、从 2023 年高考作文反思高中语文的美育走向

1. 重视智性获取,哲理之思与创新意识并举

朱光潜认为,美育可以使人从有限的自然、物质世界中超脱出来,摆脱单纯的物欲和情欲,脱离低级趣味,在审美的世界中获得心灵的自由。概言之,就是说美育可以促进人的感性素质的发展和提高,赋予人鲜活的生命活力和创造性,促进人的理智、情感、想象、直觉等感性素质的提升。

高中语文教育的首要目标,并不是让每一位学生世界终极进行哲理性思考。但引导学生对客观世界进行刨根究底的探索,是他们认知世界的一种可行理想途径。新时期的高考作文也正是意识到了这一点,所以近年来,不断考查考生的思维发展与提升。用富有哲学意味的命题来测试学生对事物背后所蕴涵哲理的感知能力。在高中语文教学中,更要以审美教育的方式,让学生在对艺术世界的联想与想象中,获得一种人生巅峰的体验,引导学生去欣赏、去理解、去感受艺术杰作,去进行艺术创作,来充实他们的审美经验,并把它上升为对生命世界的哲理思考。

创新是高考作文考查的最重要的内容,反映的是整个社会对创新的呼唤。历年的高考作文都对创新做出了明确的要求,积极鼓励学生在作文立意、表现形式和思路上进行创新。高中语文教育正是需要通过审美教育,激发学生的活力,促进他们的智力开发,培养他们的创新能力。

2. 落实德育功能,净化情感与美化心灵并行

著名美学家蒋孔阳明确提出了"自然——审美——道德"命题[3]。檀传宝认为美育之所以能够具有育德的功能,是因为美育活动本身所具有的某种固有的促进道德成长的"善性"。进而他论证说,审美活动具有"储善性""导善性"和"立善性"。因为即使是独立的审美活动也有善性的一面,美育因而具有育德功能[4]。就是说审美教育通过促智、引善,来净化受教育者的良好道德情感。

"美育从本质上讲是一种情感教育。"[5]在美育实践中,不仅能让人的情感得到充实,还能让人对积极健康的情感进行培育和发扬,对消极负面的情感进行压制和战胜,让人的情感变得纯洁、高尚,进而提升高中学生的生活情趣,美化学生的精神,健全学生的个性。以美引导人们向善的方向发展,把美融入教育之中,让人们受到美的事物、美的形象和美的理念的影响,从而在不知不觉中达到德育的目的。2023 年高考作文中有 4 道(含北京卷二选一作文)题目可同"文化自信"相联系,这正是充分发挥道德情感在育人的作用。在

高中语文的审美教育中,更应该充分利用语文憧憬美好事物、展现美好形象和美好理想的功能,达到净化道德情感,美化心灵的作用。

3. 勾勒诗意人生,个性自由与人文之思并施

美是一种客观存在,它只能通过作为审美主体的心理活动,在其思维、情感的系统中,形成多样的审美感觉。高中学生是一个独立的审美主体,他们对同样的审美对象会产生不同的感觉。美学的自由精神决定了美学个性的自由特性,换言之,美学的自由性决定了美学个性的自由性。现代中学语文教学既要关注受教育者的人格特质,又要赋予受教育者充分的主体性和超越性,以免生产出僵硬、一成不变的、模式化的"教育产品"。

人文精神是文化体系中的价值观念的凝聚。中国传统中的人文精神一直贯穿古今,从孔子的"仁者爱人""为仁由己"到孟子的"富贵不能淫,贫贱不能移,威武不能屈";从屈原的"路漫漫其修远兮,吾将上下而求索"到范仲淹的"先天下之忧而忧,后天下之乐而乐";从陶渊明的"不为五斗米折腰"到杜甫的"安得广厦千万间,大庇天下寒士俱欢颜";从文天祥的"人生自古谁无死,留取丹心照汗青"到顾炎武的"天下兴亡,匹夫有责"……无不透视着人性的光辉,这些人文气质正是我们今天人文精神的文化给养。高中语文教育日益强调在教学实践中,让学生的认知世界与他们的生活世界和经验世界融通,全面提升学生的核心素养。

总之,高中语文的美育要与高中生的成长成才结合起来,只有从不同的角度拓展美育的方式和途径,积极投身实践中,与时代共鸣,才更有现实意义。

(黄冈师范学院　文学院　罗　杰　汤天勇)

参考文献

[1] 于漪."标准化试题"把语文教学引入了"死胡同"[J].人民教育,1998,(06):15-16.

[2] 中华人民共和国教育部.普通高中语文课程标准(2017年版2020年修订)[S].北京:人民教育出版社,2020:5.

[3] 蒋孔阳.美学新论[M].北京:人民文学出版社,1993.

[4] 檀传宝.美善相谐的教育[M].哈尔滨:黑龙江教育出版社,2003.

[5] 仇春霖.美育原理[M].北京:中国青年出版社,1988.

从声韵节奏品赏中学古代散文的美*

——以《兰亭集序》为例

摘要：声韵节奏之美不仅存在于诗歌中，还可以体现在文言文中。《兰亭集序》富有韵律感的语言、短小精悍的文本结构、层次丰富的情感变化，都离不开其声韵节奏的呈现。本文从文言文教学角度，以《兰亭集序》的声韵节奏为切入点，通过分析文中声韵节奏对于本文情感传递、语言色彩的表现，更好地帮助学生品味中学古代散文的音乐美、形式美、情感美。

关键词：《兰亭集序》；文言文教学；声韵节奏；情感变化

言为心生，声以传情。汉字是集声、形、意为一体的文字，在形与意的呈现中，离不开声的传递，歌诗如此，文章亦是如此。在中学文言文的教学中，存在忽视声韵节奏对整个文本的作用的现象，而古文的声韵节奏是作者精神意志的体现。以《兰亭集序》为例，作者"乐""痛""悲"的情感变化贯穿文本始终，不论是"乐"的情感抒发，抑或"痛""悲"情感的递进，皆离不开文本中声韵节奏的安排。本文以《兰亭集序》文本声韵节奏为中心，帮助学生更好地品赏中学古代散文的情感与美感。

一、节奏轻快，韵律清扬：信可"乐"也

《兰亭集序》情感层次有三个阶段：乐——痛——悲。在第一阶段中，作者运用少量笔墨将写景、记事融为一体，采用四言句式铺陈文本，巧妙的平仄安排、具有欢快色彩的韵脚，让这一阶段的整个节奏变得轻快，韵律清扬悦耳。

（一）平仄交替，形式整饬

《兰亭集序》的开篇部分，作者没有用冗杂的语句详细地交代时间、地点等内容，而是以平仄交替的文字，言简意赅地传达出魏晋人游玩的神韵。文章首句以仄声起篇，"永和九年，岁在癸丑"，寥寥可数的八个字中，仅用"和""年"两个平声字夹在其余六个仄声字中，使得这一句读起来简洁有力，轻快自然。"暮春之初，会于会稽山阴之兰亭"一句，以连续的平声字收尾，长短句交错，给人一种娓娓道来的叙述节奏之美。而"修禊事也"，一平三仄，与前文"暮春之初"一仄三平形成了呼应。"群贤毕至，少长咸集"一句，"平平仄仄，仄仄平平"，同样形成平仄交替的规律，使得句群间的节奏感十分清晰。如果将开篇部分做一下句式处理，得到的是"永和九年，岁在癸丑。暮春之初，修禊事也。群贤毕至，少长

---

* **基金项目**：本文为国家社会科学基金青年项目"清代鼎甲策整理与研究"（22CZW033）阶段性研究成果。

咸集"这样整齐划一的四言句。经过缩减后,可以更为清晰地看到《兰亭集序》节奏轻快、语言雅致的特点。

在接下来的景物描写中,作者王羲之延续了节奏轻快的四言句式和平仄协调的特点。"此地有崇山峻岭,茂林修竹,又有清流激湍,映带左右","此地有""又有"是引领下文的标识,作者以四言句为内核的表达思维得到了保持。从平仄角度来看,"崇山峻岭"以"仄仄"声收尾,"茂林修竹"以"平平"声结束,"清流急湍,映带左右"恰好是"平平平平,仄仄仄仄"的声调形式,在平声的衬托下,密集的仄声则使得语调短促有力,节奏清晰,读来如"大珠小珠落玉盘"一样悦耳动听。从修辞角度来看,作者采用了互文手法,用白描的方式将周围的一草一木勾勒出来;用"崇"的山、"峻"的岭、"茂"的林、"修"的竹、"清"的流、"急"的湍,为我们呈现了一幅清新雅丽的秀美山水图。王羲之以简单的形容词加名词的语言表达方式,传递出他此时积极乐观的心理状态。在景物描写的收尾部分,作者仅用整齐的两个四言句式,"天朗气清,惠风和畅",就让晴朗明媚的天空、沁人心脾的清风跃然纸上,在景物描写中,作者的表达从头到尾都给人一种魏晋精简神韵之美。

(二)以字定情,以韵融情

《兰亭集序》第一部分的笔墨极为精简凝练,这和作者注重炼字有关。从他精巧的选字中,能够充分地感受到王羲之精神上的愉悦。王羲之雅集在美景的相陪下,心旷神怡,不由得"畅叙幽情""仰观俯察""游目骋怀",陶醉于自然的大美之中,达到了"物我两忘"的境地。"仰观宇宙之大,俯察品类之盛"这一句采用了对仗的形式,"仰观"与"俯察"动词相对,"宇宙"与"品类"名词相应,"大"和"盛"皆为形容词,形成了词性一致、逻辑一致的文辞美,既进一步增强了文章的节奏感,又提升了文章的整体气势,奠定了第一部分积极饱满的情感基调。

在讲究平仄和凝练的语言外,《兰亭集序》还巧妙地使用押韵,让文章的声韵节奏更加悦耳动听。按照《平水韵》的划分,第一部分前两个自然段以"庚韵"结尾,如"畅叙幽情"的"情","天朗气清"的"清","俯察品类之盛"的"盛"皆属于"庚"韵。若按《中华新韵》,ing、eng、ong这三个韵都归属于"庚"韵,如"亭""岭""映""永""盛""骋"这些字皆属于一个韵部。这些"庚"韵部的字,读起来语气较为延缓,让文章更具有声韵节奏之美,朗诵时,情绪更为愉悦饱满。尤其是"毕""咸""足""清""朗""畅""骋""娱""信"等字,都有畅快、痛快的积极情绪,进一步渲染了集会热闹的氛围,使得第一部分无论是韵律节奏上,还是情感态度上,更加欢快昂扬。

二、节奏绵延,韵律沉厚:亦"痛"亦"悲"

在《兰亭集序》的第二、三部分中,随着作者心境的转变,文章的韵律节奏也发生了相应的变化。平声的延长、核心韵脚的转变、虚词的使用等,让后半部分韵律节奏更加沉郁绵延,作者亦"痛"亦"悲",情感表达更为浓烈。

(一)平声绵延,韵转沉厚,一唱三叹

不同于第一部分节奏的轻快,文章第二、三部分使用了连续的平声,让后半部分的旋

律更为舒缓，情感随着语言节奏的变化而变得深沉。在第三、四段首句中，"夫人之相与"一句，除了"与"字，其他字均为平声；"每览昔人兴感之由"，除了"感"字，其他均为平声；又如"当其欣于所遇""不知老之将至""不能喻之于怀""齐彭殇为妄作""亦将有感于斯文"等句，均连续使用了的平声音节。这些句子虽有一两个仄声字隔开，但总体以平声为主，整体上拉长了文本后半部分的声音节奏，造成了音长调低、绵延不绝的效果。

与声调相应变化的是，《兰亭集序》后半部分的声韵由清扬走向沉厚。在文章后半部分中，"庚韵"不再反复出现，取而代之的是"阳韵"。如"夫人之相与"的"相"与"俯仰一世"的"仰"、"当其欣于所遇"的"当"、"不知老之将至"的"将"、"未尝不临文嗟悼"的"尝"等，这些字皆属"阳韵"。与"庚韵"相比，"阳韵"中的"a"的开口比"庚韵"中的"i"要大，读起来声气更足，有呼告之感，情感上更为强烈。面对生命的终点是"终期于尽"、归于"虚无"的现实，王羲之的心头不免一震，一唱三叹，奈何心中怎么呼告，都无法转变自然规律的残酷。为了表现他的情绪，王羲之还运用了很多含有消极情绪的字，如"暂""快""倦""嗟""悼""尽""虚"等，加重了韵律的沉厚色彩。

（二）虚词传情，前后呼应，声情具备

在《兰亭集序》中，虚词对于文本韵律的构成也颇值得重视。童伯章有言："盖虚词所以传神情。"[1]在《兰亭集序》中，每个虚词都有各自的声音功能。如在第一部分中，作者常用"也"字来促进情感的抒发。"修禊事也""信可乐也"中的"也"字，均含有肯定的语气。把"也"字删去，"修禊事""信可乐"读起来，语气变得生硬、急促，不自然。而在后半部分中，作者不再用"也"字作为语气助词，而转变使用"哉""夫"等。衔觞赋诗之余谈及死生问题，王羲之无法再回到欢快的心理状态，而是发出沉重的感叹，"古人云：'死生亦大矣。'岂不痛哉"，"哉"字在这里加重了语气。若把"哉"字换成"也""矣"，"岂不痛也""岂不痛矣"，则远远没有这种效果。"哉"字的使用，促进作者感情的递进和迸发。而"悲夫"中的"夫"字，同样也有这样的效果。

最值得关注的虚词莫过于在文中反复出现的"之"字。在《兰亭集序》书法作品中，有二十个形态各异的"之"字点缀其中，每个"之"字都各具特点。在文本中，不同作用的"之"字前后呼应，构成《兰亭集序》中最基础、最密集的"鼓点"，具有音韵缭绕、余声袅袅的声韵特点。若把"悟言一室之内""夫人之相与""俯仰之间"等句子里的"之"字去掉，会给人一种音节缺失、平仄空缺之感。除了补充音节，"之"字让情感表达也更为连贯。在后半部分中，"后之视今，亦犹今之视昔"中的"之"字，既补充了句中的平仄节奏，还巧妙地将"过去""现在""未来"连接在一起，给人以强烈的时间过渡之意，无论"后人""今人"，对于生命的解释都会有一样的感受。"之"字连接了前后不同的情绪，这种感受是沉痛的，亦是悲壮的，其内在韵律亦是沉重的，这在第二、三部分中表现得极其突出。

三、声韵节奏：领悟中学古代散文之美的密钥

《兰亭集序》有较为明显的骈散并行而以散句为主的句法特征，其四言、五言短句，长短句交错的句段形式营造了独特的散文美感。而字与字间的平仄关系、句与句中的韵脚选择、段与段中的虚词安排等，让这篇文章变成一个有韵律节奏的"生命体"。王羲之巧夺

天工,从声韵节奏层面建构了一篇音乐美、形式美、情感美"三位一体"的经典美文。

从文言文的音韵节奏去分析文章的情感变化,将音韵节奏教学引入课堂,从语言角度来说,既有效提高了学生的诵读水平,又培养了学生文言语感。从思维角度来说,既创新了学生分析文本的思维方式,为今后的文言文学习中提供新的破题点。从审美角度来说,除了让学生感受文言文的声韵节奏之美,还能在涵泳品味中提高精神境界。从文化角度来说,学习古文声韵节奏也能够有效拓宽学生对文言文的文化视野,提高文化修养,以更好地继承发扬我国优良的诵读传统。下面继续以《兰亭集序》为例,从文章声韵节奏的角度出发,提出几点认识,帮助中学生品味古代散文中的声美、文美和情美。

(一)斟词酌句,领悟声韵节奏的音乐美

《兰亭集序》的平仄节奏明显,韵律变化多样,富有一唱一和的音乐美。学生感受语言的音乐美,离不开字与句的反复斟酌。学生自行疏通文义后,教师可以补充相关的平仄和韵律等知识,让学生明确吟诵的一些常识,如平长仄短、韵字延宕、虚字重长等过滤,让学生从字、句上感受声律节奏的美感。通过反复诵读,引导学生在平仄基础上把握字音的轻重缓急、语流的疾徐曲折,让学生在涵泳中感受《兰亭集序》的韵律美、音乐美。

具体来说,如在《兰亭集序》前半部分学习中,教师可以引导学生通过品读个别字句感受第一、二自然段中清扬的韵律节奏,让学生关注并品读"清""朗""畅""骋"的声音美感。在后半部分的学习中,学生可参照前半部分"斟词酌句"的方法,通过比读品味,感受"暂""快""倦""嗟""悼""尽""虚"等字眼所蕴含的沉厚韵律。在重点虚词的学习中,引导学生品读"信可乐也""死生亦大矣""岂不痛哉""悲夫"等语句,从比较"也""矣""哉""夫"等不同的虚词使用,感悟虚词的声音效果和情感色彩。后面则可以以"之"字为例,请同学们比对不同"之"字的语气变化,让同学们在分享交流中,领悟到王羲之选词用字的节奏美和音乐美。

(二)仿写比较,领悟声韵节奏的形式美

《普通高中语文课程标准(2017年版)》提出,"学习传统文化经典作品的表达艺术,提高自己的写作水平。"[2]《兰亭集序》篇幅虽短,但惜墨如金的四言句式、骈偶句的使用和虚字编排等,使得整个文本具有节奏韵律之美。如何让学生从节奏韵律中体会到文本的"形式美",仿写法和比较法可以发挥重要的作用。例如仿照"悟言一室之内,放浪形骸之外",写出同样的对仗句,又如模仿《兰亭集序》首句记事方法,仿照"永和九年,岁在癸丑,暮春之初,会于会稽山阴之兰亭,修禊事也"来改写《归去来兮辞》的表达。《兰亭集序》使用了"天干地支"纪年法,以"初""仲""暮"来写季节,所以仿写后的句子可以是这样:"义熙元年,岁在乙巳。仲冬之始,因辞官顺心,作《归去来兮》。"这种方法既学习了古人优秀的传统记事方法,又培养了学生的文言语感和学习乐趣。

教师还可以采用比较法来引导学生感受文章语言的形式美,具体可以用到"替换""删除"两种手段。如在品味《兰亭集序》写景状物的语言时,可尝试把"崇山峻岭"替换成"重峦叠嶂",把"修竹"替换为"长竹"。或者删掉个别字句,将"天朗气清""惠风和畅"等句删掉其中的字词,通过比较,可以让学生感受到作者选词用字的具象美和声音美。或者将虚

字"也""夫""哉"等虚词调换位置,体会虚词与情感意义的关联。通过"替换""删除"等方法,请学生判断改变后的语句是否存在"音节空缺""不符句意"等问题,引导学生感受文章形式和谐的美感,从而深度体会文言文独特的语言魅力。

(三) 以声入情,领悟文本所蕴含的情感美

文言文的情感分析离不开诵读,通过反复品读,引导学生提炼《兰亭集序》的声韵节奏特点:前半部分轻快悠扬,后半部分沉郁绵延。采用提问的方法引导学生理解作者情感是最佳的方式。在吟诵时,教师搭建问题支架引导,例如,"这一段声韵节奏特点是怎样的?你是怎么读出来的?""应该以什么样的语气吟诵?""你读后能从中感受到作者怎样的情感?"通过提问,促使学生进一步思考,让学生在声韵节奏中理解全文的情感,而理解情感后又可以规范学生诵读体味全文。这种螺旋式的学习方法,让学生在感受文章"音乐美"的基础上,深入品味不同声韵节奏下的情绪变化,进一步提高学生的理解能力和语言表达能力。

值得一提的是,配乐诵读能够让学生"身临其境",既可以拓展文本的意境,也可以帮助于学生更好地理解文中的情感。作曲家李志辉的《水墨兰亭》旋律悠扬,这首曲子的音乐情感起伏和《兰亭集序》的情感变化相互衔接,尤为适合做《兰亭集序》的教学配乐。教师与学生在诵读时,可以从轻快清扬的韵律节奏中,感受作者对人间风物的喜爱与不舍;从沉郁绵延的韵律节奏中,感受作者对人生生死的哲理思考,做到"因声求气",与作者共鸣。通过配乐诵读,能够进一步感受文中的韵律节奏的变化,体味王羲之"情味",丰富学生的情感体验,培养学生积极乐观的生活态度。

总之,选入中学教材中的古代散文,是集声美、形美、情美为一体的经典美文。中学生正处于身心发展和人格发展的关键阶段,教师从声韵节奏入手,能让中学生在古代散文的学习中,更好地品味古代散文的情感与美感,学习古人的语言智慧和人生智慧,增强对中华优秀传统文化的认同感和自豪感。

(黄冈师范学院 文学院〔苏东坡书院〕 王 墅)

参考文献

[1] 童伯章.虚字集解[M].常州:勤奋书局,1941.
[2] 中华人民共和国教育部.普通高中语文课程标准(2017年版)[S].北京:人民教育出版社,2018.

中学生数学学习效果的影响因素研究

摘要：当前中学生普遍存在着数学学习时间长但效率低下的问题，为了改变此现状，首先从学生、学校、家庭、社会四个维度提出了15个对中学生的数学学习产生影响的假设因素，随后采用结构方程模型的分析方法，对假设影响因素进行检验和修正并构建模型，最后对各个影响因素进行分析和讨论，从而得到影响因素的相关性结论。

关键词：中学生；数学；学习效果；影响因素

一、问题提出

随着社会的不断发展，中学生的学习效果受到来自各方面的影响，《义务教育数学课程标准（2022年版）》提出："数学教学要以培养学生核心素养为目标，立足学生发展，提升学生数学学习效果。[1]"数学学习活动是学生数学核心素养落地生根的主要途径，学生学习效果会深刻影响学生数学核心素养的发展情况。但当前中学生数学学习效果普遍不理想，这会导致学生数学核心素养的落实面临着困难，因此，针对学生数学学习效果的研究成为数学教育的研究热点。此外，研究中学生数学学习效果的影响因素，能够为教师有效开展数学教学提供依据，也能促进学生积极改进学习方法和策略。基于此，采用问卷调查的方式对学生数学学习效果以及影响因素进行调查，并在此基础上采用结构方程模型的分析方法对学生自身、学校、家庭、社会四个维度中的15个假设影响学生数学学习效果的因素进行检验与修正，对影响学生数学学习效果因素与学生数学学习效果之间的相关性进行分析。

二、弗赖登塔尔数学教育理论

荷兰教育家汉斯·弗赖登塔尔（Hans·Freudenthal，1905—1990）提出了数学教育理论：数学起源于现实。数学教学应该首先基于学生已有的各自不同的数学现实，去实际生活中感受数学在生活中的应用，并不断构造、发展自己的数学现实；数学教育过程是学习"数学化"和"形式化"的过程。数学学科的特殊性使其越来越形式化，学习者要发展自己的抽象思维，不能只是简单的直观观察和操作；学生学习数学是一个再创造的过程，学生是学习的主体，在学习过程中要发挥自己的主动性，对于教师传授的东西要勤于思考，内化为自己的知识。再创造并不是创造出新的事物，而是把别人已经创造过的东西重新再创造一遍[2]。

在弗赖登塔尔数学教育理论的指导下，教育者可以更好地培养学生的探究能力并激发学生的数学学习兴趣，进而促使学生在最大程度上提高学习能力和获得学习效果。

三、问卷调查分析

(一) 数据来源

本次调查对象为黄冈思源实验学校初中 750 名学生,问卷包含"学生个人基本信息、是否感觉数学学习效果不好、哪些因素更能够影响到自身数学学习效果"等题目。利用问卷星发放匿名电子问卷,一共发放 750 份问卷,其中有效问卷为 738 份。从学生、学校、家庭、社会四个方面展开进行调查以期用数据更直观地量化中学生数学学习效果影响因素。

(二) 统计结果与分析

调查结果显示,超七成学生认为自己的数学学习效果不好。其中大约 52% 的学生认为自身因素对数学学习效果更有影响,大约 28% 的学生认为学校因素对数学学习效果更有影响,大约 13% 的学生认为家庭因素对数学学习效果更有影响,大约 7% 的学生认为社会因素对数学学习效果更有影响。因此,教育者要从这四个方面入手来提升学生数学学习效果。

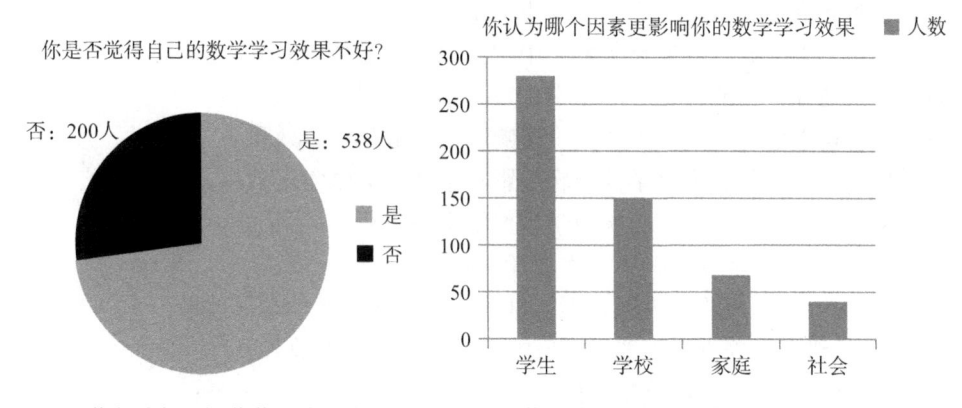

图 1　学生对自己数学学习效果的评价　　图 2　学生对影响自己数学学习效果因素的选择

学生是学习的主体,一切外界因素都只能影响而无法决定学生的数学学习,学生需要具备数学学习的能力;学生的数学学习主要来自学校教师系统地传授,学校中的隐性文化和显性文化都会影响到学生数学学习效果;家庭教养方式往往能反映出学生的性格,学生处于民主型家庭往往能比较敢于克服困难,父母的文化程度也能在很大程度上对学生的数学学习产生较大影响,高学历的家长往往懂得如何让学生高效学习;社会的机制也会对中学生数学学习效果产生影响,双减政策的到来有利于减轻学生的作业负担和校外培训负担。

基于此,构建如下中学生数学学习效果影响因素理论模型。

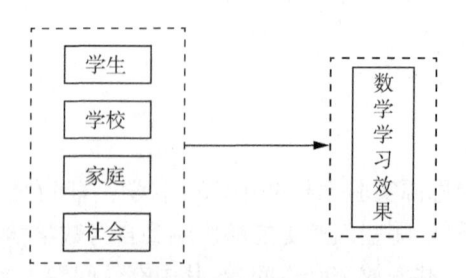

图3　学生数学学习效果影响因素理论模型

四、关于中学生数学学习效果的影响因素分析

（一）研究假设

根据以上调查结果，提出如下假设：
H1：学习者的智力因素能显著影响中学生数学学习效果；
H2：学习者的积极非智力因素能显著影响中学生数学学习效果；
H3：教师专业素养能显著影响中学生数学学习效果；
H4：教师教学水平能显著影响中学生数学学习效果；
H5：家长正确教养方式能显著影响中学生数学学习效果；
H6：学校显性文化能轻度影响中学生数学学习效果；
H7：班级积极数学学习氛围能轻度影响中学生数学学习效果；
H8：良好家庭氛围和家庭条件能轻度影响中学生数学学习效果；
H9：家长文化程度能轻度影响中学生数学学习效果；
H10：家校合作能轻度影响中学生数学学习效果；
H11：学习者的消极非智力因素不能显著影响中学生数学学习效果；
H12：家长错误教养方式不能显著影响中学生数学学习效果；
H13：班级消极数学学习氛围不能显著影响中学生数学学习效果；
H14：家庭消极氛围不能影响中学生数学学习效果；
H15：社会不健康潮流不能影响中学生数学学习效果。
基于此，构建如下15个假设因素与四个维度和核心素养之间的关系模型（见图4）。

（二）假设检验

本研究对各假设因素与中学生数学学习效果的相关性进行了分析，对调查结果进行量化，以100分为标准分，进而构建结构方程模型。其中路径系数表示两个因素之间的相关性，所得路径系数越大，相关性就越强[3]。

1. 学生自身对中学生数学学习效果的影响

智力因素通常是指记忆力、观察力、思维能力等。非智力因素是指智力因素以外的所有心理因素。非智力因素与智力因素相辅相成。它们都对提升学生学习效果具有很大作用。

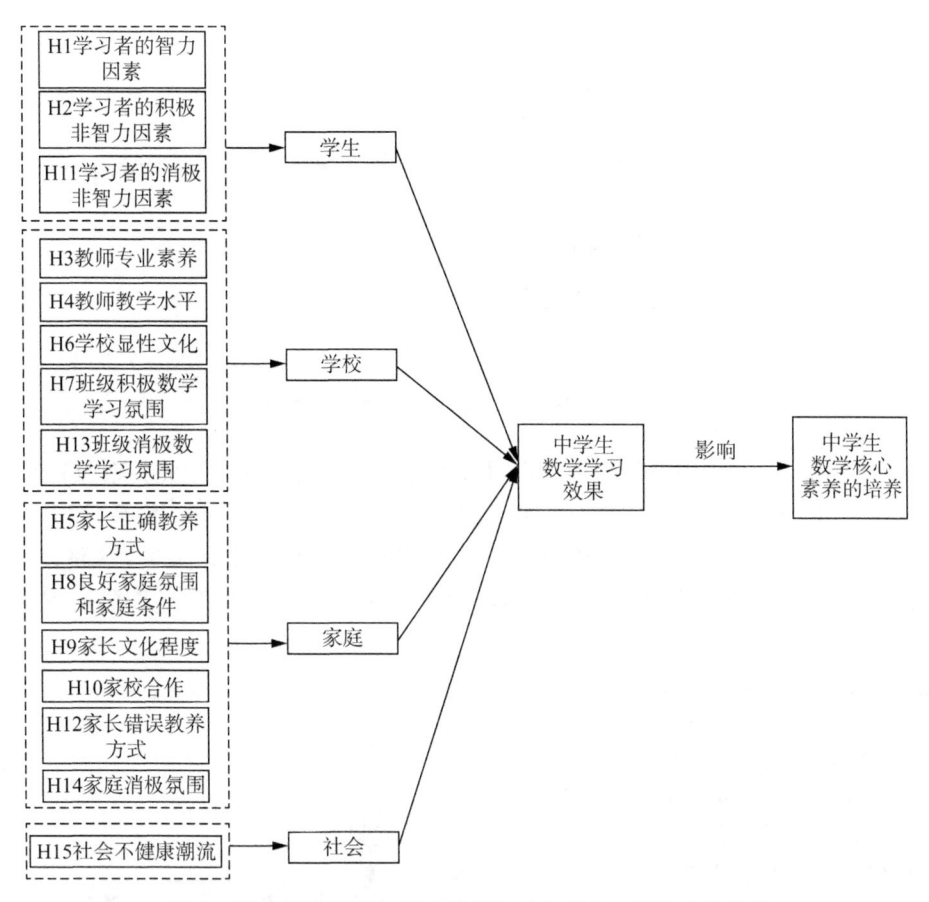

图 4　15 个假设因素与四个维度和核心素养之间的关系模型

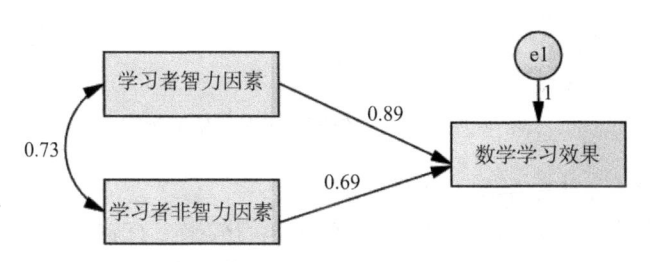

图 5　学生自身对中学生数学学习效果的影响

学习者的智力因素、非智力因素与数学学习效果影响因素的路径图如图 5 所示,结构方程模型路径分析呈现了学习者两个可测变量与学习效果这个可测变量之间的关系：①学习者的智力因素与学习效果存在显著性的正相关关系(路径系数为 0.89,$p<0.1$)；②学习者的非智力因素与学习效果存在显著性的正相关关系(路径系数为 0.69,$p<0.1$)。

2. 家庭对中学生数学学习效果的影响

家校合作、家庭氛围、家庭条件、父母文化程度与中学生学习效果影响因素的路径图如图 6 所示,结构方程模型路径分析呈现了学习者四个可测变量与数学学习效果这个可

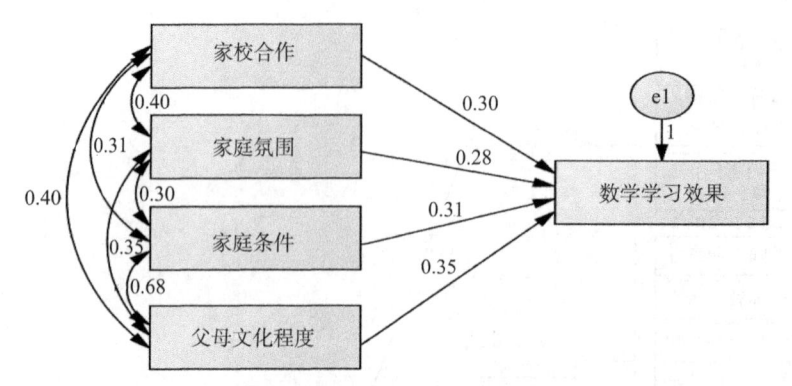

图 6　家庭对中学生数学学习效果的影响

测变量之间的关系：①家校合作与数学学习效果存在非显著性的正相关关系（路径系数为 $0.30, p<0.1$）；②家庭氛围与数学学习效果存在非显著性的正相关关系（路径系数为 $0.28, p<0.1$）；③家庭条件与数学学习效果存在非显著性的正相关关系（路径系数为 $0.31, p<0.1$）；④父母文化程度与数学学习效果存在非显著性的正相关关系（路径系数为 $0.35, p<0.1$）。

3. 学校对中学生数学学习效果的影响

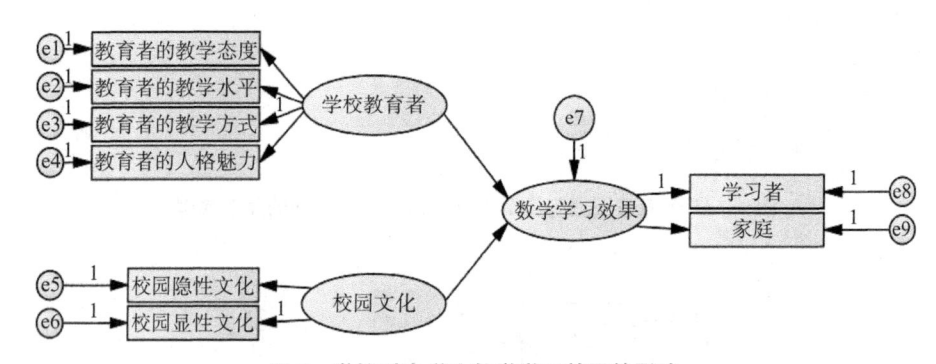

图 7　学校对中学生数学学习效果的影响

（1）教育者对中学生数学学习效果的影响

教育者不同的教学态度，使得中学生在数学学习效果上有着较大的差异，老师对学生有一定的约束和鼓励作用。以教师为主导，以学生为主体，学生数学学习效果才能增强；教学水平可以分为三个等级：记忆水平上的教学、理解水平上的教学、探究水平上的教学。记忆水平上的教学和理解水平上的教学只能使学生大致了解一些数学基础知识。而探究水平上的教学能够让学生自己去探究解决问题；教学方式不同的教师会教育出不同的学生，对于数学教师而言，找到适合自身和学生的科学教学方式至关重要；教育者的人格因素会对学生的心理发展产生重要影响。只有充满爱心的教师才会教育出具有健全人格的学生。

（2）校园文化对中学生数学学习效果的影响

校园文化分为校园隐性文化和校园显性文化。学校隐性文化建设在于将学校文化的主流价值转化为教师和学生的内隐观念和自觉行为。校园显性文化是指学校文化的物质形态。

4. 社会对中学生数学学习效果的影响

社会环境所包含的范围很广,它给中学生创造提供生活条件,对中学生施加各种不同的影响。中学生的数学学习也受到来自社会环境的多方面影响。

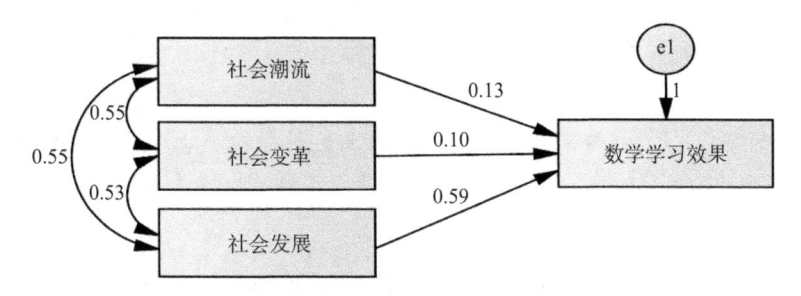

图 8 社会对中学生数学学习效果的影响

社会潮流、社会变革、社会发展与中学生学习效果影响因素的路径图如图 8 所示,结构方程模型路径分析呈现了学习者三个可测变量与学习效果这个可测变量之间的关系:(1) 社会潮流与数学学习效果存在非显著性的正相关关系(路径系数为 0.13, $p<0.1$);(2) 社会变革与数学学习效果存在非显著性的正相关关系(路径系数为 0.10, $p<0.1$);(3) 社会发展与数学学习效果存在显著性的正相关关系(路径系数为 0.59, $p<0.1$)。

社会潮流是指社会上大多数人都追求的某种生活方式,社会潮流并不都有利于学生的学习,甚至一些扭曲的社会潮流会让学生形成错误的价值观;在社会发展的进程中,积极的社会变革会提升学生数学学习效果,数学在早期主要作为一种实用工具来解决人类社会中的各种实际问题。随着社会变革,数学逐渐与其他学科形成交融,产生了很多创新和进步;随着数学博物馆、图书馆不断扩建,数学网络课程、数学学习软件不断增多。学生便能通过更方便的方式解决遇到的数学问题。

(三) 检验结果

1. 学习者的智力因素、教育者的教学态度、教育者的教学水平、教育者的教学方式、社会发展与中学生数学学习效果存在显著性的正相关关系;2. 学习者的非智力因素、教育者的人格魅力、家校合作、家庭氛围、家庭条件、父母文化程度、社会潮流、社会变革与中学生数学学习效果存在弱正相关关系;3. 学习者的注意力、学习者的年龄局限与中学生数学学习效果存在显著性的负相关关系;4. 校园隐性文化与中学生数学学习效果存在弱负相关关系。

五、研究总结

学生的数学学习效果受到多方面的影响。首先是学习者自身,虽然教师、家长能够对学生的数学学习也会产生一定的影响,但是学生的数学学习主要由主观因素决定。学生需要具备数学学习的兴趣和求知欲,掌握基本的数学学习方法,锻炼数学思维能力进而提升数学学习效果。其次是家庭方面,父母的行为不可避免地对学生造成影响,所以家庭的氛围,教养方式等也都会对学生产生影响。家长需要为学生营造良好的数学学习氛围,采用民主性的教养方式;再次是学校方面,学校一直承担着教书育人的主要责任,有深厚数学文化底蕴的学校比较容易培养出热爱数学的学生。一般来说,教师对学生数学学习影响最大,教师需要端正教学态度,了解学生,认真上课。最后,学生的数学学习或多或少会受到来自社会环境的影响,学校、家长、社会应该合作起来,减少社会消极负面的东西对学生带来的影响。

(黄冈师范学院　数学与统计学院　占　婷　胡宇宏　刘梦露)

参考文献

[1] 中华人民共和国教育部. 义务教育数学课程标准(2022年版)[S]. 北京:北京师范大学出版社,2022.

[2] 王改花,张李飞,傅钢善. 学习者特征对混合学习效果影响研究[J]. 开放教育研究,2021,27(1):71-83.

[3] 赵映川,杨兵,陈德鑫,陈静,幸赋都. 在线教学中教师非语言亲密行为对学生学习效果的影响:有调节的中介效应分析[J]. 电化教育研究,2021,42(6):88-95.

中日初中数学教材中圆内容的比较研究

——以人教版和东京书籍版为例

摘要：教材是课程改革的主要载体，也是开展教学的关键要素，因此对教材展开比较研究十分有必要。日本与我国在数学教育上有一定的相似之处，本文选取"人教版"和"东京书籍版"初中数学教材中"圆"的内容，从宏观（课程标准、课程编排）和微观（例习题的设置与难度、旁白）视角对两版教材中"圆"的内容展开对比，并根据研究结果提出几点建议，以期对我国最新教材的修订提供一些参考。

关键词：中日比较；圆；初中数学教材

一、引言

  教材是进行教育教学的传统媒介，它既是教师和学生都需要，又是决定教学效果成功与否的重要关键性因素之一。好的教材有利于教师讲授知识，也有利于学生对知识的理解和吸收，同时对教学活动的顺利进行和良好的课堂环境形成有着促进作用。日本在多次的教育改革中，吸收并借鉴了西方先进的教育思想和经验，融入自己的传统，形成了自己的特色和优势，近年来在TIMSS、PISA等国际测试中均取得了优异的成绩。日本在数学上取得优异成绩的原因是多方面的，但以教材为媒介的数学课程对学生数学成绩的影响是不可否认的。2022年在全新教育理念与社会背景下编写的新教材在日本投入使用；随着我国新课程标准的颁布，课程内容发生改进，编写适用于不同地区的初中数学教材工作正在展开。由于中日两国在文化教育方面有许多相似之处，因此本文选取中国和日本数学教材为研究对象，通过比较两者的共通点与差异点，以期对新课程改革下的新教材编写提供借鉴与启示。

  "圆"是最基本的数学图形之一，在图形与几何板块中占有重要的地位，其教学内容设置于我国人民教育出版社于2014年出版的《义务教育数学教材（以下简称人教版）九年级上册》第二十四章和日本东京书籍株式会社于2022年发行的教材（以下简称东京书籍）《新数学1》第5章及《新数学3》第6章，由于两版教材在两国拥有较高的使用率，因此确定以上两版教材为研究对象，分别从宏观和微观视角对"圆"展开研究。

二、中日教材"圆"内容的宏观比较

（一）课程标准比较

  课程标准是教材编写的依据，鉴于目前我国初中数学使用的教材以2011年版《义务教育数学课程标准》(以下简称《旧课标》)为依据,而我国最新的2022年版《义务教育数学课程标准》(以下简称《新课标》)已颁布,因此首先以我国新旧课标和日本《中学数学学习指导要领解说》(2017年版,以下简称《要领》)为依据,从横向及纵向角度对中日"圆"内容的课标要求进行比较。

在课程的基本理念上,《旧课标》提出通过数学教育使不同的人得到不同的发展[1],而《新课标》在此基础上进一步深化,将目标定位为逐步形成适应终身发展需要的核心素养[2],《要领》的核心理念为培养学生的生存能力,以"知识与技能""思考力、判断力、表现力""向学力、人性"等为教学目标及内容设置的三大支柱。

在新、旧课标中,"圆"的相关课程内容均归纳于《圆》这一板块中;而在《要领》中,圆的相关内容被分配于各个领域,如第一学年的"平面图形"中包含了圆的性质,第三学年的"圆周角与圆心角"中包含了圆周角与圆心角的关系及其证明等,且《要领》中将课程的各个内容分成"知识与技能""思考力、判断力、表现力"两个方面进行说明,中日课标中的有关教学要求见表1。

表1 中日初中数学课标中"圆"内容的教学要求比较

中国《旧课标》	中国《新课标》	日本《要领》
(1) 理解圆、弧、弦、圆心角、圆周角的概念,了解等圆、等弧的概念;探索并了解点与圆的位置关系。 (2) 探索并证明垂径定理:垂直于弦的直径平分弦以及弦所对的两条弧。 (3) 探索圆周角与圆心角及其所对弧的关系,了解并证明圆周角定理及其推论:圆周角的度数等于它所对弧上的圆心角度数的一半;直径所对的圆周角是直角;90°的圆周角所对的弦是直径;圆内接四边形的对角互补。 (4) 知道三角形的内心和外心。 (5) 了解直线和圆的位置关系,掌握切线的概念,探索切线与过切点的半径的关系,会用三角尺过圆上一点画圆的切线。 (6) 探索并证明切线长定理:过圆外一点所画的圆的两条切线长相等。 (7) 会计算圆的弧长、扇形的面积。 (8) 了解正多边形的概念及正多边形与圆的关系。	①理解圆、弧、弦、圆心角、圆周角的概念,了解等圆、等弧的概念;探索并掌握点与圆的位置关系。 ②同《旧课标》(2) ③探索圆周角与圆心角及其所对弧的关系,知道同弧(或等弧)所对的圆周角相等。了解并证明圆周角定理及其推论:圆周角等于它所对弧上的圆心角的一半;直径所对的圆周角是直角,90°的圆周角所对的弦是直径;圆内接四边形的对角互补。 ④了解三角形的内心与外心。 ⑤了解直线与圆的位置关系,掌握切线的概念。 ⑥能用尺规作图:过不在同一直线上的三点作圆;作三角形的外接圆、内切圆;作圆的内接正方形和内接正六边形。 ⑦能用尺规作图:过圆外一点作圆的切线。 ⑧探索并证明切线长定理:过圆外一点的两条切线长相等。 ⑨⑩同《旧课标》(7)(8)	知识与技能 (1) 理解角平分线、垂直平分线、垂线的基本作图方法。 (2) 理解圆周角和圆心角的关系,知道并能够证明他们的关系。 思考力、判断力、表现力 (1) 辨别圆周角和圆心角的关系。 (2) 在具体的情境中活用圆周角与圆心角的关系。 (3) 从图形的性质出发,展开思考并用基本的作图方法解决问题。 (4) 在具体的情境中活用基本作图方法和图形的移动解决问题。 (5) 会求扇形的弧长和面积。

从表1中可以看出新旧课标中的相关要求大致不变,《新课标》将《旧课标》中尺规作图部分的圆相关内容移动到了"圆"中,有利于促进"圆"的体系化学习。而《要领》中的编排则体现了对尺规作图的重视,结合各个几何图形的性质完成多样的作图要求。《课标》对圆的课程内容的各个知识点进行了详细的阐述,而《要领》则从宏观的角度进行了说明。

(二) 课程编排比较

课程编排是国家或学校对班级、教师、课程和学校教学资源的统一安排,对教学效果有十分重要的影响。从总体上看,东京书籍的装订更为精美,色彩明艳,两版教材的大小相同。从内容的选择上,人教版将"圆"安排于九年级上册,注意知识的连续性,而东京书籍则在数学1和数学3中均有涉及,注重通过螺旋上升的方式形成知识,关注知识的层层深入,如表2所示。

表2 中日初中数学教材中"圆"内容的课程编排比较

教材版本	人教版	东京书籍
教材章节名	第二十四章 圆 (九年级上册) 24.1 圆的有关性质 24.2 点和圆、直线和圆的位置关系 实验与探究 圆和圆的位置关系 24.3 正多边形和圆 阅读与思考 圆周率π 24.4 弧长和扇形面积 实验与探究 设计跑道 数学活动 小结 复习题24	第5章 平面图形(数学1) 5.2 基本的作图 深入学习 尝试画出多种角度的角 5.3 扇形 拓展学习 隐藏在设计中的数学 章末习题A、B组 数学自由研究 圆周率π的历史 补充习题 第5章平面图形 第一学年知识汇总 平面图形 第6章 圆(数学3) 6.1 圆周角定理 6.2 圆周角定理的应用 章末习题A、B组 数学自由研究 改变圆周角会带来什么变化? 补充习题 第6章圆 三年知识汇总 圆
内容所占页码数	48页	数学1:23页 数学3:25页

从表2也可以看出:(1)我国教材对"圆"涉及的知识面更广;(2)中日初中教材均对圆的知识进行了小结,人教版教材仅对九年级上册圆的有关知识点进行了详细总结,而东京书籍不仅汇总了圆的性质,还整理出了初中所有知识,便于学生对知识的回顾与吸收;(3)两版教材均含有对圆周率π的历史的学习环节,体现了对数学文化的重视。

三、中日教材"圆"内容的微观比较

(一) 例习题的设置及综合难度的比较

例题和习题有助于学生更好地理解和应用知识,教师在教学中应当正确利用例习题,对例习题进行全面的分析,促进学生对知识的吸收与深化。下面从例习题的设置和难度两方面对两版教材进行比较。

1. 例习题设置的比较

(1) 例习题编排的比较

在编排上,人教版教材中的例习题含有以下四类:"例题""练习""习题""复习题";东京书籍中的例习题含有六类:"例""问"——促进学生对新学习内容的理解、"基本问题"——确认学生对小节内容的掌握情况、"章末问题 A"——确认学生对章节内容的理解情况、"章末问题 B"——让学生活用章节中的知识、"补充问题"——设置于全书最后的页面,通过重复的练习,达到牢固掌握知识的效果,此外东京书籍在全书最后还附有练习题的参考答案。

(2) 例习题数量的比较

本研究根据设置目的将东京书籍中的例习题归为四类进行统计,即"例题"-"例","练习"-"问","习题"-"基本问题","复习题"-"章末问题 A""章末问题 B""补充问题"。在统计中发现,为了引导学生解决问题,教材对部分问题提供了详细的证明过程,因此在例题数量的统计中,该类问题也被记为例题纳入统计,两版教材例习题数量整理如下:

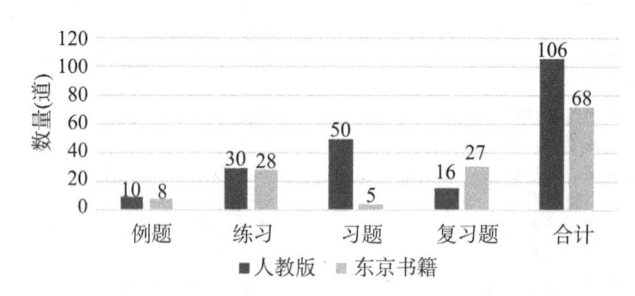

图 1　中日初中数学教材"圆"内容的例习题数量比较

通过图 1 可以看出人教版中的例习题总量比东京书籍多 38 道,其中例题多 2 道,习题多 36 道。在东京书籍中练习最多,复习题次之,例题与习题较少,而人教版教材中最多的是习题,练习次之,之后是复习题,例题最少。由此可以看出日本课堂重视每个小知识点的深度学习,而中国课堂不仅重视每个小知识点的掌握,同时也注重对本节所学知识的巩固。

2. 习题综合难度的比较

由于例题数量较少,因此这里仅对习题的综合难度展开比较。至今许多学者对习题难度的测量方法开展了研究,其中比较流行的是鲍建生教授提出的五因素、多水平课程综合难度测量模型[3],该模型后来经过学者的不断完善,又形成了新的综合难度测量模型,本研究参考该模型,将影响习题难度的因素分为五种:背景、运算、推理、知识含量、探究,五个因素又分成不同的水平。需要说明的是,由于本研究的对象是几何图形,对数学运算的要求较低,因此将原模型中运算因素的四水平改为三水平进行统计,习题的综合难度模型为

$$d_i = \frac{\sum\limits_j n_{ij} d_{ij}}{n} \left(\sum\limits_j n_{ij} = n, i = 1,2,3,4,5; j = 1,2,\cdots \right),$$

其中 $d_i(i=1,2,3,4,5)$ 依次表示"背景""运算""推理""知识含量""探究"这五个维度的难度系数,d_{ij} 表示第 i 维度第 j 水平的权重(依次取 1,2,3……),n_{nj} 表示第 i 维度第 j 水平的试题个数,n 表示试题总数,统计结果如图 2 所示。

从图 2 中可以看出,中日教材在"知识含量""推理""探究"上的难易程度相近,人教版教材的"背景"水平为 1.43,"运算"水平为 1.53,在综合难度上高于东京书籍(对应的水平分别为 1.13、1.27),在"知识含量"和"推理"上,人教版略高于东京书籍,而在"探究"水平上,东京书籍为 2.25,略高于人教版的 2.2。总的来看,人教版教材中圆内容习题的综合难度高于东京书籍。

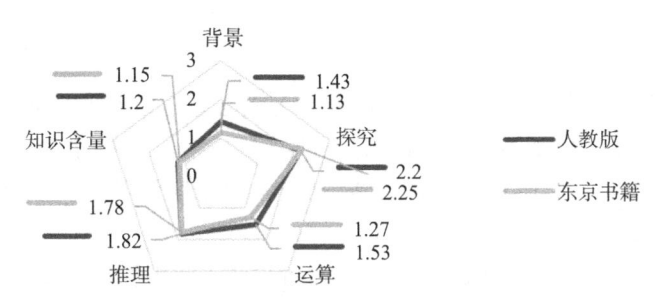

图 2　中日初中数学教材"圆"内容的习题综合难度比较

（二）旁白设置的比较

旁白是指在文本的左右两旁,结合课文内容和学生已有认知,针对学生的学习过程而专门设计各种插语。教材旁白有助于激发学生学习兴趣,拓宽学生视野,提高学生的反思能力[4],根据旁白对教材的作用,可将数学教材的旁白分为点拨提示类、补充介绍类、练习运用类、归纳总结类和情境激趣类[5]。根据上述五个层次,两版教材中圆内容的旁白比较情况如下:

图 3　中日初中数学教材"圆"内容的旁白数量比较

由图 3 可知,在"圆"一章中,两个版本的教材均缺少情境激趣类旁白,旁白部分内容与学生生活联系并不紧密,应补充适量情境激趣类旁白以激发学生兴趣。但两版教材均注重对所学知识的点拨提示与归纳总结,从而使学生迅速理解和整合好学习的新知识,同时东京书籍缺乏补充介绍类旁白,没有进行知识文化方面的拓展。

从旁白的总量上看,东京书籍约是人教版的两倍,且旁白主要的设置目的为点拨提示,通过设置含有提示的旁白引导学生思考,从而更轻松地探索出解决问题的方案。从练习运用类旁白上看,东京书籍更加重视通过进一步的练习发展思维,深化所学知识,而人教版教材对练习问题后的追加问题较少。

四、两版初中数学教材比较研究的结论及建议

(一) 研究结论

本文以中日两国初中数学教材中的"圆"为研究对象,从宏观和微观角度进行了比较分析,得出以下结论:

1. 宏观方面

在课程标准上,《旧课标》以促进学生的发展为核心理念,《新课标》强调获得适应终身发展需要的核心素养,而《要领》则重视通过三大支柱发展学生的生存能力。新旧课标中"圆"的课程内容大致相同,阐述详细;《要领》则从宏观角度说明"圆"的课程内容,且相关内容分散在不同的板块中。

在课程编排上,我国教材对"圆"涉及的知识面更广,两版教材均重视对数学文化的学习,均对相关知识进行了总结。

2. 微观方面

在例习题的设置上,东京书籍的例习题类型更多,但是人教版的例习题总量远大于东京书籍;在习题的难度上,两版教材在"知识含量""推理""探究"上的难易程度相近,人教版教材中"圆"内容习题的综合难度高于东京书籍。

在旁白的设置上,人教版的旁白设置类型更加丰富,东京书籍的数量更多,其主要设置目的为引导学生对问题进行思考以及解决问题后的更深层次探究。

(二) 建议

通过对中日初中教材"圆"内容的比较研究,对我国初中教材的编写提出以下建议:

1. 优化教材视觉效果。根据皮亚杰的认知发展四阶段理论,初中生正在经历由具体运算阶段到形式运算阶段的过渡,对于初中生来说,增加更加精美、有趣、丰富的配图和旁白有助于促进学生的思维发展,激发学生自主学习。

2. 重视教材知识归纳。为了让学生更加明确学习目标,更好地使用教材,可以在每本教材中设置知识点目录,方便学生预习、复习时查阅。同时,可以在新知识旁标注相关的旧知识,并在教材中按板块(如"数与代数"板块、"图形与几何"板块)整理和归纳中小学阶段所学的知识,以帮助学生理清知识脉络,夯实知识基础,体会知识的内在逻辑,形成系统的知识结构。

3. 优化例习题的结构。在例习题的设置上,人教版教材可以设置更加多样的练习题,由简到繁层层递进。要适当放慢步调,给学生时间去理解和自主探究,通过深度剖析问题,提高数学认知,培养学生刻苦钻研的精神,提高思维的广度与深度,促进学生形成适应终身发展需要的核心素养。

(黄冈师范学院　数学与统计学院　江凯平　高茹涵　何春玲)

参考文献

[1] 中华人民共和国教育部.义务教育数学课程标准(2011年版)[S].北京:北京师范大学出版社,2011:35.
[2] 中华人民共和国教育部.义务教育数学课程标准(2022年版)[S].北京:北京师范大学出版社,2022:67.
[3] 鲍建生.中英两国初中数学期望课程综合难度的比较[J].全球教育展望,2002,31(9):48-52.
[4] 戴静.不同版本初中数学教材旁白的比较分析:以人教版和湘教版"图形和几何"部分为例[J].山西青年,2021(17):189-190.
[5] 谭淇婧.数学教材旁白的功能及运用研究[D].重庆:重庆师范大学,2011.

基于韦伯模式的中考数学试卷与课程标准一致性研究

——以 2023 年江苏省五套中考数学试卷为例

摘要：为了解 2023 年中考数学试卷与《义务教育数学课程标准（2022 年版）》的一致性程度，本文基于韦伯一致性分析模式，对 2023 年江苏省五套中考数学试卷与课程标准进行一致性研究。得到如下结论：一是五套试卷在各维度与课程标准一致性结果较好；二是各领域一致性水平不尽相同，在数与式和方程与不等式两个领域的一致性可接受水平较高；三是试卷对课程标准知识点的考查范围较窄。

关键词：课程标准；中考数学试卷；韦伯分析模式

一、问题提出

《基础教育课程改革纲要（试行）》明确提出："国家课程标准是教材编写、教学、评估和考试命题的依据，是国家管理和评价课程的基础[1]。"随着时代的发展，《义务教育数学课程标准（2011 年版）》课程理念已难以符合当今实际教学现状，为适应新时代下的数学教学，新修订的《义务教育数学课程标准（2022 年版）》[2]（以下简称"2022 年版课标"）于 2022 年开始实施。初中学业水平测试是义务教育阶段的总结性评量，是选拔人才的重要手段。基于课程标准的初中学业水平试题命制，对实现课程教学目标，保障教学质量具有重要意义。

学业水平试题与课程标准要求保持一致，能够引导教师开展高效的课堂教学，推进课程教学改革。由于不同地区采用的测试试卷各异，致使对不同地区试卷与课程标准的一致性研究成为许多学者关注的一个重点。蒋文竹通过建立分级式义务教育课程内容体系对课程标准进行编码，分析辽宁省 2018—2020 年 L 市中考试卷，填补该市中考试题与课程标准一致性研究的空白[3]；缪琳等采用 SEC 分析模式对 2013—2016 年厦门市中考数学试卷与义务教育数学课程标准进行一致性分析，以评判其是否符合课程标准[4]；李文宣等以 2018 年至今作为两版课程标准的过渡期为背景，采用韦伯一致性分析模式对 2018—2021 年高考数学乙卷与普通高中数学课程标准（2017 版）进行一致性分析[5]；徐帆等在对韦伯一致性分析模式进行本土化改造的基础上对福建省五套中考数学试卷与义务教育数学课程标准的一致性进行分析[6]。

纵观上述文献，可见对于中高考试卷与课程标准的一致性进行研究已成为重要的研究方向，而 2023 年中考试卷是第一次依据 2022 年版课标编制的试卷，鲜有针对 2022 年版课标与中考试卷的一致性分析,研究其与 2022 年版课标的一致性有利于编制出更符合新课标理念的试题,更好发挥中考的测评作用。为了解 2023 年中考数学试卷与 2022 年版课标的一致性程度,本文采用韦伯一致性分析模式对 2023 年江苏省五套中考数学试卷与 2022 年版课标进行一致性分析,了解中考数学试卷与 2022 年版课标的匹配程度。

二、研究设计

(一) 研究对象

江苏省目前的中考形式仍是各市自主命题,我们随机选取 2023 年江苏省五套数学中考试卷作为研究对象。2023 年江苏省无锡市中考数学试卷(编码"A");2023 年江苏省苏州市中考数学试卷(编码"B");2023 年江苏省徐州市中考数学试卷(编码"C");2023 年江苏省连云港市中考数学试卷(编码"D");2023 年江苏省扬州市中考数学试卷(编码"E")。

(二) 研究工具

韦伯分析模式是诺曼·韦伯(Webb)在 1993 年开发并用于研究学业评价与课程标准的一致性工具,具有研究维度广泛、结果准确的优点。韦伯认为"一致性"是指各种事物之间相匹配的程度,即事物各要素之间相互融合形成一个和谐的整体。韦伯从知识种类、知识深度、知识广度及知识分布平衡性四个维度进行一致性研究,见表 1。

表 1　韦伯模式的一致性判断与可接受水平

分析维度	可接受水平
知识种类	试卷中至少 6 道试题击中 2022 年版课标的相同领域,则认为该套试卷在知识种类维度上与 2022 年版课标一致。
知识深度	试卷中至少有 50% 道试题符合 2022 年版课标所要求的认知水平,则认为该套试卷在知识深度维度上与 2022 年版课标一致。
知识广度	试卷中对某一领域的内容至少 50% 的内容被考查到,则认为该套试卷在知识广度维度上与 2022 年版课标一致。
知识分布平衡性	知识分布平衡指数 E 不低于 0.7,则认为该套试卷在知识平衡性维度上与 2022 年版课标一致(其中 $E = \dfrac{\dfrac{1}{O} + \dfrac{I_k}{H}}{2}$,$O$ 为击中 2022 年版课标的目标总数,I_k 为命中 2022 年版课标的试题数,H 为命中 2022 年版课标的试题总数)。

(三) 对课程标准进行编码

2022 年版课标对初中部分的课程内容设置了数与代数、图形与几何、统计与概率和综合与实践四个主题,由于目前难以通过应试的方法对综合与实践这个主题进行评判,故本次研究不将其列为考查的部分。一级目标主题用"n"表示,即数与代数、图形与几何和统计与概率三个主题分别编码为 1,2,3;二级目标单元用"n. n"表示,如数与代数主题中所包含的学习领域数与式、方程与不等式和函数分别编码为 1.1,1.2,1.3;而数与式领域下又分为有理数、实数和代数式,分别编码为 1.1.1,1.1.2,1.1.3;对每个具体目标用

"n.n.n.n"编码表示,如用1.1.1.3表示理解乘方的意义。布鲁姆针对教师教学与测评将教育目标分为知识维度和认知维度,为教育测评和课程开发提供依据,本文参照《布鲁姆教育目标分类学(修订版)》中认知维度的划分标准,将知识深度水平从低到高划分为记忆、理解、应用、分析、评价和创造6类。

三、研究结果

(一)总体一致性分析

为了清晰地看出江苏省五套中考数学试卷的五个学习领域与2022年版课标在四个维度下的总体一致性水平,以上述编码为原则,结合韦伯分析模式分析,将结果进行汇总,见表2。从维度上看,五套试卷在知识深度维度上与2022年版课标的一致性最好,除函数领域有三套试卷不具有一致性外,其余四个领域均达到一致性可接受水平;在知识种类和知识分布平衡性上与2022年版课标的一致性较好,仅有少部分试卷的部分学习领域未达到一致性可接受水平;而知识广度维度不够理想,仅有两套试卷在方程与不等式这一领域达到可接受水平。从学习领域上看,江苏省五套试卷对数与式和方程与不等式两个领域的考查与2022年版课标的一致性可接受水平较高,而统计与概率的一致性可接受水平则一般。

表2 江苏省五套中考试卷与课程标准之间是否具有一致性可接受水平汇总

学习领域	与课程标准之间是否具有一致性可接受水平									
	知识种类					知识深度				
	A	B	C	D	E	A	B	C	D	E
1.1	是	是	是	是	是	是	是	是	是	是
1.2	是	否	是	是	是	是	是	是	是	是
1.3	是	是	是	是	是	否	否	否	否	是
2	是	是	是	是	是	是	是	是	是	是
3	否	是	否	否	否	是	是	是	是	是

学习领域	与课程标准之间是否具有一致性可接受水平									
	知识广度					知识分布平衡性				
	A	B	C	D	E	A	B	C	D	E
1.1	否	否	否	否	否	是	是	否	是	是
1.2	是	否	否	否	是	是	是	是	是	否
1.3	否	否	否	否	否	是	是	是	是	是
2	否	否	否	否	否	是	是	否	是	否
3	否	否	否	否	否	是	是	否	是	是

(二) 各维度一致性分析

1. 知识种类一致性

五套试卷知识种类一致性结果，见图1。五套试卷在数与式、函数和图形与几何这三个学习领域所击中的目标试题数均大于6个临界水平，这表明这三个领域的一致性结果最好。对于方程与不等式这一领域，除了苏州卷仅击中5道，其他四市均击中6道及以上，这一领域的一致性结果也较好。而统计与概率这一领域，除了苏州卷击中7道之外，其余四市击中目标试题数均未超过知识种类一致性判断标准的6道试题，与课程标准不具有一致性。统计与概率领域不符合知识种类一致性的原因有以下两方面：一方面，各市试卷对统计与概率这一领域考查的试题较少，一般只有一到两题，而苏州卷在数与式这一领域考查了9道试题，与之形成鲜明对比；另一方面，对知识种类维度的划分，具有122个具体目标的"图形与几何"与具有15个具体目标的"统计与概率"，判断其是否具有知识种类一致性的方法均是判断试卷中至少6道试题击中2022年版课标的相同领域，这就导致个别领域击中的目标偏少。

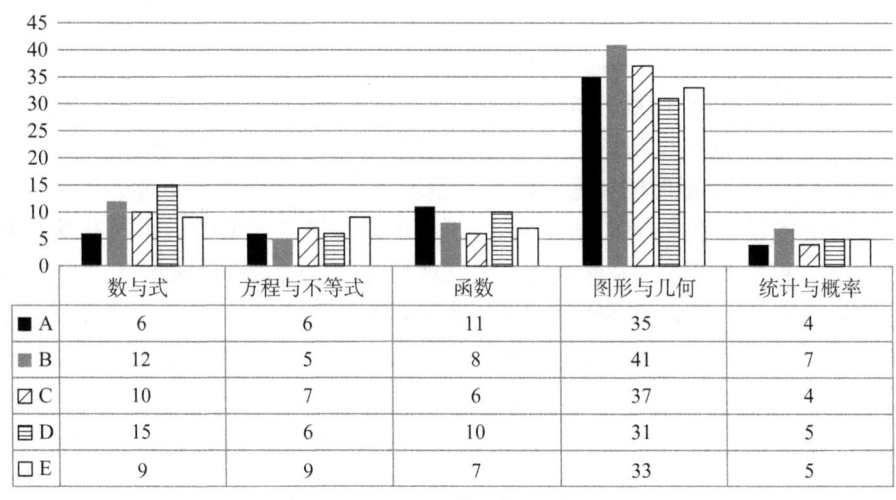

	数与式	方程与不等式	函数	图形与几何	统计与概率
■A	6	6	11	35	4
■B	12	5	8	41	7
☒C	10	7	6	37	4
☰D	15	6	10	31	5
□E	9	9	7	33	5

图1 五套试卷知识种类一致性分析图

2. 知识深度一致性

五套试卷知识深度一致性结果，见图2。试卷中至少有50%道试题符合2022年版课标所要求的认知水平，则认为该套试卷在知识深度维度上与2022年版课标一致。可见五套试卷在数与式、方程与不等式以及统计与概率三个领域在知识深度上与课程标准表现出了很好的一致性，图形与几何一致性较好，仅有无锡卷不具有一致性。在函数这一领域，无锡卷与苏州卷均不具有一致性，通过对试卷和课程标准进一步分析可以发现：一方面，函数这一领域在中考试卷中多以压轴题的难度出现，为了使试题具有区分度，以达到学业水平测试选拔的功能，因此难度略高于课程标准；另一方面，涉及函数领域的试题会结合其他领域的知识以综合题的形式考查，如二次函数和一元二次方程之间的关系，函数和图形与几何的综合考查，而这考验学生综合运用知识的能力，因而难度略大。

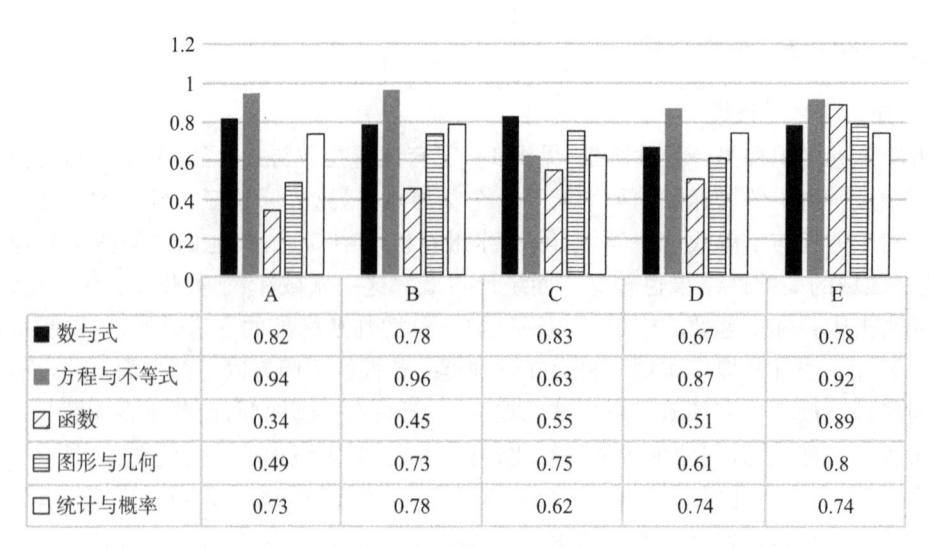

	A	B	C	D	E
■ 数与式	0.82	0.78	0.83	0.67	0.78
■ 方程与不等式	0.94	0.96	0.63	0.87	0.92
▨ 函数	0.34	0.45	0.55	0.51	0.89
▤ 图形与几何	0.49	0.73	0.75	0.61	0.8
□ 统计与概率	0.73	0.78	0.62	0.74	0.74

图 2　五套试卷知识深度一致性分析图

3. 知识广度一致性

图 3 为五套试卷知识广度一致性分析图。五套试卷在五个主题的知识广度百分比绝大部分均低于 50%，表明在知识广度方面，五套试卷与课程标准的一致性不容乐观。考虑到学业水平测试在答题时间和题量限制的情况下，试题的考查不可能兼顾到知识点的方方面面，考题的设置重难点明显，基于此，研究者以知识广度不低于 40% 作为可接受水平，但仍只有方程与不等式以及函数这两个领域的大部分试卷达到该水平。其中，对方程与不等式这一领域来说，方程是解决数学问题的主要工具，不等式是解决优化问题的重要工具，在许多试题中都涉及对方程与不等式知识点的应用，而在该领域下被击中的目标数越多，知识广度就越好，因此方程与不等式领域在五个领域中表现最好。在图形与几何方面，甚至有四套试卷知识广度低于 30%，不同试卷的知识广度一致性水平差距较大，即使 2022 年版课标将图形与几何课程内容分成了众多的主题、单元和具体目标，但试题所涵盖的知识点大多属于那一小部分具体目标，而其余部分均被忽视。

4. 知识分布平衡性一致性

五套试卷的知识分布平衡性一致性分析见图 4。五套试卷在函数领域的一致性情况最好，分布平衡指数均大于临界值 0.7。数与式和方程与不等式在知识平衡性维度上与 2022 年版课标的一致性较好，仅有一两套试卷的分布平衡指数略低于 0.7，这表明五套试卷对以上四个领域的知识点考察分布较为均衡，符合 2022 年版课标中所要求的认知水平。说明命题者能够全方面解读课程标准，跳脱出中考试卷的枷锁，命题时能够综合考量，使试卷涵盖了更多的具体目标，更有系统性和广泛性，不仅能够检验学生的数学知识，还能有效检验学生综合运用数学知识的能力。而图形与几何领域苏州卷、连云港卷与扬州卷不具有一致性。图形与几何因知识点数量众多，且重难点明确，如勾股定理等重要知识点可能在解题过程中多次利用，这会导致知识分布平衡性的降低。统计与概率领域无锡卷、苏州卷与连云港卷不具有一致性。

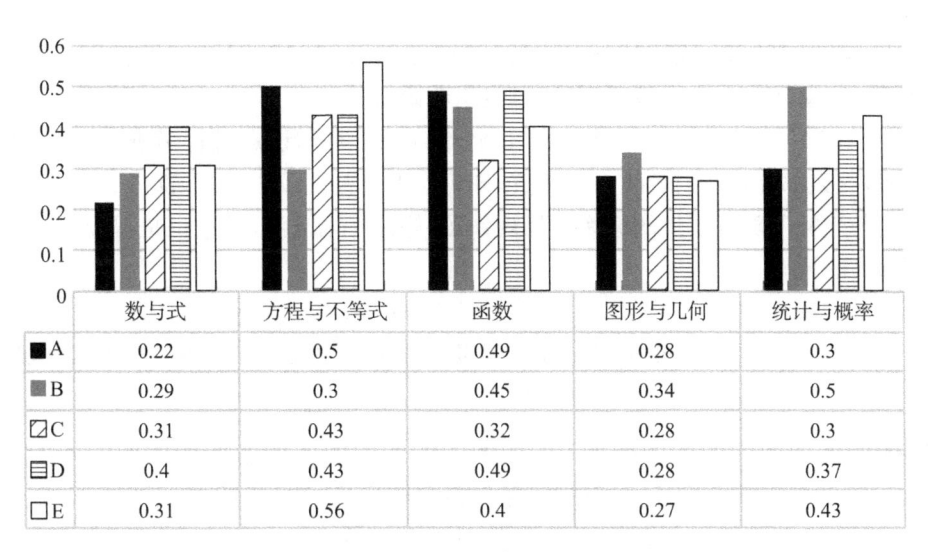

	数与式	方程与不等式	函数	图形与几何	统计与概率
A	0.22	0.5	0.49	0.28	0.3
B	0.29	0.3	0.45	0.34	0.5
C	0.31	0.43	0.32	0.28	0.3
D	0.4	0.43	0.49	0.28	0.37
E	0.31	0.56	0.4	0.27	0.43

图3　五套试卷知识广度一致性分析图

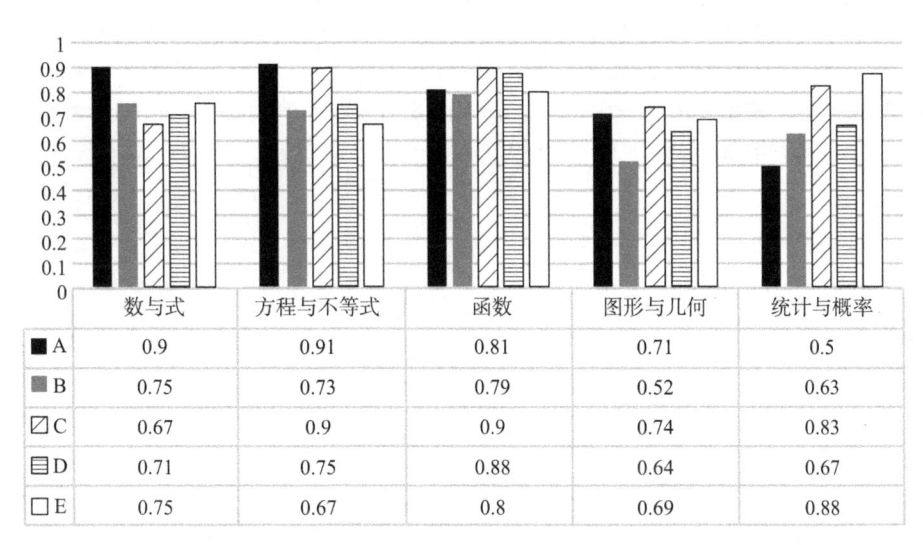

	数与式	方程与不等式	函数	图形与几何	统计与概率
A	0.9	0.91	0.81	0.71	0.5
B	0.75	0.73	0.79	0.52	0.63
C	0.67	0.9	0.9	0.74	0.83
D	0.71	0.75	0.88	0.64	0.67
E	0.75	0.67	0.8	0.69	0.88

图4　五套试卷知识分布平衡性一致性分析图

四、小结

通过对江苏省五市数学中考试卷进行一致性分析，得到五套试卷具有如下共同点。

第一，江苏省五市数学中考试卷与2022年版课标整体一致性结果较好，除知识广度维度外，其他三个维度一致性均表现良好。这表明命题者能够驾驭课程标准所要求的内容目标需达到的认知水平，且知识点考查分布较为均衡，能够较好地检验学生的学业水平，有效检测出学生对目标整体的掌握程度，并能起到学业水平测试选拔人才的功能。

第二，江苏省五套试卷对数与式和方程与不等式两个领域的考查与2022年版课标的一致性可接受水平较高，而统计与概率的一致性则不够高，究其原因，与统计与概率所涉及具体目标仅有15个，数量较少，且重难点更明确有关。

第三，由于中考试卷题量和时间的限制，难以对所有知识点进行考查，且由于重难点较为明确，导致部分重点内容被多次考查，知识点考查范围较为重复，部分具体目标如"图形的运动与坐标""随机事件的概率""尺规作图"等几乎未被涉及，这也是部分维度一致性水平不够高的原因。

（黄冈师范学院　数学与统计学院　郭子杰　李圣国　胡宇宏）

参考文献

[1] 中华人民共和国教育部.基础教育课程改革纲要(试行)[M].北京:人民教育出版社,2001.
[2] 中华人民共和国教育部.义务教育数学课程标准(2022年版)[S].北京:人民教育出版社,2022.
[3] 蒋文竹.中考数学试题与课程标准一致性的研究[D].沈阳:沈阳师范大学,2021.
[4] 缪琳,陈清华,苏圣奎.义务教育课程标准与中考试卷一致性分析:以2013—2016年厦门市中考数学试卷为例[J].数学教育学报,2017,26(05):44-48.
[5] 李文宣,孙小军,陈建明,杨亚强.全国高考数学Ⅱ(乙)卷与2017年版课标一致性研究[J].首都师范大学学报(自然科学版),2023,44(02):66-73.
[6] 徐帆,张胜元,孙庆括.初中数学学业评价与课程标准的一致性研究:以福建省五套中考数学试卷为例[J].数学教育学报,2019,28(03):98-102.

浅谈议题式教学在中小学思想政治课中的运用[*]

摘要：习近平总书记在思政课教师座谈会上强调："思想政治理论课是落实立德树人根本任务的关键课程"[1]。体现出国家对于当前教育落实立德树人根本任务的迫切要求。为此，教育部制定了新的课程标准，指出"思想政治课程是落实立德树人根本任务的关键课程，以培育社会主义核心价值观为目的，是帮助学生确立正确的政治方向、提高思想政治学科核心素养、增强社会理解和参与能力的综合性、活动型学科课程。"[2]并提出议题式教学是打造活动型学科课程、实现课程目标的重要手段。

关键词：新课标；议题式教学；思想政治课

一、议题式教学的内涵及特征

（一）议题式教学的内涵

新课标在实施建议中指出要围绕议题设计教学，在教学提示中也给出了具体的议题以供参考。议题是开展议题式教学的重要工具，明确了"用什么教"。从字面上我们可以把议题式教学理解为运用议题进行教学的教学方式。部分学者将议题式教学界定为教学方法，教学方法是以达到教学目标为目的，为了突破重难点，完成教学任务而采用的具体方法。有部分学者将议题式教学界定为教学模式。相比之下，教学模式的层次更高，它将教学方法模式化，总结了教学经验，包括教学策略、操作程序以及教师和学生的地位和角色。学界也对议题式教学的操作步骤形成了相关的研究，主要包括引入议题、创设情景、问题探究、师生互动等步骤。综上，我们可以把议题式教学当作一种教学模式。

（二）议题式教学的特征

议题式教学具有导向性、综合性、思辨性三个比较明显的特征。

首先，议题式教学的导向性体现在导向正确的政治方向和学科核心素养。习近平总书记强调要树立"四个自信"，这为我们坚定政治方向指明方向。在新课标教学提示中，以"中国为什么能"为议题，探究只有中国特色社会主义才能发展中国。教师引导学生对议题进行探究，在合作探究中形成对议题观点的认同，引导学生坚持正确的政治方向，坚定党的领导，形成对中国特色社会主义道路、社会主义制度的认同，把维护国家利益作为自

---

[*] **基金项目**：本文为湖北省教育科学规划2023年度一般课题（项目编号：2023GB073）、黄冈市教育科学规划重点项目（项目编号：2022GA17）、黄冈师范学院2023年教学研究重点项目（项目编号：2023CE16）的研究成果。

己的价值追求,培养学生的政治认同。

第二,议题式教学的综合性体现在两方面:一方面是议题设置具有综合性。议题的质量直接影响着课堂教学效果,而议题不是一成不变,也不是空洞的,应该与时代发展密切相关,与学生实际生活密切联系,同时也要能够促进学生思想的发展。因此,政治教师不能仅对教材进行简单加工而草率选择议题,而要与学生生活紧密结合,同时要关注时事、社会热点话题,收集素材,综合教材内容,学生实际和社会发展,创造出针对性、实效性、学生感兴趣的、起到价值引领作用的议题。另一方面,议题式教学在培养和锻炼学生综合能力方面有显著效果,在整个教学实施的各个环节上培养和锻炼学生的综合能力。

第三,新课标强调学生要通过辨析式学习来领悟真理,重视辨析的作用,这也正体现了议题式教学的思辨性。学生的思考和辨析是在议题引领的教学活动中进行的,学生对议题进行探究和讨论的过程,就是进行思考和辨析的过程。学生从不同角度进行思考,发表自己的观点,在讨论中,既要理解他人的观点,也要陈述自己的理由,最后通过整个辨析的过程来反思自己观点的不足,以及行为的偏差。通过对议题的讨论与探究,引导学生辨析各种看待问题的观点,学会具体问题具体分析的正确方法。

二、议题式教学在中小学思想政治课中运用的现状

(一) 议题式教学在中小学思想政治课中运用中存在的问题

1. 学生的课堂参与度不高

中小学思想政治课实施议题式教学,学生的参与至关重要。在对学生的调查中,有近一半的学生对于是否采用议题式教学持消极态度。此外,对学生在议题式教学课堂中学习状态的调查中,笔者发现学生的课堂参与度有待提高,大部分学生并没有真正参与到课堂教学活动中去,习惯于被动地接受知识,参与课堂的意识不强。

2. 议题设置不合理

打造活动型学科课程关键在于议题的确定[3]。因此,议题的开发与选取十分重要。合理的议题可以引导学生通过探究活动,更好地理解课堂内容,达到良好的教学效果。通过调查发现,当前教学中议题的设置存在以下问题:第一,议题难度设置不合理。第二,议题设置缺乏针对性,不符合学生实际,无法产生共鸣。

3. 教学评价不深入

根据对学生的调查发现,有12.93%的学生表示教师从不会对他们的表现给出评价,认为教师偶尔对他们的表现进行评价的学生占33.62%。有一半左右的学生表示教师会经常对他们在课堂讨论中的表现进行评价。由此可见,在议题式教学课堂中,教师对学生的评价还有待加深,不能忽略过程性评价,要重视评价并发挥教学评价的激励作用。

(二) 议题式教学在中小学思想政治课中运用中存在问题的原因分析

1. 学生知识储备不足、能力匮乏

教师设置议题,学生围绕议题搜集资料,课堂中根据老师设置的问题进行探究与讨

论,逐步完善自己的观点。在探究的过程中,综合运用多学科知识与技能为自己的论证提供支撑,从不同角度对问题进行剖析与探讨,这就要求学生有丰富的知识储备、较强的发散思维、合作探究的能力。然而通常学生习惯了只从课堂教学中获取书本知识,对外界其他知识了解甚少,学生的知识储备与能力无法适应议题式教学的要求,才使得学生在议题式教学课堂上感到无措,不懂得如何进行探究,也不能真正领悟议题设计的意义。

2. 教师实施议题式教学的素养有待提高

议题式教学作为一种新的教学方式,不同于应试教育下只关注学科知识的学习,而忽略学生能力与素养发展的机械灌输的教学方法,也对教师提出不同的要求。作为教学活动的引导者,教师也需要具备相应的素养。其中,不仅包括教师的知识基础,也包括综合能力。也就是说,教师需要具备议题式教学的相关知识和运用议题式教学的能力。新课标背景下,部分教师实施议题式教学的素养有待提高,需要完善知识储备,认真钻研议题式教学,提升开展议题式教学的能力。

3. 传统高考导向的评价模式的惯性

当前的评价方式以考试为主,把成绩作为评价指标,这与我国的升学考试是相呼应的。考出高分成为学生、老师、学校的共同诉求。因此,尽管新课标强调发展学生的学科核心素养,以及高考改革中颁布的《中国高考评价体系》也对高考考查的"四层"内容做出明确,即"核心价值、学科素养、关键能力、必备知识"[4],但是落实到具体的教学实践中,在教学中实施议题式教学,依旧会更多地关注教学重难点的突破,重视给学生总结答题套路、答题模板,更加偏重考查学生知识的掌握程度,而非能力发展与进步的现象。反映到教学评价中就变成了教师以是否与课堂教学知识相符合为评价的标准,对学生的表现与观点只评价对错,而不关注学生发展的其他方面。

三、议题式教学在中小学思想政治课中运用的必要性

(一) 转变学生学习方式,提升学生综合能力的需要

学生在议题式教学引导下的整个学习过程都不同于传统教学方式下学生的学习过程。在议题式教学课堂上,学生不能当教学的旁观者,不能全程听教师讲解,做做笔记,被动接受知识,而是需要主动参与到议题探究活动中去,与同学进行交流讨论,发表自己的见解,思维保持高度活跃,需要学生具备语言表达能力、合作探究能力以及辩证思维能力,在教学活动的各个环节上培养和锻炼学生的综合能力,转变学生的学习方式,促使学生的学习由被动变主动。

(二) 拓展教师专业知识,提升教师专业技能的需要

专业知识是教师进行教学的基础,专业技能是教师进行教学的基本要求。议题式教学作为一种新的教学模式,对教师的专业技能要求更高。为了提高议题式教学的运用实效,教师需要具备信息技术应用技能,熟练地运用互联网搜索信息,也要具备搜集与整理资料、整合课程资源、设置议题和问题、创设情景,组织教学、对学生进行学习指导、进行教学评价与反思以及自我发展能力。

（三）培育学生学科核心素养，落实课程目标的需要

议题式教学是沟通学科知识与生活实际的桥梁。议题式教学结合学科知识，围绕社会生活开发议题，引导学生对社会热点问题进行探究与剖析，学生在合作与探究中，产生思维的碰撞，透过现象看本质以及思辨能力得到提高，对于社会问题有进一步了解，从而激发学生对国家发展的使命感和责任感，形成政治认同；通过对法律知识的学习，培养学生法治意识；通过对基本政治制度的学习，培养学生公民意识，引导学生有序参与社会公共事务；通过对哲学思辨问题的探究，培养学生科学精神。可见，议题式教学对学生核心素养的培养有举足轻重的作用。

四、提升议题式教学在中小学思想政治课中运用效果的对策

提升议题式教学在中小学思想政治课中的运用，需从教师、学生、教学评价等多方面进行努力。

（一）树立先进的教育观念，努力提高专业素养和核心能力

1. 树立先进的教育观念

教育观念是教师在教育实践中形成的对教育的理解，对教学行为与教学活动有直接影响。传统的应试教育已不再适应当下的课改趋势，更新教育观念是实施新的教学方式的前提。教师是议题式教学的实施者，应自觉树立先进的教育观念。在教学中，教师要尊重学生主体性，关注个体差异，注重学生能力的发展和核心素养的培育。同时，要树立终身学习的观念。新课改下，教师要走出教学舒适区，避免出现惰性思维，要认真备课，积极钻研新的教学方式，熟练运用议题式教学，发挥其最大价值，以适应不断变化的社会。

2. 提升教师专业素养

为了更好地发挥议题式教学的作用，思政课教师要不断提升专业素养。教师的专业素养指教师要具备学科专业基础和教育专业基础。一方面，教师要具备学科专业基础，要钻研教材，具备扎实的理论知识。另一方面，教师要具备教育专业基础，应当及时了解教育学、心理学等学科的前沿理论，并将其运用到教学实践中。在设计议题探究活动时，要时刻检验活动是否符合教育学、心理学的相关规律，是否与学生的心理需求和认知规律相一致，以发挥议题活动的最大价值。

3. 提升教师核心能力

教师的核心能力主要包括教育教学能力、学习与创新能力。为了取得最佳教学效果，教师必须提升自身的核心能力。教学设计能力是包含在教育教学能力之中，是教师亟待提升的能力。在传统的思想政治课中，教师主要甚至可以完全按照教材和参考书设计课堂。但在议题式教学中，议题、情景、任务、知识是教学活动的关键因素，只有这四者完美结合，才能构建高效的议题式教学课堂。一线教师长期投身于教育实践，能够获得一手资料。创造性地提出新的议题设计方案，将最新的研究成果运用到教学实践中，有利于促进教学效果的提升。

（二）关注学生实际，引导学生学习

1. 关注学生实际，增加学生知识储备

首先要了解学生的真实状况。学生发展情况各不相同，他们的知识水平和能力发展状况各有不同。对于学生知识基础以及能力水平的准确把握，有利于教师把握教学难点与学生的可接受程度，有利于教师根据学生情况调整教学目标，从而设计出符合学生知识水平和能力状况的议题，激发学生参与课堂的热情，提高教学实效性。教师在教学中要向学生介绍国家发展的相关战略，引导学生要关注社会时事热点，增加知识储备，为课堂学习打下基础。

2. 加强学习指导，促进学生向学习者转变

传统学习过程中，由于学生长期被动接受知识，主动参与较少，通常难以形成科学的学习方法。议题式教学下，教师给了学生自由讨论的机会。在议题式教学中，议题引领课堂，设计主议题和子议题，围绕不同的议题展开，根据不同的议题创设不同的情景，设置不同形式的探究活动，采用不同的教学方法，那么对应地学生就需要采用不同的学习方法，才能适应课堂教学，达到最佳教学效果。因此，教师要向学生传授议题式教学所需要的学习方法，教会学生如何灵活运用，帮助其养成独立思考的习惯，逐渐脱离对教师的依赖，使学生具备独立学习、独立思考的品质和终身学习的能力，促进学生的长远发展。

3. 发挥引导作用，促进学生参与议题式教学课堂

议题式教学课堂坚持学生为中心，发挥学生的主体性，不是指学生可以取代教师的地位与作用。教师在教学过程中仍具有主导作用，发挥教师引导作用有助于提升学生的课堂参与度。一方面，教师引导学生搜集和整理信息。传统教学方式将学生禁锢在单向接受知识之下，学生获取信息的意识和能力不足，缺乏对搜集信息渠道的感知。因此，教师要引导学生在生活中积累素材，培养学生积累素材的意识。同时，要拓展学生搜集资料的渠道，并要求学生对所搜集的资料进行分类整理，以便在课堂讨论中迅速找到需要的资料，提升讨论效率。另一方面，教师要对学生的探究过程进行引导，了解学生的困惑，提供新的思路和思考方向，促进学生深入思考。总之，提升议题式教学课堂讨论的质量，教师的引导至关重要。

（三）建立恰当的评价机制，促进学生的发展

教学评价是对于教学活动及其效果进行考查与价值评估，是教学过程的重要环节。完善教学评价有利于提升议题式教学的实效性。

1. 重视教师评价，实现评价主体多元化

对教师进行评价给了教师自我反省、发现教学缺陷、提升教学水平的机会，促进教师的专业化发展。但从理论研究与教学实践来看，都更重视对学生的评价，对教师的评价有待完善。一方面，对教师进行综合评价。不仅要考查教师学科理论知识掌握情况，也要对其教学能力、思想品德修养等基本素养进行评价，更要考查教师是否顺应新课改的趋势，形成对议题式教学的深度理解，考查教师是否具备了终身学习的观念，以及寻求自我发展的意识和行为。另一方面，需要多方主体参与评价。通过教师的自我评价、教师互评等多

种方式,促进教师的全面发展。

2. 关注学生评价,注重评价指标多样化

教学评价是学生了解自己发展状况的直接途径,对学生的发展具有激励作用。一方面,要用多种方式对学生进行评价。议题式教学注重学生能力的发展与核心素养的培育,其中就包括搜集整理资料的能力、合作探究的能力、实践的能力。这些能力的提升是一个循序渐进的过程,更多地体现在课堂教学过程或课外实践中。因此,采用单一的书面考试评价是不合理的。另一方面,评价指标多样化。由于学生具有个体差异性,传统应试教育把考试成绩作为评价学生的唯一内容,容易打击学生的积极性。评价指标应该是多方面的,不仅包括考试成绩,也要包括学生的品德、性格、学习习惯、学习能力、学习态度,评价要关注学生发展的各个方面,才有利于培养全面发展的人。

总之,新课标下,教师要积极钻研新的教学方式,充分尊重学生主体性,加强学习指导,以学生为本,引导学生参与到课堂中,给予学生发展的空间,注重学生能力发展和核心素养的同步培育。一线中小学思政课教师在长期的教学实践中,若能对议题式教学进行摸索和熟练运用,将"灌输式"与"启发式"的教育方式巧妙结合,使思想政治教育真正入耳、入脑、入心,真正将二十大报告和新课标精神落到实处,将有效提升学生学习思想政治课程的积极性,实现立德树人的良好效果,对提高教学质量和培养政治立场坚定、专业素质过硬的社会主义建设者和接班人具有重要意义。

(黄冈师范学院　马克思主义学院　李　霞)

参考文献

[1] 习近平:用新时代中国特色社会主义思想铸魂育人 贯彻党的教育方针落实立德树人根本任务[J]. 旗帜,2019(04):6.

[2] 中华人民共和国教育部. 普通高中思想政治课程标准(2017年版2020年修订)[S].北京:人民教育出版社,2020.

[3] 中华人民共和国教育部. 普通高中思想政治课程标准(2017年版2020年修订)[S].北京:人民教育出版社,2020.

[4] 教育部考试中心发布《中国高考评价体系》[J]. 中小学德育,2020(02):78.

初中数学核心素养导向下的"学教评一致性"

——以"全等三角形的判定"为例*

摘要:学教评一致性可实现学习目标、教学任务和学习评价反思的统一,贯彻落实新课标提出并强调的核心素养,帮助核心素养的学习目标最大限度的得以实现。本文以"全等三角形的判定"为例,首先针对学生的学习制定学习目标;其次基于学习目标,制定教学计划,实施教学;最后,评价学习目标的达成度,进行反思。以期更好地落实核心素养的要求,将课标中相关规定具体化,为一线教师的教学实践提供参考和建议。

关键词:学教评一致性;核心素养;课程标准;初中数学

引言

《义务教育数学课程标准(2022年版)》(以下简称《标准(2022年版)》)以核心素养统领课程标准的各部分,从而使其各个组成部分保持内在的一致性和统一性。20世纪80年代起,随着美国开展的"基于标准"教育改革运动影响的扩大,"学教评一致性"的概念得到传播与推广。在我国,崔允漷教授最先提出"教—学—评一致性"这一概念,将其定义为"在特定的课堂活动中,以清晰的目标为前提,教师的教、学生的学以及对学习的评价应具有目标的一致性"[1]。章勤琼针对此概念提出"学教评一致性"相比"教学评一致性"更符合课标体系,也更符合教育教学实践的逻辑,并构建了基于《标准(2022年版)》的小学数学"学教评一致性"框架图[2],对于我国落实核心素养的教学实践具有借鉴意义。总体来看,针对初中阶段的数学"学教评一致性"研究较少,有待后续研究补充。在教学实践中注重实现"学教评一致性",一方面,有助于实现学习目标、教学任务和学习评价反思的统一;另一方面,贯彻落实新课标提出并强调的核心素养,帮助核心素养的学习目标最大限度的得以实现。

以核心素养为导向的教学实践就是要时刻关注核心素养这一课程目标,落实立德树人的根本任务。在初中数学教学中,要基于课程标准实现"学教评一致性",就需要首先针对学生的学制定学习目标;基于学习目标,制定教学计划,实施教学;最后,评价学习目标的达成度,进行反思。以下将围绕《义务教育教科书数学八年级上册(人教版)》第十二章第二节全等三角形的判定展开说明,详细阐述"学教评一致性"的实践路径,以期更好地落

---

* 通讯作者:陈惠汝,黄冈师范学院数学与统计学院,教授,硕士生导师,chenhuiru@hgun.edu.cn。**基金项目**:本文为黄冈市教育科学规划研究项目(2022GA19)、黄冈师范学院教学研究项目(2022CE68)和黄冈师范学院研究生工作站研究项目(5032023024)的研究成果。

实核心素养的要求,将课标中相关规定具体化,为一线教师的教学实践提供参考和建议。

一、确定学习目标

学科课程目标实际上就是学科核心素养的具体展开。义务教育数学课程应使学生通过数学的学习,形成和发展面向未来社会和个人发展所需要的核心素养。确定学习目标包括两个环节:核心素养目标化和核心目标具体化。

(一) 核心素养目标化

核心素养被认为是立德树人目标的具体化,得到教育行政部门的认可。《标准(2022年版)》十分强调核心素养的重要性,要在实践中落实核心素养,有必要在进行单元核心目标的确定时,始终以培养学生的核心素养为宗旨。在初中阶段一共有9个核心素养,在学生学习各具体的章节内容时,核心素养的体现各有侧重。

例如,"全等三角形的判定"这一内容的学习,关乎对平面图形的性质与关系的理解,以及对基本的几何证明方法的掌握,这暗含了核心素养的几何直观和推理能力两大内容。根据《标准(2022年版)》中"图形与几何"第四学段"三角形"的相关内容要求和教学提示[3],以及对应阶段的学生学情分析(见表1),得出在"全等三角形"这一单元,全等三角形的判定方法是核心内容。这五种方法是推导三角形对应角和对应边关系的重要基础,同时又能迁移到相似三角形等其他几何内容的学习。因此,"几何直观""推理能力"和"应用意识"在这里需要体现的单元核心目标为:掌握全等三角形的判定方法和尺规作图的方法。

表1 "全等三角形的判定"章节学生学情分析

教学内容	学生学情分析
探索三角形全等的条件	八年级的学生思维水平正在逐渐提高,自主探索三角形全等的条件,即从六个条件中选择部分条件简捷地判定两个三角形全等、通过逐渐增加条件的数量构建出三角形全等条件的探索思路仍有一定困难。
作一个角等于已知角(尺规作图)	尺规作图,探究"边边边"和"边角边"的判定方法,并规范运用判定方法解决简单证明问题。

(二) 核心目标具体化

核心目标具体化是教学设计的重要依据。如果以课时为单位,单元核心目标为终点,那么核心目标的具体化就是将如何到达终点的路径清晰化的过程。因此,依据核心素养确定了核心目标之后,还需要在具体教学和评价中首先厘清"掌握全等三角形判定方法和尺规作图方法"的内涵,并将这一教学目标具体化。

上述核心目标具有一定的概括性,其中"掌握"是《标准(2022年版)》中提到的有关描述结果目标的行为动词,这样对目标进行描述仍不够具体,对于学习内容,即全等三角形的判定和尺规作图,究竟需要掌握什么,掌握到什么程度,以及经历了什么样的学习过程后,发生了怎样的变化,仍然表述不清。

因此,结合《义务教育教科书教师教学用书.数学.八年级上册(人教版)》对教材第十二章第二节全等三角形的判定的解读,学生的学情,以及相关文献的阐述,将核心目标具体化为以下三点,并细分学生理解核心目标的表现,如表2所示。

表2 "全等三角形的判定"章节核心目标具体化以及学生理解核心目标的表现

核心目标		具体化	学生理解核心目标的表现
掌握全等三角形的判定方法和尺规作图的方法	目标一	构建三角形全等的探索思路,体会研究几何问题的方法	①知道判定三角形全等的含义 ②能依次增加条件数量,探究保证三角形全等的条件 ③知道五种判定三角形全等的方法
	目标二	能熟练并灵活运用五种三角形全等的判定方法	①能规范应用五种判定方法证明三角形全等 ②能根据条件灵活选用合适的判定方法 ③能综合运用全等三角形的性质证明线段相等或角相等
	目标三	能用尺规完成基本作图,了解作图的道理	①能作一个角等于已知角,并会利用基本作图作三角形 ②能够利用对应判定方法解释作法的合理性

核心目标的具体化为教学设置了明确的出发点,后续教学设计应与教学目标紧密结合,使得《标准(2022年版)》提出的核心素养落实在课堂中。

二、制定教学计划

教学计划的制定应以学习目标为导向,保证"学"和"教"的一致性。学习目标注重核心素养在数学教学中的达成,核心素养导向下的中学数学教学关注的是不同知识点间的横纵向联系,强调数学的整体性、数学思想方法内在的一致性,因此需要围绕主题从单元角度来设计和实施教学,体现多元化教学目标的有机融合,体现知识之间的联系与内容的整体性。具体分为两个环节:核心目标具体化和教学活动实施。

(一) 核心目标具体化

教学中,依据学生理解全等三角形判定的核心目标的表现,设置了四个核心任务,分八课时,其中安排三课时完成任务一和任务二,安排三课时完成任务三,最后安排两课时完成任务四(见表3)。这样设置的目的是要让学生充分经历思考探究的过程,得到三角形全等判定的方法,逐步形成"几何直观""推理能力"和"应用意识"三大核心素养。

表3 具体教学任务安排

教学任务	具体任务安排	主要核心素养体现
任务一	探究是否一定要满足三边分别相等、三个角分别相等这六个条件,才能保证两个三角形全等	几何直观 推理能力
任务二	尺规作图,探究"边边边"和"边角边"的判定方法,并规范运用判定方法解决简单证明问题	几何直观 推理能力
任务三	尺规作图,探究"角边角"和"斜边、直角边"的判定方法,推导"角角边"的判定方法,并规范运用判定方法解决简单证明问题	几何直观 推理能力
任务四	灵活运用五种判定方法,解决几何问题	推理能力 应用意识

任务一和任务二是相互衔接的,主要实现学习目标一,学习目标二的表现一和学习目

标三;任务三继续延续任务二的思路,主要实现学习目标一的表现三,学习目标二的表现一和学习目标三;任务四将对前三个任务探究得到的五个判定定理的应用进行深入学习,主要实现学习目标二的表现一和表现二。

(二) 教学活动实施

在设置好学习任务后,还需要充分考虑实际的教学安排。教学活动的实施要以学习目标为导向、学习任务为框架,以学生为主体进行展开,有效的学习结束后,应该会看到学生知识增长、经验丰富、能力提升、态度转变。

1. 任务一、二环节步骤

在"全等三角形的判定"任务一和任务二学习环节中,任务一实施之前学生已经学习了全等三角形的定义和性质。那么本环节由图形的性质与判定在命题陈述上的互逆关系出发,让学生在区分性质和判定的过程中体会判定三角形全等的含义;然后引出由三条边分别相等、三个角分别相等判定两个三角形全等的方法,感受定义在判定三角形全等当中的作用;接下来为寻找更简捷地判定三角形全等的方法,从"一个条件"开始,逐渐增加条件的数量,对"一个条件""两个条件""三个条件"的情形分别进行探究,从而构建三角形全等的探索思路,体会研究几何问题的方法;在探究"三个条件"的判定方法时,引导学生从"边边边"入手,通过作图实验,猜想结论,再以基本事实的形式给出判定方法,接着研究"边角边"是否可行,过程中发现需要掌握作一个角等于已知角的尺规作图方法,在探究过程中了解作图的道理;最后利用教材中的例题展示"边边边"和"边角边"两个判定定理的简单应用,学习规范证明三角形全等的步骤。

2. 任务三环节步骤

在"全等三角形的判定"任务三学习环节中,继续延续前面的思路,类比任务二中"边边边"和"边角边"的验证思路,通过作图实验得到在"边边角"的情况下有时可能作出两种图形,其中一定有一种图形与原图形不全等,否定了"边边角"的情况,这个过程也让学生体会到要判断一个命题是假命题,只要举出一个反例;接下来同样通过作图实验猜想"角边角"的正确性,以基本事实的形式给出判定方法,接着利用"角边角"推理证明出"角角边"的判定方法,用已获得的判定方法证明新的判定方法;最后探究判定直角三角形全等的特殊方法;利用教材中例题展示"角边角""角角边"和"斜边、直角边"三个判定定理的简单应用,学习规范证明三角形全等的步骤。任务一到任务三让学生充分经历探究过程,在充分探索的基础上感受结论的合理性。

3. 任务四环节步骤

在"全等三角形的判定"任务四学习环节中,证明三角形全等的判定定理有五个,方法的多样性就增加了具体应用时选择对应判定方法的难度,需要对判定定理进行深入学习,让学生在具体问题中体会每种判定方法的适用条件,进而根据条件灵活选用合适的判定方法;此外,部分问题并不能用全等的判定方法直接证明,还需要结合三角形全等的性质进一步说明,例如,证明图形中线段之间的数量关系,要先证明两个三角形全等,再利用三角形全等的性质得到对应线段相等,将线段进行转化,从而与其他线段建立数量关系。

三、开展评价反思

评价内容的选取应主要关注学习目标的达成度,教学计划的制定是以学习目标为导向,蕴含了对教学计划完成情况的评价,体现出"学"和"评"、"教"和"评"的一致性。开展评价反思可具体分为两个环节:评价框架设计和评价结果反思。

(一) 评价框架设计

评价是对学生的"学"和教师的"教"方方面面的检验,并不仅仅是指期末考试、毕业考试,还应发生在日常课堂教学中。因此制定评价框架,可以帮助教师更好地结合学生的课堂表现和课后任务完成情况查验学生的学习效果,从而进一步改进教学。

针对"全等三角形的判定"章节的具体学习目标和教学任务,参考《义务教育教科书教师教学用书(2013年版)》本章节的教学设计案例中所提出的问题和目标检测设计,制定如下评价框架:

1. 目标一测试题:

测试题1:请说出你理解的三角形全等的性质和三角形全等的判定的区别?

测试题2:请说出三个条件使两个三角形全等的所有可能情况,特殊的直角三角形的全等证明能否使用两个条件"斜边、直角边"?并用画图的方式验证。"角角边"能否由"角边角"推导得出?

2. 目标二测试题

测试题:请完成书上的例题1-3、例题5和本节复习巩固的习题5。

3. 目标三测试题

测试题:尺规作图。已知$\angle AOB$,求作$\angle A'O'B'$,使$\angle A'O'B' = \angle AOB$,并解释作图方法的原理。

(二) 评价结果反思

以评促教发生在日常课堂教学中,只有与学和教一体化,才能使得课堂教学效果更好地达成。教学评价要注重对评价结果的运用。首先,运用评价结果明确学生学习目标达成的现状,分析其各个具体方面的表现;其次,发现学生实现学习目标存在的问题,切实诊断学生核心素养发展的困境;最后,探索影响学生实现学习目标的因素,为学生提供促进素养培育的反馈信息[4]。

例如,对于学习目标二的测试题中的第2题,若有学生不能正确地做对,则需要分析具体的原因:分为知识概念(全等三角形的五个判定定理是否掌握)、分析能力(能否分析出本题目是需要选用合适的条件来证三角形ABC和三角形CDA全等)、知识运用(能否灵活选用合适的条件来证三角形全等)三个方面。针对某方面存在的不足,及时调整教学,帮助学生搭"脚手架",引导学生掌握三角形全等五个判定方法的数学本质,并在课后布置相关的习题,巩固练习,帮助学生真正学会灵活运用五个判定方法。本次评价反思的结果,为后续教学任务设计优化提供参考,以帮助下一轮教学进行深入分析、比较、研究,真正体现"学教评一致性",形成教学上的良性循环。

（黄冈师范学院　数学与统计学院　马晨辰　戴晓畤　陈惠汝

黄冈市实验幼儿园　郑爱民）

参考文献

[1] 崔允漷,夏雪梅."教—学—评一致性":意义与含义[J].中小学管理,2013(1):4-6.

[2] 章勤琼,阳海林.基于课程标准的小学数学"学教评一致性"——兼论核心素养的落实与评价[J].课程.教材.教法,2022,42(11):21-28.

[3] 中华人民共和国教育部.义务教育数学课程标准(2022年版)[S].北京:北京师范大学出版社,2022.

[4] 伍远岳."一致性"思维审视:基于新课标的教学评价[J].教育家,2022(44):9-10.

基于 SEM 的初中数学课堂生态建设质量与教学行为监测评估

摘要：教师的教学行为是教学效果的直接决定者,也是课堂生态建设的重要影响因素。以主教行为、助教行为和管理行为为一级指标,构建十二个二级指标,采用结构方程模型探讨各指标间的相关关系,并针对初中数学课堂生态建设的教学行为提出一种定量评价的方法,为改善初中数学生态课堂建设提供数据支撑,以期实现初中数学生态课堂建设质量的提升。

关键词：初中数学;教学行为;结构方程;生态课堂;教学评价

引言

课堂教学评价既是实现教育目的、落实培养方案、保障学科教学效率的重要手段,还是提高课堂教学质量和深化教育评价改革的关键环节。课堂中,教师的课堂教学行为直接影响教学的效果,决定着教学质量。通过改变教师的课堂教学行为,可以改善学生的课堂表现和教学效果,进而促进课堂生态的建设[1]。因此,实施合理有效的课堂教学评估对于改善课堂教学具有重要意义。

教学行为研究始于克雷茨,他绘制了有效课堂教学行为量表,为教师培训和专业发展提供了依据。从 20 世纪 60 年代开始,教师教学行为成为专门的研究领域。在 20 世纪 70 年代,盖奇研究发现教师灵活的教学方法对学生行为影响较大。20 世纪 80 年代末,杜威等学者认为每个学生都有健康成长的需求,开始出现"教师生态研究",其研究方法是"情境——生态法"。然而,教师教学行为是一个比较抽象复杂的研究对象,由于过于关注教师、学生与教学环境之间的相互影响,研究片面化,并未取得理想的成果。

随着新课改的推进,国内学者也开始了对教学行为的研究。施良方将教师教学行为划分成主要教学行为、辅助教学行为以及课堂管理行为。李松林采用过程论分析法探讨了如何运用课堂观察评估教师课堂教学行为。郭绍青专门设计了课堂教学视频分析软件来评估教师教学行为。胡绍广提炼出了 16 个关键教学行为,后从中筛选出了几个关键教学行为,如师生互动、教师提示、教师展示、学生做题。吴晓鹏以弗兰德互动分析系统为基础开展了教师教学语言对教学效果的影响。虽然对教师教学行为的评价已经开始关注课堂生态性,但并没有针对量化评估课堂生态建设的教学行为的评价模型,缺乏科学性。

因此,在初中学段,从教师的主要教学行为、辅助教学行为、管理教学行为来研究分析初中数学教师的教学行为特征。首先,筛选课堂教师教学行为对数学课堂生态建设的评价指标;其次,构建教学行为对课堂生态建设评价指标的方程模型,利用 AMOS 软件验证模型,确定各评价指标间的相对重要性,从而确定评价指标权重,建立初中数学课堂生态建设的教学行为评价模型。

一、构建评估指标体系

根据吴宪军、王延玲编制的"教学行为评价表"将主教行为、助教行为和管理行为作为一级指标[2]。依据高巍构建的"课堂教学行为观察与评价指标"中的授课内容的再计划、对授课对象的评价、学习过程的管理，设计二级指标研究其对学生以及课堂生态建设的影响。一级指标及二级指标分别设定结构方程模型的潜变量和对应的观测变量，见表1。

表1 样本特征分布描述

一级指标	二级指标	观测变量
主教行为（A_1）	讲授行为（B_1）	理解情况
	提问行为（B_2）	互动情况
	指导行为（B_3）	实施与落实情况
	评价反馈行为（B_4）	鼓励情况
	解决数学问题行为（B_5）	时效性
助教行为（A_2）	板书行为（B_6）	数量及规范程度
	信息技术应用（B_7）	应用频率与操作水平
	学习动机的激发与培养（B_8）	实施与落实情况
	肢体语言（B_9）	协调情况
管理行为（A_3）	课堂规则（B_{10}）	制定与公布情况
	课堂管理模式（B_{11}）	改进与更新情况
	课堂时间管理（B_{12}）	把控情况

（一）课堂观测点描述

为了便于对课堂教学行为进行观测，根据中学数学课堂教学特点，选取了16个观测点，并依据这些指标编制问卷。

（二）研究假设

在提炼教师教学行为对课堂生态建设影响的评估指标体系的基础上，提出了三个假设：
H_1：教师的主教行为对数学课堂生态建设具有直接正向影响
H_2：教师的助教行为对数学课堂生态建设具有直接正向影响
H_3：教师的管理行为对数学课堂生态建设具有直接正向影响
将获取的16个评估指标，进行问卷设计，面向郑州市某中学八年级学生进行调查。

二、调查问卷的编制与实施

（一）问卷题项描述

根据以上16个观测点，设计了调查问卷，共18个题目，题项均设置正向问题。问卷采用李克特五级量表正向计分原则，问卷题项设置见附录1。

(二) 问卷的信度与效度分析

共发放 225 份问卷,其中有效问卷 223 份,有效率为 0.991。

1. 信度分析

将问卷数据导入 SPSS 软件中进行信度检验,结果如表 2。信度系数值为 0.984,大于 0.9,因而说明研究数据信度质量很高。

表 2　Cronbach 信度分析

项数	样本量	Cronbach α 系数
16	223	0.984

2. 效度分析

使用 KMO 和 Bartlett 检验进行效度验证,见表 3,KMO>0.8,说明问卷具有良好效度。

表 3　KMO 和 Bartlett 的检验

	KMO 值	0.935
Bartlett 球形度检验	近似卡方	3 002.102
	v	153
	p 值	0.000

(三) 描述性统计及正态性检验

量表计分方式为 1—5 正向计分,各个变量的均值得分均在 4 以上,表明本次研究对象在对教师教学行为的认识上处于中等水平以上。采用偏度和峰度对问卷各个测量题项的正态性进行检验,结果如表 4。

根据 Kline(1998)提出的标准,认为偏度系数绝对值在 3 以内,峰度系数的绝对值在 8 以内,则可以认为数据满足近似正态分布的要求。观察表 4,本次研究各个测量题项数据均满足近似正态分布。

表 4　各个维度描述统计及测量结果正态性检验结果

维度	测量题项	均值	标准差	偏度	峰度	总均值	总标准差
主教行为	ZJ1	4.45	0.883	−2	4.29	3.180 6	1.202 34
	ZJ2	4.43	0.946	−1.903	3.264		
	ZJ3	4.49	0.869	−2.18	5.109		
	ZJ4	4.17	1.159	−1.468	1.273		
	ZJ5	4.43	0.926	−1.908	3.499		
	ZJ6	4.41	0.958	−1.92	3.555		
	ZJ7	4.43	0.969	−1.991	3.684		
	ZJ8	4.31	0.991	−1.729	2.821		
	ZJ9	4.41	0.891	−1.799	3.296		
	ZJ10	4.44	0.883	−1.909	3.729		
	ZJ11	4.48	0.904	−2.008	3.819		

续表

维度	测量题项	均值	标准差	偏度	峰度	总均值	总标准差
助教行为	zj1	4.39	0.976	−1.83	2.954	3.148 6	1.202 34
	zj2	4.42	0.937	−1.76	2.684		
	zj3	4.39	0.927	−1.663	2.486		
管理行为	GL1	4.41	0.944	−1.774	2.71	3.154 8	1.269 87
	GL2	4.43	0.922	−1.854	3.326		
	GL3	4.48	0.879	−1.93	3.734		
	GL4	4.49	0.874	−2.039	4.201		

三、适配度检验

分别对教师教学行为量表进行验证性因子分析和教师教学行为量表 CFA 模型适配度检验,结果如表5。

表5 问卷适配度检验

指标	参考标准	实测结果
CMIN/DF	1~3 为优秀,3~5 为良好	5.499
RMSEA	<0.05 为优秀,<0.08 为良好	0.042
IFL	>0.9 为优秀,>0.8 为良好	0.907
TLI	>0.9 为优秀,>0.8 为良好	0.879
CFI	>0.9 为优秀,>0.8 为良好	0.907

由表5可知,CMIN/DF(卡方自由度比)=5.499>5 表示良好,RMSEA(误差均方根)=0.042<0.05,结果优秀,另外的 IFL 和 CFI 的结果达到了优秀,TLI 的结果良好。教师教学行为 CFA 模型具有良好的适配度。

在教师教学行为量表 CFA 模型具有良好适配度的前提条件下,将进一步检验各个量表各个维度的收敛效度(Average Variance Extraction,AVE)和组合信度(Composite Reliability,CR),结果如表6。

表6 教师教学行为量表各个维度收敛效度和组合信度检验

路径关系			Estimate(a_i)	a_i^2	ϑ(误差)	AVE	CR
ZJ1	←	主教行为	0.934	0.872 4	0.127 6	0.758 8	0.971 5
ZJ2	←	主教行为	0.884	0.781 5	0.218 5		
ZJ3	←	主教行为	0.896	0.802 8	0.197 2		
ZJ4	←	主教行为	0.556	0.309 1	0.690 9		
ZJ5	←	主教行为	0.888	0.788 5	0.211 5		
ZJ6	←	主教行为	0.833	0.693 9	0.306 1		
ZJ7	←	主教行为	0.898	0.806 4	0.193 6		
ZJ8	←	主教行为	0.784	0.614 7	0.385 3		
ZJ9	←	主教行为	0.953	0.908 2	0.091 8		
ZJ10	←	主教行为	0.954	0.910 1	0.089 9		
ZJ11	←	主教行为	0.927	0.859 3	0.140 7		

续表

路径关系			Estimate(a_i)	a_i^2	ϑ（误差）	AVE	CR
zj1	←	助教行为	0.921	0.848 2	0.151 8		
zj2	←	助教行为	0.939	0.881 7	0.118 3	0.868 7	0.952 0
zj3	←	助教行为	0.936	0.876 1	0.123 9		
GL1	←	管理行为	0.911	0.829 9	0.169 0		
GL2	←	管理行为	0.953	0.908 2	0.091 8	0.854 8	0.959 3
GL3	←	管理行为	0.954	0.910 1	0.089 9		
GL4	←	管理行为	0.878	0.770 9	0.229 1		

检验流程通过建立的 CFA 模型计算出各个测量题项在对应维度上的标准化因子载荷。接着通过 AVE 和 CR 的计算公式，计算出各个维度的收敛效度值和组合信度值，其中 a_i 表示评估值，ϑ 表示误差，其公式如下：

$$\text{AVE}=\frac{\sum_{i=1}^{n}a_i^2}{n}, \text{CR}=\frac{(\sum_{i=1}^{n}a_i)^2}{(\sum_{i=1}^{n}a_i)^2+\sum_{i=1}^{n}\vartheta} \tag{1}$$

根据标准，AVE 值最低要求达到 0.5，CR 值最低要求达到 0.7，才能说明具有良好的收敛效度和组合信度。根据表 6 发现，各个维度均具有良好的收敛效度和组合信度。

由图 1 可知，三个潜变量之间的相关系数分别为 0.72、0.69、0.75，介于 0.59—0.78 之间，提示该模型可能具有更高层次的因子结构，构建教师教学行为对课堂生态建设影响的二阶三因子 CFA 模型。教师教学行为对课堂的影响可由三个一阶因子和一个高阶共同因子说明课堂生态，见图 2。

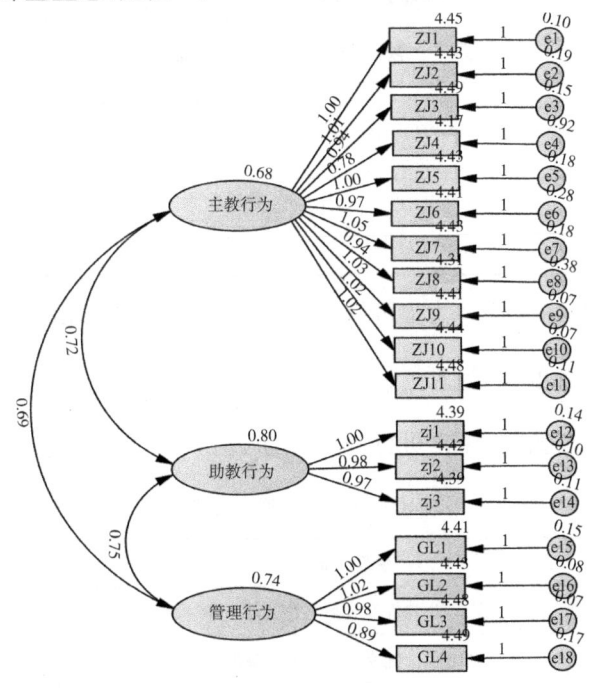

图 1 CFA 模型图

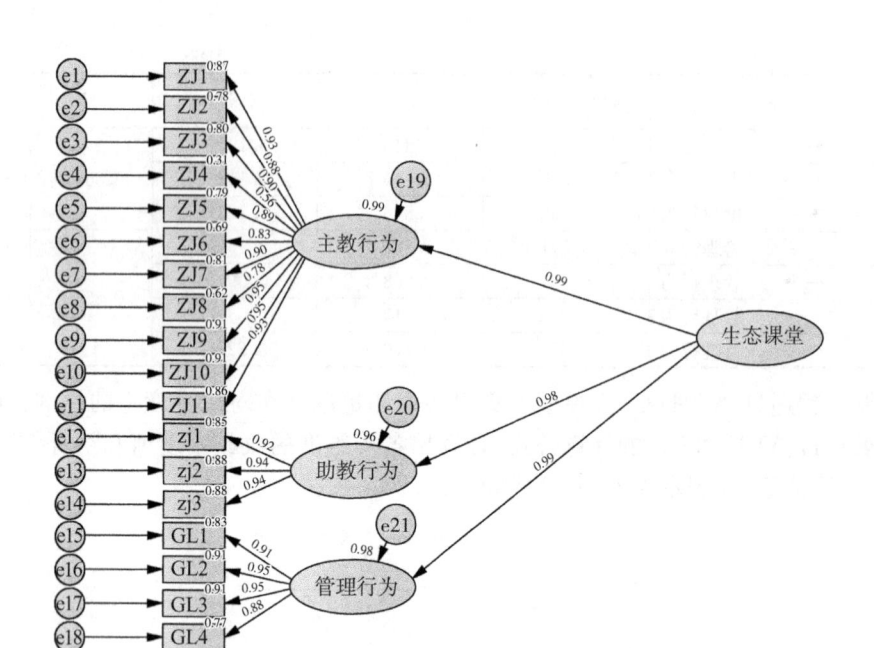

图 2　SEM 分析模型图

（一）SEM 模型信度检验

在对模型进行信度检验时，克隆巴赫系数取值范围在 0～1 之间，系数值越高，信度越高，可靠性越好。将调查问卷中的数据代入 SPSS 软件中，其结果如表 7。

表 7　教师教学行为量表信度分析

变量	克隆巴赫系数	项数
主教行为	0.968	11
助教行为	0.952	3
管理行为	0.957	4

信度系数在 0.8～0.9 之间为很可信，0.9～1 之间为非常可信，表面信度良好。

（二）SEM 模型适配度检验

利用 AMOS 对模型的适配度进行进一步的检验，结果如表 8。

表 8　SEM 模型适配度检验

指标	参考标准	实测结果
CMIN/DF	1～3 为优秀，3～5 为良好	1.574
RMSEA	<0.05 为优秀，<0.08 为良好	0.045
IFL	>0.9 为优秀，>0.8 为良好	0.946

续表

指标	参考标准	实测结果
TLI	>0.9 为优秀,>0.8 为良好	0.941
CFI	>0.9 为优秀,>0.8 为良好	0.945

观察表 8,CMIN/DF(卡方自由度比)=1.574,在 1～3 的优秀范围内,RMSEA(误差均方根)=0.045,在<0.05 的优秀范围内,另外的 IFL、TLI 和 CFI 的检验值均达到了 0.9 以上的优秀水平。因此,综合本次的分析结果可以说明,教师教学行为 SEM 模型具有良好的适配度。

(三) SEM 模型下课堂生态效果评价

在图 2 中,若用 A_1、A_2、A_3 分别表示主教行为、助教行为、管理行为,η 反映了三种教师教学行为对生态课堂的影响程度,ω_i 表示三种教学行为对生态课堂影响的权重,e_i 表示各教学行为与生态课堂之间的相关系数,B_{ij} 表示各教学行为下二级指标对其影响的权重,t_{ij} 表示二级指标与各教学行为的相关系数,根据公式可计算出课堂生态效果值 η 与 ω_i。

$$\omega_i = \frac{e_i}{\sum_{i=1}^{n} e_i} \quad A_i = \sum_{i=1}^{n}\sum_{j=1}^{n} t_{ij} B_{ij} \quad \eta = \sum_{i=1}^{n}\sum_{j=1}^{n} \omega_i t_{ij} B_{ij} \tag{2}$$

Sept 1:计算三种教学行为对生态课堂影响的权重 ω_i;

再得出 $e_1=0.99$,$e_2=0.98$,$e_3=0.99$,根据公式(2),计算出 ω_i;

Sept 2:利用 AMOS 软件,分别计算出各教学行为下二级指标对其影响的权重 B_{ij};

Sept 3:观察图 3,找出二级指标与各教学行为的相关系数 t_{ij},利用公式(2),计算出 A_i。

将 B_{ij} 和 ω_i 的运算结果用图 3 表示。

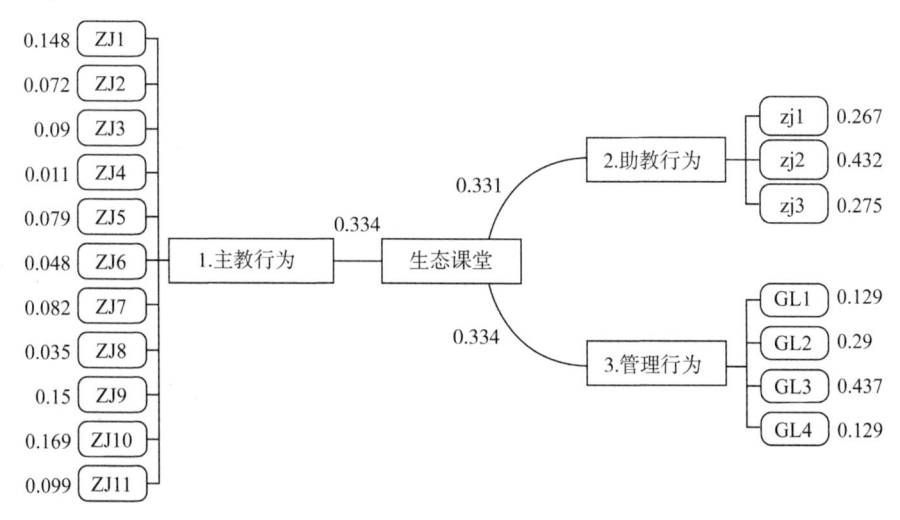

图 3 三层指标间各参数值分布图

根据公式(2)可计算出 $\eta=0.250+0.281+0.287=0.818$。

四、结语

通过对所调研课堂中教师主教行为、助教行为、管理行为的分析,建立基于SEM的初中数学课堂生态建设的教学行为评价模型,发现教师三种教学行为对课堂生态建设影响效果值为0.818,该模型有利于深入分析教师教学质量,对于提升教师课堂教学水平、促进课堂生态建设具有重要意义。

基于SEM的初中数学课堂生态建设的教学行为评价模型,为数学课堂生态建设效果提供了一种新的评价方法,该方法实现了由定性评价到定量评价的转变。在实践操作上,研究者可以进一步扩大样本测试的范围,运用统计分析的方法,合理地确定数学生态课堂建设效果的评价区间,进而将评价结果合理地运用于初中数学教师课堂教学诊断、改进和长期跟踪与监测,以提高初中数学教师专业教学技能。

(黄冈师范学院　数学与统计学院　马瑞芳　库在强)

参考文献

[1] 赵勇胜.初中数学教师教学行为特征分析[D].延吉:延边大学,2021.
[2] 丁福全,贾玉翠.中学数学教师教学信念与教学行为的调查研究[J].中学数学研究(华南师范大学版),2017(08):3-4+9.

基于问题链的高中英语阅读教学实践探究

摘要:当前高中英语阅读教学内容多存在教学过程缺乏连贯性和层次性,问题设计脱离文本主题以及缺乏核心主线等问题。针对以上问题,本文将问题链教学模式和英语阅读教学相结合,以人教版高中英语必修 1 Unit 1 *Teenage Life*(第一单元《青少年生活》)为例,通过设计不同层级的问题,将阅读教学目标分解为相对独立又相互关联的问题群,引导学生深入理解语篇内容,最终达到阅读的评价性理解,从而提升学生的阅读理解能力,发展学生的思维品质。

关键词:问题链;问题设计;阅读理解能力

一、引言

《普通高中英语课程标准(2017 年版 2020 年修订)》(以下简称《课标》)总目标是培养学生英语学科核心素养。英语学科核心素养除语言能力、文化意识、学习能力以外,还提倡培养学生思维品质的发展。阅读教学是提升学生语言能力和培养学生思维品质的重要渠道,但目前高中英语阅读教学中多存在思维浅层化、结构碎片化等问题,具体表现为:教学过程缺乏连贯性和层次性,问题设计脱离文本主题以及缺乏核心主线等,严重阻碍学生阅读理解能力的提升,不利于培养学生英语学科核心素养[1]。问题链是教师根据教学目标和内容,结合学生已有知识和认知结构特点,按照一定的逻辑关系分解为指向明确、相互独立又相互关联的问题群[2]。问题链可以将教材知识转换成为层次鲜明、具有系统性、连贯性的教学问题,并结合学生的认知水平和思维能力,以阅读的文本内容为主题,帮助学生提高阅读效率[3]。为解决当下高中英语阅读教学中存在的思维浅层化、结构碎片化等问题,本文尝试将问题链应用于高中英语阅读教学中,通过设计学习理解类问题、应用实践类问题以及迁移创新类问题来引导学生由表层理解逐步过渡到评价性理解,注重培养学生英语学科核心素养。

二、理论基础

(一)阅读理解能力的内涵及阅读教学理论基础

1. 阅读理解能力的内涵

《课标》提出了对语篇研读不同层次的要求,要求学生能够从阅读语篇中提取主要信息和观点,把握主要事件的来龙去脉,理解语篇逻辑关系和作者的意图及立场,批判性地审视语篇内容等。根据理解的程度由低到高分为三个等级:表层理解、深层理解、评价性理解。表层理解是指从理解整篇内容入手,浏览和捕捉重要线索,对文章形成总体印象,找出语篇中心思想和重要信息;深层理解是指尝试理解作者的意图和立场,实现篇章的深层理解;评价性理解是指可以根据语篇内容和结构特点,发表自己的见解和观点。

2. 阅读教学的理论基础

《课标》指出英语学习活动的设计应以促进学生英语学科核心素养的发展为目标,通过学习理解、应用实践、迁移创新等层层递进的语言、思维、文化相融合的教学活动帮助学生分析问题、解决问题,创造性地表达个人观点、情感和态度,培养学生阅读理解能力从表层理解过渡到评价性理解。英语学习活动依据认知层级划分主要包括学习理解类活动、应用实践类活动、迁移创新类活动,这三种活动在语篇阅读学习中分别对应阅读理解能力发展的不同程度,如表1所示。

表1 阅读理解能力层级表

英语学习活动	阅读理解能力	语篇研读
学习理解	浅层理解	基于语篇
应用实践	深层理解	深入语篇
迁移创新	评价性理解	超越语篇

(二)问题链的内涵及理论基础

1. 问题链的内涵

问题链是教师为了实现一定的教学目标,根据学生已有知识或经验,针对学生学习过程中将要产生或可能产生的困惑,将教材知识转换成为层次鲜明、具有系统性的、连贯性的教学问题,是一组有中心、有序列、相对独立而又相互关联的问题,具有关联性、层次性、指向性等特点[2]。

2. 问题链的理论基础

问题链主要基于布鲁姆的认知目标分类学,他将认知过程从低到高共分为六个层级,即记忆、理解、运用、分析、评价、创造六个阶段[4]。依据布鲁姆认知目标层级,将问题分为:学习理解类问题、应用实践类问题以及迁移创新类问题等不同层级,由浅入深,层层递进地把问题之间相互连接以形成问题链,其中记忆与理解阶段对应学习理解类问题,运用与分析阶段对应应用实践类问题,评价与创造阶段对应迁移创新类问题。

(三)问题链在阅读教学中设计的重要性

阅读教学在高中英语课程体系中占据十分重要的地位,是培养学生思维能力的主要渠道。问题链不仅可以促进对文章结构的深层理解,使课堂紧紧围绕阅读内容的核心任务展开,还可以引导学生基于单元主题对文本进行层层深入的解读,启发学生思考,提升学生语言能力、文化意识、学习能力和思维品质。依据学生认知发展规律,设计具有层次性的问题链进行阅读教学,是锻炼学生思维品质、改善高中英语浅层阅读教学现状、促进学生深度阅读的主要渠道之一,是对《课标》培养学生思维品质的积极呼应。

三、高中英语阅读教学存在的问题

(一) 教学过程缺乏连贯性和层次性

根据《课标》的要求,高中英语课程应注重语篇的整体呈现,问题之间应具有连贯性和层次性。然而在实际教学过程中,不少教师将语篇内容肢解,简单设计几个导读问题,让学生速读找到答案,并没有围绕文章的主线去设置阅读问题,各个问题之间没有逻辑,互相孤立,缺乏连贯性和层次性[5];

【案例一】在执教 2019 年人教版高中英语必修 1 Unit 2 *Travelling Around*（单元二 《四处旅行》）时,某位老师设计了以下问题:

Q1:Which places do you think is the most interesting? Why?（你觉得哪个地方最有趣? 为什么?）

Q2:What is the main idea from this text?（文章大意是什么?）

Q3:What's the geographic characteristic?（地理特征是什么?）

本课的活动主题是"探索秘鲁",教师在课堂上应引导学生充分了解秘鲁这个国家的人文地理,从整体上把握语篇内容。但这位教师的教学仅仅停留在零散的表层信息,无法上升到语篇的高度,缺乏对语篇逻辑结构的梳理、整合,学生获取到的知识只是碎片化的信息,无法上升到对语篇的整体理解,同时也不符合学生认知发展的需要,使得学生难以实现深层理解。

(二) 问题设计脱离文本主题

大多数教师在阅读教学中,所设置的问题无法紧扣文本主题进行展开,以至于学生的思维能力缺乏深入锻炼。而文本主题是阅读教学中的重要组成部分,学生可以通过主题来预测文章的大致框架和内容,教师在通过紧扣文本主题入手的前提下进行问题导读,可以有效促进学生对语篇的深层理解。

【案例二】在执教牛津英语 Unit 6 *TV Programme*（第六单元 《电视节目》）时,某位老师设计了以下问题:

Q1:Which TV programme do you think is the most interesting? Why?（你觉得哪个电视节目最有趣? 为什么?）

Q2:If you are the director of a TV programme, what will it be like?（如果你是导演,你会把它设计成怎样?）

Q3:When and where will your TV programme take place?（你的电视节目想在何时何地播放?）

本节课的文本主题是了解电视节目的基本特点和内容,该教师设计的第一个问题让学生说出自己最喜欢的电视节目及原因,可以让学生加深对文章的理解,但后几个问题脱离文本主题,超出文本内容,以至于学生难以深层次理解语篇内容。

（三）问题设计缺乏核心主线

在教学中，教师往往忽视语篇主线，设问缺乏主线贯穿，导致阅读教学碎片化的问题频频出现。割裂的设问会导致学生缺乏对文本的整体理解，阅读教学难以凸显语篇的核心主线，不利于学生把握文章整体意义和构建信息结构[6]。教师在教学过程中应围绕文本的核心主线设计问题，将文本信息形成知识结构，帮助学生探究主题意义与文本内涵。

【案例三】

在执教 2019 年人教版高中英语必修 1 Unit 1 *Teenage Life*（单元一 《青少年生活》），某位老师设计了以下问题：

Q1：What do you want to know about the school life in other countries?（你想了解其他国家校园生活的哪些方面？）

Q2：What's the main idea from this text?（文章大意是什么？）

Q3：Why is senior high school a challenge?（为什么高中是一个挑战？）

本节课讲的是关于美国学生 Adam 进入高中后所面临的挑战，教师在课堂上通过设计问题链，围绕 Adam 所面对的三个挑战以及在面对困难后积极进取的决心和责任心进行教学，但上述案例中问题内容琐碎，问题链中的各信息点之间找不到主线的依附，学生难以找到文本的内在联系。

四、基于问题链的高中英语阅读教学实践

本文以人教版高中英语必修 1 Unit 1 *Teenage Life*（单元一 《青少年生活》）为例进行问题链的设计，板块内容以"比较不同地方的学校生活"为主题，引导学生探讨和比较中外高中新生的生活，帮助学生克服成长中的困难，树立乐观积极的心态，积极迎接挑战。该语篇主题是新生的挑战，文章以第一人称的口吻描述了美国学生 Adam 进入高中后所面临的挑战。以下教学片段分别从表层理解、深层理解到评价性理解来探究不同层级问题链下的英语阅读课。

（一）通过学习理解类问题，提升学生的记忆和理解能力，实现表层理解

1. 基于主题图进行设问，引发学生思考。

教师展示有关校园生活的图片，并通过学习理解类问题进行导入，引发学生思考并讨论，对阅读文本有初步的理解。此部分的问题设计如下：

Q1：What can you see from these pictures?（你从图中看到了什么？）

Q2：What are the teenagers doing in these pictures?（图中的青少年们在干什么？）

上述问题是通过校园生活的图片，联系学生生活经验以引出本节课话题，创设主题情境，激发学生的学习兴趣并铺垫语言。第一个问题锻炼学生"看"的技能，让学生将注意力聚焦于本单元主题上。第二个问题可以帮助学生注意到图中的情境，并从头脑中提取已有知识和经验，有意识地使用相关词汇回答问题，巩固已知。

2. 基于导入视频进行设问，引发学生好奇心和求知欲。

通过观看视频"不同国家或地区的校园生活"，让学生了解不同国家的校园生活并让

学生通过文章标题和插图预测文章内容。此部分的问题设计如下：

Q3：What do you want to know about school life in other countries?（你想了解其他国家校园生活的哪些方面？）

Q4：According to this video, can you tell me what's the differences between American and China's school life? And what do you think the text is about?（能过视频，你能否说出中美学校生活有哪些不同？你认为文章内容主要是关于什么方面的？）

笔者首先通过提问学生是否了解其他国家的校园生活来引起"信息差"，引发学生的好奇心，利用中美国家校园生活差异的视频让学生对话题有所了解，并引导学生思考并预测文章内容，使学生产生强烈的求知欲，为文本阅读做好铺垫。

3. 基于阅读文本，探求文章主旨，梳理文章细节。

（1）学生快速阅读文章，找出主旨大意、段落主题句及关键词，在此基础上构建信息结构图，培养学生逻辑思维能力。此部分的问题设计如下：

Q5：What's the topic sentence in each paragraph?（每一段落的主题句是什么？）

Q6：What are the key words of each topic sentence?（每一个主题句中的关键词是什么？）

Q7：Which topic sentence is the main idea of the text?（哪一个主题句是本文的中心思想？）

（2）教师根据文章结构内容，设计层层递进且针对教学重点的问题链，引导学生仔细阅读文章，获取与梳理文章细节。此部分的问题设计如下：

Q8：What course did Adam choose?（Adam 选择了什么课程？）

Q9：Why is Adam unhappy in school football team?（为什么 Adam 在校足球队不开心？）

Q10：What Challenges does Adam face in every paragraph? And how Adam feels?（在每一自然段中 Adam 所面临的挑战是什么？Adam 的感受是怎样的？）

笔者通过引导学生寻找文章主旨大意、段落主题句和关键词的问题链，帮助学生由浅入深地理解语篇、理清文本主线、了解信息之间的联系，帮助学生掌握文章基本脉络，实现表层理解，培养学生思维能力和语言表达能力。

（二）通过应用实践类问题，提升学生的运用和分析能力，达到深层理解高度

教师通过设置应用实践类问题，并在此基础上进一步引导学生思考"Adam 是否有自信适应未来的高中生活？"。此部分的问题设计如下：

Q11：Which one do you think would be his favorite? Why?（哪一个会是他的最爱？为什么？）

Q12：Is Adam confident that he will get used to senior high school life? How do you know?（Adam 有信心去适应高中生活吗？你是怎么知道的？）

笔者设计的问题以帮助学生深层次理解语篇内容为出发点，在学生对文章结构有一定了解后，通过设计层层深入的问题链，帮助学生梳理信息链，深化对主题和作者言外之意的理解，培养学生逻辑性、批判性的思维品质，有助于提升学生分析并解决问题的能力。

（三）通过迁移创新类问题，提升学生的评价和创造能力，达到评价性理解深度

教师基于语篇设计迁移创新类问题实现学生从浅层学习到深度学习的跨越，培养学生思维的评价和创造能力。此部分的问题设计如下：

Q13：What kind of person do you think Adam is? Why?（你认为 Adam 是个怎样的人？为什么？）

Q14：What are some differences between Adam's school life and your school life?（Adam 的校园生活与你的有什么不同？）

Q15：Do you face the same challenges as Adam? What other Challenges are you facing?（你和 Adam 面临同样挑战吗？你还面临哪些其他挑战？）

笔者根据语篇设置上述问题链，从 Adam 遇到的挑战过渡到学生自身的生活，分析学生在生活中遇到的挑战是否与 Adam 一样，并比较自己与 Adam 遇到的挑战的不同点，最后鼓励学生运用本节课的知识进行写作，能基于自身生活经验逐步内化单元主题、理解主题意义，旨在加深学生对生活中遇到挑战的理解，同时了解中外不同文化背景下中学生遇到挑战的异同点，培养学生的迁移创新思维能力并形成新的认知结构，提升学生英语综合能力与学科核心素养。

五、结语

传统课堂教学模式中教学问题设置简单、缺乏问题链引导，容易使阅读教学结构碎片化、思维浅层化。教师可以基于学生的认知发展层级，设计具有层次性、连贯性、关联性强的问题链，引导学生紧扣文本主题，基于文本主线深化对语篇内容的理解，由表层理解到深层理解最终实现评价性理解，解决阅读教学碎片化、表层化等问题。本文通过对人教版高中英语必修 1 的第一单元的阅读板块进行问题链的教学设计，旨在为高中英语阅读教学过程中问题链的设计应用提供范例，以提升高中英语阅读课程教学效率，逐步落实学生的英语学科核心素养，与《课标》对于英语阅读教学要求相呼应。

（黄冈师范学院　外国语学院　潘　洁　蔡红梅）

参考文献

[1] 陈祺锋.问题链在初中英语深度阅读中的应用[J].中小学外语教学（中学篇），2021,44(08)：61-65.

[2] 王后雄."问题链"的类型及教学功能：以化学教学为例[J].教育科学研究，2010(05)：50-54.

[3] 陈卫兵,沈华冬.指向思维品质的初中英语阅读"问题链"设计策略[J].新课程研究（上旬刊），2018(02)：127-129.

[4] BLOOM B S. Taxonomy of Educational Objectives[M]. NewYork：DAVID MCKAY，1956.

[5] 葛炳芳,葛俊婷.英语阅读教学中语境的层次性与语言能力培养策略研究[J].中小学外语教学（中学篇），2019,42(03)：1-8.

[6] 戎仁堂.阅读教学中"问题链"的设计要领[J].语文建设，2018(14)：23-26.

基于对话语篇研读的初中英语听力教学探究*

摘要：如何发挥语篇的依托作用，基于语篇内容培养学生学科核心素养、提升课堂教学效率是当前初中英语听力教学需要深入研究的重点之一。然而，在目前初中英语听力教学中，教师对于语篇研读的重视程度较低，语篇研读停留于语篇表层知识，未能准确把握语篇类型、模式、衔接与连贯以及口语化特征等。本文借助语篇分析理论，结合初中英语听力教学中对话语篇研读的具体案例，对上述问题进行了详细分析，并在此基础上提出了相应的对策。

关键词：初中英语；听力教学；对话语篇研读

一、引言

《义务教育英语课程标准(2022年版)》(以下简称《新课标》)对八年级学生的英语听力技能提出了具体的要求：获取和梳理口语语篇主旨要义和关键细节；识别说话者措辞、语气等，推断对话者之间关系；根据说话者语音、语调的变化判断其情感和态度的变化；识别较正式的简短对话中谈话内容的递进和转换；在收听或观看与主题相关的语速较慢的广播、电视、网络节目时，识别主题，理解大意，获取主要信息。通过分析上述要求，笔者认为在语篇中学生才能拥有获取主旨、推断对话者关系、判断说话者情感态度等听力技能的真实需要，因此教师在培养学生听力技能时应将语篇作为教学的主要依托。然而，在目前实际听力教学中，许多教师对于语篇的关注度不够，语篇研读停留于梳理语篇主旨和细节信息、设计听力细节题，或者把听力材料当作阅读材料来处理[1]，忽视了口语语篇中的措辞、语气、语音语调以及话语的递进和转换等方面的研读，导致学生的听力学习效果较差，难以达到《新课标》要求。基于此，本文将以人教版初中英语八年级下册 Unit 4 *Why don't you talk to your parents*? Section B(单元四 《为什么你不和父母对话?》B 部分)听力课中的对话语篇研读片段为例，探究对话语篇研读在初中英语听力教学中的应用策略，从而有效培养学生听力技能，落实学生核心素养的培养。

二、对话语篇研读在初中英语听力教学中运用的理论基础

(一) 听力理解能力

听力理解能力是交际语言能力的首要方面。从认知的观点看，语言的听力理解过程

---

* **基金项目**：本文为黄冈师范学院 2023 年研究生工作站项目(1000103)的研究成果。

是一个信息的输入、处理和综合运用的过程,"现代图式理论"对这一过程具有很强的概括和解释。从图式理论观点来看,听力理解过程可以分为两个阶段:第一阶段是语言处理过程,第二阶段则是对第一阶段结果的运用。根据这两个阶段,听力理解能力可以分为与之相应的低级听力技能和高级认知技能。低级听力技能主要包括辨音能力、辨明语调能力、认识语法成分能力等;高级认知技能则主要包括信息选择能力、预想与猜测能力、推理能力、综合归纳能力和元认知能力等[2]。

(二)语篇分析理论

语篇分析的维度主要包括宏观和微观两个视角。宏观上,语篇分析主要关注语篇的语境、语篇类型和语篇模式;微观上,语篇分析主要分析语篇的衔接与连贯、语篇信息的分布、语篇意义连接等。随着语篇特性和语篇分析方法研究的深入,学者们开始将语篇分析理论应用到语言教学中。程晓堂介绍了目前基于语篇的语言教学理念和实践研究的兴起,他强调英语教学设计应以语篇分析为基础[3]。笔者通过研读胡壮麟关于语篇分析在教学领域中运用的主张[4],认为在听力课的教学中,教师应借助语篇分析的视角对语篇进行研读,即从宏观上对语篇的语境、语篇类型和语篇模式展开研读;从微观上对语篇的衔接与连贯进行深入研读(见表1)。

表1

宏观	语篇语境	语言语境
		情景语境
		文化语境
	语篇类型	对话访谈、故事叙述、新闻、演讲等
	语篇模式	一般—特殊模式 问题—解决模式 匹配—比较模式
微观	语篇的衔接与连贯	同近义词、上下义词、照应、替代、省略等
	语篇信息分布	已知信息与未知信息等
	语篇意义连接	

三、当前初中英语听力教学中教师语篇研读的现状及存在的问题

目前,语篇研读在初中英语阅读教学中较为受重视,而鲜少有教师关注到听力教学中的语篇研读。有些教师认为,听力教学中的语篇相较于阅读语篇无论是在内容还是在文体结构等方面都比较简单,这在一定程度上造成了如今初中英语听力教学中教师对语篇语境研读不全面、忽视语篇类型研读及语篇模式分析、缺乏对语篇衔接与连贯的探讨等一系列问题,从而导致了学生的语用能力和语言素养较差、逻辑思维能力薄弱以及听力策略难以把握的种种现状。

(一)语篇语境研读不全面,缺乏深入的主题意义探究,学生语篇整体理解能力及语言文化素养较差

在听力教学中,许多教师语篇意识不强,未能将语篇知识渗透在对主题意义的探究之

中,影响了学生对语篇的理解程度和思维的发展,出现了语言学习的"空壳化"[5]现象。在对语篇语境进行研读时,许多教师仅关注到了情境语境这一个层面,对于语言语境和文化语境的关注度不够,导致学生不能将听力技能的学习与单元主题相联系,也没有机会理解语篇中的文化元素。因此,在听力教学中,教师应当依托语篇语境,整合听说学习路径,帮助学生完成对主题意义的探究,助力核心素养培养的落地[5]。

(二) 忽视语篇类型研读及语篇模式分析,学生逻辑思维能力薄弱

《新课标》对义务教育阶段学生需要掌握的语篇类型作出了明确的分级要求,对于初中阶段学生,在听力学习中主要涉及对话访谈、故事叙述类、新闻类和演讲类听力材料。不同类型的语篇有着不同的语篇结构,例如,对话访谈类的语篇形式通常是两个或两个以上的说话者轮流发言;故事类语篇通常遵循铺垫、上升、高潮、下降和结局的框架。然而,在实际听力教学的语篇研读过程中,鲜少有教师会对语篇类型进行深入分析,主要表现在两个方面:其一,教师将听力材料等同于阅读语篇进行分析,未能理解、分析和运用录音中的语音特征及其表意功能;其二,教师对于不同语篇类型的研读停留在其呈现形式(独白、访谈、指令等)层面,忽视其语境的正式程度、语言表达方式及功能等[6]。

另外,在实际听力教学中,很少有教师关注并充分研读语篇模式。在对话语篇中,教师往往带领学生由主旨到细节来分析听力材料中的信息,忽视了语篇整体模式的研读,导致学生对于对话的整体逻辑理解不到位。分析语篇的宏观组织结构有助于把握语篇的主题意义和具体信息[7],语篇模式的研读对学生理解语篇整体含义是非常重要的,因此教师在进行听力教学时,展开语篇模式的研读很有必要。

(三) 缺乏语篇衔接与连贯手段解读,学生对听力策略的掌握不佳

在初中英语听力教学所涉及的各类语篇中,不乏多样的语篇衔接与连贯的手段,然而多数教师对其理解停留在让学生读背转换词、固定搭配等活动上。例如,在对话语篇中,常常会出现 however, what's more 等连接词或替代和省略的语法手段,以及 that is to say 等逻辑连接词,大多教师不会将其与语篇意义相联系,而是让学生将此类词语或短语摘录识记,很少关注并设计联系语篇意义的活动让学生真正了解并学习这些技巧[5]。

四、对话语篇研读在初中英语听力教学中的应用策略

本文以人教版初中英语八年级下册 Unit 4 *Why don't you talk to your parents?*(单元四 《为什么你不和父母谈话?》)中 B 部分听力教学语篇研读片段为例(对话语篇文本见图 1),阐述对话语篇研读在初中英语听力教学中的应用策略。

(一) 全面解读语篇语境,深入探究主题意义,有效培养学生语篇整体理解能力及语言文化素养

主题为语言学习提供主题范围或主题语境,基于主题意义探究的英语听说教学,应当以语篇为基础,以主题和内容为中轴,并聚焦语言知识的运用[3]。教师在进行听力教学的语篇研读时,要注意从语言语境、情景语境和文化语境三个方面对语篇语境进行全面的分

```
Section B, 1c, 1d
Wei Ming: Alice, help me! My parents are          time to do activities I enjoy. This
         giving me too much pressure              can help me relax and be healthier.
         about school!                  Alice:    Yes, you won't get good grades if
Alice:   Hey, Wei Ming. Although you may          you're stressed out all the time.
         be unhappy with your parents, you Wei Ming: I also keep worrying about getting
         should talk to them. Ask them why         better grades than my classmates.
         they give you so much pressure.  Alice:   Oh, you shouldn't compete with
Wei Ming: It's because they want me to get        your classmates to get better
         good grades.                              grades. You should all be helping
Alice:   But life shouldn't just be about         each other to improve.
         grades. Free time activities like Wei Ming: You're right. Thanks for all the
         sports and hanging out with              good advice, Alice.
         friends are important, too.
Wei Ming: I totally agree. I need more free
```

图 1　Unit 4　Why don't you talk to your parents?　Section B 对话语篇

析,让学生在语篇意义的探究中理解语篇内涵,有效培养学生的语篇整体理解能力以及语言文化素养。例如,在本单元 B 部分的对话语篇中,教师从语言语境层面联系该语篇与本单元前后语篇之间的关联,将该语篇主题融入单元主题中,从而帮助学生理解语篇大意,引导学生更快进入到语篇语境;从情境语境层面,教师通过联系学生学习生活,在真实语境下帮助学生正确调节学习压力;从文化语境层面,教师从 Alice 和 Wei Ming 对学习的看法和态度入手,初步挖掘出中外文化差异造成的学习观差异,引导学生正确看待学习成绩。在对这三个层面语境研读的同时,教师对语篇主题意义进行由浅入深地探究,即从"Wei Ming 面对学习压力很苦恼—如何调节自己的学习压力—如何正确看待学习成绩"的角度,做到了基于语篇,依托语篇,超越语篇。

(二)准确定位语篇类型,结构化梳理语篇模式,助力学生逻辑思维能力发展

教师在研读语篇时要明确该语篇类型并结合语篇模式,对语篇内容进行结构化梳理。在研读对话语篇时,教师结合对话语篇特点,选择使用思维导图的方式帮助学生梳理语篇结构,理解语篇特点,厘清语篇内部逻辑关系和隐藏的情感。例如,在对 B 部分中对话语篇结构进行研读时,教师首先通过准确定位语篇类型为对话语篇(即两个或两个以上的说话者轮流发言),语篇模式为"问题—解决"模式,其后选择借助可视化的思维导图来提取和整合语篇信息,梳理语篇结构(见图 2)。教师将整个对话过程中谈话者的逻辑思维转化为思维导图,以显性化的方式展示了 Wei Ming 对问题的阐述和 Alice 对问题的分析与判断,使学生能感知到语言的真实交际过程,为学生提供新对话的思维路径。

(三)深入剖析语篇功能,有效培养学生听说策略

对话语篇承载着话语方的交际动机、需要和目的,在剖析语篇功能的过程中,教师要有意识地渗透听说策略,从不同层次和角度去探讨语篇是如何表达意义的[5]。对话语篇具有一定的词汇和信息冗余度,因此教师可以根据语篇标记语和插入语来快速厘清语篇

```
Share the problem          Explain more         Agree and give        Share another         Accept the advices
   and                     about the problem    reasons               problem
ask for help
Help me!                   It's because they…   Totally agree         Also keep worrying…   You're right!
My parents…too much                             Help me relax and…                          Thanks for…
pressure…
        ↓                          ↓                    ↓                    ↓
   Comfort and give          Express personal      Give more reasons    Explain and
   advice                    opinions                                   give advice
Although…you should…       But life shouldn't just…   You won't get…if you…   You shouldn't compete with…
Ask them why…              Free time…                                         You should…
```

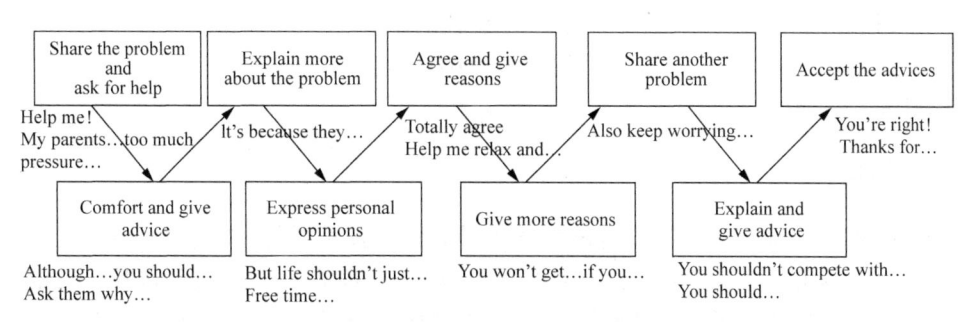

图 2　语篇结构分析思维导图

结构或获取重点信息。例如，在对话语篇中常见的插入语就是一种重要的话语策略，教师在研读语篇时可以关注插入语的使用，在对插入语的解读中渗透对学生听说策略以及文化意识的培养。例如在本单元 B 部分的对话语篇中，教师通过研读语篇中的谈话者关于学习的看法和如何面对学习压力的做法，让学生在真实语境中感知目标语言的运用。

Wei Ming：Alice，help me! My parents are giving me too much pressure about school!

Alice：Hey, Wei Ming. Although you may be unhappy with your parents, you should talk to them. Ask them why they give you so much pressure.

教师针对以上语篇片段，在课堂中向学生提出"What do you think of Alice's attitude towards Wei Ming's parents?"（你是如何理解 Alice 对待 Wei Ming 父母的态度？）的问题，引导学生关注话语的表意功能。其中 Although（尽管）作为插入语，能够减轻听者对于父母做法的抵触心理，便于说话者在轻松融洽的氛围中表达自己的观点；"Hey, Wei Ming"表示了 Alice 对于 Wei Ming 对学习压力抱怨的理解，同时有效缓和了消极的气氛，为听者更容易接受后续观点展开铺垫。此处教师通过分析对话中语言的功能，挖掘了教材中蕴含的得体交际的文化意识。

（四）巧妙运用语篇语音特征，有效培养学生语言感知能力

听说教学中的语篇不同于书面语篇的主要方面之一就是其呈现方式是通过说话者直接表述出来的。教师在进行语篇研读时，需要有意识地关注和记录说话人口语表达中的重音、语调、节奏、语气等语音特征，并结合文字分析和推断说话人的情感、态度、情绪和意图等，准确理解话语的内涵，有效建立语音和意义的关联[6]。例如在本单元 B 部分的以下对话片段中，教师通过研读谈话者的语音特征，获取谈话者的情感态度以及原因，引导学生关注对话语篇语音特征，帮助学生借助语音特征更好地理解语篇。

Alice：But life shouldn't just be about grades. Free time activities like sports and hanging out with friends are important，too.

Wei Ming：I totally agree. I need more free time to do activities I enjoy. This can help me relax and be healthier.

教师在研读语篇特征后，设计了相关的教学活动，学生在听录音后通过语音特征和内容获取谈话者在设定情景下的情感态度及意图，培养学生的语言感知能力。例如，从该段话片段中，学生通过"shouldn't just be about grades"的强调语气，可以感知到 Alice 对过

于强调学习成绩的强烈反对,以及为后文她将提出的学习生活的状态做出过渡与承接;从 Wei Ming "totally agree"的肯定和赞同的语气中,学生可以感知到 Wei Ming 对 Alice 的看法的赞同。

五、结语

研读语篇是教师基于语篇内容培养学生学科核心素养、提升课堂教学效率的重要基础[7]。在初中英语听力教学中,教师要立足核心素养培养要求,在深入分析和研读语篇的基础上开展有针对性的听力教学设计,组织丰富的语言实践活动,利用好语篇的结构性、功能性和社会性特点,为学生提供充分的使用语言的机会,有效培养学生的听力理解能力和听后表达能力,并进一步促进学生核心素养的养成。

(黄冈师范学院　外国语学院　沈　雪　蔡红梅)

参考文献

[1] 周婷婷.基于语篇分析理论的初中英语听说课教学设计[J].中小学英语教学与研究,2022(12):46-49.
[2] 朱正才,范开泰.语言听力理解能力的认知结构与测试[J].语言教学与研究,2001(03):41-46.
[3] 程晓堂.基于语篇分析的英语教学设计[J].中小学外语教学(中学篇),2020,43(10):1-8.
[4] 胡壮麟.语篇的衔接与连贯[M].上海:上海外语教学出版社,1994:181-186.
[5] 余文敏,茅蔚霞.基于语篇的初中英语听说教学探析[J].中小学英语教学与研究,2021(2):41-44.
[6] 蒋京丽.研读并利用教材中的听力文本组织语言实践活动[J].英语学习,2022(06):4-9.
[7] 马黎.新课标理念下研读语篇的实践与思考[J].中小学外语教学(中学篇),2019(10):12-16.

聚焦深度学习 落实核心素养

——以五年级"打电话"课例为例

摘要：发展学生的数学核心素养是数学教育的终极目标，如何在课堂教学中实现核心素养的落地生根仍是亟须解决的难题。本研究以五年级"打电话"课例为例，通过课堂实施的四个环节：立足现实、创设情境、提出问题；以图示意、问题驱动、实践探究；思路对比、刨根究底、拟订方案；探索规律、拓展延伸、彰显价值。分步论证如何引导学生走向深度学习，落实数学核心素养，为一线数学教师提供参考。

关键词：深度学习；数学核心素养；问题驱动；打电话

一、问题提出

2022年4月教育部颁布了《义务教育数学课程标准（2022年版）》（以下简称"新课标"），进一步明晰数学核心素养，确立核心素养导向的义务教育数学课程目标，推动新课程改革的不断深化。孔凡哲教授指出新课标的特点是培养数学核心素养中小学"一以贯之"，体现了数学课程学习的阶段性、整体性与发展性[1]。马云鹏教授在对新课标的理念与目标进行解读后发现，新课标呈现出突显核心素养统领和融入时代发展元素的基本特征，注重问题解决能力的培养[2]。由此可见，新课标的价值指向和目标追求与深度学习的根本出发点不谋而合。一方面，学生发展核心素养是深度学习的重要旨归。另一方面，深度学习是培育学生核心素养的重要路径之一。那么，在实际教学过程中如何促进学生深度学习？如何合理体现学生核心素养的落地生根？课堂教学中的"冲突"如何有效表达教育理念？鉴于新课标落地实施不久，可供一线教师参考的实际案例还比较匮乏。笔者以黄冈名师工作室王老师在常规教学展示活动中开设的"打电话"课例为例，结合课例探讨在教学过程中如何聚焦深度学习，落实数学核心素养，希冀为一线教育教学提供借鉴价值。

二、深度学习理论及其促进策略

深度学习（Deep Learning）的起源可追溯到机器学习领域中人工神经网络的发展，教育领域深度学习的概念与机器学习领域相比起步较晚，直到1976年才由美国学者提出。国内正式引介深度学习概念，并对其进行了详细界定的是黎加厚教授等人。黎加厚教授认为深度学习是以理解为基础，学习者能够深入挖掘知识内涵，能够批判性地学习知识，能够对已有知识进行差异化的整合和创新性的拓展，能够迁移应用所学知识并解决实际问题的过程[3]。之后,国内研究者据此开展了深度学习的内涵、意义、评价等各方面的研究,特别是伴随核心素养体系的提出,相关研究成果呈井喷式涌现。深度学习教学改进项目的研究成果证实,深度学习是落实学生发展核心素养以及新课标要求的有效途径,学生的深度学习过程映射了学生自身的核心素养,二者的内在意义相互融会贯通[4]。

目前有部分学者研究了深度学习的促进策略,安富海认为深度学习的实现不仅需要学生的自我触动,还需要教师及时更新教学理念,调整教学行为,在课堂中积极开展有意义的引导,通过设定思维目标、整合新旧知识、创设课堂情境、提供持续评价四个方面促进学生深度学习[5]。吕亚军在分析了初中数学深度学习的内涵与特征的基础上,提出了创设情境、问题驱动、知识整合、合作探究四条促进学生数学深度学习的教学策略[6]。钱学锋认为实现深度学习,教师不仅要创设良好的问题情境,引发学生的认知冲突,激发学生的思维,还要设计难易适度的教学活动,在整个教学活动中扮演"助产士"的角色,引导学生在做中学[7]。综上所述,笔者根据小学综合与实践学习领域的特点和有关学者提出的深度学习促进策略,构建了课堂实施的四个环节:立足现实、创设情境、提出问题;以图示意、问题驱动、实践探究;思路对比、刨根究底、拟订方案;探索规律、拓展延伸、彰显价值。期望为研究者和一线教师提供借鉴。

三、基于深度学习的教学案例呈现

鉴于目前丰富多彩的以说理为主的研究操作性不强,笔者以课例为支点展开研究。笔者以"打电话"为课例,探讨数学核心素养的落地生根,主要有三方面原因:(1)"打电话"属于综合与实践学习领域,综合性强,教学难度大。在实际教学中大部分老师过度关注知识的积累和考试成绩的提高,把更多的精力放在"数与代数""图形与几何""统计与概率"领域的知识教学上,而不愿挑战提升综合素养的"综合与实践"教学。王老师精确领悟新课改精神,注重运用"综合与实践"问题,将其作为撬动学生数学思维的杠杆,致力于为其他教师开展综合与实践教学提供参考。(2)"综合与实践"作为小学数学学习的核心领域,是开展深度学习的切入点和组织深度学习的载体。学生在解决"打电话"问题的过程中,迁移运用已有的数学知识与方法,形成和发展核心素养。(3)"打电话"问题是学生在日常生活中可能遇到的真实问题,涉及优化思想和对策论方法,有助于调动学生的学习积极性,使学生领悟数学知识的重要价值。下面遵循课堂实施的四个环节展示部分教学片段,揭示如何引导学生深度学习,逐步提升核心素养。

1. 立足现实、创设情境、提出问题

数学教材是数学课标的"代言人",王老师遵循"用教材教"的教学理念,以教材内容为"暗线",相关事件为"明线"精心设计教学内容,以下为导入过程:H师范学院的大学生们原本要到我们学校来参加见习,老师接到学校的紧急通知,需要安排570名大学生听直播课,那么老师可以选择哪些方法来通知这570名学生呢?王老师以亲切的语调鼓舞大家积极举手回答问题,营造轻松的氛围让同学们畅所欲言。针对老师所抛出的问题,学生七嘴八舌地说出自己想法,例如,去H学院广播通知、微信或者QQ群发消息等。考虑到通知的时效性,最终决定选择打电话的方式,自然而然地引出课题。

"综合与实践"学习领域应当立足现实,挑选与学生生活息息相关的案例,创设能够促进深度学习的课堂情境,使课堂成为学生解决生活实际问题的战场。王老师的课堂引入没有直接依赖教材,而是从生活实际问题出发,扩大研究数量,凸显事件的急迫感,使学生深切感受到学习数学是为了解决真实生活问题。创设的情境,将数学问题与学生所处的现实背景相结合,更好地激发学生思维的主动参与。教师在教学中,应当多使用鼓励性语言和肢体语言,营造积极的学习氛围,保持学生对学习能力的信心,为建构深度课堂奠定基础。

2. 以图示意、问题驱动、实践探究

深度课堂植根于深度学习,强调要尊重学生主体身份,使学生成为课堂真正的主人。王老师启发学生变换问题,将现实问题用自己喜欢的数学形式表达、呈现,引导学生从数学的图形语言、符号语言等特征出发简化问题。最终由王老师完善,以图示法表征逐个通知的方式(见图1),并做出关键性解释:圆圈表示学生,圆圈中的数字表示第几个学生,长方形表示老师,线段上的数字表示第几分钟。对此表述,师生们把它看作是逐个通知,可以称为"逐个法"。从语言表述到以图示意,学生逐渐学会用数学的眼光观察现实世界,感受动手画图在处理数学问题时的优越作用。

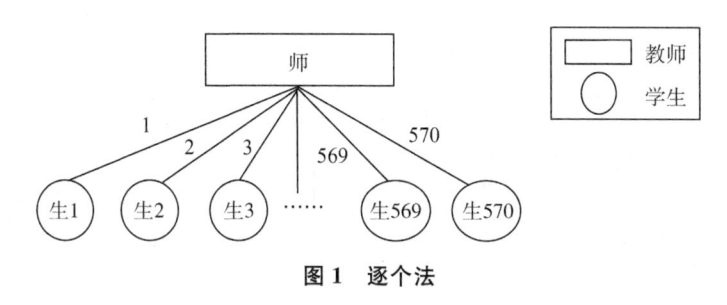

图 1　逐个法

王老师接着追问:"逐个法是最好的方法吗?有谁可以评价一下这种方法吗?"此类追问方式为递进式,旨在使学生弄清逐个法的含义,能够正确解释原理以及不足之处,还体现了以学生为中心的思想。有的学生发现若采用逐个法,每人打一次电话,这种方式效率太低。还有学生基于单位换算得出570分钟等于9.5小时,更加具象地引发与实际需要的认知冲突,认为这种方法耗时费力。二者均意识到问题尚未解决,在心中埋下了寻求最优方案的种子。王老师乘势追问:"570分钟这个数据太大了?那我们面对这种比较大的数据时,通常选择什么方法呢?"利用启发式追问给学生思维暗示,帮助他们拓宽思路,实现化繁为简,把人数缩小到7进行初步探索。数据在"一伸一缩"间产生强烈的数字冲击,有助于学生数感的建立。同时,这也是引入阶段设置大数字的原因,具有挑战性的问题是开展深度学习的有效载体,能够引发学生的认知冲突,促进数学知识的积极建构。研究数字从大变小,在学生眼里明显降低了解决难度,调动了学习内驱力。学生饶有兴趣地继续探索,王老师潜移默化地引领学生体会转化与化归的思想方法。

为了寻找最佳方案,王老师建议小组之间讨论交流,以合作者的身份穿梭在雀跃般的学生之间。对于畏惧数学、忸怩害羞、没有思绪、思路错误的学生,王老师参与他们的讨论并适时给予鼓励、支持和修正,让学生们畅所欲言,使思维的火花在课堂逐步绽放。深度课堂重视学生主体性的发挥,教师要做的就是营造积极的学习文化,给学生们创造一个安全的、归属的、支持的学习环境,建立友好和睦的师生关系。在讨论交流中,有学生发现:当老师打电话给第一位学生后,老师再打给第二位学生的同时,第一位学生也可以打给第三位学生,这样可以大大缩减时间。学生们茅塞顿开,发现通知学生的任务不必老师一人独立完成,已经被通知到的同学可以通知未被通知的学生,实现学生之间的相互通知。王老师做出肯定评价,抓住机遇再次激起兴致,推进"想一想、画一画"环节,小组内合作探究,小组间分享思路。课堂教学要积极采用合作探究的学习方式,平等、宽松、合作的学习氛围更有助于深度学习的发生,满足每位同学"表现欲""参与感"和"归属感"等情感体验,培育团结协作精神。同时,王老师根据小学生的喜好,采用动手操作探究的方式,让学生把自己的"好点子"画出来。这种逐步增加任务难度的教学方式,助推最近发展区的跃迁,实现知识之间的联结,使学生深刻理解知识本质。

  3. 思路对比、刨根究底、拟订方案

  课堂教学要给予学生足够的深度思考时间,引导学生会用数学的思维思考现实世界。在讨论结束后,王老师选择两种具有代表性的方案拍照投屏(见图2和图3),让小组代表汇报自己小组的方案和理由,小组之间相互评价,实现互教互学。

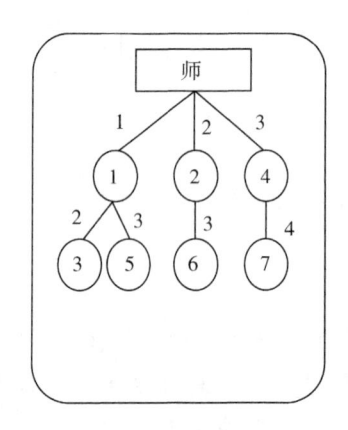

图2 分组法 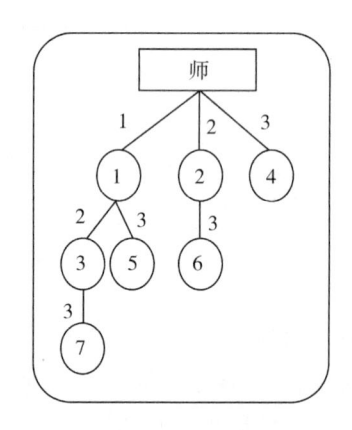   图3 不空闲法

  王老师首先展示第1小组的方案(见图2)。该小组代表解释:"分组法"比"逐个法"通知节省了3分钟,一共花费了4分钟。评价学生是否进入深度学习状态,不能单看学习结果,也要注重过程性评价,检验学生是否理解方法本质。王老师刨根问底:"为什么呢?怎么想的?"此类追问方式为因果式,让学生解释思考过程,做到知其然且知其所以然,从而界定学生的思维水平。学生随之总结:相同时间内,分组越多,可以号召更多的学生参与到打电话的队伍中,效率更高。王老师表示肯定并顺势展示第2小组的方案(见图3),类比第1组的教学方法引导学生代表作出解释。学生将两种方案进行对比,立马发现"不空闲法"更省时,只需要3分钟。"不空闲法"是让每位有条件的学生继续通知下一个人,所有人都无等待地参与打电话的队伍中。为了使每位学生厘清"不空闲法"的本质,王老师开展课堂活动,组织学生在黑板上用卡片和粉笔画出"不空闲法",并对每一分钟有条件打电话的人数变化和接到通知的总人数变化进行详细解释。王老师在该过程中只扮演启发者的角色,接连的追问旨在启发学生会用数学的思维方式分析问题的关键所在:人和事

的关系与顺序。省时方案并不是直接由教师揭示,而是在学生深度思考下显现,抓住了训练学生认识数学要素之间关系的机会。此外,师生、生生之间的互动交流,提高了学生的组织概括能力和合作探究意识,逐渐学会用数学的语言表达现实世界。

4. 探索规律、拓展延伸、彰显价值

从"逐个法"到"分组法"再到"不空闲法",从以图示意到利用教具动手操作,从台下独立思考到台上讲解展示,学生经历一连串的活动过程,深度参与课堂,得出结论:所有人都无等待地参与通知活动最省时。王老师顺势用PPT呈现出第4分钟的情况(见图4),旨在用"树状图"模型帮助学生明晰如何完成打电话的分配任务。

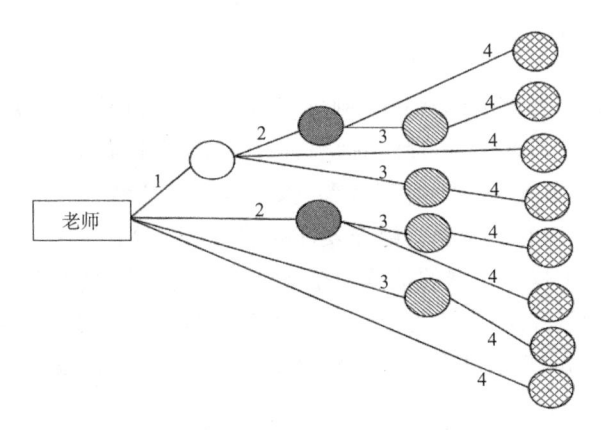

图4 第4分钟通知的情况

在解决打电话给7位学生的基础上,王老师让学生画出第4分钟、第5分钟、第6分钟……的树状图。学生在画图的过程中清楚地认识到,要解决570人的问题,用图表示过于烦琐,应该探究规律。小学生最常用的找规律方法就是列数据,王老师接着提问:"如何将数据分类更合理呢?用什么工具更方便呢?"在教师的指引下,学生进一步捋清思路,将数据分为"新接到通知的人数"和"接到通知的总人数"两类,绘制表格探索规律(见表1)。学生在绘图制表的过程中训练了动作思维和形象思维,认识到几何直观在处理分类问题时的优越性,增强了模型意识。

表1 规律探索

时间(分钟)	1	2	3	4	5	…
新接到通知的人数	1	2	4	8	16	…
接到通知的总人数	1	3	7	15	31	…

学生对图表进行分析不难发现,"新接到通知的人数"倍增与数字2有关,"接到通知的总人数"是上一轮的2倍加1,王老师顺势引导学生上升到一般化问题,探究出通知 n 名学生的规律。在这一环节,学生通过观察、思考、尝试,培养数感和数据意识,经历由特殊到一般、由具体到抽象的过程,挖掘出问题的本质。突破难点的同时,数学思维也由浅层次的感性阶段上升到深层次的理性阶段。在得到规律后,王老师带领学生回归知识本源,讲起了现代数学之父华罗庚的故事,指出"不空闲法"是优选学在生活中的具体应用。

在数学教学中,数学文化是提升学生数学核心素养的助推剂,学生在感受伟大数学家求知若渴、持之以恒的精神的同时,还落实了立德树人这一根本目的。秉承华罗庚先生的刻苦钻研的精神,学生们迫切地学以致用,求出通知570名学生所耗时间。有的学生困惑地发现在第9分钟的时候可以通知511名学生,在第10分钟的时候有1 023名学生知道消息,那么到底需要多少分钟?此时,王老师小心翼翼地追问:"能少1分钟吗?第9分钟时我们通知了511名学生,这时候还能停止吗?"学生们犹如醍醐灌顶,得到了答案。从提出问题到最后解决问题,首尾呼应,使学生清醒地认识到,数学知识最终要服务于实际生活,有助于培育学生思维的广阔性、深刻性和灵活性,实现对知识的深度加工。

四、结论与展望

本研究以"打电话"课例为例并对案例进行具体的分析说明,以现实生活背景为载体构建模型激发学生的学习热情,以适时、适当、适切的问题驱动学生深刻理解知识本质,以合作探究、动手操作等方式引导学生深度参与课堂,以从特殊到一般、转化与化归等思想方法训练学生的思维,以数学文化为媒介发挥数学课堂的育人价值,为核心素养的培养提出了直观化、具体化、可操作性强的范例。在现实课堂教学中,教师应当仔细研读新课标,分析学生原有基础和认知结构,立足于实际生活创设真实的问题情境,给予学生空间和时间,精心设计问题链和课堂活动引导学生深度交流和广泛参与,逐步走向深度学习,最终落实数学核心素养。

(黄冈师范学院　数学与统计学院　徐金润　徐钰荣　刘梦露　彭　阳　邵贵明)

参考文献

[1] 孔凡哲,赵欣怡.培养核心素养中小学"一以贯之":《义务教育数学课程标准(2022年版)》的基本特点[J].教育科学研究,2022(09):43-48.

[2] 马云鹏.《义务教育数学课程标准(2022年版)》的理念与目标解读[J].天津师范大学学报(基础教育版),2022,23(05):1-6.

[3] 何玲,黎加厚.促进学生深度学习[J].现代教学,2005(05):29-30.

[4] 刘月霞,郭华.深度学习:走向核心素养(理论普及读本)[M].北京:教育科学出版社,2018.

[5] 安富海.促进深度学习的课堂教学策略研究[J].课程.教材.教法,2014,34(11):57-62.

[6] 吕亚军,顾正刚.初中数学深度学习的内涵及促进策略探析[J].教育研究与评论(中学教育教学),2017(05):55-60.

[7] 钱学锋.数学教学促进学生深度学习的思考[J].教育理论与实践,2018,38(23):58-60.

学生美育核心素养构建探讨

——以艺术课程为例

摘要：核心素养的构建与完善是当今世界教育领域的主题和着力点，我国在构建学生核心素养体系过程中既参考了世界经合组织、联合国教科文组织及教改效果良好的国家的成果，又继承与发展了中华民族优良传统，在德育、文化等领域有更加充实的内涵。美育建设中艺术学科独具优势，适逢基础教育阶段课程方案和课程标准的修订，普通高中和义务教育阶段都在艺术课程中完善了学生核心素养体系的构建，德育美育方面的构建具有极大意义和价值。

关键词：核心素养；美育构建；美术课程

  学生核心素养的培育与完善是当今世界教育关注的重点，无论是国际组织与经济体，还是处于不同发展阶段与水平的国家都在这一领域进行不断探索与追求，如今都取得了丰硕成果。我国的相关研究也于21世纪初开始，以课程标准代替原有的课程大纲，从双基到三维目标再到核心素养体系的构建表明我国在基础教育阶段的课程改革快速融入世界教育主流并形成了独具特色的中国教育模式。

  我国基础教育阶段学生核心素养体系构建略晚于世界经济合作组织和教育水平发达的国家，但自起步后就加快了步伐并且结合国情尤其是我国悠久的文化传统完善了学生的核心素养体系构建，在以林崇德教授为首的专家团队通力合作下形成了我国学生核心素养的宏观架构。这个架构的搭建更为完善，宏观层面有国家核心素养重点课题研制组对核心素养概括的三大领域六种素养十八个要点，中观层面有国家新一轮课程改革中的普通高中课程标准和义务教育课程标准，微观层面有近年来大量的专题研究与高质量的论文等。

一、核心素养的发展及其体系构建

  学生核心素养体系构建具有国际意义，对于核心素养的研究无论在哪个国家或地区，都与时代的发展和社会的进步相关，当前我们正处于经济全球化历史进程中，经济决定了其他要素的全球化。十年树木、百年树人，教育为人才之本，是生产力的智力基础，在综合国力竞争激烈的历史背景下，教育自然也是各个国家、各级组织的竞争抓手。我国的教育也紧随时代步伐和世界潮流，把学生核心素养的构建作为重要工作，我国教育方针历来重视人才的全面发展——培养具有德智体美劳全面发展的社会主义建设者和接班人，因此在学生核心素养构建中是全面的、完整的，基础教育阶段的课程方案和课程标准就是具体体现。

1. 国际教育领域核心素养研究动态

国际教育领域对于核心素养的研究起步较早,有的开始于20世纪90年代,如联合国教科文组织在1990年就与联合国开发计划署、联合国人口基金会、联合国儿童基金会及世界银行等组织联合发起了全民教育(EFA)运动,全民教育的概念虽然与核心素养含义不完全一致,但核心素养的内涵和关键与其基本一致。直接以素养、核心素养为主题进行研究的机构是34个国家组成的经济合作与发展组织(以下简称经合组织),它们于1997年启动了"素养的界定与遴选"(DeSeCo)项目[1],这一研究直接催生了核心素养的研究。研究成果影响较大的有欧盟、美国、英国、新西兰等。

北京师范大学林崇德教授领衔的研究团队对中国学生核心素养的研究充分参考借鉴了国外相关成果,用"它山之石,可以攻玉"的思想帮助团队对相关研究进行丰富与充实,研究中对经合组织、联合国教科文组织(UNESCO)、美国、日本等15个国际组织、国家或地区界定和遴选核心素养的过程与成果进行分析筛查,得出21项具体指标和相关的具体内涵,用以帮助建构中国学生核心素养体系。

2. 我国学生发展核心素养体系构建

党的十八大、十九大对教育方针提出了明确的要求,与当今中国学生核心素养体系构建具有紧密联系。党的十八大提出的教育方针:坚持教育为社会主义现代化服务、为人民服务,把立德树人作为教育的根本任务,全面实施素质教育,培养德智体美全面发展的社会主义建设者和接班人,努力办好人民满意的教育。立德树人根本宗旨、全面发展任务是学生核心素养体系构建的出发点。党的十九大指出,中国特色社会主义进入了新时代,这是我国发展新的历史方位。党的教育方针也有了更新表述:努力培养担当民族复兴大任的时代新人,培养德智体美劳全面发展的社会主义建设者和接班人。党的十九大提出的教育方针是普通高中课程方案和课程标准修订以及义务教育课程方案和课程标准修订的根本指导方针。

现代教育体制下我国教育领域一直对德育非常重视,在20世纪50年代我国中小学教育中就强调德智体美劳全面发展,可见党和政府对德育的重视。目前我国对于社会主义核心价值观体系的构建已成熟完善,这是一个宏大体系,也是具有中国特色、影响深远的价值体系。在这一体系中党和政府明确要求把培育和践行社会主义核心价值观融入国民教育全过程,培育和践行社会主义核心价值观要从小抓起、从学校抓起。坚持育人为本、德育为先……努力培养德智体美全面发展的社会主义建设者和接班人。

林崇德教授领衔的科研团队历经三年完成教育部重大项目,形成一系列科研成果,中国学生核心素养体系构建即其主要内容。核心素养体系构建不断完善,总的说来整体框架稳定,具体内容不断完善,基本框架为三个方面六大素养十八个要点。这个系统的构建具有包容性、开放性,中国学生核心素养体系的构建在不断完善。基础教育阶段的课程方案和课程标准也在此基础上构建了学科核心素养、课程核心素养,共同为学生的核心素养体系搭建与完善不断努力。

二、艺术课程核心素养的构建与发展

艺术是人类文明的重要组成部分,也是美育构建的主要内容和关键环节。艺术具有美的属性,具有美感,是天然的美育构建力量。艺术依据不同标准有不同的分类,种类繁多,关系复杂,其中不乏交叉融合的诸多品类。但在中小学的艺术课程中艺术形式相对固定,种类延伸并不多,主要以美术、音乐为主兼有其他类别艺术,在当今教育教学改革形势下,每门课程均需要进行项目式教学、结构化改革,而且义务教育阶段每门课程需要留下至少10%的时间用于学科交叉融合,对于课程内部的综合要求,课程之间的相互联系,课程群的构建都是当今中小学课程的应有内容。

1. 课程标准发展

课程标准是随着新的世纪进入人们的视野的,之前的类似标准、方案叫教学大纲,是中华人民共和国成立后一直沿用的专业术语。教学大纲也叫课程教学大纲,是根据教学计划要求,依据课程在教学计划中的地位与作用而设计,由课程性质、教学目的、教学任务等要求而制定的课程内容、课程体系、教育教学内容以及教学的基本要求等。教学大纲的沿用与苏联教育教学模式相关,是中华人民共和国成立后国际国内环境影响的结果。

基础教育阶段分为义务教育阶段和普通高中,课程方案和课程标准也是按照两个阶段分别制定的。1997年的课程改革为课程标准的制订、研究、完善的起点,至2001年国务院颁布义务教育课程方案和各学科课程标准的实验稿,至今形成了义务教育课程标准三个,普通高中课程标准两个。

课程方案和课程标准在二十余年发展历程中不断完善,中国学生核心素养体系构建也不断完善。核心素养的提倡在宏观角度的学生综合素质基础上明确了范围、结构和层次,再发展到学科核心素养、课程核心素养以及课程综合实践活动中的核心素养体系构建,核心素养体系构建不仅在基础教育阶段适用,在高等教育中尤其是目前师范认证背景下的专业建设、课程体系建设中也都把素养、核心素养置于重要位置,比如最近要求明确的思政课程、课程思政就是学生德育素质修养的充分体现。

2. 艺术课程及其标准构建

基础教育阶段的美育构建一直是我国教育方针政策的重要方面,从中华人民共和国成立以来党对教育方针政策的表述都有"美""美育"等明确表述。基础教育阶段艺术课程的设置在义务教育阶段有专门的课程,与艺术课程并列的有美术和音乐课程,这三门课程一般的搭配是要么选择艺术课程,要么选择美术和音乐,一般没有三门课程全选或艺术课程搭配美术或音乐,主要是因为艺术课程中有大量的音乐、美术内容,为了避免重复学习才有如此选择。

艺术课程本身属于综合性课程,在《义务教育艺术课程标准(2011年版)》的课程说明中就提到"艺术是人类文明的重要组成部分,也是人类重要的精神活动之一"。同时在课程性质上也是一门融汇多学科的课程,涉及音乐、美术、戏剧、舞蹈、影视等,课程有人文性、综合性、创造性、愉悦性和经典性;在《义务教育艺术课程标准(2022年版)》中课程性质的表述有较大改变,课程的性质表述为"艺术是人类精神的重要组成部分,是运用特定的媒介、语言、形式和技艺等塑造艺术形象,反映自然、社会及人的创造性活动"。艺术课程所包含的学科基本不变,只是在戏剧后增加了戏曲,影视后增加了数字媒体艺术,增加的内容在原有义务教育阶段课程中也有相应课文支撑,数字媒体艺术的发展速度很快,在基础教育阶段的表现也增加了分量。

艺术课程的核心素养在普通高中课程中仍然以学科核心素养出现,指导思想是为了构建学科核心素养体系,综合性较强的艺术课程包含多个学科,为了与其他课程保持一致,仍然按照学科核心素养体系构建。《义务教育课程方案和课程标准(2022年版)》淡化学科核心素养,在使用课程核心素养时也没有像普通高中那样频繁,目的是有意淡化学科、课程等带有一定局限性和封闭性的术语,这与义务教育阶段课程中综合性课程和非学科类课程较多有关。

三、美术学科发展及其核心素养构建

美术为艺术中的造型与表现类别,包括绘画、雕塑、建筑、书法、工艺美术、篆刻、设计、摄影摄像、数字媒体艺术等,每一个艺术品种又可以根据其表现和使用的题材等内容再细分为若干小类,如绘画可以按照使用工具、主题意境表达、审美视角的不同分为中国画、西洋绘画,中国画又可以分为山水、人物、花鸟等。

1. 基础教育阶段美术学科建设与发展

中华人民共和国成立后,1952年3月颁布的《小学暂行规程(草案)》和《中学暂行规程(草案)》都有对美育的要求:使儿童具有爱美的观念和欣赏艺术的初步能力;陶冶学生的审美观念,并启发其艺术的创造能力。

义务教育美术课程在其发展中从重视双基到三维目标构建再到核心素养体系的构建,在义务教育阶段表现得非常充分。义务教育阶段美术课程标准把美术课程的学习划分为四个领域:造型·表现、设计·应用、欣赏·评述和综合·探索,这样的划分方法在2022年版艺术课程中同样得到延续,这也充分体现出诸多艺术品种在题材领域的归并划分方面具有共性。2022年版艺术课程标准合并了义务教育阶段传统优势艺术学科音乐和美术,又增加了舞蹈、戏剧和影视艺术,在戏剧中增加戏曲,影视中增加数字媒体艺术,这既是时代发展、科技进步的体现,又是新时代培育合格社会主义建设者和接班人的要求。

普通高中美术课程与音乐、艺术课程并存,学校和个人在选择时依然是音乐和美术可以组合,艺术单选,艺术和音乐美术不能混选,这在课程衔接上与之前的义务教育阶段美术课程标准的2001年实验版和2011年版课程标准的衔接有所区别。就美术学科核心素养来说在义务教育艺术课程标准中没有标明美术课程独特之处的图像识读和美术表现两个方面,而在艺术通识性方面使用审美感知和艺术表现代替。新的课程标准尤其2022年版的课程标准在设计思路中凝聚共识,组织课程内容时聚焦课程的核心素养:任务驱动的方式遴选和组织课程内容。课程内容坚持以中华优秀传统文化为主体,讲好中国故事,吸收、借鉴人类文明优秀成果,追求精神高度、文化内涵、艺术价值相统一。

2. 美术学科核心素养与艺术课程核心素养的共性与个性

与普通高中课程方案和课程标准相比,《义务教育课程方案和艺术课程标准(2022版)》具有独特性,与原有的《义务教育美术课程标准(2011年版)》《音乐课程标准(2011年

版)》和《艺术课程标准(2011年版)》都有不同和发展,体系结构进行了全新设计,语言表述进一步凝练。与普通高中课程标准的衔接具有可操作性,尤其八、九年级的课程设置和不同艺术品类在课程内容和学业质量分别表述制定中体现了学生进一步学习的梯度和衔接。

义务教育阶段艺术课程标准的核心素养与普通高中艺术课程核心素养的内涵、字词表达有区别,从学习的进阶上讲也具有可操作性。义务教育艺术课程可以承接普通高中音乐和美术课程,它们的核心素养具有较大区别,这是我们探讨中需要特别注意的。普通高中音乐课程核心素养:审美感知、艺术表现和文化理解,完整地对应义教艺术课标三条,只缺少创意实践一条;普通高中美术课程核心素养:图像识读、美术表现、审美判断、创意实践和文化理解,其中图像识读被取消,美术表现转化为艺术表现,单从词语含义角度看缩小了范围,审美判断转化为审美感知,单从词面意义看降低了难度要求,后面两条表达完全一致。

从美术课程核心素养到艺术课程核心素养,数量上减少一条,字词用语调整两条,对于美术课程来说我们不应吹毛求疵或求全责备,应该对新的课程体系有清晰的思路,在大的课程体系中我们追求的是完整的课程共识,在具体的学习中我们还是需要增加美术课程自身独具的特色和属性。"图像识读和美术表现,这是美术学科的'本位',其他学科不会也不可能将此作为自己的核心素养。"美术课程的学习中如果丢掉图像识读和美术表现两个关键因素,我们的教与学都会非常困难,即使我们使用艺术表现方式方法或灵活运用抽象、间接等方法分析美术课程的丰富内涵也有一定效果,但毕竟舍近求远、舍本逐末,都难以达到预期目标。

在当今中国学生核心素养体系构建过程中,我们重视学生终身学习和核心素养的构建,培养学生适应未来发展的正确价值观、必备品格和关键能力。在美育建设中,艺术课程具有自身优势和独特效果,艺术课程中各专门知识均有自身特色,在保有共同核心素养的基础上,我们也需要依据各自特色,充分利用其悠久的传统和独特的视角与方法,更好更全面地实施素质教育。

(黄冈师范学院 美术学院 宋廷位 张庆一)

参考文献

[1] 林崇德.面向21世纪学生发展核心素养研究[M].北京:北京师范大学出版社,2016.

基于情境认知理论的初中生数学符号意识的培养研究*

摘要:数学符号意识有助于培养学生的抽象能力,但因数学符号的高度抽象性,同时也带来学生难以理解和掌握的问题,借助情境认知理论有利于将抽象问题具体化,降低认知负荷,提高学习效率。在情境认知理论的指导下,研究从分析初中生数学符号意识的培养现状出发,结合年级特点、具体知识和学生主体,提出情境设置针对化、情境创设真实化和情境实践多元化的教学建议,为一线教师提供帮助,以促进初中生数学符号意识的培养。

关键词:数学符号意识;情境认知理论;培养策略;初中学段

一、引言

数学家罗素曾经说过:"数学是什么? 数学就是符号加逻辑。"作为一门研究数量关系和空间形式的科学,符号就是数学的语言,它是学生经历从具体到抽象的一个跨越,是进行数学学习的基础。数学符号作为数学思想交流与传播的载体,可以说,整个数学的发展历史就是数学符号产生和完善的历史。随着我国课程改革的不断推进,学生的全面发展成为教育的首要目标。课程标准更是把培养学生的数学核心素养放在重要地位,在最新版的《义务教育数学课程标准(2022 年版)》(以下简称《标准 2022 年版》)中,着重强调数学课程应立足核心素养的发展,并明确指出从"三会"出发,培养学生的核心素养。数学符号意识作为数学核心素养之一,培养学生的符号意识,就意味着需要学生从实际情境或跨学科问题中抽象出核心变量、变量的规律及变量之间的关系,并用数学符号予以表达[1]。这正是"会用数学的眼光观察现实世界"的主要表现之一。

初中阶段连接小学和高中,是数学学习的关键时期,可以说该阶段的学习将直接影响学生数学学习的效果和质量。在当前的数学课堂中,大多数教师在进行教学设计时已经关注到要培养学生的核心素养。数学符号意识作为核心素养之一,其高度的抽象性会给教师教学带来困难。虽然数学符号难以理解,但大多数数学符号中都蕴含着丰富的情境内容,有助于从情境认知理论的角度进行教学。基于情境认知理论展开教学,将抽象的数学符号具体化,可以帮助学生简化问题,加深学生对数学符号的理解,提高学生的抽象能力。

---

* **通讯作者**:陈惠汝,chenhuiru@hgun.edu.cn,湖北黄冈。**基金项目**:本文为黄冈市教育科学规划 2022 年度重点课题(2022GA19)、黄冈师范学院 2022 年教学研究重点项目(2022CE68)、黄冈师范学院 2023 年研究生工作站课题(5032023024)的研究成果。

为此，本研究首先对情境认知理论相关文献进行梳理并归纳得出该理论的知识观、学习观和教学观，为基于该理论视角提出培养策略奠定基础。其次，根据已有学者对于初中生数学符号意识的现状调查研究，总结发现主要存在三个方面的问题：初中生数学符号意识在各年级间存在显著差异，学生在数学符号的抽象与表达层面的表现较差，学生学习数学符号时难以发挥自身主体性。最后针对学生存在的问题，从情境认知理论的视角结合年级特点、具体知识和学生主体三个方面，提出情境设置针对化、情境创设真实化和情境实践多元化的培养策略，以期帮助一线教师选择合适的教学方案，促进学生数学符号意识的发展。

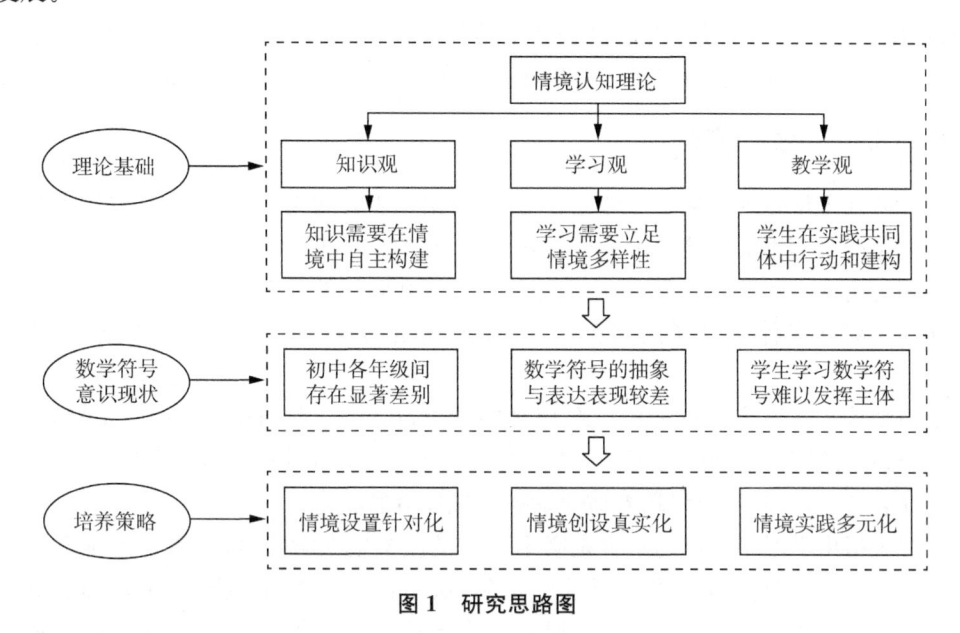

图 1　研究思路图

二、核心概念及理论概述

由于本研究主要是基于情境认知理论培养学生的数学符号意识，因此，本部分将对数学符号意识的内涵进行界定，并简要概述情境认知理论的观点。

（一）数学符号意识的内涵

"符号意识"一词由"符号感"发展而来，在《义务教育数学课程标准（2011年版）》中，原本课程标准中的"符号感"被修订为"符号意识"，并作为11个核心素养表现之一提出，数学符号意识的内涵引发了学者们的思考。

关于数学符号意识内涵的研究，不同学者尝试从不同的角度进行分析。王林全最早在其文章中指出数学符号意识不仅是一种符号操作，更是一种数学素质[2]。李艳琴和宋乃庆对符号意识的认识倾向于反应说与能力说的结合，并指出"符号意识指学生对表示数学概念、数学关系等符号的感受、体会、认识、理解、运用等方面的反应"。借助学生的反应可以判断出学生加工和处理数学信息的能力，其强度则能够反映出学生符号意识的强弱[3]。朱立明和马云鹏曾分析得出数学符号意识是数学符号的下位概念，并从数学学科、符号学和心理学三个视角对数学符号的内涵进行定义,最终从内隐性和外显性两方面定义数学符号意识,认为数学符号意识对内是学习者自身对于数学知识与数学符号之间关系的一种心理倾向性,对外表现为借助数学符号解决问题过程中呈现出的数学核心素养[4]。

由此可见,关于数学符号意识的内涵并未得出统一的定论。由于《标准2022年版》是教师从事教育教学和教育研究的主要依据。因此,本文中数学符号意识的内涵主要以《标准2022年版》中的描述为依托。《标准2022年版》中指出:"符号意识主要是指能够感悟符号的数学功能。知道符号表达的现实意义;能够初步运用符号表示数量、关系和一般规律;知道用符号表达的运算规律和推理结论具有一般性;初步体会符号的使用是数学表达和数学思考的重要形式。符号意识是形成抽象能力和推理能力的经验基础"[1]。

(二)情境认知理论概述

情境认知理论作为一种学习理论,主张提供给学生有意义的动态学习,并促使其内容趋向情境化的真实生活。该理论主要针对解决学校教育过程中,学生所学习的知识与实际生活相脱离这一问题而兴起,强调学习的情境性和知识的动态性。在发展的过程中,情境认知理论受到多种学习理论的影响,并逐渐发展出自身独特的知识观、学习观和教学观。

知识观认为知识是一种学习工具,需要在学习过程中不断构建。知识不是静态的,需要在参与情境的实践活动中习得,通过运用以后才能被真正掌握。它主要表现在人与情境的交互装置中,有利于我们培养适应动态变化环境的能力。

学习观指出学习与情境的结合是必不可少的。学生在学习时,不再是传统教学观点下通过接受学习来获取知识,而是需要立足角色、问题与观点的多样性,主动理解不同的观点并生长出新的观点。学生在学习情境中体验不同的社会文化背景,从而发展其社会化水平,获得解决实际问题的能力。

教学观主张学生在实践共同体中行动和建构。这种实践共同体强调各成员的任务相同,各司其职。实践共同体成员有着共同的奋斗目标,学会运用工具将资源整合,最后通过实践完成任务。在这一团体中,学习者的身份不断发生变化,存在的意义也随之不断变化,当新成员与同伴和成熟的示范者一起再进入成熟的实践时,共同体就有了进行再生产的能力。

总之,情境认知理论的观点可以归结为以下三点:(1)知识需要在情境中自主构建;(2)学习需要立足情境多样性;(3)教学需要学生在实践共同体中进行行动。基于情境认知理论展开教学,教师在教学中就要注意根据数学符号的意义创设合理的情境,从而把抽象的数学符号具体化。例如,负号在实际计数中表示低于标准,在运算中又表示减法运算。教师就可以让学生自主设置情境,赋予符号实际的意义,加深对数学符号的认识。

三、初中生数学符号意识的现状

数学符号意识的现状调查研究主要为学位论文及少量期刊论文,研究对象涉及小学、初中和高中三个学段。其中,初中阶段的现状调查研究相对较多且研究关注点主要为学生和教师两个方面。

在学生方面,数学符号意识现状调查研究选取的对象主要分为两类。一类调查对象为初中阶段多个年级的学生,研究者发现初中生数学符号意识在各年级间存在显著差异。安平平对西安市两所不同层次初中七、八、九年级各1个班,共306名中学生的数学符号意识现状进行调查,研究指出初中三个年级之间及不同层次学校之间存在差异性。刘浩对鞍山市某初中的全体学生的符号意识进行现状调查,发现初中生符号意识随着年级增高,呈现逐渐增强的趋势,且各年级在感知与识别维度表现最好,在抽象与表达维度表现最差。翟雪平选取山东省某初中的初一和初二两个年级,从符号的认知、表征和操作三个维度进行调查,发现初中生随着年级的提高,其符号意识有所提升,但是总体上符号意识不强。可以发现,初中生数学符号意识随着年级增长而有所提高,这与学生的认知发展水平相符合,高年级学生各方面能力都有所增强,其运用数学符号和融会贯通数学知识的能力自然也会得到提高。

另一类调查对象为初中阶段某一个年级的学生,研究者借助问卷测试学生在数学符号意识不同层面上的表现,结果表明学生在数学符号的抽象与表达层面的表现较差。王亚儒针对九年级学生进行调查研究,通过测验试题从符号的感知与识别、表示与转换、理解与运算、联想与推理以及抽象与运用五个维度了解九年级学生数学符号意识的现状,得出学生在各个维度上的水平表现出发展不均衡的状况,总体来看在感知与识别领域的表现最佳,抽象与运用领域的表现最差。梁青以天津市第十四中学七年级学生为调查对象,从符号的理解、表示和操作三个维度展开现状调查,发现七年级学生主要存在不理解同一抽象符号的多重含义和符号转化困难等问题。谭珠玉以拉萨市三所初中的八年级学生为研究对象,从数学符号的感知、运算、推理、表达四个维度进行测试,发现学生的符号意识发展水平随着维度的升高而降低。研究者们虽然划分的维度各有区别,但是都显示学生在数学符号的抽象与表达层面有待进一步提升。在解决实际问题的过程中,学生仅仅停留在机械使用阶段,不能从中提取数学信息,对于数学符号的使用无法进行类比迁移。

在教师方面,研究者关注到教师在初中生数学符号意识培养过程中起主导作用,学生学习数学符号时难以发挥自身主体性。谭珠玉结合问卷调查发现,大部分学生对于符号的学习比较感兴趣,但是由于以教师讲授为主,符号学习对教师的依赖性较强。杨胜喜结合问卷法和访谈法,发现教师在教学时注重数学题型的培养而忽略了数学自身的学习,并未深入讲解符号的含义及性质,学生对于数学符号仅仅只停留在认识层面,缺乏符号意识培养的主动性。姜宁宁选取徐州市两所初中七、八、九年级各1个班的学生为调查对象,根据问卷及访谈结果,发现教师在教学时很少向学生讲解符号的来历及其作用,在教学过程中较注重符号的机械操作,却很少关注符号的灵活应用。研究显示大部分学生对于符号的学习停留在认识层面,由于学习过程中以教师讲授为主,对教师的依赖性较强,因此较难发挥自身主体作用展开学习,不能较为深刻地认识符号并进行灵活运用。

综上,初中生数学符号意识主要存在各年级间差异显著、数学符号的抽象与表达表现较差和学生学习数学符号难以发挥自身主体性的问题。基于此,提高教师专业素养,转变教学策略,关注学习者参与程度就成为促进学生数学符号意识发展的有效手段。

四、初中生数学符号意识的培养策略

由于情境认知理论主张学生开展有意义的动态学习,强调学生的主体性。此外,适当的情境有助于将抽象的数学符号具体化,为理解数学符号搭建桥梁,因此本文尝试结合情境认知理论提出初中生数学符号意识的培养策略。

(一)结合年级特点,情境设置针对化

在以往对于初中生数学符号意识的现状调查中,我们可以发现初中生数学符号意识在年级之间存在显著差异。与低年级学生相比,高年级学生解决问题的能力有所增强,因此,教师在教授知识时,应该结合具体所教年级学生的认知发展水平,设置相应的情境,以最大程度提升该阶段学生的符号意识。

例如,在学习"负数"时,由于学生所处年级为七年级,所以在教学时需要提供一些熟悉的情境,比如零下的温度,低于海平面的海拔,体重的减少等,借助大量的具体情境帮助学生理解负数的含义。而在八年级上册学生学习全等三角形的判定时,由于八年级学生的抽象能力相较七年级已经有所提升,对于数学符号的理解更加深刻,因此此时出示的情境问题就是用数学语言表达出来的,抽象程度虽然更高,但是学生理解起来并不困难,反而有利于提高学生运用数学符号表达和解决数学问题的能力。

(二)结合具体知识,情境创设真实化

数学符号作为数学知识交流的载体,具备一定的抽象性。借助具体的情境教学,可以帮助学生从具体的事例中抽象、概括出相关数学知识的本质特征,在该过程中建立符号表达的心向。其中,情境的创设,应结合具体要教授的知识进行创设,尽可能真实,既要符合学生生活,又要符合教学"真实"[5]。

例如,在讲解"用字母表示数"时,教师创设"失物招领"的情境引入课堂内容,让学生思考为什么要用字母 a 表示钱数呢?这样引发学生的认知冲突,可以为学生体会用字母表示数的必要性做铺垫。同时调动学生主动运用符号解决问题的心理倾向,帮助学生体会数学符号的简洁美,进而提升数学符号意识。好的情境需要能够激发学生探究的欲望,同时要蕴含"问题性"。因此教师在实际教学中应当对创设的问题情境进行思考,合理应用情境教学,促进学生数学符号意识的提升。

(三)结合学生主体,情境实践多元化

情境认知理论强调知识是动态的,需要个体主动建构而生成,并主张在实践共同体中进行行动。教师应该给学生提供主动建构知识和生成知识的机会,让学生自主设置问题情境,互相考验对方,用不同的符号语言对同一问题情境进行表达,体会符号语言之间的转化。这样不仅有助于学生通过符号获取信息,也加深了学生对符号表示意义的理解。

例如,在讲授完"负数"这个知识点以后,让学生围绕"$-a$ 是不是一定是负数"展开辩论,让学生以小组辩论的方式得到结论。又或者在高年级学生中,通过随机分组的方式,将初中阶段接触过的符号(如根号、相似符号和全等符号等)分小组进行符号的介绍,加深

学生对各类符号的认识与理解。

五、结束语

义务教育阶段的数学核心素养将数学符号意识作为其中之一,是由数学学科的性质以及社会发展的需求共同决定的,这集中体现了时代发展对于人才的要求。学生经历了数学符号化的过程,有助于其在实际生活中尝试用数学符号表达和解决问题,从而形成数学符号意识。研究基于情境认知理论的视角,结合年级特点、具体知识和学生主体,为培养初中生数学符号意识提出相关教学建议,以期为一线教师提供帮助。但是教育理念在不断更新,时代的发展也会对教学提出更高的要求,一线教师应当秉持终身学习的理念,结合以上教学建议不断创新课堂教学,以促进学生全面发展,帮助学生成长为适应社会变化的时代新人。

(黄冈师范学院　郭辰晓　陈惠汝　周梅芳　黄冈中学　李新潮)

参考文献

[1] 中华人民共和国教育部. 义务教育数学课程标准(2022年版)[S]. 北京:北京师范大学出版社,2022.
[2] 王林全. 发展学生数学符号意识的要领[J]. 数学通报,1996(05):4-8.
[3] 李艳琴,宋乃庆. 小学低段数学符号意识的含义及其表现形式[J]. 课程·教材·教法,2016,36(03):92-97.
[4] 朱立明,马云鹏. 学生数学符号意识 PORE 评价框架的构建[J]. 数学教育学报,2016,25(01):84-88.
[5] 肖鹏影. 初中数学教学中培养学生"符号意识"的实证研究[D]. 呼和浩特:内蒙古师范大学,2021.

Materials Studio 软件在半导体物理教学中的应用探索[*]

摘要: 半导体物理是电信/光电类专业的基础课程之一。该课程知识点繁多且抽象,掌握难度较大。Materials Studio 是一款功能强大的模拟软件,能够对晶体结构和性质等进行优化,并将所得结果直观地显示出来。因此,本文从实际教学的角度出发,探讨了 Materials Studio 软件在半导体物理典型知识点教学中的潜在应用,旨在将烦琐的知识点简化和直观化。希望这篇文章能鼓励其他教育工作者探索 Materials Studio 在半导体物理教学中的实际应用,以提高半导体物理课堂的教学质量。

关键词: 半导体物理;Materials Studio;教学;应用探索

一、半导体物理课程简析

半导体物理是高等院校物理学、微电子学、电子信息和电子科学等专业的基础课程之一。这门课程为学生详细介绍了半导体中载流子的传递规律和半导体器件的工作原理,是微电子、电子信息和电子工程等领域的重要课程。通过学习半导体物理,学生能够了解半导体材料的电学、热学和光学特性,掌握半导体晶格结构和带隙等重要概念,理解和分析半导体器件(如晶体管、二极管、光电二极管等)的工作原理和性能。同时,学生能够了解电子在半导体中的流动过程,以及如何设计和优化半导体器件以满足特定应用的要求[1-2]。总体来说,半导体物理作为基础专业课程,为学生提供了坚实的理论基础,这门课程的学习能使他们为日后进一步深入学习微电子学、电子信息等相关专业课程打下坚实的基础。

当前半导体物理的教学主要依赖教师对书本知识点的解读和讲授,学生被动听讲和接受的现象依旧普遍存在。此类"师讲生听"的教学方式难以激发学生的兴趣和热情,传递知识的效率有限[3]。尤为重要的是,半导体物理的教学首先需要学生清楚半导体模型,然后由教师导出和分析半导体模型背后对应的物理知识。然而,由于大部分学生空间想象力不足以及材料学和晶体学等知识储备有限,他们无法很好地构建对应的模型。学生仅靠被动接受老师教授的知识点,难以及时理解所学内容,学习效果不佳。因此,寻找合适的教学方法,改变学生被动学习的现状,激发学生学习半导体物理的兴趣,提高他们对半导体物理基础知识点的掌握水平,对提升课堂教学效果具有重要意义。

---

[*] **基金项目:** 本文为黄冈市教育科学规划 2023 年度课题(2023JB14)、教育部物理学类专业教学指导委员会课程改革项目(JZW-21-GT-05)的研究成果。

半导体物理教学中涉及众多模型的建立和电子结构的分析等抽象内容,直观地展示相关内容可将抽象的知识点具体化,降低教学难度。尽管部分学者分享了一些模型和模型的分析结果,在一定程度上降低了教师讲解对应知识点的难度,然而,半导体物理中仍旧有很多模型尚未给出,部分知识点仍需通过文字描述和教师讲述进行讲解,学生理解半导体物理中对应的知识点依旧具有挑战性。探索出更为有效的方法,是提高教学效率并降低学生学习难度的必要措施。理论计算方法,能够通过理论模拟得到对应的模型和分析结果,是在科学研究、工程应用和课程教学中广泛使用的一种方法[4-5]。在半导体物理领域,常见的理论计算方法和软件包括量子力学计算、密度泛函理论(Density Functional Theory,DFT)、蒙特卡洛模拟、Materials Studio、有限元分析和分子动力学模拟等。其中,Materials Studio软件具有直观的用户界面,使用户能够轻松创建、运行和分析模拟,有利于大中专院校的教师和学生迅速上手[6]。同时,Materials Studio软件也给专业用户提供了高级功能,有助于学生进一步提高自身的专业能力。此外,Materials Studio软件支持各种模拟和建模技术,能够帮助教师引导学生建立与书本知识点对应的结构模型并对其性质进行计算和分析,此功能有助于该软件在半导体物理课程的教学实践中得以广泛应用。通过使用Materials Studio,教师可以更直观地讲解抽象的半导体物理知识,使学生加深对电子结构等概念的理解,从而提升对课程内容的掌握水平。这种实践性的学习方法有助于激发学生对半导体物理的兴趣,增加他们学习的主动性和深度。

近年来,国内多名学者对Materials Studio软件在半导体物理类课程的教学进行了部分尝试。例如,2016年赵倩较为系统地分析了Materials Studio在固体物理教学中的可行性,并指出了该软件在晶体结构、晶体X射线衍射、布里渊区及能带结构中的教学具有一定的优势[7]。2020年张欣会在讨论了Materials Studio在固体物理课程分层教学中的应用后,发现该软件能够提高学生对物理模型的理解能力[8]。与此同时,2019年王生钊团队尝试将Materials Studio和VESTA软件运用到半导体物理教学中,提高了学生对理论知识点的认识和理解,并激发了学习主动性[9]。2020年陈显平教授利用Materials Studio引导和提升了学生活学活用所学理论知识的能力,激发了学生的科研兴趣和创新热情[3]。上述研究表明,Materials Studio软件能够帮助教师将抽象的知识点具体化,在直观展示物理模型的同时提高对知识点的讲解深度,帮助学生加深对所学知识的理解。在部分学者的探索基础上,我们进一步梳理了Materials Studio软件在半导体物理教学内容中的潜在应用,为半导体物理教学方法改革和教学质量提升提供参考。

二、Materials Studio在半导体物理教学中的潜在应用

半导体物理涉及多个学科领域,包括物理学、电子工程、材料科学和化学等。这种跨学科性使学生能够获得广泛的知识,并能培养他们的跨学科思维能力。合适的物理模型能够帮助教师提高教学效率,并有利于学生理解所学知识。在实际教学中,Materials Studio软件可建构多种模型和计算诸多性质,适用于分析和展示半导体物理众多的教学内容,从而提升教学的趣味性和课堂教学质量。接下来,我们将对具有代表性的教学内容进行分析和展示。

（一）晶体结构的教学

半导体物理主要涉及对半导体晶体进行深入研究的材料学和电子学分析。学习半导体的电子性质和实际应用,需要对晶体结构有清晰的理解和掌握。晶体结构知识的掌握是半导体物理的入门基础,也是教师讲授半导体物理课程的前期知识基础。在使用Materials Studio等工具时,教师可以轻松利用晶体学库构建晶体,并呈现出晶体内部原子的周期性排布[10-11]。以正交相 MoO_3 晶体的构建为例,使用 Materials Studio 的内置晶体库,教师只需导入相应数据,即可在软件主窗口中得到正交相 MoO_3 的晶胞结构(图1)。对于那些难以想象三维空间结构的学生来说,这种直观展示有助于教师引导他们迅速理解晶体中原子的位置分布以及整体晶体结构。此外,教师还可以通过 Materials Studio 中的 Super Cell 功能扩展晶胞,呈现出 MoO_3 晶体(3×3)的周期性排列结构和原子结合状况(图2)。这些内容有助于教师阐述晶体、晶体结构、晶胞、晶格矢量、周期性结构和空间点阵等重要概念,为学生深入理解晶体结构打下坚实的基础。另外,Materials Studio 还提供了其他十三种晶格类型的模拟和展示功能,可帮助教师更好地讲授七大晶系对应的空间结构。通过这样的工具,教师能够在半导体物理教学中更生动、直观地呈现晶体结构的复杂性,帮助学生更好地理解和掌握相关知识。

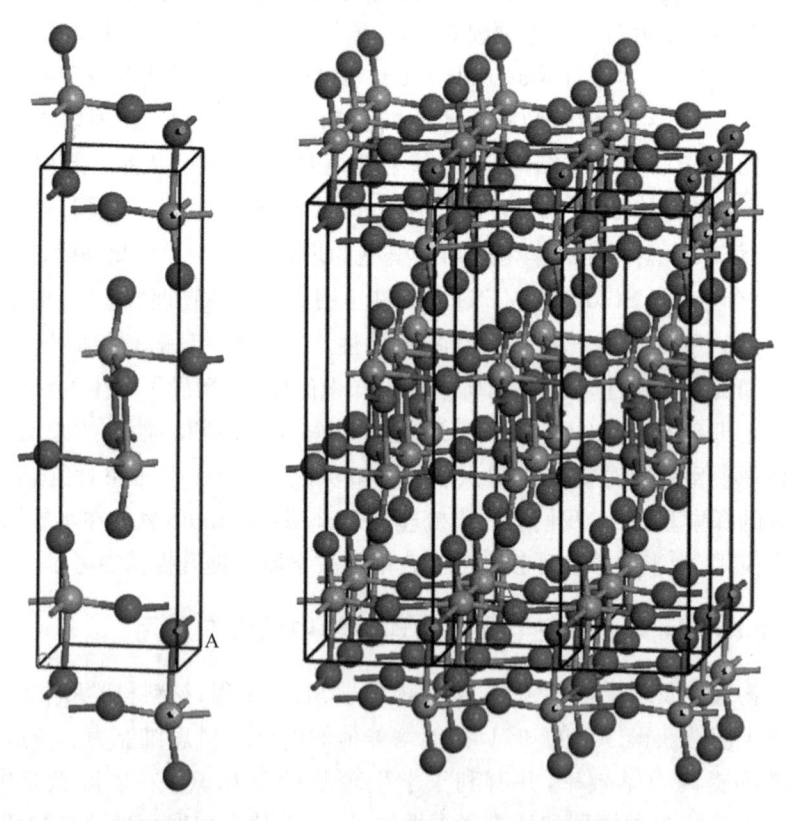

图1　MoO_3 晶体最小单元　　　图2　MoO_3 晶体(3×3)

(二) 能带结构的教学

半导体物理的能带结构是该领域的核心概念之一,描述了半导体材料中电子的能级分布以及电子在不同能级之间的行为。能带结构对于理解半导体的电导性质、电子传输和材料特性至关重要。然而,这些概念在课程中的表述相对抽象,学生难以快速想象出相应的能带图像。Materials Studio 软件能够根据提供的模型显示与之相关的高对称点,即第一布里渊区[12]。这些高对称点的呈现有助于教师清晰地展示第一布里渊区的几何形状,为更好地讲授晶体的结构和周期性排列提供支持。使用者设置相应的计算参数后,软件能够自动进行电子的薛定谔方程计算,得出电子能量与波矢之间的关系,并以直观的方式呈现和显示出对应的能带结构。使用 Materials Studio 软件进行能带结构计算,可以省去大量的数学公式推导,减轻学生因知识点理解不深刻或计算能力不足而产生的额外学习负担,从而提高学习效率。这种方法有助于教师引导学生理解和掌握半导体能带结构的关键概念,使抽象的理论知识更具可视性和直观性,提升学生对能带结构的理解和应用水平。

(三) 掺杂理论的教学

在半导体物理中,掺杂是指向半导体材料中引入少量外部原子或分子的过程,以改变其导电性能和其他电子特性。通过掺杂,我们可以调整半导体的载流子浓度和类型,从而使其适用于不同的应用领域。教师可以通过 Materials Studio 软件快速实现原子的替代,从而构建出掺杂的晶体结构模型[13]。例如,教师通过将石墨烯结构中的一个碳原子替换为 B 原子或 N 原子,可以获得 p 型或 n 型掺杂的石墨烯(图 3,图 4)。通过进一步计算,

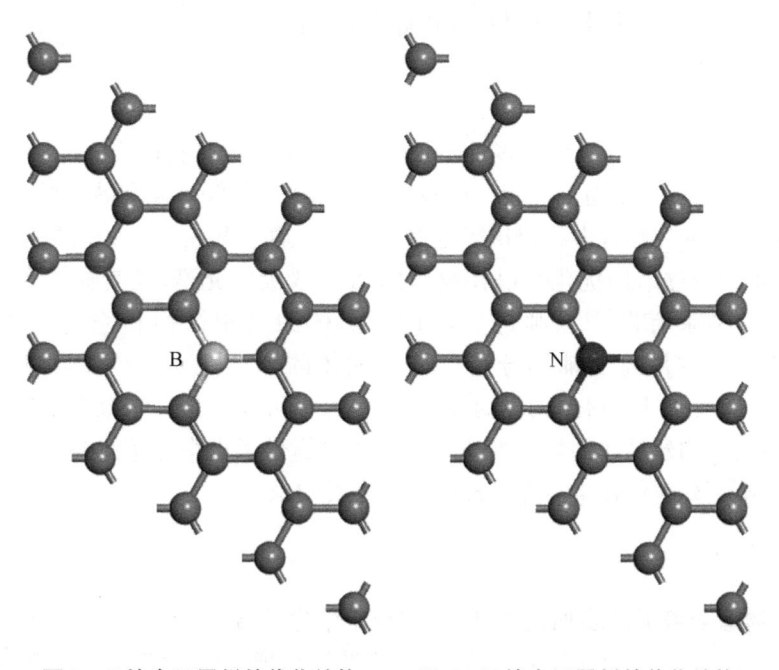

图 3 B 掺杂石墨烯的优化结构　　**图 4 N 掺杂石墨烯的优化结构**

教师可以得出相应的差分电子结构,从而引导学生分析 N 原子或 B 原子掺杂后电子转移的方向和数量。计算结果表明,将 N 原子掺杂到石墨烯中后,会导致大约 $0.27\,|e|$ 的电子向石墨烯基底移动,但这些电子会固定在 N 原子周围。这表明 N 原子成为施主杂质,与课本中的描述相符。同样,B 原子掺杂后会产生约 $0.64\,|e|$ 的正电荷的空穴,因此 B 原子成为受主杂质。这些计算辅助,有助于教师在讲述 n 型或 p 型掺杂的同时,将所学的掺杂理论与电子转移、电荷密度和差分电荷密度等知识点联系起来,并引导学生将其应用于实际掺杂晶体的研究中。这种方法有助于将抽象的理论与实际应用相结合,降低教师教授掺杂等相关概念的难度,并促使学生更深入地理解半导体物理中的关键概念。

(四)材料稳定性评估的教学

半导体的晶体稳定性指的是半导体材料的晶体结构在一定条件下的稳定性和可靠性。晶体稳定性是半导体材料在不同环境和工作条件下的表现之一,对于半导体器件的性能和可靠性至关重要。通过理论计算来分析构建的掺杂半导体晶体在不同温度下的稳定性,有助于教师讲授掺杂元素对半导体结构的影响规律。例如,教师可以设置温度为 300 K,对 N 掺杂的石墨烯进行分子动力学模拟计算,通过计算过程中系统的能量变化来分析 N 掺杂石墨烯的结构稳定性。在 N 掺杂石墨烯的计算示例中,教师可将计算步数设定为 1 500。经过计算,教师可以发现所得的 N 掺杂石墨烯的最终结构与初始结构基本一致,N 原子掺杂对基底的影响较小,系统在计算过程中的最大能量变化仅为 0.02 eV,这表明所构建的晶体具有良好的温度稳定性。上述计算,可以使教师在一定程度上评估某种晶体材料的热稳定性,并为该种晶体的掺杂改性以及调控载流子传输性能等提供了一定的参考依据。这种方法有助于教师深入讲授半导体材料在不同温度条件下的稳定性,并为教师讲授半导体器件设计和材料优化等内容提供重要信息。

(五)材料性质的教学

Materials Studio 软件提供了多种用于模拟和计算晶体材料性质的选项,包括 X 射线吸收光谱、拉曼光谱、声子谱等性能。这些功能有助于教师深入探究晶体材料的各种性质和特性,为讲授半导体物理课程提供了丰富的工具。通过 Properties 中的相关功能,教师可以由计算得到经过结构优化后晶体材料的 X 射线吸收光谱、拉曼光谱和声子谱等性能。这些计算结果有助于教师进一步讲授晶体的物相结构和稳定性[14-15]。此外,Materials Studio 软件还能辅助分析所构建晶体的弹性性质。教师通过勾选 Elastic Constants 选项,可以计算得到相应的弹性常数,并且可以将计算结果与实验数据进行比对,以全面讲授所构建晶体的物理性质。这种功能提供了更全面了解晶体材料性质的途径,有助于教师更好地传授半导体物理课程的相关知识点。

三、结语

半导体物理涵盖了许多抽象的知识点,要求学生具备一定的空间想象能力和较高的计算能力。Materials Studio 等工具的使用,能够简化烦琐的计算过程,并帮助教师将相关知识以可视化的方式呈现在主界面上。Materials Studio 具备模拟和计算晶体结构、能带结构、掺杂性能和稳定性等功能,可辅助半导体物理等相关课程的教学。这不仅提高了教师的教学效率,还有助于学生更好地理解知识点。Materials Studio 软件的应用,有助于改变半导体物理的学习方式和教学方法,提升半导体物理课堂教学质量。

(黄冈师范学院　物理与电信学院　杨树林　兰智高　周　阳)

参考文献

[1] 张强,郝润芳,菅傲群,等.半导体物理学教学改革的探索与实践[J].物理通报,2021(11):25-27.
[2] 蒋童童,周胜."理实交融、协同创新"的理念在半导体物理课程改革中的探究[J].大学物理实验,2022,35(04):155-158.
[3] 陈显平,陈紫薇,陶璐琪.基于 STEM 教育理念的《半导体物理》跨学科课程教学改革研究与实践[J].高教学刊,2020(22):126-128.
[4] 王治国,张胜渠,宋见喜,等.基于半导体物理的硅材料技术课程教学改革探索[J].大学物理实验,2023,36(04):112-114.
[5] 杨尊先,王嘉祥,郭太良,等.基于理论和实践教学协同效应的半导体物理教学研究[J].大学教育,2022(07):121-123.
[6] 陈鑫,张辉.Materials Studio 和 VESTA 等软件在电化学教学中的应用[J].大学化学,2020,35(09):194-197.
[7] 赵倩.Materials Studio 在固体物理学教学中的应用研究[D].南昌:江西科技师范大学,2018.
[8] 张欣会.Materials Studio 在固体物理课程分层教学中的应用[J].教育教学论坛,2020(34):304-305.
[9] 王生钊,黄大勇,南春娟,等.材料模拟软件在半导体物理教学中的应用研究[J].教育教学论坛,2019(10):185-186.
[10] 燕云程.Materials Studio 软件在材料科学基础教学中的应用[J].广东化工,2020,47(12):253-254.
[11] 徐阳,陈阳,牛丽红,等.Materials Studio 软件辅助中学化学教学:以晶体结构为例[J].化学教育(中英文),2020,41(09):75-83.
[12] 王宏强.Materials Studio 软件在分子力学中的基础应用[J].科技资讯,2019,17(31):17-18.
[13] 贾涛,张佳媛,罗柔,等.Materials Studio 在材料模拟中的应用:以 TiO_2 晶体为例[J].广东化工,2019,46(19):34-35+68.
[14] 王连莉.Materials Studio 模拟软件具象辅助下的材料学科教学探究[J].科教导刊(下旬),2019(24):92-93.
[15] 苏欣,高峰.Materials Studio 软件在固体物理教与学中的应用[J].伊犁师范学院学报(自然科学版),2018,12(03):85-88.

专题四　教学策略与方法

倡导思政课一体化的议题式教学设计[*]

摘要:思想政治课以"立德树人"为价值归宿。初中与高中两个学段的核心素养前后贯通,一脉相承,既符合学生身心发展客观实际,又遵从教育教学规律。在课程实施中,通过议题的引入、引导和讨论,推动教师转变教学方式,使教学在师生互动、开放民主的氛围中进行;通过问题情境的创设和社会实践活动的参与,促进学生转变学习方式,在合作学习和探究学习的过程中,培养创新精神,提高实践能力。

关键词:中学;思政课一体化;议题式教学

一、思政课"一体化"建设的顶层设计思路

2019年3月18日,习近平总书记在学校思想政治理论课教师座谈会上指出,在大中小学循序渐进、螺旋上升地开设思想政治理论课非常必要。

2022年4月25日,习近平总书记在中国人民大学观摩思政课智慧教室现场教学时再一次强调,要积极开展与中小学思政课共建,共同推动大中小学思政课一体化建设。

近年来,中共中央办公厅、国务院办公厅、中宣部、教育部相继发文,顶层设计,统筹大中小学思政课一体化建设,推动各类课程与思政课建设形成协同效应,整体规划了各学段思政课课程目标。

2022年4月,教育部颁布《义务教育课程方案和课程标准(2022年版)》,将小学原品德与生活、品德与社会和初中原思想品德合为"道德与法治",进行九年一体化设计;遵循学生身心发展规律,联通初中与高中思政课,强化教学内容、教学方式一体化设置,促进学段间衔接,提升课程系统性与科学性。

二、高中学段"议题式"教学设计的成功做法

2020年,教育部颁布新修订的《普通高中思想政治课程标准》(以下简称"高中课标")。

"高中课标"凝练了学科核心素养,精选、重组课程内容,明确内容要求,指导教学设计,通俗易懂,逻辑更清晰。学科内容采取思维活动和社会实践活动等方式呈现,即通过一系列活动及其结构化设计,实现"课程内容活动化""活动内容课程化",力求构建学科逻辑与实践逻辑、理论知识与生活关切相结合的活动型学科课程。

在课程实施中,通过议题的引入、引导和讨论,推动教师转变教学方式,使教学能在师生互动、开放民主的氛围中进行。与此对应,高中政治教材以中国特色社会主义为主线,

---

[*] **基金项目**:本文为黄冈市教育科研规划办研究项目(2022GA03)的研究成果。

将必修课程规划为四个模块,总共设计了35个议题(如表1)。

表1 高中思想政治议题明细表

模块	主题内容	议题名称
1	人类社会发展的进程与趋势	怎样揭示人类社会发展的奥秘
		怎样看待资本主义社会的兴衰
		科学社会主义为什么科学
		不同国家、地区的历史各具特色是否有悖社会发展的一般过程
1	中国特色社会主义的开创与发展	社会主义为什么是近代中国历史发展的必然
		中国为什么能
		为什么要一脉相承、与时俱进
2	经济制度与经济体制	为什么要坚持"两个毫不动摇"
		为什么"两只手"优于"一只手"
		怎样保持经济平稳运行
2	经济发展与社会进步	为什么发展必须以人民为中心
		如何建设现代化经济体系
		如何从收入分配中品味获得感
3	中国共产党的领导	为什么中国共产党执政是历史和人民的选择
		怎样高扬永不褪色的旗帜
		如何理解依法执政
3	人民当家作主	怎样看人大代表的作用
		协商民主有什么优势
		我国各族人民怎样和睦相处
		我们怎样当家作主
3	依法治国	公民参与立法有什么意义、有哪些途径
		如何增强政府的公信力和执行力
		为什么说司法公正是社会公正的最后防线
		法治如何让生活更美好
4	探索世界与追求真理	哲学有什么用
		人的正确思想是从哪里来的
		为什么要具体问题具体分析
		为什么要一切以时间、地点和条件为转移
4	认识社会与价值选择	人们为什么有不同的价值观
		面对价值冲突如何选择
		劳动对实现人生价值有何意义
		怎样才能内化于心、外化于行

续表

模块	主题内容	议题名称
4	文化传承与文化创新	传统文化是包袱还是财富
		文化的力量有多大
		文化创新靠什么

这些议题聚焦思想政治学科核心素养,讲述马克思主义基本原理,紧跟实践基础上的理论创新进程,阐明习近平新时代中国特色社会主义思想,落实立德树人根本任务,全面加强爱国主义、集体主义、社会主义教育,体现了思想政治课程的性质与理念,构成了高中思想政治课程的完整结构,促进了知行合一,凸显了活动型学科课程的实践性和参与性。

学习了解"高中课标",梳理并提炼"一体化""议题式"教学设计的基本要求和基本经验,可以进一步明确思政课"一体化"的内涵及特性,与初中道德与法治、高校思政理论等课程相互衔接,与时事政治教育相互补充,与其他学科教学和相关德育工作相互配合,共同承担思想政治教育立德树人的任务。

在本课题研究过程中,高中学段"议题式"教学设计凝练了以下策略:

(一)巧设导学支架

1. 精设议题,保证教学效度。思政课议题是一种助力知识建构的支架,可以发挥导学作用。其一,生活类议题,体现课程与生活的联系,如表1中"如何从收入分配中品味获得感"。可从核心概念着手,与生活具象关联,进而生成难度适宜、便于讨论的问题。从具象角度切入,挖掘讨论的深度,让学生"议"之有物,提升学生生活能力,保障教学效度。其二,价值类议题,兼顾知识学习与价值判断,如表1中"怎样才能内化于心、外化于行"。高中生正处于价值观成型关键期。议题既要联通学科主干知识,契合学生疑惑点和情感升华点,又要坚持正确价值导向。融入价值性议题,凸显政治学科德育价值,引导学生通过思考形成自己正确的道德判断。

2. 层分议题,形成问题链条。有些议题过于抽象、不易把握。对此,可创设子议题及具体情境,构建一个相互关联、层层递进的问题系统,让学生在特定情境下展开思考。例如,议题"为什么'两只手'优于'一只手'",可以层分为子议题:微观主体如何从内部激发活力?如何营造有效激发微观主体活力的外部环境?通过创设一个国企改革的典型案例,作为议题式教学情境,贴近学生能力基点,有助于学生自主建构知识链条。

(二)激活议学氛围

议题式教学需要一定的活跃氛围,在教师导学与学生自主研学协同下完成。一是搜集资料,自主研学。可指导学生从议题基本概念出发,在"学习强国"平台、人民日报、央视等正规融媒体上搜集相关资料,开展自主研读。二是社会实践,调查悟学。对于部分议题,教师可引导学生走近生活,开展社会实践,积累第一手经验,掌握充足事实,在亲身体验中获得个性化感悟。三是交流讨论,课中互学。让"议学课堂"在学生主体交互中逐渐生成,是离不开"议一议""辩一辩"等学习形式的。开展知识分享,丰富看题视角;捕捉观点差异,开展深度辨析,提升认知,培育核心素养。

(三) 实施有效评价

"高中课标"强调,活动型学科课程的教学评价,应专注学科核心素养的行为表现,一般采用"求同"取向与"求异"取向相结合的验证思路。一则依据核心素养。议题式教学承载了核心素养培育的功能。在开展评价时,教师应秉持长远眼光,既要针对具体知识内容开展评价,也要针对学生的核心素养发展情况开展评价。二则培养反思习惯。议题式教学是学生自主表达、自主交流的过程。开展有序评价,既可针对发言内容进行自评互评,让"议"的内容不断深化;又可对语言表达、逻辑思路进行评价,如"是否恰当运用了核心概念""是否正确使用了论证方法"等,培养学生的反思习惯,提高学生的议学能力。

三、新版初中课程标准关于增设"议题式"教学设计的情况及其考量

(一) 新版初中课标议题的具体情况

青少年思想政治教育是一个接续的过程,要针对青少年成长的不同阶段,有针对性地开展思想政治教育。新出台的 2022 年版《道德与法治课程标准》(以下简称"义教新课标"),贯彻"一体化"大思路,主动变革自我,前后贯通,上下关联,对接"高中课标",在转变教学方式上作出了创新性尝试。它共设置了生命安全与健康教育、法治教育、中华优秀传统文化教育、革命传统教育、国情教育等五大学习主题。每个主题明确了课程内容要求,依次配设了 35 个相应议题(见表 2),提示教师在组织教学时科学合理地使用。

表 2 初中道德与法治议题明细表

主题	编号	议题内容
生命安全与健康教育	1	青春期的烦恼
	2	社会中的我
	3	在逆境中自强不息
	4	生命的意义是什么
	5	我在社会中成长
法治教育	1	坚持党对全面依法治国的领导
	2	宪法是根本法
	3	权利与义务相统一
	4	奉法者强则国强
	5	"和平统一、一国两制"对实现祖国完全统一的意义
	6	认识国家最高权力机关
	7	中国式协商民主
	8	铸牢中华民族共同体意识
	9	走进村委会、居委会

续表

主题	编号	议题内容
法治教育	10	如何把权力关进制度的笼子里
	11	民法典是社会生活的百科全书
	12	远离违法犯罪
	13	如何铸牢自我保护的防火墙
	14	建设美丽中国
	15	国家安全是头等大事
	16	联合国与人类命运共同体
中华优秀传统文化教育	1	中华优秀传统文化的魅力何在
	2	见贤思齐,见善则迁
	3	自强不息,厚德载物
	4	如何理解"学以成人"
	5	如何理解"家是最小国,国是千万家"
革命传统教育	1	开天辟地大事变
	2	不忘初心,牢记使命
	3	中华民族有史以来最为广泛而深刻的社会变革
	4	改革开放铸就伟大改革开放精神
	5	中国共产党团结带领中国人民实现中华民族伟大复兴
国情教育	1	我们的美好生活
	2	于变局中开新局
	3	新梦想,新征程
	4	不负青春、不负韶华、不负时代

(二) 比较初中与高中部分议题

表3 初中与高中部分议题的对比

学习主题	义教新课标 内容要求	议题	高中课标 模块	内容要求	议题
法治教育	了解人民代表大会制度是我国的根本政治制度	认识国家最高权力机关	政治与法治	列举宪法有关人民主体地位的规定	怎样看人大代表的作用
中华优秀传统文化教育	弘扬中华优秀传统文化讲仁爱、重民本、守诚信、崇正义、尚和合、求大同的核心理念	中华优秀传统文化的魅力何在	哲学与文化	辩证地看待传统文化,领会对中华优秀传统文化进行创造性转化、创新性发展的重要意义	传统文化是包袱还是财富
革命传统教育	了解中国共产党领导人民自力更生、发愤图强,创造了社会主义革命和建设的伟大成就	中华民族有史以来最为广泛而深刻的社会变革	中国特色社会主义	阐述新民主主义革命的性质和特点,理解新中国确立社会主义制度的历史必然性	社会主义为什么是近代中国历史发展的必然
国情教育	了解中国特色社会主义新时代是我国发展新的历史方位	我们的美好生活	经济与社会	阐释以人民为中心的发展思想和创新、协调、绿色、开放、共享的新发展理念	为什么发展必须以人民为中心

通过比较,可以看出,两个学段的议题一脉相通,一以贯之,实现了教学内容逻辑性的合理贯通,教学方式与学习方式的有效衔接,体现了两个学段思政课"一体化"的设计思路。这是"义教新课标"一个导向性的创新思路,更是指导初中课堂教学模式改革创新的风向标。

(三) 初中增设议题的相关考量

2011年版《思想品德课程标准》(以下简称"初中旧课标")在实施过程中,坚持了正确的改革方向,体现了先进的教育理念,为基础教育质量的发展作出了很大贡献。由于客观环境不断变化,人才培养面临新挑战,原思政课存在着学段间内容重复、衔接性不强、各段教师"自管一段""背靠背"等现象。就县域而言,主要存在各学段尚未树立"一体化"课程理念、尚未统筹"一体化"课程设置、尚未进行"一体化"教学设计、尚未建立"一体化"评价方案等问题。在教学内容中,有时会出现低学段"挖掘"过深、高学段"开垦"较浅的情况。这表明,推动初中思政课紧跟"一体化"建设步伐,应答了时代之问,是形势所趋。

2022年版《义务教育课程方案》坚持问题导向、创新导向原则,全面梳理课程改革困难,有效回应实际问题,修订"初中旧课标",颁布了"义教新课标"。

在课程理念上,"义教新课标"遵循育人规律和学生成长规律,强化课程一体化设计。以"成长中的我"为原点,将学生不断扩大的生活与交往范围作为建构课程的基础。按照大中小学德育一体化的思路,依据我与自身,我与自然、家庭、他人、社会,我与国家和人类文明关系的逻辑,以螺旋上升的方式组织和呈现教育主题,强化课程设计的整体性。

在课程目标上,"义教新课标"凝练了该课程要培养的核心素养,主要包括政治认同、道德修养、法治观念、健全人格、责任意识,与"高中课标"中的核心素养前后贯通,一脉相承。这既符合学生身心发展客观实际,又遵从了教育教学规律。

在学段目标上,"义教新课标"将小学一年级到初中九年级划分为四个依次递进的学段。本学段目标既是对前学段的承接与拓展,又为后学段目标的实现夯实基础,体现了"一体化"内在逻辑关系,为学生逐步形成正确价值观、必备品格和关键能力,连续性、进阶性地培养核心素养,提供了科学合理的路线图和时间表。

在课程实施上,"义教新课标"立足核心素养,注重案例教学,选择、设计与运用个人和社会生活中的典型实例,积极探索议题式等多种教学方法,引导学生参与体验,促进感悟与建构。采取热点分析、角色扮演、情境体验、模拟活动等方式,引导学生开展自主探究与合作探究,认识社会,实现育人目标。

四、"议题式"教学设计参考案例——"不负青春　不负韶华　不负时代"

【教学目标】[1]

政治认同	了解我国决胜全面建成小康社会取得的伟大成就,理解中国梦的内涵
道德修养	感知劳动创造的成就感、幸福感,初步了解职业道德规范
法治观念	了解以民法典为代表的、与日常生活相关的法律,增强法治观念
健全人格	懂得生命的意义,热爱生活,确立正确的人生观
责任意识	自觉分担家庭责任,体会敬业精神的重要性,具有较强的责任感

【教学方法】围绕议题,设计活动型课堂教学。

【课前准备】将学生分为三组,即社会实践小组、时政话题研讨小组、生涯规划小组。各组完成相应学习研讨任务,然后交流分享成果。

【教学过程】

1. 劳动美:筑梦新时代之"幸福梦"

子议题1:说说劳动者美在哪里,他们是如何创造属于自己的幸福梦的?

社会实践小组:寻找生活中最美劳动者,感受劳动带来的获得感、幸福感。

创设访谈情境:按照教学进度,或全员或分组,带领学生遍访当地"五一劳动奖章"获得者、"乡村振兴"成功人士、招商引资著名企业家等,按照拟设提纲,有针对性地开展访谈。

2. 维权路:筑梦新时代之"维权梦"

子议题2:新时代如何维护劳动者的合法权利,实现好广大劳动者的维权梦?

时政话题研讨小组:借助近期有关"农民工讨薪"的时政话题,研讨维护劳动者合法权益的方法和途径。

创设辩论情境:从"学习强国"平台等传媒搜集相关材料,根据小组任务特点,划分正反两方,通过"辩一辩",让学生的见闻和看法在活跃的"议学课堂"中相互碰撞,从而丰富议题视角,培育学科核心素养。

3. 规划图:筑梦新时代之"个人梦"

子议题3:为迎接未来,如何规划好生涯,将个人梦与中国梦紧密联系起来?

生涯规划小组:分析未来挑战,依据社会发展需要和自身特点,学做生涯规划,强化责任担当。

创设探究与分享的情境:课前,围绕"青春·韶华·时代"的议题,布置学生撰写日记或周记;课中,力求人人发言,评出精彩语句,一一陈列;课后,在黑板报中陈列精彩留言。

【课堂总结】

脚踏实地辛勤奋斗——劳动精神

法治观念权利意识——合法维权

立足时代畅想未来——合理规划

(英山县教科院　刘　刚)

参考文献

[1] 沈雪春.议题式教学例论[M].西安:陕西师范大学出版总社,2019.

基于深度学习的高中数学逆向单元教学设计*

——以"等差数列的前 n 项和"为例

摘要：高中教育教学改革是我国教育发展的热点问题,深度学习理论的兴起使得我国数学教育改革有了理论依据和实践抓手,而逆向单元教学设计更是落实高中数学课程改革的重要途径。基于深度学习理论的逆向单元教学设计强调逆向的同时融入深度学习的"U"型模式,旨在提高教师专业能力的同时促进学生的深度学习。本研究将与 UbD 相关联的大概念、理解六侧面、基本问题、评估与反馈及深度学习的"U"型模式与逆向教学设计的三阶段融合起来对数列单元中的"等差数列的前 n 项和"进行重构,得到"等差数列的前 n 项和"的逆向单元教学设计,整个教学过程落实了学生数学运算和数学建模的核心素养。

关键词：逆向单元教学设计；深度学习；高中数学

美国两位教育评估专家 Grant Wiggins 和 Jay McTighe 通过构建一个"理解"的框架,提出"逆"于常态教学设计的"逆向教学设计"[1]。而深度学习是核心素养培育与发展的基本途径,是我国课程教学改革走向深入的必然要求。逆向单元教学设计是逆向教学设计和单元教学设计的融合,其作为实现深度学习的一种教学模式,核心理念是评价先于教学组织,输入依赖于输出,在目标的指导下进行逆向思维设计。关于深度学习和逆向单元教学设计的研究并不多,大多数研究将深度学习和单元教学设计联系起来,将深度学习和逆向单元教学设计融合起来可以达到"教-学-评"一致性的目标还能更好地促进学生的深度学习。

逆向单元教学设计能够促进学生深度学习的有效发生。一方面,在进行逆向单元教学设计时,为了便于进行教学评价和教学活动的设计,要求教学目标更加具体、可操作、有层次,有利于将抽象的核心素养具象化,使得深度学习指向深度学习的目标的引导作用显性化。另一方面,教学评一体化的教学设计,使得目标、评价和学习活动一脉相承,有利于避免学生的深度学习活动偏航,为深度学习提供保障,使得深度学习有效开展。深度学习有助于突破当前数学教学设计碎片化和重复化的困境,能够有效地提升高中数学单元教学设计的质量[2]。逆向单元教学设计在一定程度上可以弥补课时教学的局限性,深度学习与其联系起来可以促进学生数学知识、数学思维和数学能力的提升。

本研究基于深度学习的"U"型模式对数列这一单元中的"等差数列的前 n 项和"进行

---

* **通讯作者**：陈惠汝,chenhuiru@hgun.edu.cn,湖北黄冈。**基金项目**：本文为黄冈市教育科学规划 2022 年度重点课题(2022GA19)、黄冈师范学院 2022 年教学研究重点项目(2022CE68)和 2023 年黄冈师范学院研究生工作站课题(5032023024)的阶段性研究成果。

逆向单元教学设计的原因在于：首先新课程改革要求教师要用整体的观点进行教学设计，而"等差数列的前 n 项和"的相关研究集中于以课时教学设计形式为主，缺乏深度学习的整体性规划和系统性思维。其次，教师们对于"等差数列的前 n 项和"这一内容的教学目标浅层化，还是以三维目标为主，缺乏深度学习所倡导的思维培养；因此，基于注重整体规划和系统性思维的深度学习对"等差数列的前 n 项和"进行逆向单元教学设计是有必要的，通过逆向单元教学设计可以为一线教师提供参考的同时促进学生的深度学习。

一、相关理论基础

（一）深度学习

深度学习分为作为技术的学习和作为学习形态的深度学习。国内最早提出深度学习的是黎加厚教授，随后国内学者开始了对深度学习内涵和策略等方面的研究。深度学习是学习者通过对知识本质的理解和批判性运用知识内容，实现内容有效地迁移和真实问题的解决，并发展高阶思维的高投入性学习。深度学习注重知识的宽广度、内容的深度和关联度，强调学生的沉浸度。"U"型模式就是基于深度学习的沉浸性理论提出来的，主要包括三个基本环节：下沉、潜行和上浮。下沉的目标是让学生主动参与，投入学习过程；潜行的目标是开展探究活动，促成知识概念生成；上浮的目标是以问题链为导向，反思之前的新情境应用[3]。

（二）逆向单元教学设计理论

逆向单元教学设计是以单元为单位进行教学设计，分为三个阶段：阶段Ⅰ确定单元预期结果，包括单元教学目标，以及目标转化后的学习结果，而预期的学习结果又包括了四个方面，分别是预期的迁移、预期的理解、理解转化后的基本问题、学生将要掌握的知识与技能；阶段Ⅱ确定合适的评估证据，评估证据对应阶段中预期的学习结果，每一个证据都要能证明学生是否达到了预期的学习结果；阶段Ⅲ设计学习体验和教学是建立在学习目标和评价证据的基础上的，设计的每个学习活动都要从学习目标和评价证据出发，保证所设计的教学能够达到预期的学习成果[4]。

（三）深度学习和逆向单元教学设计的融合

单元教学过程在逆向设计理念中是基于目标和评价展开的，其教学环节与活动的组织要切实达成目标。因此，为了保证教学过程中始终达成与教学目标的一致性，基于深度学习的"U"型模式设计逆向单元教学设计活动表如下图。

《普通高中数学课程标准》(2017年版2020年修订)提倡"教-学-评"一致性，呼唤大概念教学和大单元教学[5]。Grant Wiggins 和 Jay McTighe 提出的"理解为先"的教学设计方案(Understanding by Design，简称 UbD)符合课程改革的要求，将 UbD 理论相关联的大概念、理解六侧面、基本问题以及评估与反馈融入逆向单元教学设计的三个阶段可以促进学生的深度学习[6]。由于深度学习具有沉浸性的特点，为了更好地促进学生的深度学习，因此将"U"型模式的三阶段融入逆向单元教学设计的阶段Ⅲ设计学习体验和教学中。

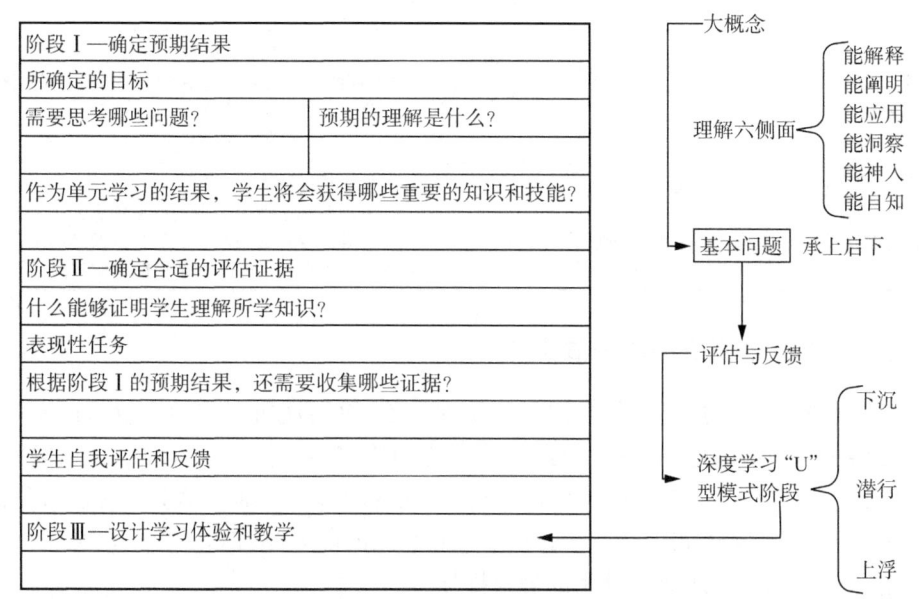

图 1　深度学习"U"型模式下的逆向单元教学设计

二、"等差数列的前 n 项和"的逆向单元教学设计

深度学习下的逆向单元教学设计操作程序主要包括三个阶段:确定预期结果、确定合适的评估证据、设计学习体验和教学[7]。根据"U"型模式下的逆向单元教学设计活动表,完成教学过程设计与实施。活动中严格按照教学设计进行课堂活动,落实"U"型模式下的教学组织流程,以任务为导向,在教学过程中完成相关评价方式,确保学生深度学习的达成。

(一) 阶段 I -确定预期结果

阶段 I 中融入 UbD 理论中的大概念、理解六侧面和基本问题的原因是:大概念可以帮助教师确定本节课的整体基调,理解六侧面包括能解释、能阐明、能应用、能洞察、能神入以及能自知,可以明确教师能否从学生已有的知识出发确定所要考虑的基本问题,还有学生能够达到某一水平的证据。

表 1　"等差数列的前 n 项和"逆向单元教学设计的阶段 I

阶段 I —确定预期目标	
所确定的目标	• 掌握等差数列前 n 项和的公式; • 培养学生运用公式收获函数思想的能力; • 数列是初中利率问题的延伸,是大学高等数学的基础; • 让学生充分感受到数学来源于生活; • 感悟等差数列前 n 项和中蕴含的数学思想(从特殊到一般再到特殊)。

续表

阶段Ⅰ—确定预期目标			
需要思考的基本问题?	• 为什么要学习等差数列的前 n 项和? • 如何通过 a_n 与 S_n 的关系解决等差数列? • 数列为什么和函数有联系?	预期的理解	学生将会理解 • 数列和初中所学的利率之间的区别; • 数列与函数之间的密切联系; • 等差数列前 n 项和公式推导的过程。
作为单元学习的结果,学生将会获得哪些重要的知识和技能?	学生将会知道 • 数学来源于生活; • 数列与函数的密切联系; • 解决等差数列前 n 项和的方法。		学生将能够 • 理解和掌握等差数列前 n 项和公式推导; • 掌握等差数列前 n 项和公式及其应用; • 合理选择已知条件解决简单的实际问题。

(二) 阶段Ⅱ-确定合适的评估证据

确定合适的评估证据不仅需要注重总结性评价,更要注重形成性评价。逆向单元教学设计提供了一种新的评估证据,与预期结果协调统一的证据。这种评估证据以阶段Ⅰ中确定的预期结果作为铺垫,在此基础上分析预期的理解进而确定学生对内容的理解,最后确定证据和任务,具体如表2所示。针对等差数列的前 n 项和这一单元,学生的核心任务是理解和掌握等差数列前 n 项和的公式推导。

表 2 "等差数列的前 n 项和"逆向单元教学设计的阶段Ⅱ

阶段Ⅱ—确定合适的评估证据	
什么能够用来证明学生理解了所学知识?	表现性任务 任务1:学生整理高斯算法规律性的文献,并用思维导图梳理时间线; 任务2:请设计一个教案,目的是帮助一个生病请假的同学体会数列与函数的关系; 任务3:开展探究活动,通过师生合作和生生合作的方式探究等差数列前 n 项和的公式推导。
根据阶段Ⅰ的预期结果,还需要收集哪些证据?	课堂检测——等差数列求前 n 项和; 观察与对话——回答问题及在小组中对问题的见解; 问答题——数列与函数之间的联系; 对理解的非正式检查——对学生平时作业的检查; 小测验——有关等差数列的基础题; 单元测验——等差数列、等比数列混合到一起的综合题。
学生的自我评估与反馈	自我评估小论文、习题册; 在本单元结束时,反思解决问题时存在的不足; 在本单元结束时,反思探究数学活动的一般方法; 在本单元结束时,反思解决等差数列求前 n 项和的解题思路。

(三) 阶段Ⅲ-设计学习体验和教学

设计学习体验和教学是逆向单元教学设计的最后一个阶段,是依据所确定的预期结果和评估证据来设计的。针对"等差数列的前 n 项和"这一单元内容,将深度学习的"U"型模式的三阶段下沉、潜行和上浮与逆向单元教学设计的最后一阶段进行融合,在阶段Ⅰ和阶段Ⅱ的基础上设计教学设计,如表3:

表3 "等差数列的前 n 项和"逆向单元教学设计的阶段Ⅲ

阶段Ⅲ—设计学习体验和教学				
"U"型模式阶段	教学环节	教师活动	学生活动	设计意图
下沉	• 创设情境，引入高斯的故事。	引导学生掌握首尾配对求和的方法，高斯的例子可以看作是等差数列 1, 2, 3, …, n, …的前100项和，即 $S_{100} = a_1 + a_2 + a_3 + \cdots + a_{100}$。	学生在教师的引导下合作探究出高斯算法的规律性。	创设情境目的是激发学生的学习兴趣，让学生主动参与探究的过程。
潜行	• 设置问题，引导学生分类讨论； • 引导学生探究发现和深入思考。	问题1：计算：$S_{121} = 1 + 2 + 3 + \cdots + 120 + 121 = ?$ 问题2：同学们有听过泰姬陵吗？它坐落在印度古都阿格，是一个非常有名的历史古迹，传说陵墓中有一个梯形图案，以相同大小的圆宝石镶饰而成，共有8层，同学们知道这个图案一共得用多少颗宝石吗？如果图案有100层呢？ 问题3：在公差为 d 的等差数列 $\{a_n\}$ 中，定义前 n 项和 $S_n = a_1 + a_2 + \cdots + a_n$，如何求 S_n？	学生刚开始已经探究了高斯算法的规律性，知道可以用等差数列求前 n 项和，8层的宝石计算方式如下： 解：宝石的数量 $S_8 = \dfrac{8(4+11)}{2}$ 通过不同的例子让学生体会到需要对项数的奇偶性进行讨论。	问题1与高斯算法不同，在这个过程中教师要渗透化归的思想； 问题2引导学生初步形成数形结合的思想，突破倒序相加这一难点；设置求100层的问题，为了引导学生对项数分奇偶性讨论； 问题3引导学生探究发现 a_n 与 S_n 的关系。
上浮	• 引导学生对公式进行推导； • 引导学生运用公式解决问题； • 深度探究阶段。	教师在整个过程中充当合作者和引导者的身份，让学生推导两个公式 $2S_n = (a_1+a_n)+(a_1+a_n)+\cdots+(a_1+a_n) \to S_n = \dfrac{n(a_1+a_n)}{2}$ 和 $S_n = na_1 + \dfrac{n(n-1)d}{2}$； 教师呈现例题：《张丘建算经》是我国古代内容极为丰富的教学名著，书中有如下问题："今有女不善织，日减功，迟。初日织五尺，末日织一尺，今三十日织讫，问织几何？" 分析 $S_n = An^2 + Bn$ 的函数特征。	学生在教师的帮助下能够顺利推导出两个公式；但是学生在做题的时候对题目的理解程度不够，有的同学读不懂题目； (1) 当 $A = 0$，$B = 0$（此时 $a_1 = 0, d = 0$），$S_n = 0$，S_n 是关于 n 的常数函数； (2) 当 $A = 0$，$B \neq 0$（此时 $a_1 \neq \dfrac{d}{2}, d = 0$），$S_n = Bn$，$S_n$ 是关于 n 的一次函数； (3) 当 $A \neq 0$，$B = 0$（此时 $a_1 = \dfrac{d}{2}, d \neq 0$），$S_n = An^2$，$S_n$ 是关于 n 的二次函数； (4) 当 $A \neq 0$，$B \neq 0$（此时 $a_1 \neq \dfrac{d}{2}, d \neq 0$），$S_n = An^2 + Bn$，$S_n$ 是关于 n 的二次函数。	学生自行推导有利于学生将两个公式联系起来； 例题是为了巩固知识，加强学生阅读能力的提升； 突破本节课的另外一个重点，渗透数列与函数之间的联系。

三、结束语

本文基于深度学习的"U"型模式,将其与逆向单元教学设计的阶段Ⅰ、Ⅱ、Ⅲ融合,设计出关于"等差数列的前 n 项和"的逆向单元教学设计。通过设计发现深度学习和逆向单元教学设计的融合能够促进学生的深度学习,两者融合是具有可操作性的。基于深度学习的高中数学逆向单元教学设计落实了学生数学运算和数学建模的核心素养,同时促进了学生的深度学习。

(湖北黄冈师范学院数学与统计学院　孔维娜　陈惠汝　冷　悦
湖北黄冈中学　李新潮)

参考文献

[1] 格兰特·威金斯,杰伊·麦克泰格.追求理解的教学设计[M].上海:华东师范大学出版社,2017:154.
[2] 史亚军.基于深度学习的高中数学单元教学设计研究——以高中数学"数列"主题为例[D].西南大学,2021.
[3] 郭华.深度学习及其意义[J].课程.教材.教法,2016,36(11):25-32.
[4] 康淑敏.基于学科素养培育的深度学习研究[J].教育研究,2016,037(007):111-118.
[5] 中华人民共和国教育部.普通高中数学课程标准(2017年版)[S].北京:人民教育出版社,2018:25.
[6] 金昭.UbD理论下的初中数学逆向教学设计[D].济南:山东师范大学,2021.
[7] 李丹艳,李卫东.基于逆向思维的高中物理单元教学设计[J].物理通报,2021(11):51-54+58.

基于CPFS结构理论的"平行四边形"教学设计*

摘要：课程改革下，教学要由"关注内容价值"转向"关注知识结构的价值"。个体的CPFS结构是数学学习特有的认知结构，CPFS结构的完善与否是学生学习概念或命题后是否能够灵活迁移运用的重要因素。本研究将基于CPFS结构理论，以初中数学"平行四边形"为例展开具体的教学设计，以期为一线教师提供一条可行性的实施路径。

关键词：CPFS结构理论；平行四边形；教学设计

一、问题提出

《义务教育数学课程标准（2022年版）》明确提出要以数学核心素养为导向，优化数学课程内容结构。这意味着广大教师在教学中要以"目标导向"转向"素养导向"，由"关注内容价值"转向"关注知识结构的价值"[1]。然而，在当前数学教学课堂中仍然会出现下列现象：学生在新授课上学习的新知识常常是割裂的、零散的，无法建立起知识与知识之间的联系。或是没有厘清概念的内涵，无法辨析概念的反例与变式，又或是没有厘清概念的外延，常常不善变通，无法做到举一反三。这意味着多数学生对于概念或是命题的掌握仍浮于表面，不能找到与其等价或是与其具有强抽象、弱抽象及广义抽象关系的其他概念或命题，大脑没有建立良好的知识网络结构。喻平教授指出，个体的CPFS结构是数学学习特有的认知结构，CPFS结构的完善与否是学生学习概念或命题后是否能够灵活迁移运用的重要因素[2]。早期对于CPFS结构的研究主要集中于与数学能力的相关性研究，近年来对于CPFS结构理论的数学教学研究逐渐增多，有将其应用到函数、几何与代数等课程内容或是复习课上，但是对于与新授课的结合还存在距离。因此，本研究将基于CPFS结构理论，从具体实例"平行四边形"着手，以此完善学生有关平行四边形的CPFS结构，为广大一线教师提供一个具有可行性的教学设计。

二、CPFS结构理论

（一）CPFS结构理论概述

喻平教授于2002年在其博士论文中首次提出了个体的CPFS结构，它由概念域、概念系、命题域和命题系四部分组成，是个体头脑中内化的数学知识网络。在概念学习上，

---

* **基金项目**：本文为黄冈市教育科学规划2022年度课题（2022GB37）、黄冈师范学院2023年研究生工作站课题（5032023021）的研究成果.

概念域(concept field)即为某个概念 C 与它所有等价的概念形成的图式;概念系(concept system)即为形成了一组关于某个概念 C 的具有强抽象、弱抽象以及广义抽象关系的网络结构。在命题学习上,命题域(proposition field)即为某个命题 P 与它所有等价的命题形成的图式;命题系(proposition system)即为形成了某个命题 P 与其他命题存在推出关系的网络结构。将英文中的概念、命题、域、系统这四个单词的第一个字母取出即为 CPFS。多项研究结果显示,个体的 CPFS 结构对数学问题表征、学习迁移、探究问题能力、数学理解以及数学学业成绩等方面都有显著正向影响。完善和发展学生个体的 CPFS 结构,对于提升学生的数学学习能力和水平具有重要意义。

(二) CPFS 结构理论指导构建平行四边形的知识结构

平行四边形的上位概念是四边形,从平行四边形到四边形是弱抽象关系,即从特殊到一般。矩形、菱形和正方形都是特殊的平行四边形。平行四边形通过强抽象可以得到矩形、菱形以及正方形,其中正方形又可通过矩形、菱形强抽象得到,即从一般到特殊。图1即为平行四边形的概念体系,其中"＋"表示强抽象关系,"－"表示弱抽象关系。在这个概念体系中,蕴含了类比思想(利用平行四边形的性质及判定类比出特殊的平行四边形的性质及判定)和一般化思想(表现为强抽象或弱抽象关系)。

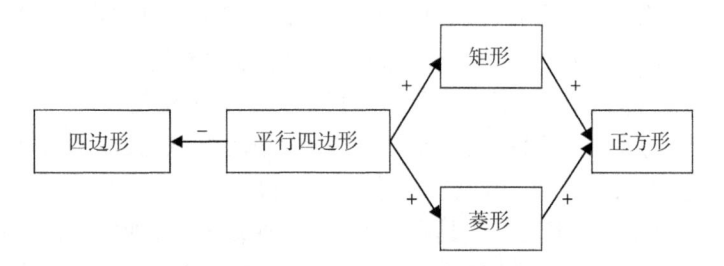

图 1　平行四边形的概念体系

对于平行四边形的概念域,上述图中没有给出,即平行四边形所要研究的内容。由于篇幅原因,本研究只展示"平行四边形及其性质"的教学设计。

三、教学设计呈现

平行四边形在中学几何图形的学习中占据重要地位,不仅是初中阶段学习平行线、三角形等知识的拓展,也是后续学习圆、相似三角形等几何图形的基础。在 CPFS 结构理论下,对于平行四边形的学习应当首先从整体上把握,明确大方向。"平行四边形及其性质"是"平行四边形"学习的第一课时,是学生对平行四边形知识网络进行整体把握和构建的基础。从认知基础来看,学生在小学阶段就已经对平行四边形有了初步的感知与认识。从学生已有能力来看,初二学生已经具备了一定的抽象、观察及推理能力,但是类比思维、逻辑推理能力还需加强,如何将新问题迁移到旧知识中还存在一定的困难。因此,本研究将基于学生已有的认知基础,探索"平行四边形及其性质"的教学过程,以期完善学生个体的 CPFS 结构。

(一)构建四边形的研究框架

问题 1:之前我们对三角形进行了系统的学习,现在请同学们回忆一下,我们研究了三角形的什么内容?是如何展开的?

师生活动:先由学生思考,再由教师帮忙补充完善,包括三角形的概念和性质、特殊三角形以及三角形全等。

问题 2:请同学们类比三角形,说一说四边形可以研究什么内容?

师生活动:先由学生自主思考,再组织学生交流互动,整理并归纳四边形的概念和性质、特殊四边形以及四边形全等。

追问:对于四边形全等暂时不研究,对于特殊的四边形,可以从哪些方面对他们展开研究?

师生活动:先由学生思考,再进行合作交流,最终得出研究路径,为"定义——性质——判定——应用"。

设计意图:通过回顾三角形的知识,类比构建得到四边形应研究的内容,明确了研究几何图形的一个基本框架,让学生对四边形的研究内容有一个整体的了解。

(二)明确平行四边形的定义

(老师给每位学生发一张平行四边形卡片)

问题 3:平行四边形在我们生活中随处可见,同学们还记得咱们小学是如何定义平行四边形的吗?

学生:两组对边分别平行的四边形是平行四边形。

追问:很好,这是咱们小学对平行四边形的了解,那么我们能否类比三角形,对平行四边形的定义进行符号表示呢?

(老师边说边用 PPT 呈现如图 2 所示的平行四边形 $ABCD$,学生很快就想到了对平行四边形的表示方式)

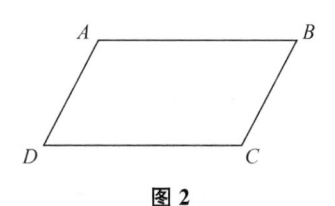

图 2

师生活动:学生回答(平行四边形用"▱"表示,图 2 中平行四边形 $ABCD$ 记作"▱$ABCD$")。教师先对学生进行肯定并对平行四边形对角线的概念进行介绍,线段 AC 和 BD 为▱$ABCD$ 的对角线。

设计意图:回忆先前对平行四边形的定义,接着对平行四边形的符号表示及对角线进行探究,有助于学生对平行四边形进行深入理解,为形成平行四边形的知识网络结构奠定了基础。

(三)探索平行四边形的性质

问题 4: 同学们观察图 2 的平行四边形,除了"两组对边分别平行"外,它的边之间还有什么关系?它的角之间有什么关系?

师生活动:学生看着手中的卡片,思索片刻,拿出尺子和量角器,通过观察和度量,得到猜想:平行四边形的对边相等;平行四边形的对角相等等结论。

设计意图:提出了本堂课所要研究的内容,了解学生对平行四边形的认识情况,方便后续的教学。其次通过观察、度量的方式获得猜想,发展学生合情推理能力。

老师:我们从边和角对平行四边形的性质进行了描述,那么对边平行反映了对边之间的什么关系?对边相等又反映了对边之间的什么关系?

学生:位置关系和数量关系。

设计意图:让学生对得出的猜想进行梳理,方便为后续对平行四边形的性质进行证明。

问题 5: 两条对角线之间又有什么样的位置关系和数量关系?

(学生在老师发的平行四边形的卡片上画出对角线,如图 3 所示。)

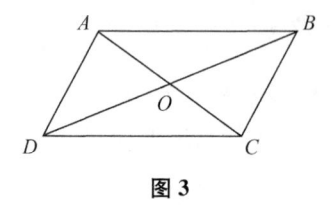

图 3

学生:两条对角线相交于一点,但是长度不相等。

追问:两条对角线,除了长度不相等外,还存在什么数量关系?

通过探究,学生发现:$OA=OC$,$OB=OD$。(教师进行板书)

表 1 平行四边形的性质

	位置关系	数量关系
对边	平行	相等
对角		相等
对角线	相交	$OA=OC$,$OB=OD$

设计意图:类比三角形的探索过程,我们对平行四边形的边、角进行了研究,但是对于对角线这个新概念比较陌生,所以设计一个探究过程让学生探索平行四边形的对角线之间的关系。

(四)证明平行四边形的性质

问题 6: 既然得出了猜想,就需要对猜想进行证明。如图 3,若四边形 $ABCD$ 为平行四边形,证明:$AB=CD$,$AD=BC$(对边相等);$\angle DAB=\angle BCD$,$\angle ABC=\angle ADC$(对角相等);$OA=OC$,$OB=OD$(对角线互相平分)。

在明确问题之后,让学生进行独立思考,随后进行全班交流。

追问:首先要证明对边相等,那如何证明两边相等? 我们学过证明边相等的方法都有哪些?

学生:可以构造全等三角形,利用两个三角形全等证明平行四边形的对边相等。

追问:那同学们思考一下,证明哪两个三角形全等能够得到我们想要的结果? 如果两条对角线太多,看起来不方便,可以试着将一条对角线拆除,思考如何构造。

给予学生充分的思考空间让学生自主完成证明,学生作出辅助线,如图4所示。

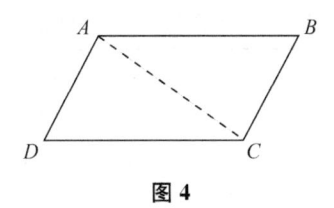

图 4

证明:连接 AC。∵ 四边形 $ABCD$ 是平行四边形,∴ $AB /\!/ CD$,$AD /\!/ BC$。∴ $\angle CAB = \angle ACD$,$\angle CAD = \angle ACB$。又 $AC = CA$,∴ $\triangle ABC \cong \triangle CDA$(ASA)。∴ $AB = CD$,$AD = BC$。(根据平行四边形的定义"两组对边分别平行"证明平行四边形的对边相等。)

总结得到第一个性质:平行四边形的对边相等。

设计意图:在证明平行四边形对边相等时,给出一个没有对角线的四边形 $ABCD$ 是很有必要的,因为现阶段学生刚接触利用类比学习,结合全等三角形的相关知识来学习平行四边形,所以添加辅助线是学生思考中的难点所在。让学生独立思考,经历完整的证明过程,培养学生的类比思维及逻辑推理能力。

追问:非常棒! 对角相等又该如何证明? 仍需要作辅助线吗?

有的学生指出,可以直接运用上一证明中的结论得出。于是老师找学生代表上讲台进行板演。

证明:∵ 四边形 $ABCD$ 是平行四边形,∴ $AB /\!/ CD$,$AD /\!/ BC$。∴ $\angle DAB + \angle D = 180°$,$\angle D + \angle BCD = 180°$(两直线平行,同旁内角互补)。∴ $\angle DAB = \angle BCD$。同理,$\angle B = \angle D$。(通过平行线的相关知识直接证明平行四边形的对角相等。)

总结得到第二个性质:平行四边形的对角相等。

设计意图:集思广益,有利于开拓学生的思维。

追问:同学们的头脑都非常灵活,最后一个,对角线互相平分又该如何证明?

学生已经证明了两组结论,对于证明的方法有了一定的掌握。思考片刻,就有同学分析出了解题思路,不用拆除对角线,直接证明三角形全等即可。

总结得到第三个性质:平行四边形的对角线互相平分。

设计意图:通过证明猜想,将四边形问题转化为三角形问题,发展学生演绎推理能力。对于探索平行四边形及其性质过程一气呵成,统一定义、性质之间的内在关联,让学生对其有整体的把握,使得学生逐步形成平行四边形的知识网络结构图。

（五）小结回顾

问题7：通过本堂课的学习，你学到了什么？还记得我们对平行四边形及其性质是怎么进行研究的？

设计意图：引导学生对本节课的知识进行回顾，促使学生建立起良好的平行四边形的认知结构。

教师针对学生的已有回答进行修整和补充，对本堂课的研究思路进行梳理：

表2　平行四边形的研究思路

研究对象	![平行四边形ABCD]
定义	两组对边分别平行的四边形是平行四边形
研究内容	除定义之外的其他性质
研究方向	边、角及对角线三要素的数量关系和位置关系
研究方法	活动；观察、度量；推理；合情推理、演绎推理；证明

最终得出平行四边形的性质：

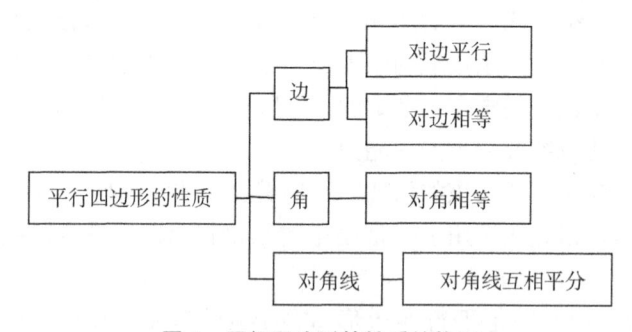

图5　平行四边形的性质结构图

四、结束语

传统教学对于平行四边形性质的探索与证明方法是"分别探索"，即按照猜想、证明、应用的研究框架，一堂课讲授一条性质定理，这样的教学表面看似能够打牢地基，但是实际上却缺乏对几何图形性质的整体探究，割裂了性质之间的内在联系，让原本在内容上具有连贯性或一致性的内涵和思想方法被人为分割，造成数学知识学习的碎片化，不利于学生对知识的整体把握，并且不利于学生的迁移应用。本堂课作为平行四边形的章节起始课，通过学生已有的认知基础，从三角形开始类比出四边形所要研究的内容，进而引出平行四边形应该研究的大致框架，使得学生对本章的内容有了整体的把握。该堂课的重难点是让学生独立思考对猜想的平行四边形的性质进行证明，让学生经历完整的推理过程，培养学生的问题解决能力与逻辑推理能力，完善和发展学生个体的CPFS结构。因此，基于 CPFS 结构理论的教学设计，能够有效帮助学生建立良好的数学知识网络结构，提高其数学问题表征能力和水平，促进数学学习能力和水平的发展。

（黄冈师范学院　数学与统计学院　刘梦露　徐金润　占　婷　肖加清）

参考文献

［1］中华人民共和国教育部.义务教育数学课程标准(2022 年版)［S］.北京:北京师范大学出版社.2022.
［2］喻平,单墫.数学学习心理的 CPFS 结构理论［J］.数学教育学报,2003(01):12-16.

"非遗"传承视角下英山缠花引入初中美术欣赏课的教学设计与实践研究

摘要：英山缠花是湖北省英山县的一种民间美术，它融合了多种民间手工艺表现形式，具有"小""巧""精""活"的艺术特色。作为重要的地方性非物质文化遗产，英山缠花的教育价值有待进一步挖掘。将英山缠花引入初中美术欣赏·评述课，能够引导学生感受英山缠花独特的艺术魅力，体会英山缠花的文化内涵，传承我国优秀传统文化，树立文化自信。同时，可以丰富美术课程内容，彰显地方特色，培养学生的核心素养。

关键词：非遗传承；英山缠花；初中美术；教学设计

中共中央办公厅、国务院办公厅在2021年8月12日印发的《关于进一步加强非物质文化遗产保护工作的意见》中指出，非物质文化遗产作为中华优秀传统文化的重要组成部分，其传承对于延续历史文脉、坚定文化自信，以及建设社会主义文化强国具有重要意义。英山缠花作为湖北省英山县的一种民间美术形式于2011年被列入湖北省第三批非物质文化遗产名录。当前如何将英山缠花纳入初中美术课程的学习内容，通过美术课的学习传承非遗、自觉维护文化的历史和传统，创造新的文化，实现"传统和现代契合，传承与创新并举"，成为一个值得研究的重要课题。

一、英山缠花的历史渊源

英山缠花发源于大别山地区的湖北省英山县。大别山地区包括湖北、河南、安徽三个省份的多个县市，该地区民风敦厚，素有耕读传家和崇文重教的社会风尚，悠久而鲜明的地域文化传承焕发出熠熠的人文之光，为我们留下了丰富多彩的物质文化。

相传英山缠花起源于北宋时期，盛行于明朝，辉煌于清朝。"缠花"一词首次出现于北宋诗人宋祁《春帖子祠·皇后阁十首》："暖壁浮天面，迟红上日华，宝幡双贴燕，彩树对缠花。"其中的"贴燕"和"缠花"是英山当地农村的一种常见民间美术。《英山县志》载"五月五日为端午节……缠制彩色囊猴等物与小儿佩之"，可以看出用丝线缠制的佩戴物由来已久。英山缠花正是在这些民间习俗中逐渐演变而来的。

二、英山缠花的文化内涵与艺术特色

英山缠花经历了悠久的历史发展过程，在表现形式与题材上也逐渐拓宽，每一件缠花作品都蕴含着美好而深刻的寓意，展现了中华优秀传统文化的地域美学特征。英山缠花具有"小""巧""精""活"的特点。其中，"小"指的是缠花作品的体积小；"巧"指的是缠花作品所蕴含的构思寓意深远；"精"描述了缠花技艺的精湛；而"活"则指缠花艺术的形式活泼多变[1]。作为我国民间美术女红工艺的一支,英山缠花具有丰富的文化内涵和鲜明的艺术特色。

(一) 英山缠花的文化内涵

吉祥、平安、幸福等是中国民间美术的文化观,这些寓意凝练在众多民间美术作品中,承载着人们的祝福,呈现出民间美术独特的婉约风格。英山缠花主要运用于人们的出生、结婚、祝寿、治丧四个阶段的民俗活动,不同阶段的缠花有着不同的寓意,但总体表现为吉祥的民俗文化内涵[2]。例如小孩"抓周"时,其服饰上有老虎、蝙蝠等有着祈福题材的缠花;在结婚时,新人会被赠予十枚铜钱样式的缠花,寓意"十全十美"。英山缠花承托着人们质朴的愿望,成为传统文化和民间美术巧妙结合的绚烂之花。

(二) 英山缠花的艺术特色

1. 造型的立体之美

英山缠花不同于刺绣、剪纸等二维形式的民间美术,其材料主要是卡纸、铜线、蚕丝线等,运用缠、绕、捏等技法制作而成。并且缠花可以灵活改变各部件的角度与组合方式,呈现出不同程度与形式的立体效果,传达出强烈的空间美感。因此英山缠花又有"立体刺绣"之称。

2. 色彩的明艳之美

英山缠花用色丰富,以我国传统民间美术的五色(青、白、红、黑、黄)为基础,主色调则选用具有暖色调属性的颜色如红、绿、黄等。其看重的是色彩本身的对比与协调,整体呈现出明艳的色彩效果。如此是为了凸显英山缠花活泼的特质,表现了喜庆、吉祥的文化底蕴。

3. 形式的丰富之美

英山缠花汲取了刺绣、雕塑、剪纸、景泰蓝等多种民间美术工艺的精华,综合为一种形式多样的民间美术。它具有与刺绣相似的用线技法,与剪纸相似的镂空形式,与景泰蓝相似的铜丝工艺[3]。其所蕴含的艺术形式十分丰富,表现形式也极为突出,成为区别于其他民间美术、具有综合艺术形式的民间美术。

4. 技艺的缠绕之美

英山缠花的制作工艺精湛,制作方法为:用多色丝线在以纸板和铜线扎成的人造坯架或实物坯架上进行缠绕[4],制作时无论是缠绕过程中纸板与丝线的关系、丝线与铜线的关系还是丝线缠绕的角度都十分考究。重重技艺的巧妙结合,组合成造型生动的英山缠花样式,构成了英山缠花最具特色的部分。

5. 寓意的祥瑞之美

英山缠花主要运用于民间的婚丧嫁娶等重要场合,故英山缠花的题材一般都饱含着淳朴的民俗文化内涵和深刻的寓意。其题材选择十分注重对象所具有的深刻内涵,如牡丹、蝙蝠、龙等寓意吉祥的题材。

三、英山缠花的教育价值

非物质文化遗产是以人为主体的民族文化特性在表演艺术、手工技艺等方面的呈现,其作为一个在世界范围内被普遍认可的学术概念肇始于2003年联合国教科文组织出台的《保护非物质文化遗产公约》。我国于2004年成为该公约缔约国,由此拉开了系统化、规范化保护非遗的序幕。2011年英山缠花被列入湖北省第三批非物质文化遗产名录,作为我国传统文化宝库中极具艺术特色的一种民间美术,英山缠花有着悠久的历史和独特的审美趣味。

但由于现代文化、外来文化的冲击,英山缠花曾处于低迷的境遇,其传承与发展也一度处于危机状态。随着近年来民族文化的兴起人们对于这项非遗的关注度逐步提升。各大网站关于缠花的教学视频不计其数,同时湖北省各地政府也对此采取了相应的保护措施,如:将英山缠花引入博物馆、成立相关的非遗传承机构等。这些举措在一定程度上促进了英山缠花的继承和发展,但仅仅局限在部分爱好者和湖北省境内的部分地区,若想保护英山缠花,最行之有效的办法是将其传承并发展。青少年是国家的未来,是文化传承的希望,在他们的日常生活和学校的教学中,应引导其认同、了解和传承民间美术。

(一)传承优秀传统文化,树立文化自信

教育部《义务教育艺术课程标准(2022年版)》中指出,艺术教育要加强对中华优秀传统文化的教育,明确了初中生美术课程的学习内容之一是继承与发展文化遗产,了解非物质文化遗产,体验传统工艺"守正创新"的内涵与意义。我国非物质文化遗产种类丰富多彩,了解、继承与发展文化遗产是我们的责任。学校是文化传播的场所,传承传统文化是教师的职责,因此学校教育是传承传统文化的重要途径之一。

作为非物质文化遗产的英山缠花,具有较强的民族特色和审美价值。欣赏与学习传统民间美术能够促进学生在学习与实践的过程中增强民族自豪感,形成主动继承与发展优秀传统文化的价值观。

(二)顺应时代发展要求,培养核心素养

《义务教育艺术课程标准(2022年版)》中对培养学生的核心素养提出了精简的要求。将英山缠花引入欣赏·评述课中,可以培养学生的审美感知素养,英山缠花具有独特的审美特征,丰富的艺术意蕴,饱含人们真挚的情感,可以在促进学生发现美的同时提升学生的审美情趣;英山缠花以独特的缠花工艺、丰富的表现形式以及靓丽的色彩搭配等艺术特色作为艺术载体,具有丰厚的艺术底蕴和极高的文化价值,可以有效培养学生的文化理解这一核心素养。

(三)丰富美术课程内容,彰显本地特色

缠花艺术主要分布于我国湖北省、福建省和台湾地区,各地域之间的缠花具有不同特征,如英山缠花相较于另外两地的缠花色彩更加艳丽,且色彩的对比也更加夸张有趣。义务教育阶段美术教材中关于民间美术的学习内容并不罕见。以英山缠花发源地黄冈市为例,本地所用的教材中关于民间美术的学习主要集中在人们熟知的民间美术种类,并未体现当地特色。

基于以上两点,将英山缠花融入当地的美术课程,可以更好地传承本地缠花艺术独有

的特点,促进英山缠花的发展,顺应非遗"活化"这一当下热门话题。与此同时,相对于教材中所给出的民间美术学习内容,英山缠花可以丰富授课题材,这对增强当地的美术教学特色,发扬本土文化具有重要意义。

四、英山缠花引入初中美术欣赏课的教学设计与实践

(一) 教学目标设计思路

1. 教学设计理念

本课程依据《义务教育艺术课程标准(2022年版)》欣赏·评述类艺术实践的教学理念,围绕核心素养,积极引导学生了解非物质文化遗产的含义,认识到继承与发展文化遗产是我们的责任。

将英山缠花引入初中美术,设计为单元课程,有四个艺术实践,本文以第一个欣赏·评述艺术实践课进行教学设计,旨在促进非遗传统文化与美术教育的融合,实现对传统文化的传承与发展。

2. 教学目标设计

教学设计主要运用问题式教学策略,以问题为导向,做到以学生为中心,激发学生的创造力和潜能。课程的教学目标围绕知道、理解、会做三个目标展开,在讲授英山缠花的艺术特色时设置有层次的问题,引导学生逐步理解其艺术特色;通过欣赏与讨论对英山缠花进行评述。教学目标如下:

(1) 知道:
①知道英山缠花的艺术特色。
②了解民间美术的制作流程。
(2) 理解:
①感知英山缠花的美学特征,体会民间美术的审美趣味。
②理解英山缠花的文化内涵。
(3) 会做:
①能够对英山缠花等民间美术进行美术鉴赏,培养审美感知的核心素养。
②形成主动学习与感知民间美术的学习态度,树立保护与传承民间美术的价值观,培养文化理解的核心素养。

(二) 教学内容设计

本课程的题目为《走进民间美术——英山缠花》,为欣赏·评述类艺术实践课,本节课程的主要内容是学会欣赏英山缠花的艺术特色以及掌握评述民间美术作品的能力。

课程从英山缠花造型的立体之美、色彩的明艳之美、形式的丰富之美、技艺的缠绕之美、寓意的祥瑞之美等艺术特色出发,引导学生感受英山缠花的审美趣味。其中尤以英山缠花的形式和技艺为重点,使学生深刻体会其独有的艺术特色,从而发现并感知中国传统民间美术包罗万千之魅力。

在此基础上,通过欣赏和感知英山缠花引导学生掌握评述民间美术的能力。民间美

术作为在普通民众中生长出的美术类别,种类繁多且具有自身的特色。能够欣赏且能评述民间美术,可以促进学生的文化自信。

(三) 教学方案设计

1. 博物馆感知

带领学生参观大别山农耕文化博物馆,使学生身临其境地感受英山缠花以及农耕文化的魅力,感受民间美术的审美趣味。

在参观过程中时,让学生带着任务去观察英山缠花,引导学生初步了解英山缠花的艺术特色以及人文背景。

2. 课程导入

展示英山缠花实物,以日常生活为切入点,使学生充分感知英山缠花与我们生活的联系。在此基础上说明英山缠花的现状:随着时代的进步这项手工艺已经离我们的生活越来越远了,接下来,让我们一起走进精致美丽的英山缠花艺术,了解它的艺术特色和审美特征,感受英山缠花的民俗魅力。

3. 探究学习

(1) 欣赏

首先讲述英山缠花的历史渊源,多媒体课件展示英山缠花的作品。引导学生描述英山缠花的造型特征并说明英山缠花发展过程中其表现形式与题材越来越广泛,每一件缠花作品都体现了中华优秀传统文化的地域性美学特征。

以英山缠花具有"小""巧""精""活"的特点为例,引导学生感受并理解英山缠花的艺术特色。

(2) 评述

询问学生在学习完英山缠花的艺术特色后对于英山缠花的审美感受,从色彩、造型、民俗文化内涵三个方面以小组讨论的方式进行评述。学生以讨论的方式探讨英山缠花的艺术特征并对其进行评价。

总结学生的评价并对英山缠花做出全面评价:英山缠花是我国民间艺人在长久的生活和观察中创造而来的,它饱含着人们最真挚的祝福,寄托着人们最美好的希望,是我国民间美术长河中不可或缺的一部分。

4. 课程小结

(1) 知识小结

引导学生对英山缠花的色彩、造型特点及民俗特征进行总结,并依据学生对英山缠花的评价引导学生理解美术欣赏与评述对于学习与生活的意义。

(2) 素养提升

说明英山缠花的发展境遇并不乐观,引出其传承人对于英山缠花的保护与传承,作为榜样激发学生对民间美术保护与传承的欲望,形成保护与传承英山缠花的价值观,促进学生图像识读和文化理解的核心素养。

5. 布置学习单

选择一件传统题材的英山缠花作品,运用鉴赏四步法(描述、分析、解释、评价)鉴赏这件作品,其中包含造型、色彩、民俗文化内涵三方面,完成学习单。

五、英山缠花引入初中美术欣赏课的教学评价及反思

在将英山缠花引入初中美术课之初,先带领学生参观博物馆,感受农耕文化,学生表现出了很强的学习欲望,这促进了学生学习的积极性,为整节课打下了良好的基础。充分证明了将英山缠花引入初中美术课,为民间美术的学习内容增添地方特色是有效的,也在一定程度上达到了非遗传承的目的。最终学生与老师都收获很多。以下是对于本课的反思:

本课将英山缠花运用于欣赏·评述类艺术实践中,主要培养的是学生对英山缠花的鉴赏能力。在《走进民间美术——英山缠花》一课的探索环节以英山缠花的历史发展为始,这一部分本是枯燥的,但课程之初将英山缠花融入学生真实的生活场景有效激起了学生的学习兴趣,使得后续学生对英山缠花艺术特色的学习也有较高的学习欲望。由此可见,在教学中激发学生的学习兴趣是十分重要的。

本节课的不足在于在引导学生对英山缠花评述时,教学方法不够灵活多变,多采用讲授、提问等常见的教学方法,这导致了学生在掌握评述方法时不够灵活,未能很好地达到相关的教学目标。因此,需在此基础上查询更多相关的教学案例和资料,希望在以后的课程中能够更巧妙地引导学生理解评述的要点,提升评述的能力。

六、结语

总体来说,将英山缠花引入初中美术欣赏课的教学设计与实践研究取得了积极的成果。其独特的造型和精湛的技艺展现了鲜明的艺术性和地域性,蕴含着丰富的艺术底蕴。通过将英山缠花纳入初中美术欣赏课,有效地实现了传承优秀传统文化、培养学生核心素养和丰富美术课程内容等多重价值。然而,要更有效地传承民间美术,就必须不断将其与时代相结合。本研究只是一个起点,在未来的学习中需进一步深入研究,持续学习和总结经验。对于英山缠花的深入了解以及对教学设计和课程内容的完善有待进一步展开。

(黄冈师范学院 美术学院 张 旭 樊红梅)

参考文献

[1] 胡晓洁.英山缠花的艺术特色[J].装饰,2012(06):99-100.
[2] 郭丽,程平.缠绕在丝线中的吉祥之花:英山缠花的传承与思考[J].艺术教育,2015(01):104+115.
[3] 郭丽,李春笑.英山缠花的花卉造型与工艺研究[J].服饰导刊,2017,6(01):37-42.
[4] 付小轩,任东阳.英山缠花工艺在配饰设计中的传承与创新发展[J].大众文艺,2021,(05):73-74.

中学生数学抽象能力的影响因素及培养策略分析

摘要: 数学是一门具有严密的逻辑性、高度的抽象性和广泛的应用性的学科。在教学中,教师要分析学生数学抽象能力的影响因素及培养策略,注重学生抽象思维能力的训练,提高教学质量,提高学生的数学能力,发展学生的数学素养。本文围绕教师和学生两个方面分析影响中学生数学抽象能力的因素,并针对性地提出提升教师素养,基于现实情境、合理组织复习,关注学生心理的培养策略,以期提高教学效率,发展学生数学抽象能力。

关键词: 数学抽象能力;影响因素;培养策略

提升学生的数学素养,发展学生的数学能力,是中学数学教育的根本任务。培养中学生的数学抽象能力,既需要正确的理论指导,也需要脚踏实地的实践操作。学生在面对路程问题、基本不等式、函数单调性、数列等问题时,往往受困于无法正确抽象出数学概念,从而对于此类问题无从下手。在传统的教学理念和教学模式下,教师往往倾向于"讲授"而非"讲解",没有关注到身边环境、心理因素对学生数学抽象能力形成的影响。《普通高中数学课程标准(2017年版 2020年修订)》为如何促进学生数学抽象能力的发展指明了方向。唐绍友在《论数学抽象素养的培养途径》一文中提出从创新问题的解决中培养数学抽象能力。姜合峰在《学生数学抽象能力发展的影响因素分析》中从教师和学生两个层面进行分析。杨秀丽在《发展数学抽象能力,提升学科核心素养》中对教学过程中的数学抽象培养进行分析。这些学者的观点虽然分析了中学生数学抽象能力的影响因素,提出了一定的培养策略,但是出发点均是从教学方面考虑,很少考虑学生心理变化所带来的影响以及应对措施。本文通过对影响中学生数学抽象能力发展的因素进行分析,针对问题从教学、学生两方面,提出四个培养策略。

一、数学抽象能力的认识

1. 数学抽象的内涵

抽象是人类思维的基础,是从众多的事物中抽取出共同的、本质性的特征,而舍弃其非本质的特征的过程。数学抽象是指通过对数量关系与空间形式的抽象,得到数学研究对象的素养,主要包括:从数量与数量关系,图形与图形关系中抽象出数学概念及概念之间的关系,从事物的具体背景中抽象出一般规律和结构,并用数学语言以表征。例如,我们看到猪、牛、羊,得出"动物"这一概念,就是抽象的过程,而我们通过看到2只猪、2只牛、2只羊,得到"2"的概念,这就是数学抽象过程。在教学中,引导学生获得能够从事物的数量关系与空间形式中得到本质特征的过程,就是数学抽象能力的培养。

2. 数学抽象的价值

我们可以把数学抽象的价值分为学科价值和育人价值。数学抽象是数学的基本思想,是学习数学过程中形成理性思维的重要基础,反映了数学的本质特征,贯穿在数学的全过程之中,同时也表明了数学学科理论体系的功能价值:概括性、准确性、一般性、多级性[1]。在日常数学课程教学过程中,训练了学生的数学抽象能力,就可以促使学生在实际情境中累积由具体到抽象的活动经验,提升学生的数学逻辑思维水平,为学生在处理数学问题时创造一个全新的思维方式。

二、数学抽象能力的影响因素分析

影响中学生数学抽象能力发展的因素有很多,本文主要从两个版块(学生自身、教师教学)提炼出四个方面:学生对已有数学知识的掌握程度、学生自身能力对于数学抽象的影响、教师的教学理念、教学环境对学生心理的影响。

1. 学生对已有数学知识的掌握程度

知识是指人们在改造世界的实践中所获得的认识和经验的总和。数学知识是指学生在课堂上所学到的、数学活动中探索得到的关于事物数量关系与空间形式的本质特征。学生对于数学的学习是循序渐进的,每一阶段所学的数学知识都为下一阶段所要解决的数学问题打下基础,有人说对于数学知识的学习在于"熟能生巧",这里的"熟"并不是指熟练,而是指理解,学生只有真正理解已学过的数学知识,才能在运用的时候收放自如。

数学抽象从义务教育阶段到普通高中阶段处于逐步递进的状态,涉及内容逐渐增多,运用范围逐渐广泛,与数学知识学习的前后趋势不谋而合,所以学生对于已有数学知识的掌握程度,恰恰能影响到学生数学抽象能力的运用与发展。例如在高中学习函数单调性概念时,学生需要观察一次函数(如图1)、正比例函数(如图2)、一元二次函数(如图3)的图像。从直观图像中抽象出用形式符号来表达函数单调性。学生在初中时已经初步了解了上述函数图像具有单调性的特征,但要在此基础上直接通过图像观察得出结论,将数学自然语言转变为符号语言,这就需要学生具有较为扎实的初中数学知识,能够在短时间内回忆起书中有关函数图像单调性的内容以及各个函数之间的特征、关系,并能在此基础上

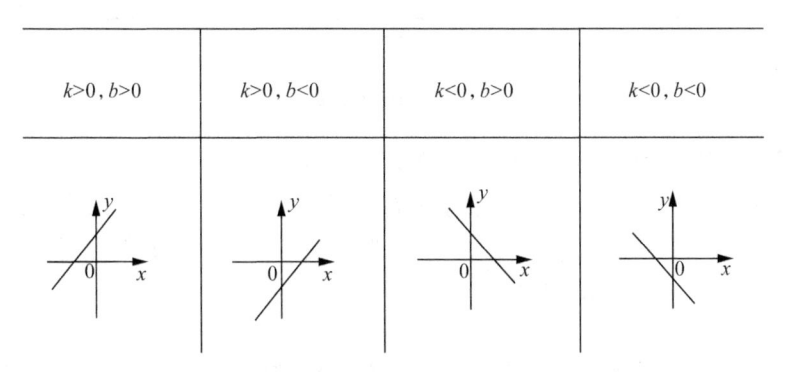

$k>0, b>0$	$k>0, b<0$	$k<0, b>0$	$k<0, b<0$

图 1 一次函数 $y=kx+b$(k、b 是常数,$k\neq 0$)的图像

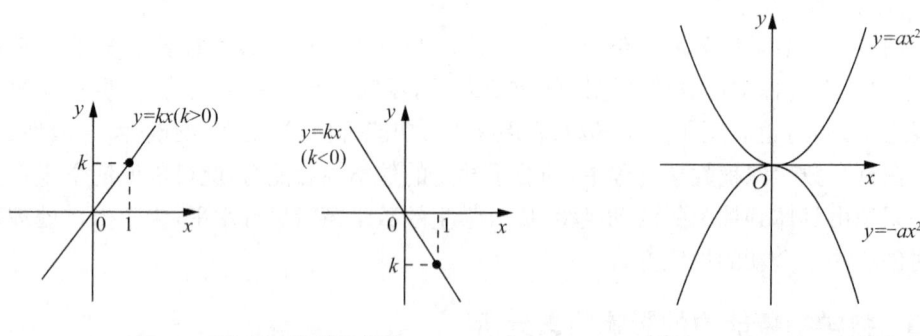

图2　正比例函数的图像　　　　　　　图3　一元二次函数的图像

理解逻辑用语"任意"的含义。学生只有对已学过的数学知识加以巩固，理解其中的本质意义，才能在往后的数学学习中逐级而上，更好地运用、提升自己的数学抽象能力。

2. 学生自身能力对于数学抽象的影响

能力是完成一项目标或者任务所体现出来的综合素质，是生命物体对自然探索、认知、改造水平的度量，能力总是和由人所完成一定的实践相联系在一起，可以影响完成活动的效率，是使活动顺利完成的个性心理特征。心理学家将人的能力按适应范围分为两类：一类是一般能力，比如阅读能力、描述能力等在日常生活中必备的能力；另一类是特殊能力，是指专门为了完成某项活动所具备的能力，比如数学建模能力。学生自身一般能力的发展程度，会制约学生对于数学抽象能力的掌握，同时，随着学生对于数学抽象能力理解与运用的加深，学生自身一般能力也会得到相应的发展。

如例题：一辆汽车以速度 5 km/h 在公路上行驶时间为 t，又以速度 16 km/h 行驶了 15 min，请画出行驶运动总路程 s 与时间 t 的图像，并写出函数表达式。

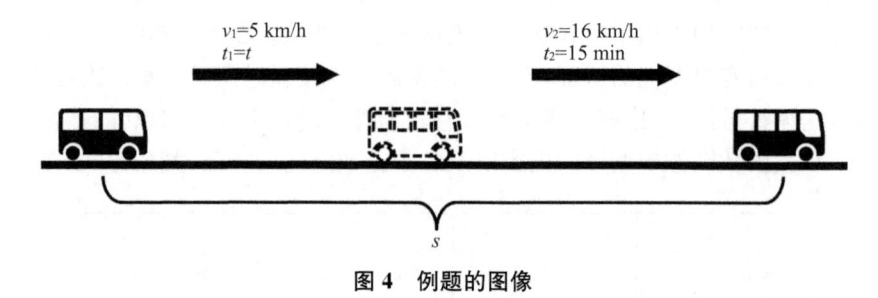

图4　例题的图像

这道题就考察了学生的阅读能力，学生只有读懂了这道题中所给的条件，才能将日常用语抽象为数学语言，再将数学语言抽象为符号语言，若此时正处于课堂上的问答环节，还会考察到学生的表达能力、动手能力。所以要想使学生数学抽象能力得到提高，就需要将一般能力提升到一个较高的水平。

3. 教师的教学理念

教学理念是教育者对于教学活动所持有的态度和看法的集中体现，也是教育者在设计教学活动，选择教学方法时的心理动机。一个明确表达的教学理念有助于教育者开展丰富多样的教学活动，选择适宜受教育者的教学方法。教师作为教学活动的组织者、引导者,如果教学理念不能与时俱进,就会使对于数学抽象的教学隐没在题海战术之中,消磨学生的学习积极性,从而达不到教学目标。

2017版课程标准把数学核心素养划为三个水平,三个水平之间逐级递进,这也说明了培养学生的数学抽象能力并非一日之功,而是一个循序渐进的过程。教师需要有较为新颖的、跟得上时代的教学理念,紧跟素质教育的步伐,从数学学科核心素养的角度加强对数学抽象的认识与教学,才能为学生数学抽象能力的发展保驾护航。

4. 教学环境对学生心理的影响

环境是指人生活于其中,围绕在人周围并影响人的发展的一切外部世界。学生在学习并发展数学抽象能力时所处的环境主要是指数学课堂。苏联教育家苏霍姆林斯基表示,情绪会影响学生学习效率效果,恰当的情绪可以刺激学生心理产生更加强烈的学习欲望和浓厚的学习兴趣。因此,教师在数学课堂上营造良好的氛围,有助于学生形成积极向上的学习心理,促进学生积极思考,更好地理解数学知识,发展数学抽象能力。

人与人之间的交流是十分重要的,在数学上也是如此。新的数学知识对于初学者来说会比较难以理解,在课堂上组织学生进行适度的交流讨论,学生之间会用更加契合他们所处身心发展阶段的语言来讨论数学难题,这样做更有助于调动学生学习积极性,在满足学生社交需求的同时,发展学生的人际交往能力,提高学生的数学抽象能力。

三、数学抽象能力的培养策略

1. 组织合理的复习题目,巩固学生数学抽象能力

提高学生对已有数学知识掌握程度,行之有效的方法之一便是合理的复习。复习既可以是学生对已学知识的巩固,又可以当做教师引入新知的基础。合理的复习框架有助于学生数学抽象能力的发展,培养学生用抽象思维思考问题的习惯。在复习过程中,题目的练习必不可少,数学题目是通过严谨的逻辑推理和抽象化思维的使用,由计算、量感和对事物空间形态的观察等方式产生的。根据要求的不同,我们可以把数学题目分为例题和习题。习题可以看作对学生知识掌握程度的检测或是对学生已学知识的巩固。教师首先要交给学生读题之法,从文字叙述中和习题所营造的现实情境中抽象出数学信息,也就是"数学化"的过程,然后帮助学生掌握常见的逻辑推理方法以及解题思路,最后培养学生总结与分类的习惯。

例题可以是聚焦在一个知识点,也可以是以现实情境为背景的具体问题,教师通过精心选择的例题,引导学生从不同抽象高度分析同一道例题,这既有助于学生发现不同的知识在不同抽象角度下的联系,又有助于培养学生从多方面思考问题的思维习惯。例如在学习"动点"问题时,我们可以分析动点的函数的表达式,也可以用方程的思想为动点在运动时造成的未知线段长与已知线段长建立等量关系,还可以为动点所在的平面构建平面直角坐标系,从向量的角度思考动点的路径变化。在"鸡兔同笼"的问题解决中,我们可以通过具体情景抽象得出二元一次方程组,再通过对二元一次方程组的解的理解,教师可以组织学生对n元一次方程组的解进行讨论研究,巩固学生已学的知识。

2. 由现实情景出发,培养学生数学抽象能力

荷兰数学教育家弗赖登塔尔强调数学教育要面向社会现实,现实情境的问题是数学

教育的平台,数学来源于现实,我们要把数学放在现实生活中进行研究学习,并把数学方法应用于解决现实问题。数学抽象能力要求学生能够从事物的现实问题中抽象出一般规律和结构,并用数学的语言将它表达出来,但是由于客观条件的限制,在数学课堂上老师需要将现实问题进行初次抽象为教具、学具、课件等在课堂上直观展示给学生的教学用具。比如函数的学习,教师可以先引导学生通过思考路程与时间的关系、电影院收入与售出票数的关系、圆的面积与圆的半径的关系等等现实的问题,发现量与量之间的关系,然后抽象得出"变量"与"常量"的概念,再通过现实问题引出"情境中是否有两个变量呢?""同一情境中变量之间有什么关系?"的问题,引导学生找出这些现实问题的共同特征:变量与变量之间是互相联系的,进而抽象得出函数的概念。

提到数学抽象,不得不提到概念教学,数学概念的来源有两个方面:一是由客观事物的数量关系与空间形式抽象得到,二是由某一类数学概念进一步抽象或多级抽象得来[2]。数学概念是数学抽象的目标,也是下一步数学抽象的基础,那么我们想从客观事物中抽象得出数学概念,就需要在教学中引入直观教具。德国教育家福禄贝尔提出教育是要帮助儿童更好地理解世界,为此,他设计出一款著名的教具——恩物,借此帮助儿童在游戏中更好的感悟客观世界。对于如今中学教育形式以及中学生心理发展水平,教师在教学上自然不必运用恩物,但是依然可以通过手工制作的课题模具,或者几何画板、浩俊等动态图形软件,向学生展示现实问题、直观图形,学生在接触具体实物时可以更好地提高实践操作水平,更好地完成由具体到抽象这一思维过程,达到理论联系实际的效果。例如在学习基本不等式的时候,教师不但要从代数的方向解释基本不等式,也要由图形的角度对基本不等式做出几何证明,做到图形结合。教师需要将几何图形直观地展示在学生眼前,引导学生观察点的移动以及各边之间的关系,得出基本不等式的几何解释。

3. 教师提高自身修养,不断提升专业水平

在学校中,教师主要担当教育者这个角色,教师的教育理念会直接影响到学生数学抽象能力的发展,这就要求教师要有较高的专业水平,对教学模式、教学方法可以熟练地运用,要熟知教学内容以及学科核心素养,明确课程目标。

随着新版课程标准的公布,数学抽象在中学数学核心素养中占有重要地位。教师需要在深刻解读数学学科核心素养和课程目标的基础上,逐步加深对数学抽象的理解,思考培养学生数学抽象能力的方法和途径,以及核心素养中"抽象能力"与"数学抽象"之间在教学内容、教学方法上的衔接。教师只有真正理解并重视数学抽象的教学,才能结合其特点,在课堂上选择合适的教学模式、教学策略,引导学生掌握并发展抽象能力。

4. 关注学生心理,营造良好发展环境

中学生的心理发展正处于过渡期,虽然其成熟程度趋向于成人,但仅仅只是具有成人化的倾向,中学生心理抗压性脆弱,波动性强,易受到外界环境干扰。

中学生心理健康是影响中学生身心发展的隐性因素,不健康心理的影响往往会通过学生的学习成绩、人际交往、情绪情感、能力发展等显性因素表现出来,对中学生数学抽象的发展也会产生影响。因此,教师在日常教学过程中,需要着重注意学生的心理发展,了解学生的家庭背景、生活环境,做好因经济困难、家庭变故、校园欺凌等因素造成的心理障碍的疏导。只有学生心理保持健康,才有发展学生数学抽象能力的源动力,教师的教学才

能有效果,可以说,中学生的心理健康是数学抽象能力发展的基石与内在动力。

四、结语

本文从对数学抽象能力的认识出发,分析影响中学生数学抽象能力的因素,提出促进中学生数学抽象能力发展的策略。数学抽象能力在初中、高中数学学科核心素养中都有所提及,在不同学段也有不同的要求,我们需要在深入理解数学抽象的基础上,关注学生数学抽象能力在不同发展阶段所遇到的困难,做到因材施教,切实提高学生的数学抽象能力。

(黄冈师范学院　数学与统计学院　丁云鹏　王成艳)

参考文献

[1] 史宁中,王尚志.普通高中数学课程标准(2017年版2020年修订)解读[M].北京:高等教育出版社,2020.

[2] 史宁中,曹一鸣.义务教育数学课程标准(2022年版)解读[M].北京:北京师范大学出版社,2022.

基于 GeoGebra 和 BOPPPS 的"圆柱、圆锥、圆台和球"教学设计

摘要：为了解决"圆柱、圆锥、圆台和球"教学中知识点抽象难懂、课堂教学模式单一、学生课堂参与度不够等问题，本文借助动态数学软件 GeoGebra，采用六环节的 BOPPPS 教学模式，构建了"圆柱、圆锥、圆台和球"的教学流程，并进行了教学设计和教学实践。教学实践结果表明：基于 GeoGebra 软件和 BOPPPS 教学模式的教学能激发学生学习兴趣，提高学生的学习参与度，体现"学生主体，教师主导"的教学理念，具有良好的应用前景。

关键词：GeoGebra 软件；BOPPPS 教学模式；课堂参与度；教学设计

2019 年国务院印发的《中国教育现代化 2035》提出创新人才培养方式，推行启发式、探究式、参与式、合作式等教学方式，培养学生创新精神与实践能力。传统的"教师讲，学生听"的教学模式下，学生课堂参与度不高，未能充分体现学生的主体中心地位。BOPPPS 教学模式强调以学生为中心，能够有效提升学生课堂参与度，并培养学生的合作、探究和创新能力，从而促进教学目标的达成[1]。

"圆柱、圆锥、圆台和球"是立体几何初步教学的主要内容之一，其研究对象是空间图形和空间图形的位置关系，它在发展学生的直观想象和逻辑推理素养中发挥着重要作用。但在实际教学中，"圆柱、圆锥、圆台和球"教学存在着知识点抽象，学生难以建构；课堂枯燥乏味，学生学习兴趣不高、参与度低；教师讲授较多，学生探究较少，缺少对学生探究意识的培养等问题。GeoGebra 软件的动态演示功能（如旋转、翻转、缩放等）可以帮助学生更加直观地理解抽象的立体几何数学概念，提高学生的学习兴趣。

因此，本文基于 GeoGebra 软件和 BOPPPS 教学模式，以"圆柱、圆锥、圆台和球"为例进行了教学设计，探索 GeoGebra 软件和 BOPPPS 教学模式在高中数学教学实践中的应用。

一、BOPPPS 教学模式

BOPPPS 教学模式是一种帮助教师针对性地划分课堂环节，组织课堂教学的教学模式。BOPPPS 教学模式将课堂环节依次分为导入（Bridge-in）、目标（Objective）、前测（Pre-assessment）、参与式学习（Participatory Learning）、后测（Post-assessment）和总结（Summary），每个环节英文单词的首字母构成了其名称 BOPPPS，六个环节可采用的形式

---

* **基金项目**：本文为黄冈师范学院教学研究重点课题"基于 BOPPPS 教学模式的中学数学课程教学设计研究"（项目编号：2021CE49）的阶段性研究成果。

及作用如图 1 所示。

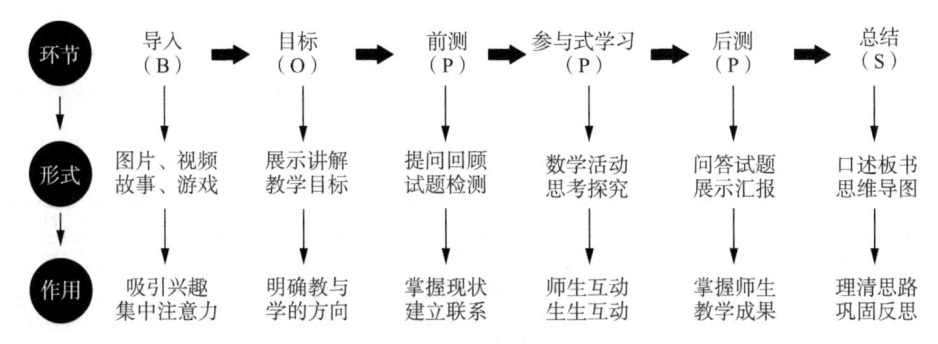

图 1 BOPPPS 教学模式的内涵及作用

BOPPPS 教学模式的六个环节构成一个层层递进、环环相扣的完整教学过程,每个环节都具有其特定的方式和作用。同时,教师可以根据实际教学需要对六个环节进行适当调整。例如,如果学生在课前已经完成了前测,教师也获得了相应的反馈,那么教师在本节课可不进行前测;教师也可以根据教学内容的需要,将导入和前测或者需要的教学环节放在一起等。

二、基于 GeoGebra 和 BOPPPS 的"圆柱、圆锥、圆台和球"教学设计

(一) 教学流程

"圆柱、圆锥、圆台和球"是高中立体几何初步中的初始内容,根据教学内容的特点,按照 BOPPPS 教学模式的六个环节分成课前、课中和课后三个教学阶段设计了具体的教学流程,如图 2 所示。

课前阶段主要做课标分析、教材分析和学情分析,目的是确定教学目标和重难点。课中阶段按照 BOPPPS 教学模式的六个环节设计教学活动。课后阶段学生总结回顾并及时向教师请教。教师则要根据学生的反馈反思教学,做好下一节课的调整。

(二) 教学过程

1. 课前阶段

课前阶段教师需确定本节课的教学目标和重难点,本文不做具体展示,只重点展示 BOPPPS 教学模式六个环节的具体教学设计。

2. 课中阶段

(1) 导入环节

【师】用 PPT 展示生活中能抽象成圆柱、圆锥、圆台和球的立体图形的图片,让学生指出图片中的图形是哪些几何体。学生回答后提问:这些几何体与前面所学的多面体有什么区别? 你们还能举出生活中的几何体例子吗?

【生】这些几何体没有棱,只有一个侧面;篮球、水桶、树桩等都是几何体。

【设计意图】教师以生活中的实例导入,培养学生运用数学眼光观察世界的能力。同

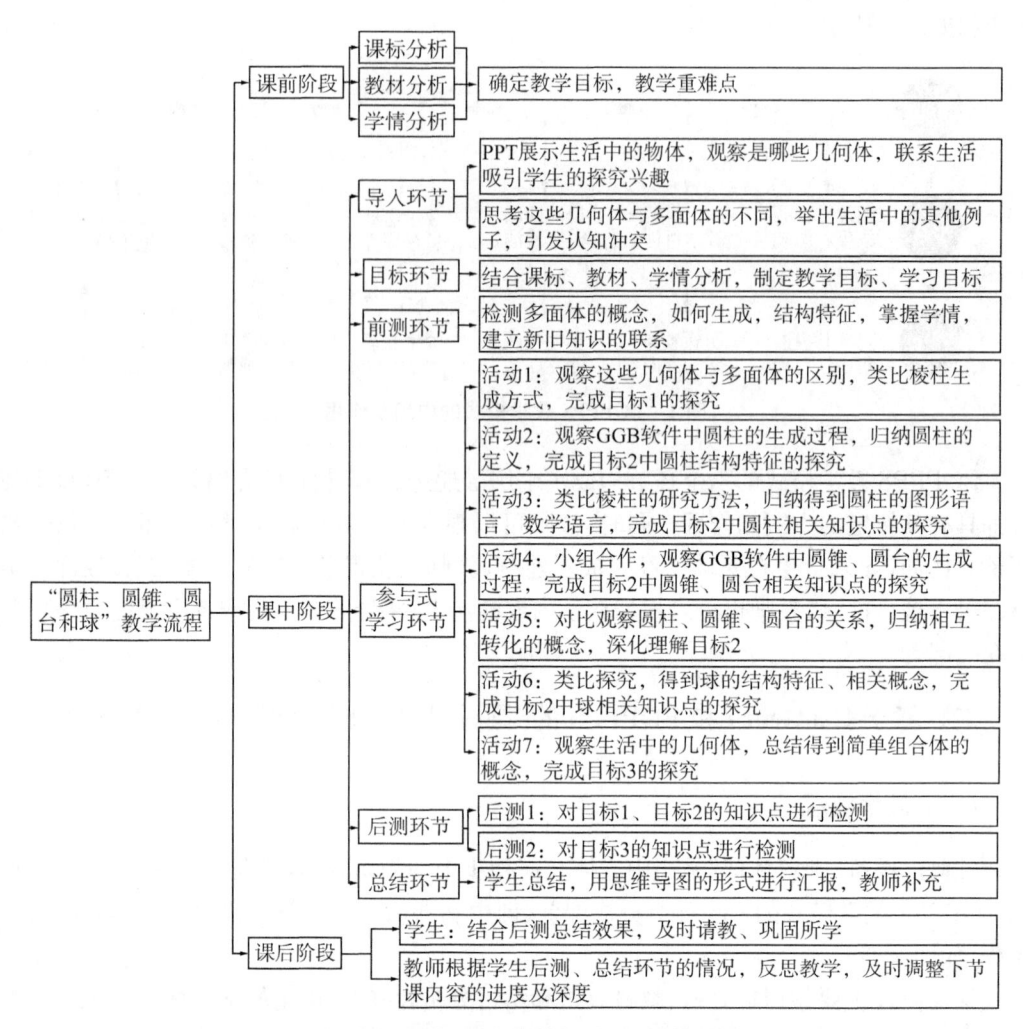

图 2 "圆柱、圆锥、圆台和球"的教学设计流程图

时继续追问这些几何体与前一节所学的多面体的区别,建立了新旧知识的联系,为本节课介绍旋转体的概念奠定了基础。

(2)目标环节

【师】利用PPT向学生展示本节课的学习目标:

目标1:能根据几何体结构特征掌握空间旋转体形成过程。

目标2:掌握并理解圆柱、圆锥、圆台和球的结构特征。理解简单组合体的结构特征,认识简单组合体的两种基本构成形式。

目标3:理解简单组合体的结构特征,认识简单组合体的两种基本构成形式。

并强调课堂上会使用GeoGebra软件向学生展示几何体的生成过程,让同学们重点观察。

【设计意图】教师向学生展示本节课的学习目标,并引导学生明确本节课的重难点,让学生带着目标,带着问题进入课堂,学习更具有方向性。

（3）前测环节

【师】大家还记得多面体的概念吗？我们学习了哪些多面体，它们是如何生成的？有什么结构特征？

【生】一般地，由若干个平面多边形围成的几何体叫作多面体；我们之前学习了棱锥、棱柱、棱台；其结构特征是由若干个平面多边形围成，并且每个面都是多边形，而且是平面多边形。

【设计意图】教师通过前测了解学生对前一节知识的掌握情况，建立新旧知识的联系，同时根据学生的回答情况调整教学目标，针对学生掌握相对较差的内容进行进一步讲解。

（4）参与式学习环节

活动1：完成目标1的探究。

【师】刚才观察的圆柱、圆锥、圆台和球有什么共同特点？能否类比棱柱的生成方式，指出这些几何体的生成规律？

【师】学生思考后提问：棱柱是由一个平面图形沿一定的方向平移而来，除了通过平移，是否有其他方法使平面变成空间立体图形呢？今天，我们一起利用GeoGebra软件中的3D功能进行探究。

【师生活动】教师演示，打开GeoGebra软件中的3D功能区，在工具栏中找到"平移"这一指令，引导学生观察操作界面，可以发现"平移"的上下还有"旋转"和"位移"两个命令，于是猜想通过"旋转"也可以实现由面转化为体。

【设计意图】教师引导学生观察图形之间的区别，培养学生发现问题的能力；类比棱柱的生成方式，思考圆柱等的生成方式，培养学生比较与类比的数学思想；利用GeoGebra软件，让学生体会"旋转"的含义，为旋转体概念的生成奠定基础，完成目标1的探究。

活动2：完成目标2中圆柱的结构特征探究。

【师】请同学思考，圆柱是由什么图形"旋转"生成的？

【生】思考，并回答猜想：矩形。

【师】想象一下，矩形绕其一边所在的直线旋转一周，会形成怎样的图形？

【师生活动】教师对学生的回答予以反馈，同时利用GeoGebra软件动态展示这一过程。师生归纳，得到圆柱的定义：将矩形绕着它的边所在的直线旋转一周，形成的几何体叫作圆柱。

【师】仔细观察，圆柱有什么结构特征？

【生】观察3D动态图，得出圆柱的图形特征：上下两个面是两个半径相同的圆；用一个平行于底面的平面截圆柱，截面为圆。

【师生活动】师生归纳，得到圆柱的定义和相关概念：将矩形绕着它的一边所在的直线旋转一周，形成的几何体叫作圆柱。垂直于轴的边旋转而成的圆面叫作底面。不垂直于轴的边旋转而成的曲面叫作侧面，无论旋转到什么位置，这条边都叫作母线。

【设计意图】教师引导学生经历"思考—观察—思考—观察—归纳总结"的学习过程，逐步给出圆柱的定义和相关概念。同时，培养学生直观想象、逻辑推理等数学核心素养，完成目标2中圆柱的结构特征探究。

活动3：完成目标2中圆柱相关知识点的探究。

【师】类比棱柱的研究思路,圆柱该如何探究?

【生】研究圆柱的画法、分类和表示等。

【师生活动】教师在黑板上向学生展示如何绘制一个圆柱,学生观察并感知圆柱的图形语言。类比棱柱的数学表达语言得到圆柱的数学表达语言:我们用表示上下两个底面圆心的字母表示圆柱,如圆柱 OO'。

【课堂练习】例:下列说法正确的有( )

A. 圆柱的轴平行于母线。

B. 在圆柱上、下底面的圆周上各任取一点,连接这两点可以得到圆柱的母线。

C. 圆柱上任两条母线构成的直线相互平行。

D. 围绕矩形任意一边所在的直线旋转一周,都可以形成矩形。

【设计意图】教师引导学生通过类比方法得到圆柱的数学表达语言,培养学生数形结合的思想,完成目标2中圆柱的相关知识的探究。本例主要考察圆柱的相关知识、图像等内容。

圆锥、圆台和球的相关探究与圆柱的探究过程类似,本文不做教学设计展示。

(5) 后测环节

测试题1:判断正误

A. 直角三角形,围绕其一边所在的直线转动,就可以得到圆锥。 ( )

B. 圆柱的两个平行平面之间的几何体也是圆柱。 ( )

C. 圆台可以由圆锥截掉一个小圆锥得到。 ( )

D. 一个半圆绕着它的半径所在的直线转动一圈,能构成一个球体。 ( )

测试题2:说说生活中由简单几何图形组成的物品有哪些。

【设计意图】测试1是对目标1、目标2中相关知识点的检测,测试2是对目标3的检测,教师可以根据学生的回答及时了解学生对本节课内容的掌握情况,为布置课后作业和下节课授课内容做好准备。

(6) 总结环节

教师先引导学生自己总结本节课的学习内容和数学思想方法,再进行总结,并向学生展示本节课教学内容的思维导图。

【设计意图】教师引导学生学会自己总结所学知识,提高学生总结归纳的能力。同时,教师也需要对自己的"教"进行总结,促进自身的教学反思。

3. 课后阶段

学生根据后测情况发现自己在学习中存在的问题,及时地向老师请教,完成课后作业,巩固所学知识;教师根据学生后测、总结环节的情况,对本节课进行教学反思,并及时调整下节课内容的进度和深度。

三、教学实践效果分析

为了验证BOPPPS教学模式的有效性,作者在黄州区某高中高一数学课堂中进行了教学实践研究。选取了人数、数学平均分、数学学习能力相差不大的高一(1)班和高一(3)班作为本次研究的实验对象。其中高一(1)班采用BOPPPS教学模式教学,高一

(3)班采用传统的教学模式教学。并对实验组(高一〔1〕班)的学生进行了基于 BOPPPS 教学模式的教学效果问卷调查,问卷考查的维度及题目分布见下表。

教学效果调查问卷各维度题目分布

题目	选项	考查维度
题目1:使用 BOPPPS 教学模式教学后,你认为课堂学习氛围有何变化?	A. 学习氛围更浓厚 B. 学习氛围没有变化 C. 学习氛围更差	学习氛围
题目2:使用 BOPPPS 教学模式教学后,你认为你对学习目标的了解程度有何变化?	A. 目标更明确 B. 没有变化 C. 目标更模糊	学习目标
题目3:使用 BOPPPS 教学模式教学后,你认为"以学生为主体,以教师为主导"的师生地位有何变化?	A. 师生地位更明确 B. 师生地位没有变化 C. 师生地位更模糊	师生地位
题目4:使用 BOPPPS 教学模式教学后,你认为师生的参与度如何?	A. 师生参与度提高 B. 师生参与度没有变化 C. 师生参与度降低	师生参与度
题目5:使用 BOPPPS 教学模式教学后,你对"立体几何初步"的内容掌握如何?	A. 内容掌握更好 B. 内容掌握一般 C. 内容掌握较差	内容掌握

本次问卷发放给实验组的高一(1)班同学填写,问卷发放 50 份,收回 50 份,有效问卷 50 份,问卷有效率 100%。本次问卷的克隆巴赫系数为 0.83,大于 0.8,表明问卷的可靠程度非常高。问卷的 KMO 值为 0.82,大于 0.8,表明问卷效度较好。

根据问卷的调查结果统计发现,在学习氛围维度方面,有 91% 的同学选择学习氛围更浓厚。在学习目标、师生地位、师生参与度、内容掌握这四个维度中,也分别有高达 89%、83%、92%、90% 的学生选择了教学效果有明显提升的选项。另外,通过对本节课的内容进行测试,实验组的平均成绩是 90.5,对照组的平均成绩是 84.3,使用 BOPPPS 教学模式进行授课的实验组班级成绩明显高于使用传统模式教学的对照组班级的成绩。可见,基于 GeoGebra 软件和 BOPPPS 的教学模式能有效活跃课堂学习氛围,学生清晰地了解学习目标;教学过程中学生的参与度显著提高,体现了学生的主体地位;学生对知识的理解和掌握更好;学生的学习成绩也得到了提升。

四、结论

本文基于 GeoGebra 软件和 BOPPPS 教学模式构建了"圆柱、圆锥、圆台和球"的教学流程和教学设计,通过问卷调查和测试卷检验了该教学设计的教学效果。结果表明:在立体几何初步教学中引入 GeoGebra 软件能将抽象的几何概念具体化,降低了学生对于抽象概念的理解难度,提高了学生的学习积极性;运用 BOPPPS 教学模式进行教学,学生具有明确的学习目标,能积极主动参与到课堂中,同时教师也可以更好地设计教学内容并改进教学方法,提高教师教学技能和教学有效性;基于 GeoGebra 软件和 BOPPPS 教学模式的课堂教学设计使得学生的学习效益、效率和效果均有明显提升,得到了学生的认可。

(黄冈师范学院　数学与统计学院　郭　欣　吴小涛　周春燕)

参考文献

[1] 金鑫,李良军,杜静,岳勇.基于BOPPPS模型的教学创新设计:以"机械设计"课程为例[J].高等工程教育研究,2022(06):19-24.

围绕核心问题 培养关键能力

——"一元一次方程应用"教学设计与思考*

摘要：方程是刻画现实世界的有效数学模型，不仅承载重要的知识和思想方法，也集中体现关键能力。以"一元一次方程应用"为例进行教学设计，研究如何培养学生关键能力，分为四步：复习回顾，启发新知；互动探究，建立联系；深入辨析，深化理解；归纳总结，凝练提升。借此提出教学思考：一是围绕核心问题设计教学意图明确的教学过程；二是围绕核心问题建构基于生活实际的数学模型；三是围绕核心问题实施学生深度参与的探究活动。

关键词：一元一次方程；核心问题；关键能力；教学设计

一、教学背景

2017年，中共中央办公厅、国务院办公厅颁布的《关于深化教育体制机制改革的意见》着重强调要培养学生的关键能力。关键能力的培养必须渗透到具体学科之中，数学关键能力是从数学学科本质的视角出发，对接学生关键能力中的创新以及合作等能力。面对当前瞬息万变、复杂多元的信息化时代，机械的、被动的、简单的浅层学习模式已经无法满足社会发展需求，学生只有成为"探究者"与"思考者"而非"记忆者"，学会批判理解、学会思考问题、学会主动学习、学会迁移应用，掌握数学关键能力才能成为国家社会所需要的复合型、创新型及实用型人才[1]。初中阶段是学生关键能力养成的重要时期，在初中阶段围绕核心问题来培养学生的关键能力，有利于学生后续知识体系的建构，充分发挥学生的主体作用，拓展学生的数学思维，也是落实数学核心素养的最佳路径，与当前课程改革的教学诉求不谋而合。一元一次方程作为最简单、最基础的方程模型，是后续学习一元二次方程等其他方程问题和整个数学课程的根蒂。而一元一次方程的应用是从生活中的真实情境问题出发，回归实际应用，是让生活问题数学化，将数学问题生活化，带领学生走进生活发现生活中的数学问题，增强学生的学习内驱力，提高学生分析问题和解决问题的能力。因此，以如何建立一元一次方程的模型这一核心难点问题为桥梁和媒介，带领学生逐步剖析问题的重难点，不仅能够提高课堂教学效率，还能引导学生以高阶思维思考数学模型的建立，学会将已有知识迁移到新的情境中进行学习，从而从挖掘教材内容出发带动学生数学关键能力的落地生根。

---

* **基金项目**：本文为湖北省人文社会科学研究重点项目（2022JA212）、湖北省普通高校人文社会科学重点研究基地鄂东教育与文化研究中心资助项目（202238504）、黄冈师范学院研究生工作站课题（5032023023）的研究成果。

二、教学过程

(一) 整体构思

在初中数学学习阶段，实际问题是数学建模思想最广泛的表现领域，它不仅要求学生能灵活分析题目中的条件，准确抓住数据信息，还要求学生有搭建模型的能力，这与数学关键能力的落地生根不谋而合。在"实际问题与一元一次方程"的解题教学中，通过让学生经历一元一次方程模型的建立过程，深度挖掘教材内容，启发学生的数学思维，从而推动学生数学关键能力的形成。如何进行有效的教学设计培养学生数学关键能力？如何从学生的认知水平出发促进学生的深度学习？学生在课堂中遇到困难教师何时提供何种有效的教学指导？以人教版七年级上册《实际问题与一元一次方程》教学为例，设置前后衔接的探究活动，让学生自己动手参与进来，深度学习一元一次方程模型的建立过程，将数学课堂中的深入探究落到实处，从而就本节课的教学设计阐释基于数学关键能力的初中数学教学的具体流程见下图。

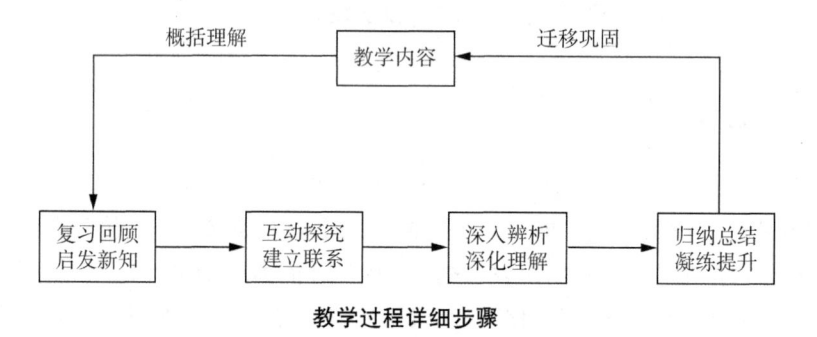

教学过程详细步骤

(二) 教学过程

1. 复习回顾　启发新知

问题1　上节课我们解决了简单的水费和电费计费问题，今天我们继续来研究复杂的电话计费问题，前一阵子电信公司推出了多种电话费套餐，老师也想更换手机的计费方式，目前有两种套餐比较合适，今天老师想借助大家的力量，帮老师思考哪种套餐更划算？

表1　电话计费方式

	月使用费/元	主叫限定时间/分	主叫超时费/(元/分)	被叫
方式一	58	150	0.25	免费
方式二	88	350	0.19	免费

师：著名数学家乔治·波利亚曾说过："对你所不理解的题目作出答复是愚蠢的，"因此，在解决问题之前我们应该先弄清题目的已知条件和未知量。

生1：已知条件是两种计费方式的月租、主叫限定时间、主叫超时费和被叫费用，未知是哪种套餐更优惠。即如果按照方式一来打电话,在使用之前要先交 58 元月租,本月就可以免费打 150 分钟的电话,超过 150 分钟的部分每一分钟需要交 0.25 元,接听电话是免费的。

设计意图　生活是数学教学的源头活水,教师从生活中的真实问题出发,带领学生经历计费问题背后的模型建立过程,进而联系课堂教学主题,能让学生感受到数学是真的"很有用",激发学生的学习兴趣。教师一步步引导学生梳理条件,让学生正确理解题目的已知条件和所求目标,表述自己对问题的认识,了解学生对表格信息的理解能力,锻炼学生的数学抽象能力和数据分析能力,引导学生学会用数学的眼光来观察现实世界,有助于数学关键能力的培养。

2. 互动探究　建立联系

问题 2　在理解了题目表格含义的基础上,填一个表格试一试,你能找到什么规律吗?

表 2　两种套餐特殊值点计费情况

主叫时间(分)	100	150	250	300	350	450
方式一计费(元)	58	58	83	95.5	108	133
方式二计费(元)	88	88	88	88	88	107

学生自主探究后得到哪种计费方式更优惠与主叫时间有关。

思考 1　通过上述表格,能不能看出哪种计费方式更省钱?

大部分学生可以发现,150 分钟的时候方式一划算,250 分钟的时候还是方式一划算,而 300 分钟的时候则是方式二划算,说明在 250 和 300 分钟之间存在一个时间节点使得两种方式的费用相等。

师:这就类似于跨栏问题,假设在 300 分钟刘翔领先,在 250 分钟奥里加斯领先,那么在这两个时间段中间必然存在一个时间点使得两人相遇。

设计意图　围绕核心问题提出反应这节课探究主线的问题,电话计费问题是典型的剪力方程模型问题,核心问题就在于将实际问题转化为数学模型,运用分类讨论的思想方法讨论不同情形下两种计费方式的区别,引导学生用数学的思维思考世界。授人以鱼不如授人以渔,教师通过列表作图的方式引导学生完成表格,让学生计算一些特殊的时间节点所需要的费用,锻炼了学生对几何直观的应用意识,启发学生对每种情况进行逻辑推理。这样的设问既建立在学生的认知基础上,又引发学生新的认知需要,从而实现逻辑思维水平的必然深入和数学关键能力的必然发展。

3. 深入辨析　深化理解

问题 3　设一个月内移动电话主叫时间为 t min(t 是正整数),列表说明:当 t 在不同时间范围内取值时,按方式一和方式二如何计费?

大部分同学考虑 t 的取值时,都将两个主叫限定时间 150 min 和 350 min 作为不同时间范围的划分点,得到如下表格。(解答略)

表3 两种套餐计费情况

主叫时间 t/分	方式一计费/元	方式二计费/元
t 小于 150	58	88
t 等于 150	58	88
t 大于 150 且小于 350	$58+0.25(t-150)$	88
t 等于 350	108	88
t 大于 350	$58+0.25(t-150)$	$88+0.19(t-350)$

师：观察列表，你能从中发现如何根据主叫时间选择省钱的计费方式吗？

生2：当 $t \leqslant 150$ 时，方式一计费少（58元）；当 t 大于 150 且小于 350 时，存在某一个值，使得两种计费方式计费相等。

师：在这种情况下，我们就要通过列方程计算，找出费用相等的分界点。代数公式是远远领先于直觉的，结合大家出色的念头，解题方案就基本确定了，你可以列出这个方程吗？

生3：$58+0.25\times(t-150)=88$，解出 $x=270$。

学生可以得到当 $150<t<270$ 时，方式一划算；当 $270<t<350$ 时，方式二划算。

思考2 当 $t>350$ 时，该用什么方法来比较呢？

一部分学生选择用差值比较法，另外一部分学生发现当 $t>350$ 时，方式一的计费其实就是在 108 元的基础上，加上超过 350 分钟部分的超时费 $[0.25(t-350)]$，比较两个式子的系数轻而易举得到方式二划算。

综合以上的分析，可以发现：$t<270$ 时，选择方式一划算；$t>270$ 时，选择方式二划算；$t=270$ 时，方式一、方式二均可。

设计意图 通过对建立模型这一核心问题的深度辨析，学生进一步强化了对一元一次方程应用的理解，为后续应用提供保障。从本质结构上分析，其本质就是建立方程，问题解法的关键是求分类关键点，再根据关键点进行分类讨论，将电话计费问题转化成方程问题。教师引导学生自主辨认关系式的结构，利用关系式解决问题的过程就是解方程的过程，从而一步一步加深对问题的认识，实现从感性认识到理性认识的飞越，这也正是数学关键能力所倡导的学生通过问题解决能学到的不应该是一个问题，而是一类问题。

4. 归纳总结 凝练提升

师：波利亚曾说过："即使是相当优秀的学生，在得到了题目的答案后，也会合上书去找别的事情做。"他们这样的做法会遗漏问题解决过程中重要的回顾阶段。相信大家都是精益求精的"数学家"，那么回顾这节课解决电话计费问题的过程，大概包含哪几个步骤？你觉得核心步骤是什么？

生4：第一是要读懂题目，厘清题意，发现电话费与主叫时间有关；第二是找出主叫时间的时间分界点，进行分段，讨论不同情况下哪种方式更划算；第三是根据分类情况列方程求出关键点，得出结论。核心步骤是通过一步一步探究建立数学模型，列出方程，将电话计费问题转化成方程问题。

师:同学们对电话计费问题已经掌握得很好,回家之后别忘了调查一下自己父母的电话计费方式,帮助他们选择最适合的方案。

设计意图 通过学生自己归纳总结,能够对课堂核心知识进一步凝练和提升,体验知识产生与生长的发展脉络。课堂最后阶段,是课堂的升华阶段,学生在迁移知识的过程中可以把自己思考到的富有创造性的手段变成未来自己可以反复使用的方法。通过课堂总结不仅有利于培养学生的语言表达能力,还有利于学生数学关键能力的培育,彰显育人价值。

三、教学思考

(一)围绕核心问题设计教学意图明确的教学过程

人教 A 版新教材更加注重知识结构的整体性,突出围绕核心问题展开的基本脉络,力求揭示数学学科本质。在理解题目阶段引导学生分析题目的脉络,注重对基础知识的培养,让学生学会抽取题目信息,厘清题目脉络,着重培养学生数学抽象、数据分析、直观想象素养;在初步解决问题阶段,注重对学生的启发诱导,以问题链帮助学生寻找"有用的念头",分析题目中原理、技巧以及数学思想方法,着重培养数学建模等素养;在问题的深度挖掘阶段,确保计算的准确性和整体逻辑的严密性,着重培养学生的逻辑推理等素养;在回顾反思阶段,要培养学生的发散思维,引导学生对问题进行归纳、总结、反思、推广。在课堂教学过程中,需要教师基于基础教学内容,设计一套教学意图明确的教学过程,保证一个完整的知识结构、清晰的思维层次,最终打造一套前后逻辑连贯、更加科学的教学过程。

(二)围绕核心问题建构基于生活实际的数学模型

实现学生深度参与和深入理解的课堂教学活动,需要教师围绕核心问题建构基于生活实际的数学模型[2]。本案例对深度学习理论落实数学关键能力的方式进行了思考,选用"电话计费问题"进行具体的教学设计和教学检验,都取得了较好的效果,后续可以选择函数、几何、概率统计等模块内容进行研究,为基础教育教学提供更多具体的可操作性范例。设置的问题情境是要基于学生已有认知水平的,且以一定的数学思想方法作为支撑的,这样的问题情境才能引导学生积极参与课堂,主动发现研究问题,独立解决问题,在不断的应用、试错以及纠正中实现深度参与与深入理解,获得数学知识,发展数学关键能力。

(三)围绕核心问题实施学生深度参与的探究活动

学生是课堂教学的主体,只有学生深度参与教学活动,深入理解教学内容,教学才是有效的。教师从实际问题出发,带领学生将生活问题抽象为数学问题,列举出一元一次方程求解,最后回归于解答实际问题,这样也能让学生感受到做任何事时应该有头有尾。通过设置前后衔接的探究活动,力图充分体现以学生为中心的教学宗旨,让学生参与到知识的形成过程中,使学生听有所思,思有所获,增强学生学习数学的信心和兴趣。遵循学生已有的认知水平,让学生自己动手参与进来,深度学习一元一次方程模型的建立过程,将数学课堂中的深入探究落到实处,真正提升学生的数学关键能力。

(黄冈师范学院 数学与统计学院 彭 阳 徐金润 朱宇萌 邵贵明)

参考文献

[1] 中华人民共和国教育部. 义务教育数学课程标准(2022年版)[S]. 北京师范大学出版社,2022.
[2] 曹一鸣,刘坚. 促进学生数学核心素养与关键能力发展的教学研究[J]. 中小学课堂教学研究,2017(04):3-6.

"双减"背景下初中美术课堂提质增效策略研究[*]

——以黄冈市黄州思源实验中学为例

摘要:"双减"政策的推出与实行,不仅为美术课堂的质量提升带来了发展机遇,同时也带来了空前挑战。如何顺应"双减"形势,做好学校美术课堂的提质增效成为本文研究的重点。立足实践,为更好地探索提质增效的初中美术课堂教学策略,本文选择了黄冈市黄州区思源实验中学作为案例,从吸纳地方美术资源、突出课程综合理念、优化评价机制等方面进行探索,不断丰富美术课堂的表现形式,提升学生的学习乐趣,从而达到提升课堂教学质量的效果。

关键词:"双减";初中美术课堂;提质增效;教学策略

一、问题的提出

2019年7月,中共中央办公厅、国务院办公厅联合印发的《关于深化教育教学改革全面提高义务教育质量的意见》指出:坚持"五育"并举,全面发展素质教育;加强课堂主阵地作用,切实提高课堂教学质量。该意见的发布对深化教育教学改革,提升教育质量具有重大意义。但是,由于美术学科在教育体系中长期处于薄弱状态,因此针对美术课堂教学质量的提升一直未能落到实处。2021年7月,国家为减轻义务教育阶段学生过重作业负担和校外培训负担的"双减"政策开始施行。该政策的推出,一方面促进学生自身时间与空间得到解放,学生参加美术类实践活动的机会与时间增多,一向作为副科的美术课程更加受到学生重视,课程质量也得到教育文化部门广泛关注。另一方面,由于以往的美术教学方法陈旧,改革措施不利,因此大部分美术课堂教学质量不高,达不到现今社会、家长及学生对美术课堂的要求。这也促使我们进行中小学美术教学改革,提升课堂教学质量。

总之,以上政策的先后推出都表明了学校美术课堂教学质量提升的必要性和重要性,这也成为学界迫切需要解决的问题。黄冈市作为基础教育名市,在教育教学等方面具备代表性,可以成为深化初中美术课堂教学改革的典范。因此本文以黄冈市黄州区思源实验中学为例,探讨初中美术课堂提质增效策略,为更好地开展课堂教学改革提供典型范例。

二、文献综述

"双减"政策实施以后,学界开始重新思考各学科如何提高课堂教学质量和效率,美术

---

[*] **基金项目**:本文为黄冈师范学院研究生工作站项目(5032023044)的研究成果。

课堂教学质量的提升也受到人们的重视。一方面,学界开展了"双减"政策下美术课堂教学相关的研究。研究者认为,通过专题学习、课后服务课程、优化作业设计等方式,培养了学生的审美观和综合素养,提高了学生的合作能力。例如,李冰和王梅构建的美术课程体系,通过开展"非物质文化遗产"专题学习,将美术课堂、社团活动、实践活动等串联起来,有效地培养了学生的审美观,真正做到了减负,丰富学生课余生活。但专题学习的开展更重要的是体现探究性,可以与地方资源有效融合,增加美术课堂的开放性、灵活性。蒋云提出优化作业设计的策略,认为要围绕同一主题学习内容设计单元作业,充分体现其综合性、实践性、周期性和跨学科的特征,通过优化作业设计的方式,完善知识体系,培养学生综合素养[1]。丁琳提出在课后服务课程中发挥美术学科的优势,以开展实践性的课程活动代替作业布置,提升学生的沟通合作能力[2]。以上观点均提出了"双减"政策实施后美术教学的提升策略,达到以美术教学助推"双减"落地,促进学生全面发展的目的。

另一方面,从美育的角度来看,部分研究者提出学校美育应该去"功利化"和去"技术化"[3],例如郭声健、吴晓俐提出除学科类课程外,艺术类课程同样需要"双减",他们认为美术课堂不应仅局限于技术层面,更要体现学生素养的提升,如果把创意艺术活动变成枯燥的技能训练,那美术课堂也就失去了提质增效的意义。

综上所述,"双减"政策的推行正逐渐改变我们的教育格局,学校美术教学要把握机遇、迎接挑战,助推"双减"落地,以美术教育来缓解学生过重的学习压力,促进身心健康发展,以探索新的教学策略来促进课堂提质增效,适应新时代的社会发展与要求。

三、"双减"背景下黄州思源实验中学的教学现状及问题分析

"在双减政策的整体部署下,中国的基础教育发生了巨大变化,挖掘并解决"双减"政策下学校教育教学方面遇到的问题,既有助于学校提质增效,也有助于为构建高质量教育体系奠定基础。"[4] "双减"政策颁发以后,全国各地的教育教学改革都在紧密开展,例如,南京市古雄小学、岱山实验小学都选择在学校开展课后服务工作,通过课后服务对学生进行兴趣培养及作业辅导。黄州思源实验中学是黄冈市基础教育改革中一所颇具代表性的学校,在国家推行"双减"政策以后该校进行了一系列改革。

一方面,该校坚持"立德树人"的办学宗旨,实施"五育并举"的教育路径,努力培养"学有特长、全面发展"的社会主义事业建设者和接班人。以上宗旨、路径均为"双减"政策实施后的学校美术教学探索提供了坚实基础。另一方面,据实地调研发现,该校积极响应国家号召,在周末开设美术"第二课堂",不仅可以激发学生兴趣,也减少了课外补习量,为学生减负的同时促进了学生的全面发展。然而,面对国家育人要求的提升,学校的教学改革策略仍有不足。

(一)美术资源缺乏整合,课堂表现形式单一

从资源配置来看,学校领导及美术教师缺乏美术课程资源整合的观念。学校没有专门的美术教室,学生上课仅限于在课堂上利用陈旧的美术资源开展学习,没有很好地运用"馆校合作"教学,整合当地的美术馆、博物馆等资源。从课堂表现形式来看,该校仍采取传统的表现形式,大部分都是严格按照课时安排进行的碎片式教学,缺乏对美术课堂的整

体规划与调节,最终导致课堂氛围沉闷、形式单一且缺乏灵活性。

(二) 课程缺乏综合理念,美术教学思想陈旧

该校尝试通过暑期培训会、教学教研工作会等方式积极引导教师转变教学思想,提高教师教学能力与综合素养,但效果仍有提升空间。首先,美术课程中普通的课堂教学与第二课堂教学断层。其次,教师的教学理念陈旧,缺乏师师间的合作交流意识。再者,教学思维较局限,仅注重本学科知识与技能的掌握,缺乏与其他学科内容的横向联系,学生的学习思维受限,不利于核心素养的培养。

(三) 缺乏健全的教学评价体制

一方面,教师虽然强调评价环节的实施,但对评价内容缺乏设计。例如,存在美术作业质量不高、评价结果缺乏分析且反馈不及时等问题,这不仅无益于学生的进步,还徒增学生课业负担。另一方面,由于时间的限制,美术课堂的展评环节较局促,教师往往无法兼顾每个学生,通常只评价完成作品的学生,大部分学生无法及时得到老师的指导,评价方式也比较单一,很少运用教学中常用的形成性评价、总结性评价、档案袋评价等方法。

四、"双减"背景下黄州思源实验中学美术教学策略探究

随着国家出台的"双减"政策不断得到落实,社会上除艺术类之外的学科类培训机构基本取消,这有助于美术等非学科类培训机构的运营,此外,"双减"政策的推行减少了学生校内校外作业量,减轻了学生的学业压力,学生有更多的精力与时间放在调节身心发展的美术学习上,美术学科也由此得到社会的广泛重视,成为师生和家长关注的焦点。然而,学校美术教学尚未完全适应目前的社会要求,不能满足学生与家长的需要。因此,本文提出教学策略以提升美术课堂教学的质量与效果,给学生一个充实完备的美术课堂。

(一) 充分利用地方资源,丰富美术课堂表现形式

将地方资源引入课堂教学,是丰富课堂内容、改善课堂教学质量的一种举措,2022年版的《义务教育艺术课程标准》依然强调艺术体验,强调艺术课程的实践导向,使学生在以艺术体验为核心的多样化实践中,提高艺术素养和创造能力。由此可见,以地方资源加强知识与实践的联系,是提升美术课堂质量的一个良好方式。

1. 构建开放灵活的美术课堂

首先,黄冈市黄州区拥有大别山农耕文化博物馆、遗爱湖美术馆、黄冈博物馆、黄州区文化馆等众多文化教育场所,是开展美术教育的宝贵资源库。教育部公布的《关于做好中小学生课后服务工作的指导意见》中指出要"鼓励中小学校与校外活动场所联合开展综合实践活动,或组织学生就近到企事业单位、社区开展社会实践活动",以馆校合作的方式突破美术教学的课堂壁垒,带领学生走出传统教室,走进社会生活,是加强学生艺术体验、增进学生文化实践的一个良好方式。其次,艺术源于生活,美术是对生活所见的描绘,开展户外写生,可以培养学生观察、感知、描绘自然美的能力,是提升学生美术核心素养的重要方式之一。最后,黄冈市黄州区有唐家渡舞龙、黄州纸扎、宣纸烙画、黄州剪纸等非物质文

化遗产,让非遗传承人走进校园,既能使学生近距离感受和体验非遗文化,又可以拓宽非遗文化的传承方式,进一步弘扬中华优秀传统文化。

2. 以"大概念"开展探究教学

目前,有学者直接将科学教育的"大观念"运用于视觉艺术教育领域,提出用"大观念"组织美术课程的知识、实施美术教学的观点[5]。这一定程度上可以改变以往"一课一主题"的碎片式教学,有助于学生明确课程核心观念,促进学生深入学习。黄州区拥有农民画、主题性建筑、东坡文化等资源,这些均可以作为美术课程资源进行整合。运用"大概念"构建美术主题课程,深挖资源背后蕴含的美术元素与文化内涵,以提出基本问题、小问题等方式带领学生开展探究式美术教学。这种教学既可以拓展课程内容,增强学生的好奇心,也能够通过现实情景激发学生的理解力。

(二)突出课程综合理念,转变美术教学思想

传统美术课堂过于强调学科知识的习得,造成课程内容单一,不利于学生核心素养及综合素质的提升。因此,转变传统教学思想,以新思想顺应新发展势在必行。

1. 教师转变教学理念

教师要树立课程综合意识,整合并重组学科资源。首先,基于"双减"与"双提"的教学理念重构需要教师突破单一学科教学的认知局限,将育人摆在首位[6],尤其需要做好学校美术教育课内必修与"第二课堂"之间的衔接,构建系统化的美术课程。其次,教师要培养学科融合意识,加强师师合作。只有打破各科目之间的壁垒,学会师师合作,才能为学生的综合发展蓄力。例如,教师间通过合作加强各科目作业联系,从而减少作业数量,提升作业的质性、综合性,或者通过教师合作共同开发专题课程,以某个现实问题为主题,各科目共同展开探讨,加强学科融合。总而言之,实现课程转变的首要工作便是更新教师的教学理念,美术教师要从自身做起,积极与各科目教师合作交流,为课程融合做好充分准备。

2. 以学科为核心转向以素养为核心

美术课堂的开展不应仅局限于美术知识的传授,更要体现核心素养的提升。因此,学校的美术课堂建设应立足于学科与学科的融合、知识与经验的融合,将培养创新精神、提升实践能力、陶冶艺术情操、充实文化修养作为价值内核。以开展"综合实践活动课程"的方式,一方面基于学生现实生活,通过实践培养解决问题的能力。另一方面与课上教学相联系,共同探索跨学科的教育理念与教育方式,逐步实现课程间的连贯与整合。这不仅有利于核心素养的培养,而且能够实现美术教学的与时俱进。

(三)优化美术教学评价体制

当前学校的美术教学评价无论从标准、内容还是方法上都仅仅是对美术知识与技能的检验,过度追求学术的评价不再符合美术核心素养的培养价值,阻碍了美术教学质量的提升。评价方式单一且受应试教育的影响,唯分数论的评价取向明显,这违背了陶冶学生情操、促进学生全面发展的初衷,反而增加了学生的课业负担。"双减"政策落地,应推进教育评价制度改革,加快教育评价方式转型,用教育评价改革引导"减负"[7]。

1. 重视评价内容结构均衡

课堂评价作为教学的重要一环,其评价的主要方式是作业及考试,在"双减"政策中关于这两方面的内容和问题也比较多,其中多与教师的评价素养有关。教师侧重关注作业评价实施环节,而对作业设计的起点环节与作业评价结果的总结与分析环节注意力资源分配不足[8],因此,美术教师要提升作业设计质量,重视评价结果反馈与分析的比重。首先,美术作业设计要与学生生活紧密结合,引导学生利用所学解决实际问题,增进学生审美体验。作业设计不仅要注重知识与技能的提升,对过程与方法的掌握,情感态度与价值观的理解也要有所体现,共同构成评价内容。其次,作业设计在质不在量,否则只会增加学生的作业负担,对作业的评价结果要及时分析并反馈给学生,正确做好以评促教。反馈内容既要具体针对学生的审美感知、艺术表现、创意思维或文化理解的某一方面内容进行反馈,又要差异性地针对每个学生的特点给出不同反馈,为学生提供个别指导。

2. 促进多元评价

"双减"政策下社会更加注重人才高质量发展,单纯通过分数来判断一个学生已经不符合时代要求,人工智能、大数据等高新技术的发展也为评价多元化提供了技术支持。多元评价需要把握以下两个方面:第一,评价方式多样化。例如,在进行美术课堂评价时可以采用成长档案评价、美术作品评价、开放式问题及其评价等方式。成长档案评价:教师可以为每个学生成立专属的成长云档案,记录学生的学习情况,呈现学生在各发展阶段的变化与进步,促进各教育阶段的有效衔接。美术作品评价:教师收集学生的绘画作品或课堂作业,举办美术展览,以此激发学生的艺术潜能。开放式问题及其评价:教师提供一个开放式问题给学生,学生自行搜集资料,最终结合自身思考给出个人见解,以此培养学生的问题意识及自主学习能力。第二,评价主体多元化。以教师评价为主,拓展评价主体,例如社会评价,利用地方资源开展教学时,邀请地方人员进行评价,增强评价的客观性与专业性。家长评价则以教师为主导,邀请家长进行评价,加强家校合作,促进家长与学生之间的沟通交流。学生评价指在教师指导下,学生进行自评或他评,可以增进学生对自身和他人的了解,培养学生的交流合作能力。

五、结语

"双减"政策的颁布与实行,是促进教育高质量发展的重要战略决策,学校美术教育迎来新的发展模式,深化改革是美术教学提升质量的关键。美术教学要在新的社会背景下,与美术学科的核心素养目标相结合、与现有的社会资源和地方资源相结合、与日新月异的信息技术相结合,及时更新课堂教学策略,做好美术课堂的提质增效,让美术学科更好地适应与促进社会发展,让美育协同其他各育共同做好高质量人才的培养工作。

总之,学校美术教学的改革与创新已成为新时代教育的呼声,也是补齐美育短板的诉求,只有不断提升学校美术课堂的教学质量,才能真正担负起时代赋予的重任。

(黄冈师范学院　美术学院　陶慧敏　左国华)

参考文献

[1] 蒋云."双减"背景下的小学美术作业设计路径:以《悠悠巷坊间,茉莉花正香》单元为例[J].福建教育,2021(49):40-42.

[2] 丁琳."双减"背景下的美育"双增":以"童眼慧心"布艺工作坊课后服务课程为例[J].湖北教育(教育教学),2022(02):12-13.

[3] 郭声健,吴小俐."双减"政策下学校美育的发展机遇与改革重点[J].湖南师范大学教育科学学报,2022,21(01):1-6.

[4] 高兵."双减"政策下学校发展问题与提质增效策略研究[J].中国教育学刊,2023,(03):6-11.

[5] 钱初熹.以扩展与挑战培养学生核心素养的"大观念"视觉艺术课程研究[J].美育学刊,2019,10(04):1-9.

[6] 罗生全,张玉."双减"与"双提":教学变革的逻辑转换与理念重构[J].现代远程教育研究,2022,34(02):3-10+20.

[7] 周洪宇,齐彦磊."双减"政策落地:焦点、难点与建议[J].新疆师范大学学报(哲学社会科学版),2022,43(01):69-78.

[8] 谢静,钱佳."双减"背景下作业评价如何优化:基于教师注意力分配的视角[J].湖南师范大学教育科学学报,2022,21(02):85-93.

数字转型背景下的数学教学模式创新研究*

摘要：数字技术的发展引领数学教育转型，基于数字转型背景创新数学教学模式既是时代呼唤，也是教学教法适应社会变迁的必然反映。在分析数字教育优势的基础上，从立德树人、数字素养和课程标准的视角革新数学教学理念，最后在理念指导下和实践基础上，基于教、学、评三个环节创新教学模式：加强数字技术应用，拓展自主学习方式，关注高阶思维培养。本文旨在为数字转型背景下的数学教学提供理论与实践的参考和借鉴。

关键词：教学模式；数学教育；数字化转型；教学理念

数字技术的发展引领当代社会生活的变迁，为教育教学提出了新的要求和挑战。党的二十大报告中，提出要办好人民满意的教育，推进教育数字化，建设全民终身学习的学习型社会、学习型大国。如何推动教育的数字化转型、数字化发展，既是时代之问，更是每个教育工作者亟待解决的问题。数学作为自然科学的重要基础[1]，对培养学生的数字素养、创新思维、问题解决能力等具有重要作用。然而，传统的数学教学模式往往以知识传授为主，忽视了学生的主体性和个性化需求，难以适应数字时代立德树人的教育理念，虽然已有学者从人机协同、智能教育的视域下对教学模式的发展进行探讨，但并未与数学学科背景相结合，由此导致了"指导意见"忽视学科特点、"教学模式"背离发展主体的窘境。因此，需要基于数字转型背景对数学教学模式进行创新研究，以期实现数学教学模式的重构与超越。

一、数字技术赋能数学教育

教育数字化转型是一种划时代的系统性教育创变过程，具备数字化层面和转型层面的双重价值，数字化指构建数字驱动模式和联通数字化信息世界，转型指教育系统的创新和变革性发展[2]。具体到数学教育领域，即拓展数学教育资源，重构数学教育生态。

（一）拓展数学教育资源

数字技术的使用将推动数学教育资源向信息化、数字化方向拓展。目前，我国在公共数字资源的建设上已取得了显著改善，发展出国家中小学智慧教育平台、数字教材等一系列数字成果，这极大地拓展了数学教学空间和时间，依靠区块链、云计算等技术支持，教师可以开展远程同步或异步的数学教学活动，学生则能够利用移动设备、智能终端等技术实现随时随地地获取和交流数学学习资源；数字技术促进了可视化教育资源的开发，利用

---

* **基金项目**：本文为黄冈师范学院研究生工作站项目(5032023020)的研究成果。

TI-Nspire™ CX II、GeoGebra、虚拟现实等可视化教育资源，可以将复杂的数学概念、定理以图形、动画等方式呈现，有助于学生深入理解知识；同时，智能辅导软件的开发与使用使个性学习迈上新台阶，通过对学生的学习数据进行分析和反馈，可以为每个学生提供适合其水平和兴趣的数学问题和解题策略，实现个性化的数学辅导和评估。

（二）重构数学教育生态

智慧课堂是教育数字化转型的核心和主阵地，经过三轮迭代逐步实现了课堂、学科、学校层面的数字化转型。不仅改变了数学教学的环境和工具，也促进了数学教学模式和内容的创新，从而重构了数学教育生态。课堂层面，数字技术为数学课堂提供了多样化的教学资源和交互方式，推动课堂学习由被动接受向互动创新转化，使数学课堂更加丰富、活跃和高效；学科层面，数字技术为数学学科提供了新的研究对象和方法，使数学更加开放、动态和前沿，机器学习、人工智能等技术的发展对学生的数学建模、数据分析的核心素养提出了新的要求，并产生了诸如 STEM 教育、跨学科融合等教育新趋势；学校层面，数字技术为数学教育提供了新的管理机制和评价体系，使数学教育更加规范、科学和高效，在智慧课堂中，语义分析、面部识别等技术可以实时对学生的学习情况进行采集和分析，支撑规模化教育和个性化培养，从而为学生数学学习提供全要素横向评价、全过程纵向评价。

二、革新数学教学理念

曹一鸣教授指出，数学教学模式是在一定的教育思想指导下，以实践为基础而生成的。教学模式本质是具体化的教学理念，如程序教学模式基于行为主义理论，重在对学生行为结果的预测，发现教学模式基于认知主义理论，关注学生理智与知识结构的发展。那么，如果将数学教学模式置于数字转型的背景下进行思考，首先需要跳出传统教学中单一知识传授的教学理念，引导教师的教学理念迈向更深层次的知识整合与创新，这是因为，在人工智能时代，相较于固定的知识内容，更重要的是发展学生思考和解决问题时的批判性。

为了适应技术进步带来的冲击，经济合作与发展组织（Organization for Economic Co-operation and Development，OECD）在 PISA 2022 数学框架的编制中，将数据处理、演算思考、技术使用等能力作为学生数学素养的重要组成部分，并将信息使用、批判思维、创造力等视为 21 世纪技能；同样的，在《普通高中数学课程标准（2017 年版 2020 年修订）》（以下简称《课标》）的基本理念编排上，也强调了"以学生发展为本，立德树人，提升素养"的指导思想，并在"四基四能"的基础上，将核心素养、数学兴趣、数学精神、数学文化等纳入课程目标中。因此，教师在思考数字时代的数学教育理念时，应着重把握以下三个方面。

（一）坚持立德树人

立德树人是我国教育的根本任务。数字时代，数学教育不仅要传授数学知识和技能，更要培养学生的数学核心素养和数学文化精神，以及与之相适应的道德品质、思想境界、价值观念和社会责任感。区别于学习固定的知识结构,此类形而上品质的形成更依赖于社会环境、文化对人的潜移默化,因此,教师在教学过程中,要以身作则,树立正确的数学观、科学观和世界观,通过课程思政的方式,引导学生尊重数学规律、探索数学真理、享受数学美感、运用数学智慧,在数学学习中形成正确的人生态度,同时也要关注数学与人文、社会、自然等领域的联系和影响,培养学生的创新精神、合作意识、批判思维和问题解决能力,使学生真正实现"用数学的眼光观察世界、用数学的思维思考世界、用数学的语言表达世界",成为具有全球视野和国际竞争力的数字时代公民。

(二) 发展数字素养

中央网络安全和信息化委员会在《提升全民数字素养与技能行动纲要》文件中,将数字素养界定为:数字社会公民学习工作生活应具备的数字获取、制作、使用、评价、交互、分享、创新、安全保障、伦理道德等一系列素质与能力的集合。正确地看待和使用数字技术,已然成为数字时代学生必备的专业素养。因此,数字时代的数学教育在传授学生数学知识和技能的同时,还应发展学生的数字素养,使学生能够正确看待和使用数字技术,理性分析和评价数字信息,有效表达和交流数字思想,创造性地解决数字问题,保护自己和他人的数字权益,遵守数字道德伦理规范,推动学生数字素养和数学核心素养的协同发展。

(三) 落实课标要求

以 ChatGPT 为代表的生成式人工智能(Generative AI, GenAI)可以根据用户指令,自动进行文字输出,甚至仅凭几个关键词即可"创作"一幅精美的图片,人工智能正在取代那些对感知操作能力、创造力要求低的职业。但毫无疑问,人工智能并非无所不能,其生成内容依赖于对训练数据的理解与加工,而面对新事物时,人工智能则会无从下手,甚至会生成不合理的内容或犯事实性错误,即人工智能只能实现知识的理解与迁移,无法对知识进行进一步的创新。

无论是《课标》中对于数学核心素养三水平的划分,还是喻平关于数学核心素养的评价框架,都重在关注学生对于开放问题的解决能力,关注学生对知识的"再创造",即强调知识创新。当前,许多国家重在开展 4C 教育,发展学生的沟通(Communication)能力、协作(Collaboration)能力、创造(Creativity)能力,以及培养学生的批判性思维(Critical Thinking),旨在帮助学生应对技术冲击下的职业危机。因此,教师需要落实《课标》要求,关注学生创新潜能和数学兴趣的培养,发展学生的批判性思维和问题提出与解决能力,塑造学生的数学思维,使学生形成数学学科特定的世界观和方法论。但这并不意味着抛弃对数学基本知识和基本技能的教学,而是将教育的重点转向对学生思维的培养,使学生在面对问题时可以进行批判性和创造性的思考,这才是真正的智慧教育。

三、创新数学教学模式

应对数字转型背景下的多重挑战,需要对数学教学模式进行创新性发展。结合坚持立德树人、发展数字素养、为创新而教的教学理念,以实践为基础从教、学、评三个环节对数学教学模式进行创新。

（一）加强数字技术应用

数字技术的应用是数字教育区别于传统教育的关键所在，教师需要积极发挥数字技术对数学教育的赋能作用，推动数学课堂的数字化转型，在立德树人的同时使学生认识和了解数字技术，发展学生数字素养，具体而言，可以从以下几个方面入手。

其一，利用数字技术丰富数学教学资源。数字技术可以提供多种形式的数学教育资源，既包含视频、动画、图表等演示型教育资源，又有模拟、游戏、手持技术等操作型教育资源。根据教学情境的不同选择合适的教育资源，让数学教学更加生动、直观、有趣，如教师可以利用动态数学教学资源增强学生对几何概念的理解，或者通过开展数字教育游戏发展学生的数学问题解决能力[3]。

其二，利用数字技术优化数学教学过程。数字技术可以支持数学教学的多样化、个性化、互动化、反馈化，表现在：通过数字技术，教师可以根据不同的教学目标和教学情境，选择合适的教学方法支撑数学教学；通过数字技术，教师可以依靠数字校园实时更新学生的数学素养能力，为每个学生建立私人档案，实现个性化培养；通过数字技术，教师和学生可以实现实时或异步的沟通和交流，促进数学思想的碰撞和创新；通过数字技术，教师可以获取及时、有效、多维的数学教学反馈，从而调整教学方法，改进教学质量。

其三，利用数字技术拓展数学教学领域。数字技术可以使数学教学跨越时间和空间的限制，实现线上和线下的无缝衔接，通过云平台、元宇宙等技术，拓展数学教学的场景和对象，增强数学与实际生活的联系。而一些新兴数字技术则可以打破学科界限，将数学学习与其他学科相融合，使学生在新工科背景下实现综合发展。

（二）拓展自主学习方式

GenAI 的出现改变了课堂教学中的对话方式，学习方式将从"搜索就是学习"向古老的苏格拉底式的对话式学习进行转变，自主学习将迎来新定义。在以往的自主学习中，学生往往通过搜索、阅读、观察等方式，以自我为主体实现学习目标。GenAI 则提供了一种新的自主学习方式：对话。依靠 GenAI 开展自主学习，学生将置身于人机对话的情境，通过提问、对话、辨析等一系列行为实现全流程的人机双向赋能：学生在一次次的自主学习中，将自身学习的方式和方法赋能给 GenAI，GenAI 在不断的自我迭代中改进对话质量；反过来，GenAI 通过不断的设问、激疑，倒逼学生发挥自我能动性和创造性，实现学习目标。比如在概念学习中，学生需要基于 GenAI 给定的信息，运用数学抽象、逻辑推理等能力，自行建构出关于数学概念的一般框架，并在与"给定答案"的对比中进行改进。需要警惕的是，GenAI 具有知识异化、数字伦理等风险，教师在这一过程中需要辨明技术伦理、回归育人本质。教师首先要树立正确的人机伦理观念，将 GenAI 视为一种工具，而不能处处依赖，使自身变为人工智能的仆从；其次，教师要关注对学生情感、态度、价值观的培养，坚持立德树人的根本任务，培养有情感色彩的数字公民。

（三）关注高阶思维培养

高阶思维指解决问题时所发生的高阶认识活动，学界常用批判思维、问题解决能力和创造力来对其进行描述[4]。数字时代，知识的更新速度远超过以往，只学习固定的知识不足以适应时代发展，因此，必须更加关注那些人工智能无法替代的、人类专有的能力，即关注学生高阶思维的培养。其中，评价作为数学教学活动的重要组成部分，如何在评价中突显学生的高阶思维成为以核心素养为导向的教学评价改革的重点。教师需要改变过去仅以考试成绩为衡量指标的评价模式，重视评价的整体性和阶段性，重视过程评价，避免"标签效应"，将学生高阶思维能力的发展视为评价的关键一环。此外，教师需要将高阶思维目标纳入课程设计和教学计划中，通过创新数学情境和制造数学矛盾等方式，确保课堂教学能够促进学生的批判性思考、问题解决和创造性思维能力的发展，只有在教育体系中赋予高阶思维足够的重要性，评价才能真正发挥其培养学生高阶思维的作用。

四、结语

"教学有法，教无定法，贵在得法"，数学教学模式亦是如此，需要基于数字转型背景和数字教育环境推动数字教学模式进行创新发展，这既是教学改革的内在要求，更是建设数字化教育体系的应有之义。文章以数字技术赋能数学教育为出发点，在革新数学教学理念的基础上创新数学教学模式，而相较观念上的重构，实践中的落地才能推动数字转型的价值转化，今后需要围绕教学实践进一步开展模式创新和理论完善。

（黄冈师范学院　数学与统计学院　田茂栋　库在强　叶蕾　万琴思）

参考文献

[1] 中华人民共和国教育部.普通高中数学课程标准(2017年版2020年修订)[S].北京:人民教育出版社,2017.
[2] 祝智庭,胡姣.教育数字化转型的本质探析与研究展望[J].中国电化教育,2022(04):1-8+25.
[3] 朱莉,郑富兴,邓凡.数字教育游戏对学生数学学习效果的影响:基于国内外43项实验和准实验研究的元分析[J].现代教育技术,2022,32(11):50-58.
[4] 季明峰.高阶思维的概念辨识[J].上海教育科研,2022(11):29-36.

"美术＋劳动"跨学科融合的义务教育美术课程单元化教学设计探究[*]

摘要：美术教育和劳动教育作为"五育"的重要组成部分，二者融合能够促进学生全面发展。开展"美术＋劳动"跨学科融合的单元化教学，重点要基于相关历史文献的梳理，从理论基础、学科基础和实践基础三方面对"美术＋劳动"跨学科融合的可行性及其融合路径进行详细的论证，同时需要探讨单元教学设计中如何寻找美术和劳动的边际重合点，以实现学科核心素养的有效培育。

关键词：跨学科融合；美术教学；劳动教育；单元化教学

一、问题的提出

综合性学习是当代教育发展的一个新特点。2001年颁布的《义务教育课程设置实验方案》课程设置的原则中提出加强课程的综合性，《义务教育美术课程标准（2011年版）》明确规定"加强学习活动的综合性和探索性"，设置了"综合·探索"这一新的学习领域，强调开展跨学科学习。《义务教育艺术课程标准（2022年版）》在课程理念中也强调"突出课程综合，重视艺术与其他学科的联系，充分发挥协同育人功能"。课程综合作为美术课程标准的重要理念，如何促进知识体系的整体化和综合化，开展跨学科融合的实践，不仅是基础美术教育研究人员的重要课题，也是中小学美术教师开展实践教学的难题。

经合组织在《教育2030学习指南》谈及"跨学科知识"时提到，帮助学生获得跨学科知识的方法是合并相关学科或创建新学科。为此，针对美术跨学科教学要处理好两个问题：一方面要探寻不同学科课程标准和教材中知识与技能的重叠部分，另一方面要搭建学科间的协同结构，形成合力，解决课程育人局限的问题。笔者在阅读百年课标文献资料的基础上，察觉美术与劳动课程在能力训练、教学目标和表现形式等方面有较强的交叉性，这为二者跨学科融合教学提供了可行性。在此前提下开展"美术＋劳动"跨学科融合教学活动，并在教学中落实美术素养和劳动素养，对于促进学生的全面发展具有重要意义。

二、"美术＋劳动"跨学科融合的可行性分析

1. 理论基础

对事物的追根溯源可以对其形成更深入准确的分析，许多著名学者都强调了美术和劳动的融合对人类以及教育的重要价值。马克思在《1844年经济学哲学手稿》中提出"劳

---

[*] **基金项目**：本文为黄冈师范学院研究生工作站项目（5032023042）的研究成果。

动创造了美"[1],简单明了地阐释了劳动教育与美术教育的关系。《马克思恩格斯全集(第42卷)》中指出"人的劳动懂得处处把自己的尺度运用到对象上去,而且还能够懂得按照任何物种的尺度去建造,因此人也按照美的规律来建造"[2]。这表明人类劳动创造过程中蕴含美的规律。苏霍姆林斯基在《帕夫雷什中学》中论及"孩子们的许多种劳动(如锯花型、花纹、泥塑、刺绣等)实际上都是近似于工艺美术的创作"[3]。这进一步说明了两者结合的有效性,上述的观点从根本上奠定了美术教育与劳动教育深厚的理论基础,为"美术＋劳动"跨学科融合的相关研究提供了切入点。

2. 学科基础

1904年开始,美术和劳动的名称经历了多次改变,但课程是作为独立科目存在的。1904年《奏定初等小学堂章程》规定"图画与手工均作为随意科目",直到1923学制改革,小学的手工科作为一种可有可无的非必要科目被取消,因其作业不限于手工,且又不是正式艺术,所以改称为"工用艺术",图画这一名称改为"形象艺术"。1929年《小学课程暂行标准总说明》提到"因内容范围扩大,工艺改为工作,形象艺术改为美术"。

1932年,中国教育考察团赴欧洲考察,对当时的教育改革产生了广泛的影响。在初等教育方面,《小学课程标准总纲》中提出"美术劳作二科,在低年级,得合并为工作科"。这初步反映出二者融合的倾向。

中华人民共和国成立之初,随着我国教育事业主要任务的变化,学校教育的任务也发生了变化,劳动教育此时开始融入美术教学中,1950年的《小学图画课程暂行标准(草案)》在教学方法要点上提到,要利用艺术作品结合图画教学,培养儿童审美能力,可鉴赏的东西包括人民生活的各种图片、劳动工具、劳动果实。随着社会主义改造的基本完成,1956年9月的《小学图画教学大纲(草案)》中提到美术课的内容主要以写生画、图案画和命题画为主。二年级"写生画—手工工具"、三年级"命题画—帮助妈妈做事"、四年级"命题画—我们的劳动成果"的教学内容充分说明,在美术课上学生既可以学习绘画技巧,也可以很好地培养劳动意识。

改革开放后,教育部颁布的《中小学美术教学大纲(试行草案)》中将大纲正名为"美术",并在教学内容"工艺"上规定"通过手工劳动的教学,使学生获得纸工、泥土和其他地方性材料制作的技能"。此时的手工劳动作为劳动的一部分,不仅渗透在美术课中,还是美术课的一部分。但受科技革命的影响,自1982年颁布《关于普通中学开设劳动技术教育课程的试行意见》以来,中小学劳动教育课程的侧重点发生了一些变化。中学以开设劳动技术教育课程为主,小学则是开设简单的劳动课,其主要途径也是把劳动教育课程与其他课程融合。例如在1988年,国家教委颁布的《九年义务教育全日制小学美术教学大纲(初审稿)》三年级教学内容中提到"制作劳动工具、建筑等模型,并加以美化"。

纵观20世纪课改的历程,美术和劳动跨学科融合的倾向尽管在各时期的课程标准或教学大纲中都有体现,但受教学条件、政策的影响,美术和劳动学科受重视程度不够,两者跨学科融合的课程设计并没有很好地实施下去。

进入21世纪,伴随着素质教育的全面推进,美育受到了空前的重视。劳动教育不再作为独立课程在中小学开设,而是作为综合实践活动课程的一部分。在党的十八大后,习近平总书记多次强调劳动教育的重要性。随着新的教育需求的出现,劳动从原来的综合实践活动课程中完全独立出来,并发布《义务教育劳动课程标准(2022年版)》,这标志着我国劳动教育进入了新时期。在课程综合的时代背景下,课程标准为"美术＋劳动"跨学科融合教学提供了政策依据。

3. 实践基础

除了课标提出的指导性文件以外,我国学者在美术和劳动跨学科融合的研究上也颇有成就。1911年至1914年,蔡元培、梁启超的美育思想成为国内主要的美育思潮,这对著名美术教育家姜丹书的美育思想影响很大。这些思想反映到姜丹书的手工科教学上就是重视学生审美能力的培养,期望学生能够通过手工科的学习感受美、认识美,当时"手工科评价的主要依据也是判断能否制出'美'的物品"。这种教育思想不仅影响了当时的中小学以及美术师范教育的手工劳作课,而且对当前中小学"美术＋劳动"跨学科融合仍有一定的借鉴意义。

美术教育家俞寄凡在1932年《小学教师应用美术》一书中将日本的研究与国民政府新课纲结合,提出"工艺与图画二科,有完全相同的性质,不过发表方法不同罢了。故欲使儿童于工艺科制作者,可先在课图画时练习描写。或把课图画科时之设计,于工艺课时制作。或借工艺之力,使更明了图画上之立体观念。或综合图画工艺,制作物品,使两者有深切的关系。现在综合图画,剪贴,塑造,既由此理"[4]。他将图画与工艺学科进行关联,体现了美术与劳动跨学科融合教学的可能性。

在当代,我国美术教学研究人员黄珊、卞爱萍、邹涛等人分别在《劳动教育在小学美术教学实践中的渗透》《劳动创造美——谈学科融合对劳技教育的促进》《美术教学中审美教育与劳动教育的融合路径研究》等论文中指出了美术教育和劳动教育在实践过程中的相通性,认为二者的融合不仅可以提升学生的美术核心素养,而且可以帮助学生形成正确的劳动价值观。这为我们探索"美术＋劳动"跨学科融合教学提供了较好的思路。

三、"美术＋劳动"跨学科融合的路径

美术和劳动跨学科融合教学的路径是教学实践的中间桥梁,学科课程、活动课程和综合课程具有自身所独有的内涵与特征,可根据课程融合的实际需要分别发挥其特点和作用。

1. 学科课程

学科课程是指"根据学校培养目标,分门别类地从各门科学中选择适合学生年龄特征与发展水平的知识所组成的教学科目"[5]。张华认为"一门学科既然能形成一个完整的逻辑体系,它总是建立在一定的知识综合的基础之上的"[6]。这使得美术和劳动跨学科融合可以渗透在各学科的教学中。此外,《义务教育课程方案(2022年版)》中提出"强化学科实践,加强知识学习与学生经验、现实生活、社会实践之间的联系"。这为学科课程的开展提供了新的方式,即学生的学习要与生活实践密切联系。因而,活动也被视为学科课程中学习知识的载体和平台,通过课外活动和课堂教学相结合的方式能有效实现教学目标。

2. 活动课程

活动课程是课堂教学的一部分,也可以是课堂教学的一种补充。它源于杜威的进步主义教育思想,强调"以儿童主体性活动的经验为中心"。目前,我国新课改中也开始了对活动课程的探索,如综合实践活动课程。这是一类能够"将两门或两门以上的学科整合起

来,旨在把新的知识同既有的知识、信息与体验链接起来的课程形态"[7],侧重于研究性学习和社会实践。众所周知,美术教学活动的内容是多方面的,包括剪纸、土陶等民间艺术,《义务教育劳动课程标准(2022年版)》课程内容中也强调传统工艺制作的学习。因此,活动课程可以通过综合性学习、项目式学习等方式,将学科课程内容与当地的传统文化相联系,利用课外、校外实践场所,在综合实践活动课程中实现跨学科融合的教学。

3. 综合课程

所谓"综合课程",其实是一种课程组织取向。张华认为它是"有意识地运用两种或两种以上学科的知识观和方法论去考察和探究一个中心主题或问题。如果中心主题或问题源于学科知识,即学科本位综合课程;如果源于社会生活现实,即社会本位综合课程;如果源于学生自身的需要、动机、兴趣、经验,即经验本位综合课程"[6]。可见,综合课程一定包含两种或两种以上的学科要素,在主题的引领下以课内活动和课外活动的方式展开。在确立主题时,首先需要梳理美术和劳动的课程标准及教材内容,整合学科内容中重复交叉的部分。确定学习内容后,一方面将主题与地方课程开发相结合,为主题的实践寻求课程载体。另一方面可根据美术学科特点,将劳动教育分为日常生活劳动、生产劳动、服务性劳动等模块,并围绕主题开展社会实践和主题劳动日等活动。

四、"美术+劳动"跨学科融合的单元教学设计

通过以上对跨学科融合路径的分析,基于综合课程类型进行单元教学设计。本单元课程旨在树立传承中华优秀传统文化的价值观,鼓励学生团队合作制作一件以"点燃千年龙窑,传承制陶技艺"为主题的陶艺作品。在确定主题时,首先,根据课程标准确定跨学科联系点,整合学科内容中重复交叉的部分。《义务教育艺术课程标准(2022年版)》和《义务教育劳动课程标准(2022年版)》第四学段(7—9年级)内容中都强调学习如剪纸、编织、陶艺等传统工艺的制作方法。其次,为了使课程更具地方特色和文化底蕴,选择湖北省首批非物质文化遗产——湖北蕲春管窑手工制陶技艺作为课程资源,培养学生文化自信,增强民族自豪感。在这一课程中,陶艺创作活动作为教学重点,让学生亲身参与练泥、成型、装饰、施釉及烧制等各个环节。学生将运用所学的美术技能,如造型设计和色彩运用,结合刻绘、镂雕等技法进行创作。此外,这一实践活动也能有效锻炼学生的动手能力并提高工具使用技巧。这种综合性的学习体验有助于学生在实践中同时提升美术核心素养和劳动素养,是教学创新的一次有益尝试。

在此基础上,本单元课程根据V-DKU课程设计模式,通过"调研欣赏之旅—泥火舞动学技法—陶诗画意巧创作—文化之约促发展"系列活动开展教学。笔者创设真实性问题情境——如何弘扬家乡优秀传统文化,组织学生前往湖北蕲春管窑镇,参观管窑的制作工坊,欣赏非遗传承人的泥火杰作,直观感受陶艺作品之美,过程中学生能够知道陶艺作品中的艺术语言和艺术形象,并对古代制陶人的劳动观念以及传统文化工艺品中蕴含的工匠精神有更真切的理解与感悟。学生对陶艺作品有了初步认识后,结合非遗传承人的演示,能够认识陶艺的基本辅助工具,初步理解陶艺制作的步骤和成型方法,并结合陶艺技法学习单,小组研讨总结成型的方法及技术要领,加深对学习过程的印象。

为了更好地开展陶艺创作活动,通过选定学习单,引导学生主动探索并搜集图像化内

容,构思陶艺作品草图。根据此阶段性成果,指导学生合理选择泥土和工具,对泥料进行细致加工,鼓励他们灵活运用辘轳轮盘拉坯、泥条盘筑和模具印坯等多种成型方法,创造新颖的造型。同时引导学生使用铁、竹和橡皮制的工具,在坯体上进行刻画、印纹等装饰,并教授他们如何使用土釉进行荡釉、浸釉等技艺。通过亲身体验,学生不仅能够提升设计制作陶器的劳动能力,还能深入理解制陶人精益求精、吃苦耐劳的劳动习惯和品质。在课堂结束时,集体展示陶艺作品,并通过多主体评价方式,鼓励学生反思改进作品,评选出最佳创意奖。通过这一单元课程的学习,学生能够更好地体会中国陶艺文化的悠久历史,从而激发无穷创造力和对工匠精神的热爱。这种寓教于美、育才于劳的教学方式,不仅有助于提升学生的美术核心素养和劳动素养,更能够实现培养价值观的目标,促进学生全面发展。

结语

美术教育和劳动教育的融合体现新时代对审美教育的强化以及对劳动教育的推崇。跨学科教学作为落实学生核心素养的有效教学方式,为美术教育提供了明晰的方向,也为劳动教育开拓了新的教学思路。美术教师需要整体把握教学内容,将教学内容整合起来,促进学生对知识进行整体联系和建构,并形成深层次联系,实现从知识、技能的掌握到意义建构的发展,提升综合解决问题的能力。这对美术教师来说,既是创新也是挑战。笔者相信,在课程综合的时代下,美术课程中辅以劳动教育,既能提升学生美术核心素养,又能兼顾劳动素养,从而促进学生全面发展。

(黄冈师范学院　美术学院　张博文　方圣德)

参考文献

[1] 马克思.1844年经济学哲学手稿[M].中共中央马克思恩格斯列宁斯大林著作编译局,编译.北京:人民出版社,1985.
[2] 马克思,恩格斯.马克思恩格斯全集第42卷[M].中共中央马克思恩格斯列宁斯大林著作编译局,编译.北京:人民出版社,2016.
[3] 苏霍姆林斯基.帕夫雷什中学[M].赵玮,等译.北京:教育科学出版社,1983.
[4] 俞寄凡.小学教师应用美术[M].世界书局,1933.
[5] 王道俊,郭文安.教育学[M].北京:人民教育出版社,2016.
[6] 张华.关于综合课程的若干理论问题[J].教育理论与实践,2001(06):35-40.
[7] 钟启泉.基于"跨学科素养"的教学设计:以STEAM与"综合学习"为例[J].全球教育展望,2022,51(01):3-22.

基于 STEAM 理念的高中数学学习活动设计研究
——以"立体图形的直观图"为例*

摘要：STEAM 理念是有利于促进学生全面发展、培养学生综合能力的教育理念。教师只有深入地了解 STEAM 理念,并在学习活动中融入 STEAM 理念,才能取得良好的教学效果。因此,学习活动的展开离不开 STEAM 理念的指导。本研究选用人教版高中数学"立体图形的直观图"学习活动为例,以 STEAM 理念为依托,结合情境认知学习理论和建构主义学习理论,从五个环节展开具体的学习活动设计,为今后促进学生全面发展提供有效的参考。

关键词：STEAM 理念；学习活动；直观图

中共中央、国务院印发的《中国教育现代化 2035》重点部署了教育现代化的十二项战略任务,其中第六项任务指出"要加强创新人才特别是一流人才培养,提高应用型、复合型、技术型人才比重",这为国家培养人才指明了方向[1]。STEAM 教育是在信息技术时代背景下产生的一门综合多学科的教育,它结合了 Science(科学)、Technology(技术)、Engineering(工程)、Arts(艺术)、Mathematics(数学)等多个领域的教育。它重视培养具有科学技术素养和多方面素养的人,能为未来社会的发展培养综合性和创新性人才。从已颁布的《普通高中数学课程标准》(以下简称为"课标")来看,它集中体现了以素养为核心、以情境为领域、以问题为纲要、以技能为两翼的育人价值观。STEAM 课程作为跨学科课程的代表,它的开放性、主体性、情境性、关联性和发展性特点,符合课程改革的潮流。结合教育政策和课标可以看出,我国亟须发展学生的综合实践能力和创新能力,而学习活动融入 STEAM 理念,有利于培养学生发现问题、综合运用知识解决问题的能力。

以"STEAM 理念"为关键词搜索相关文献发现：在学段方面,STEAM 虽涉及了小、初、高三个阶段,但都是关于 STEAM 理念的教学设计,这些教学设计大多是在教学活动中融入 STEAM 理念,并没有在学习活动中进行深入研究。在课程应用方面,STEAM 虽应用于物理、化学、生物学科,但数学学科涉及较少。赵千惠分析和探讨了 STEAM 理念在新人教 A 版高中数学必修教材的呈现情况,发现新教材在科学、技术、工程和艺术等类别中涵盖了广泛的知识领域。立体几何的学习有助于我们认识和理解我们所处的世界,

---

* **基金项目**：本文为黄冈师范学院 2023 年研究生工作站课题"基于 STEAM 理念的高中数学学习活动设计与应用研究"(项目编号：5032023026)、黄冈师范学院教研项目"课程思政视域下高中数学课程教学实践与研究"(项目编号：2021CE62)、黄冈师范学院校级研究生培养教改项目"基于 OBE 理念的教育硕士研究生在线示范课程的建设与应用研究——以《数学微格教学》为例"、黄冈市教育科学规划课题"基于学科核心素养培育的高中数学情境教学的实施策略及评价体系研究"(项目编号：2023JB11)的阶段性研究成果。

因此本文以"立体图形的直观图"为例,从学习活动的设计要点、案例设计两个方面阐述如何在学习活动中融入 STEAM 理念,培养学生分析问题和解决问题的能力。

一、STEAM 理念融入高中数学学习活动的理论基础

(一)情境认知学习理论

情境认知学习理论认为知识是在情境中探索而成的,也就是知识与情境紧密相联,将重点放在学习者的积极参与上,并指导学习者在不同的情境中进行意义学习。因此,教师在进行 STEAM 理念的活动设计时需要考虑知识与情境的关联性,并关注学生的参与度,做到意义学习。

(二)建构主义学习理论

建构主义学习理论认为学习不是被动的灌输与接受,而是学生在现有认知的基础上主动地与环境进行互动,获取知识的过程。建构主义学习理论强调学生的主体性,但不忽视教师的主导作用。在 STEAM 学习活动设计中,教师可以组织轻松有趣的小组活动或探究活动,为学生提供宽松愉悦的学习环境,从而加强学生对知识的建构和迁移能力。

二、践行 STEAM 理念的立体几何学习活动设计要点

学习活动是学生获取知识和巩固知识的主要手段。教师设计的学习活动对学生的发展有很大的影响。因此,融入 STEAM 理念的学习活动设计要遵循以下要点。

(一)学习活动的设计要综合学生已有的知识

首先,STEAM 教育涵盖了科学、技术、工程、艺术和数学学科,是一种促进学生全面发展的综合教育。学生已有知识包括数学知识、其他学科知识以及生活知识。这些知识有助于学生感知、探索新知识,促进知识的产生,加深和拓宽原有的知识。因此,学习活动的设计也应该具有综合性。其次,STEAM 课程分为不同的科目,在数学这个分支也综合了物理、地理、美术等学科,只有结合已有学科知识进行综合学习,学生才能加深对数学的理解,提高自己学习其他学科的能力。最后,STEAM 教育具有可拓展性,STEAM 课程可以看作是由两个或两个以上学科组成的课程,每个学科的设计目标各不相同。例如,在"立体图形的直观图"学习中,教师引导学生观察长方形和长方体的影子形状,学生自然能结合以往的知识,从二维平面逐步拓展到三维空间。同时,学生自绘图形的过程,既涉及了数学学科知识,又涉及了美术学科知识,有利于培养学生的动手能力及综合分析问题的能力。

(二)学习活动的设计要有利于学生切身实践

STEAM 学习活动的设计应该遵循杜威的"从做中学"理论。纯粹的知识学习会让知识的作用变得单一[2]。因此,在学习活动设计中可以通过创设有趣的生活情境或动手操作活动帮助学生建构知识。例如,在"立体图形的直观图"学习中,教师设计科学实例,既

激发了学生学习的兴趣,又增强了学生为国之重器做贡献的使命感。同时,教师设计的动手操作活动即模拟太阳光照射长方形和长方体并观察长方形和长方体的影子形状,这一操作有利于学生将感性知识转化为理性知识,从而达到深入理解知识的目的。

三、STEAM 理念的学习活动设计案例

立体图形的直观图是在二维平面上表示三维图形。画直观图需要了解立体图形的结构特征,反过来,直观图也可以帮助学生想象它真实的形状。用斜二测画法作直观图是本节课的重点。在此前的相关学习中,学生已经了解了立体图形的结构,具备了学习和研究直观图的能力。因此本节课可以借助实物,引导学生通过观察画出直观图。其中探究投影的线段长度以及合理建系画直观图是本节课的难点。因此,本案例以此为基础展开了如下 STEAM 学习活动的目标设计和内容设计。

(一) STEAM 学习活动目标设计

STEAM 教育是五个学科的综合教育,各个学科目标应遵从三维目标框架。因此"立体图形的直观图"的学习活动目标设计如表1。

表 1 "立体图形的直观图"案例学习目标设计

	知识与技能、过程与方法、情感态度与价值观
科学	①了解直观图在科学领域的用途; ②能用不同的方法画直观图; ③通过动手操作探究长方形和长方体的影子形状,培养学生的科学思维。
技术	①会使用信息技术画长方形和长方体的直观图; ②通过完成技术性的学习活动,加强对技术工具的使用能力; ③通过画直观图的过程,培养学生对画图软件的操作能力。
工程	①能根据学习要求,在组内合理分工完成学习任务; ②了解直观图在工程领域的应用,培养学生的设计思维; ③通过动手操作、合作交流画长方体的直观图,培养学生的团队协作与交流能力。
艺术	①充分利用角度、颜色等相关审美知识,进行几何图形的绘制; ②分享并点评其他小组的作品,培养学生感受美的能力; ③画所在学校建筑物的直观图,培养学生的审美能力。
数学	①掌握斜二测画法画水平放置的平面以及简单立体图形的直观图; ②学生经历探究过程,深入理解斜二测画法的步骤,通过新知练习培养学生规范作图的能力; ③借助几何直观和空间想象感知事物的形态与变化,提升学生直观想象和数学抽象的核心素养。
总目标	在学习直观图画法的过程中培养学生运用知识解决实际问题的能力;在动手操作活动中培养学生团队协作能力;在画直观图的过程中培养学生发现美和感受美的能力。

(二) STEAM 学习活动内容设计

1. 感悟需求,激趣学习

直观图是观察者站在某一点观察一个空间几何体获得的图形。画立体图形的直观图,实际上是把不完全在同一个平面内的点的集合,用同一平面内的点表示。因此,直观图往往与立体图形的真实状态不完全相同。

导入：教师展示航空航天、机械制造等领域所用到的图纸如图1，引导学生感受直观图在航空航天、机械制造等领域的重要应用，比如制作零件需要非常立体且数据精确的图纸，这时就要用到画直观图的斜二测画法。紧接着教师抛出问题即如何用斜二测画法画有立体感的直观图。

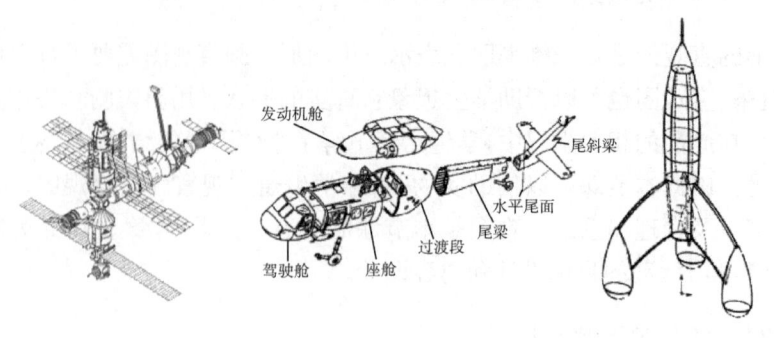

图 1　图纸

【设计意图】创设科学情境渗透着 STEAM 教育中的科学目标，不仅激发了学生的学习兴趣，还能让学生体会到立体图形的图纸在科学技术上的重要作用，有利于培养学生的科学素养，也利于培养学生的审美能力，即艺术素养。

2. 提出问题，操作探究

师生活动：教师引导学生观察长方体眼镜盒在平行光照射下留在地面上的影子形状如图2，发现影子形状不规范也无法直观体现出长方体。继而引导学生简化问题。学生思考后将其简化为画长方形直观图问题。

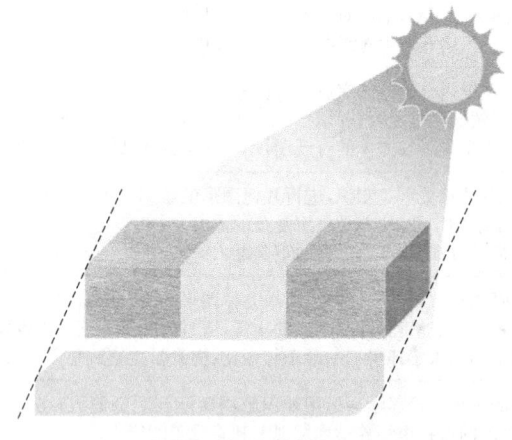

图 2　长方体的影子

教师示范如何照射长方形如图3，然后由学生两人一组合作，操作并探究下面两个问题：

(1) 长方形的影子形状还是长方形吗？

(2) 长方形的影子线段长度有没有变化？

学生探究得到影子形状是一个平行四边形，如图4，影子横向线段长度不变，纵向线段长度变短。

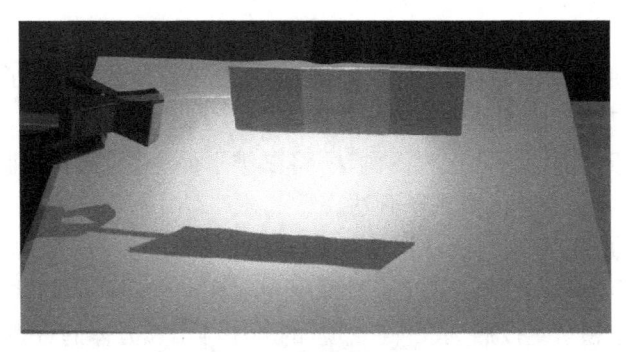

图 3　教师演示教学

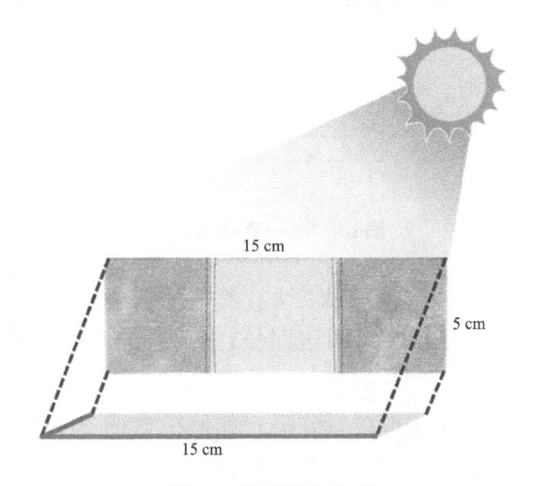

图 4　教学软件演示

【设计意图】学生模拟平行光线照射长方体体现了 STEAM 教育理念的体验性、探究性。同时，也符合情境认知理论对学习活动的要求，营造了活泼的学习氛围。探究影子线段长度的变化情况，有利于提高学生严谨的逻辑思维能力。

3. 深化探究，建构新知

探究一：用斜二测画法画长方形的直观图

师生活动：教师引导学生分别从建系—位置关系—数量关系这三个方面探究斜二测画法的步骤。教师向学生说明第一步是以点 A 为坐标原点建立平面直角坐标系。画直观图时 x 轴水平为 x' 轴，y 轴倾斜为 y' 轴，两轴相交于点 O'，且 $\angle x'O'y' = 45°$ 或 $135°$。紧接着学生根据长方形的影子得出第二步和第三步，即点的位置和各线段的长度。教师顺势画出直观图如图 5，并组织学生总结出画图口诀的前一句半，即"平行依旧垂改斜，横等纵半"。

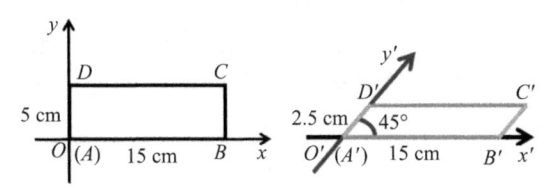

图 5　长方形的直观图

(1) 建立坐标系
(2) 保持平行关系
　（平行依旧垂改斜）
(3) 确定线段长度
　（横等纵半）

【设计意图】教师讲解 y 轴的倾斜程度渗透了 STEAM 教育中的艺术教育,倾斜程度与人眼看实物的透视原理有关。画直观图采用这种倾斜方式,有利于培养学生的审美能力。

探究二:用斜二测画法画长方体的直观图

师生活动:基于平面图形的直观图画法,将二维平面坐标系拓展到三维空间坐标系,并引导学生继续探究长方体的直观图画法。

问题 1: z 轴的平行关系与线段长度是怎样的?

学生根据观察可以得到"竖不变"。教师引导学生完善前两句口诀,然后从平面长方形的直观图出发,带领学生按照"底—高—顶"的顺序画出长方体的直观图如图 6。

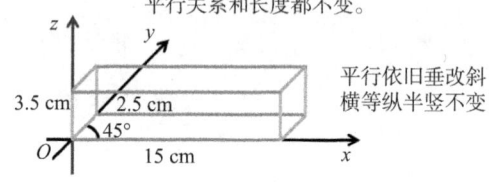

图 6 "底—高—顶"式

学生掌握了"底—高—顶"式画图法之后,教师还设计了另一种画图方法,即"长—宽—高"式,先画出长方体的三个决定因素即长、宽、高,继而补充其余 9 条边即可完成直观图。

问题 2: 长方体的所有边都能直接看到吗?如何在直观图中体现这种区别呢?

师生活动:教师继续引导学生说出在直观图中要用实线和虚线表现出"直接看到"和"被遮住"的区别,从而归纳第三句口诀"眼见为实遮为虚"。教师将"被遮住的线"改成虚线,最后撤去坐标轴得到最终的直观图如图 7。同时引导学生根据长方体画直观图的过程,归纳出一般棱柱的直观图画法:画轴→画底面→画侧棱→成图。

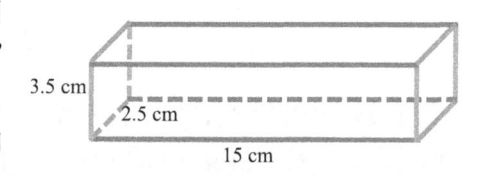

图 7 长方体的直观图

【设计意图】教师引导学生观察,学生逐步地探索到真正的知识,即画图口诀以及一般棱柱的直观图画法,体现了 STEAM 教育的工程目标即逐步分解问题来解决问题,有利于提高学生解决问题的能力。

4. 新知应用,巩固提升

练习 画正三棱柱的直观图

师生活动:教师巡视后,以某位同学画的正三棱柱的直观图为例做示范,并请学生说画图的过程,特别是强调了学生处理方式的灵活性,即充分利用几何图形的对称性进行建系。借学生的阐述使所有学生关注到两个关键点:(1) 建系不唯一;(2) 充分利用几何图形的特性。教师继续引导学生互相分享好的想法,从而给予学生更大的思考空间来培养创新思维。

例题 画正六棱柱的直观图

师生活动：教师以教具中的正六棱柱为例示范直观图的作图过程，通过讲解画图的每个步骤，再次强调上述的两个关键点，并解读复杂图形如何利用线段之间的关系确定长度。由二维平面到三维空间画直观图的过程，为后续画复杂立体图形的直观图做准备。

分组练习 画正五棱柱的直观图

师生活动：学生在教师讲解完正六棱柱的直观图画法之后分组练习画正五棱柱的直观图，然后在希沃白板中画图并交流作图方法。

【设计意图】按照STEAM教育中的工程目标设计练习、例题、分组练习，即正六棱柱到正五棱柱逐步加深难度的练习，有利于培养学生分级解决问题的能力。学生参与画直观图的练习，有利于培养学生对画图软件的操作能力。

5. 课堂小结，布置作业

总结：师生一起回顾课堂内容，引导学生对课堂内容进行总结。

（1）斜二测画法及画图口诀、一般棱柱直观图的画法；

（2）数学思想方法：问题简化、几何抽象、直观想象、化繁为简等；

（3）探究：观察圆形的投影，思考旋转体直观图的画法。

作业：

（1）基础题：做完课本P111练习1-3。

（2）拓展题：画出你所在学校的一些建筑物的直观图（尺寸自定）。

【设计意图】教师帮助学生梳理知识与方法的过程，有利于培养学生的科学素养。教师设计自主画建筑物直观图的作业，渗透着STEAM教育中的技术目标和艺术目标，有利于培养学生的动手操作能力以及审美能力。

四、结语

高中数学学习活动融入STEAM理念与数学教学活动中培养学科核心素养不谋而合，在相关学习活动设计中有着重要的意义，也是促进数学学科核心素养落地的重要途径。本研究选用"立体图形的直观图"，深入探寻数学学科中契合STEAM理念的素材，进行设计并展开学习活动。在数学学习活动中融入STEAM教育理念有利于促进学生的全面发展，有利于培养学生的创造能力，有利于提升学生的综合能力。目前，用STEAM教育理念指导高中数学内容的学习案例偏少，期望有更多学者应用STEAM理念进行高中数学学习活动的设计和实践，提供更具科学性的教学范例。

（黄冈师范学院　数学与统计学院　张金竹　苏　坤　孙幸荣　鄂州高中　吴　敏）

参考文献

[1] 中华人民共和国教育部. 中共中央、国务院印发《中国教育现代化2035》[EB/OL]. https://www.gov.cn/zhengce/2019.02.23/content_5367987.html,2019-02-23.

[2] 宋乃庆,陈珊,沈光辉. 学生STEAM素养的内涵、意义与表现形式[J]. 课程. 教材. 教法,2021,41(2):87-94.

"双一流"学科建设背景下学科教学(思政)硕士研究生学习习惯培养的思考

摘要:"双一流"学科建设背景下,《中共中央关于制定国民经济和社会发展第十四个五年规划和二〇三五年远景目标的建议》(以下简称为《建议》)对新一轮硕士研究生培养提出了更高的学科建设要求。学科教学(思政)硕士研究生学习习惯的培养直接关系到硕士研究生培养质量和人才培养方案目标达成度。学科教学(思政)硕士研究生导师必须注重硕士研究生的综合性学习习惯、创新性学习习惯、计划性学习习惯的培育才能不断提高马克思主义理论学科建设水平,达到《建议》中提出的学科建设和创新型国家建设目标。

关键词:"双一流";学科建设;思政;学习习惯

2015年,国务院印发《统筹推进世界一流大学和一流学科建设总体方案》,开启了从"211"和"985"高校建设到"双一流"建设的转型。从2015年到2021年,国家共印发了6个文件支持"双一流"建设,包括《统筹推进世界一流大学和一流学科建设总体方案》《统筹推进世界一流大学和一流学科建设实施办法(暂行)》《教育部财政部国家发展改革委关于公布世界一流大学和一流学科建设高校及建设学科名单的通知》《关于高等学校加快"双一流"建设的指导意见》等。这6个关于"双一流"建设的重要文件,足以说明当代中国对一流高校和一流学科建设的高度重视,体现了建设社会主义现代化教育强国的基本目标。2022年党的二十大胜利召开,提出了建设数字中国、教育强国、人才强国和科技强国的宏伟目标,要求加快建设具有中国特色的世界一流的大学和优势学科,要求加强基础学科、新兴学科和交叉学科建设。新时代学科建设正在如火如荼地进行,马克思主义理论作为一级学科也必将获得更大的发展。

2020年10月,党的十九届五中全会审议通过了《中共中央关于制定国民经济和社会发展第十四个五年规划和二〇三五年远景目标的建议》(以下简称为《建议》),明确提出了到2035年我国要达到教育强国的新高度,《建议》中明确指出:"全民受教育程度不断提升""加强基础研究、注重原始创新,优化学科布局和研发布局,推进学科交叉融合"。在"十四五"规划中,国家已经非常明确地指明了未来学科发展的方向和目标,新一轮的学科布局和学科融合开启,"双一流"建设如火如荼。正是在"双一流"学科建设背景下,新一轮的高校申硕和更名进入新阶段。学科教学(思政)是学科教学硕士研究生培养学科门类之一,其独特的思想政治教育专业背景和马克思主义一级学科基础更彰显了立德树人的重

---

* **基金项目**:本文为黄冈师范学院2023年度混合式教学试点项目"形势与政策"(hgxfhe23496)、2023年研究生工作站项目(5032023007)的研究成果。

要作用。作为硕士生导师,新一代的青年硕导应当高度关注"双一流"学科建设背景下学科教学(思政)硕士研究生学习习惯的培养,发挥其主体性、主动性,引导其探索和创新,以适应"十四五"教育强国建设对基础教育领域的新要求。

一、聚焦"五个思政",打造"三全育人"——综合性学习习惯培育

2018年,湖北省教育厅总结了我省聚焦"五个思政"打造"三全育人"新格局,既是对过去思想政治工作的总结也是对未来进行的顶层设计。系统集成创新学生思政、教师思政、课程思政、学科思政、环境思政,着力构建全员育人、全过程育人、全方位育人的新机制,推动党中央关于高校思想政治工作的决策部署在湖北落地生根见效,这是从"十三五"到"十四五"湖北省高校思想政治工作的根本指针。"五个思政"中明确提出了教师思政、学生思政和学科思政的概念,要求在全员、全过程、全方位的育人中使用并体现思想政治工作新方式和新方法。2019年3月18日,习近平总书记主持召开了学校思想政治理论课教师座谈会,提出了思政课教师的"六要"和思政课程守正创新的"八个相统一",提出了思想政治理论课是"扣好人生的第一粒扣子"的立德树人、铸魂育人的重要课程。2022年,教育部等十部门印发《全面推进"大思政课"建设的工作方案》的通知,要求深入贯彻落实习近平总书记关于"大思政课"的重要指示批示,开门办思政课,用好社会资源。从2019年到2023年,中央部委连续出台贯彻执行习近平总书记关于思政课讲话精神的执行文件,对马克思主义学院、思政课、思政工作进行专业的指导,构建综合育人体系。

正是因为五年来从中央到省市的高度重视,学科思政建设标准日益提高。硕士研究生培养质量是学科水平、学科思政的重要衡量指标,学科教学硕士研究生更需要在聚焦"五个思政",打造"三全育人"的"大思政"大背景下养成良好的学习习惯,学科教学(思政)的硕士研究生更是如此,因为其本身还肩负着未来教授思想政治理论课和承担思想政治工作的相关任务。

以黄冈师范学院为例,目前我校正处于申硕更名的关键阶段,学科教学硕士生的学习习惯直接关系到硕士学位论文质量,通过率的高低和省部级抽检的合格率直接关系到硕士点申报成功与否。作为学科教学(思政)的硕士生导师需要厘清马克思主义理论学科、思想政治教育专业、学科教学之间的逻辑关系,指导学生有意识地培养综合性学习习惯,进而完成好课程论文、教育实习、学位论文等关键节点的任务。马克思主义理论学科是思想政治教育专业和学科教学的基石,没有学科背景的专业建设和硕士生培养是无根之木,只有在坚实的马克思主义理论科研教学成果基础上,学科教学(思政)的硕士生导师才可能在不断寻求自身发展和培养硕士研究生之间找到平衡点。即便硕士研究生导师年龄、性别、学科等有着较大差异,但自身能力的强弱和科研教学团队建设水平是与硕士研究生质量密切相关的。思想政治教育专业是学科教学(思政)硕士研究生学习习惯培养的基地,没有专业作为依托,研究生的各类教学能力、竞技能力、科研能力都将成为无源之水。

厘清了学科、专业和学科教学三者的基本逻辑关系,再来谈学科教学(思政)硕士研究生的综合学习习惯培养问题。导师要培育学科教学(思政)硕士研究生的综合性学习习惯,实现学生思政、教师思政、课程思政、学科思政、环境思政的"五位一体",实现"三全育人"的大思政格局。综合性学习习惯包括主动学习、自主学习、互动沟通等方面。

主动学习要求作为思想政治教育专业归属的学科教学(思政)硕士研究生能够发挥学习的主动性,主动增加马克思主义理论学科基础知识和思想政治教育专业理论与实践等的学习。以黄冈师范学院为例,2019级学科教学(思政)硕士研究生共7人,其中仅有3人为思想政治教育专业本专业学生,其余5人为旅游管理、汉语言文学等其他一级学科跨专业学生,而且这种现象在2020级、2021级、2022级同样存在,2020级14人中仅有2人为思政专业出身。跨专业同学有其自身复合人才优势,但是其思想政治教育专业基础又是需要补足的,学位论文是必须以学科教学(思政)的人才培养方案来要求的。在这种情况下就要求学科教学(思政)硕士研究生主动学习,学原文、读原著、悟原理是常态化要求,这种主动不能以教师的主动来替代学生的主动,必须以学生的主动学习为主,要培育好学生的主动学习习惯。因此,作为学科教学(思政)的硕士研究生导师,需要发挥好指挥棒、指导者和主持人的作用,让硕士研究生充分发挥主动性,有计划、有目标并循序渐进地学习马克思主义理论基础知识。

自主学习则要求学科教学(思政)硕士研究生在导师指导后,能够独立进行资料收集、考察调研、数据整理、论文撰写、论文发表、项目立项、教学实习等人才培养方案规定环节。这种自主学习不仅仅是指书面的学习,更包括实践能力的培养。自主学习需要学生在人才培养方案规定路径下形成逻辑思路,按照自己的学习基础和学习能力设计具有可操作性和可行性的学习路径,达到一定的学习目标。而作为硕士研究生导师也要注意,一定不能不指导学生,放任自流的结果将是不能达标;也不能"指"而不"导",仅仅给出需要达成的目标,而让学生无所适从;更不能乱"导",导致方向错误而浪费学生时间和精力。自主学习是在导师正确有效指导下,学科教学(思政)硕士研究生经过审慎思考、精密设计后的具备可操作性和可行性的学习过程,最终达到学习目标。

互动沟通则要求学科教学(思政)硕士研究生与导师和科研教学团队、其他相关机构等能够进行畅通有效的交流,获取有效信息和必要帮助等,最终完成设定目标。首先是硕士生与导师的沟通及时且顺畅。其次是导师需要组建相应团队,让团队成员之间沟通交流。一般情况下,导师都有一定的科研项目,组建科研团队,让硕士生和本科生参与其中,不同学科之间讨论交流对不同层次学生影响很大。再次,导师要给予硕士生一定的自由度,让其能够在校内外充分进行互动交流。自由度不是完全不管,而是明确学生交流的范畴和路径,能够在以后的学习中应用到研学和论文中去。

二、培育守正创新,鼓励开拓创新——创新性学习习惯培育

无论是《建议》、党的二十大报告还是习近平总书记2019年3月18日在学校思想政治理论课教师座谈会上的重要讲话精神都提出要建设创新型学科,在守正创新中改革思想政治理论课。在国家"双一流"建设的大背景下,学科教学(思政)硕士研究生需要培养创新性学习习惯。

《建议》中明确提出了"一个进入",即"进入创新型国家前列",其中擘画了国家战略、企业创新、人才创新、科技创新等四个宏观方向。要求"造就更多国际一流的科技领军人才和创新团队,培养具有国际竞争力的青年科技人才后备军""支持发展高水平研究型大学,加强基础研究人才培养",更要求弘扬科学精神和工匠精神。党的二十大报告更是明

确了创新在中国式现代化建设中的核心地位,要求弘扬科学家精神。落实到高校硕士研究生的培养中,就要做好创新性学习习惯的培育,以期能够适应新时代新阶段对人才培养的要求。对于学科教学(思政)的硕士研究生培养而言,导师要注意培养其创新思维和创新实践的基本能力,在守正中创新。

在学科教学(思政)硕士研究生的创新思维培育方面。在2020年的新冠肺炎疫情防控进程中,笔者把硕士研究生和本科班级混合,让硕士生和本科生实现充分交流,同学们在网络群中畅所欲言出谋划策。最终,学科教学(思政)的硕士研究生和思想政治教育专业的本科生共10人集体写出了两个系列的专题小文章。一个是红色廉政的内容,关于回乡后的实地探访和感想;一个是为新冠肺炎疫情防控提神鼓劲的系列文章。两个系列最终都在马克思主义学院或学校官方微信公众号上发表,极大鼓舞了同学们,师生共同努力增强了必胜的信心,锤炼了坚定的意志。在这个过程中,学科教学(思政)的硕士研究生有明显的进步,思维更加活跃,接触了学术的前沿和地域化的红色文化,了解了红色基因和红色廉政的内涵,创新了红色基因的传播形式,最终发表多篇论文,还直接参与了"大别山精神"研讨会和马克思主义学院刊物《新征程》的征文。《建议》中明确提出了"善于在危机中遇先机、于变局中开新局"的要求,一流学科建设需要优质硕士研究生来支撑是不争的事实。新冠肺炎和"双一流"建设都是压力和挑战,但正是在此磨砺基础上,学科教学(思政)硕士研究生才可能真正深刻体会到社会主义制度的优越性、爱国主义的宏伟价值、中国价值与中国力量等政治主题,才能够在未来的科研教学实践中展现入脑入心的结果。2022年到2023年,笔者更加注重对科研团队的培育,建立学习小组,每周每月定期进行全体成员的汇报交流,综合提升师生理论和实践能力。

在学科教学(思政)硕士研究生的创新实践培育方面。学科教学类型的硕士研究生与学术型硕士研究生根本性的区别就在于其创新实践能力。学科教学(思政)与其他学科类型的区别又在于其思想政治教育专业的本质特征,在于其具有的马克思主义意识形态特征和专业的思想政治教育功能。笔者注重所带硕士研究生的创新实践培育,让硕士研究生主动参与教学技能竞赛,并带他们参加全国规模的学术研究会议,在锻炼其生活能力的基础上同时提升其理论和实践综合能力。笔者鼓励所带的硕士研究生参加不同层级的教学技能竞赛,分别是第九届"华文杯"全国师范生政治教育教学能力测试、黄冈师范学院第五届教育硕士微课教学比赛、2020年第二届全国师范生微课大赛评选活动。这三个教学技能竞赛的级别不同,要求不同,硕士研究生在参加这些不同要求和类型的教学技能竞赛中获得了较大提升,课件制作能力、沟通能力、协调综合能力都有长足进步,整个人几乎是蜕变式发展,分别获得了二等奖、优秀奖、一等奖的良好成绩。2022年至2023年,我校学科教学硕士研究生学制过渡到三年制,因此培养时间更为充分,教学参赛和学术实践比例更高。部分学术会议中,学科教学(思政)的硕士研究生承担了会议接洽、讨论发言、行程安排、总结归纳等多个环节活动,整体实践能力有很大提升,为后期就业奠定了良好基础。

三、精细化强培养,日程式细管理——计划性学习习惯培育

长期以来,硕士研究生和博士研究生的培养目标明确,但培养途径的个性化和差异化较大,导师的培养方式各有不同。新时代新阶段,国际国内对人才培养的期望不断提升,

研究生的培养亦更加规范化和程式化，加强对研究生的日常学习管理，形成较好的计划性学习习惯是研究生培养的应有之义。

精细化强培养，把学科教学（思政）硕士研究生的培养作为教师能力考核的重要指标。目前国内高校由于目标考核的因素，科研在各类绩效考核中占有最大比重，教学和学生工作占比靠后。进行"双一流"建设，不仅仅需要教科研思政工作一流的骨干教师，更需要在新要求下培养源源不断的高质量硕士研究生。北京航空航天大学教授、博士生导师、"神舟"十六号乘组航天员桂海潮在太空的中国空间站中都持续性对他所带的硕博士生进行学业指导。这一案例也充分说明，教师的科研与学生的培养并非矛盾，而是辩证统一的。

近年来，国内外各类研究机构和高校教师与学生关系紧张而导致的系列案例都给新阶段的硕士点建设、硕士研究生培养提出了严峻挑战，精细化强培养是在基于解决上述问题的初衷上采取的对策性措施。硕士研究生的精细化培养要求培养不是粗放式的，而是教育部有明确的培养要求，高校有清晰的培养目标，院系有条目式的培养方案，研究生和导师有个性化的培养任务书。以黄冈师范学院为例，随着我校研究生招生和培养规模扩大，关于研究生培养的文件和政策体系化、系统化，《研究生手册》内容已经基本实现了师生各类责任、任务、目标等的全覆盖说明，在硕士研究生入学时刻就第一时间发放给学生本人，明确未来2—3年培养期间的目标任务及管理规章制度。

精细化培养可以有效避免导师因事务繁忙和学生过多而产生的无法顾及的现象，督促导师必须综合考量自己的实力和时间分配而谨慎抉择带还是不带、怎样去带硕士研究生的问题。以黄冈师范学院为例，硕士研究生导师的遴选要求逐年提高，在外在压力和内在动力的共同作用下，硕士研究生导师在选择带硕士研究生时就必须明确其所肩负的连带责任，培养高质量硕士研究生。精细化培养同时还要求硕士研究生导师的"强培养"而不是"弱联系"，师生间的沟通交流要是在学术研究层面上的真正的提高。

强培养是硕士研究生导师对学科教学（思政）硕士研究生进行深度的学术研究、教学技能、实践活动、教育管理等各个方面的综合培养。导师必须首先改变研究生就是"资源""免费劳动力"的极端错误想法，树立正确的导师与研究生关系观，建立正常、和谐、同步发展的师生关系，严格遵守高校师德标准的"红七条"和相关师德师风文件精神。强培养在多个环节要求都较高：学术研究要求能够独立发表论文、申报一般的校级项目；教学技能熟练，能够独立组织课堂教学并参加各级各类的教学比赛；实践活动能够独立参加和协调处理；具备一定的教育管理能力，具有晋升的能力；等等。强培养也要求导师把自身的科研教学和指导硕士研究生综合考虑，把学科教学（思政）硕士研究生的发展需求和自身科研项目申报、核心论文发表结合起来，教学相长并共同提高。这也要求导师在科研和教学上同样精进才有足够的能力指导不断进步的硕士研究生。毋庸置疑，一个不学习不进步的导师是没有办法持续带好研究生的，强培养既是硕士研究生培育的必须，也是导师发展进步的必然。

日程式细管理要求导师在对学科教学（思政）硕士研究生进行培养时制订日程和日志，细致管理而不是放任自流。这就要求学校的学科教学人才培养方案和马克思主义学院学科教学（思政）培养目标要有明确规划和计划，教学课程门数和学分、教学实习和见习周次、学位论文撰写等都要有详细的规定。制订好合理的、合适的日程,将是硕士研究生导师和学生的共同任务,在完成这个任务的同时还必须随时根据情况进行动态调整,达到静态和动态的辩证统一。

硕士研究生导师必须重视学科教学(思政)硕士研究生的计划性学习习惯培育。无论是两年制还是三年制的学科教学(思政)硕士研究生培养,其时间都是很紧凑的。硕士研究生导师首先必须在思想上认识到计划性学习习惯的重要性,即便做好了充分的计划,执行起来也可能面临各种因素的干扰,导师必须随时把握好节奏。如果说培养学生是一场有目标的驾驶,那么导师一定是处于副驾驶位置的"教练",必须随时作出相应关键指导,确保达到既定目标。计划性学习习惯不是先验的、既存的,而是导师在培育学生过程中不断培养的,因此就更加要求导师把好学科教学(思政)硕士研究生的"入口"关和"出口"关,制订好学习计划,从每学期每个任务开始,实现学术研究、教学技能、实践活动、教育管理等方面的全覆盖[1]。

综上所述,"双一流"建设背景下学科教学(思政)硕士研究生培养必须守正创新、开拓创新、革故鼎新,硕士研究生导师必须注重硕士研究生的综合性学习习惯、创新性学习习惯、计划性学习习惯的培育才能不断提高马克思主义理论学科建设水平,达到"十四五"规划《建议》中提出的学科建设和创新型国家建设目标。

(黄冈师范学院　蔡　潇　姜佳乐)

参考文献

[1] 潘纯,梁楷.马克思主义理论学科建设在思政教育中的应用:评《马克思主义理论学科建设和思想政治理论课教学研究》[J].中国高校科技,2018(09):98.

新时代学校美育视角下高中"美术鉴赏"课程跨学科主题建构[*]

摘要：美育通过对艺术的审美训练促进人性完善,通过社会生产力的高度发展促进社会完善和人的全面解放。新时代学校美育是马克思主义美育原理中国化时代化的创新举措。《美术鉴赏》课程承担了高中阶段学校美育的重要职能,其课程目标与内容具有审美性与人文性双重特质。通过"美术鉴赏"课程的跨学科主题教学,落实美术学科核心素养与"立德树人"根本任务是新时代学校美育的基本要求。

关键词：新时代学校美育；高中美术鉴赏；跨学科主题

席勒在长诗《艺术家们》中写道："在勤勉方面,蜜蜂可能胜过你,在灵巧方面,蚕儿可以是你的老师,人啊,唯独你才有艺术。"[1]意思是人具有自然性与超自然性两种属性,而艺术恰是人从自然性走向超自然性,进而成为一个完整的人的中介,艺术也是人与仅有自然性的其他生物的本质区别。席勒认为美育的核心价值与目标是通过艺术的教育完善人的品格,以抵御因社会发展而导致的人性分裂。马克思认为仅有精神领域的作用是不能实现美育的,只有足够高的生产力水平才是促成人性完善的根本条件,同时美育还受到民族、国家与发展阶段的影响,从而具有不同的内涵与形式,这是基于历史唯物主义和辩证唯物主义的美育观。新时代学校美育是中国式现代化美育体系的重要组成部分,强调物质文明与精神文明协调发展,其中精神文明不仅包括纯粹的视觉审美,还包括对中华美育精神与民族审美特质的凝聚与发展。高中"美术鉴赏"课程承载着发展全体学生审美素养和人文素养的功能,是新时代学校美育的重要载体,通过跨学科教学引导学生在视觉与精神两个层面实现人性的完善,形成美术学科关键能力与必备品格,是新时代学校美育的逻辑进路。

一、美术鉴赏课程与新时代学校美育目标一致

2020 年中共中央办公厅、国务院办公厅印发《关于全面加强和改进新时代学校美育工作的意见》(以下简称《意见》),指出美育是审美教育、情操教育、心灵教育,也是丰富想象力和培养创新意识的教育,强调学校美育以艺术课程为主体,以提高学生审美和人文素养为目标。党的二十大报告指出,中国式现代化是物质文明和精神文明相协调的现代化,是不断厚植现代化的物质基础,不断夯实人民幸福生活的物质条件的同时大力发展社会主义先进文化,加强理想信念教育,传承中华文明,促进物的全面丰富和人的全面发展。

---

[*] **基金项目：** 本文为黄冈市教育科学规划项目(2022GB35)的研究成果。

高中美术鉴赏课程是落实党的二十大报告关于教育重要论述和《意见》精神，实施新时代学校美育的重要载体。

"美育"一词最早由德国哲学家席勒提出。1793年，席勒以书信的方式与好友克尔纳探讨"美的本质"问题，并于1795年将"关于人的审美教育的书信"共27封（即《美育书简》）发表在《时序女神》杂志上，由此提出"美育"的概念。席勒针对正在形成和发展的资本主义，提出日益精细的劳动分工导致社会分裂，所分裂的不仅是人的能力与技术，更是人性。席勒提出通过"美育"消解因社会发展导致人性分裂的危机，进而解决政治难题，并强调"美育"主要是通过对艺术的审美活动来完成的。因为艺术具有审美的本质，具有比"自然"更强烈的美育作用，"只有审美的训练可以不受限制。审美状态自身是一个整体，因为它本身包括了它产生和继续存在的一切条件。只有在这里，我们才感到是处于时间之外，我们的人性以一种纯粹性和整体性表现出来，好像它还没有由外在力量的影响而受到损害"[2]。"从感觉的受动状态到思维和意向的能动状态的转变，只有通过审美自由的中间状态才能完成"[2]。席勒由此系统阐释了审美状态整体性与人格完善的密切关系。

马克思与恩格斯创建的历史唯物主义从物质生产活动中揭示了人性形成和发展的奥秘，并从经济与精神两个领域提出消除人性异化（即人性的分裂），实现人的全面发展的方法。马克思从人的异化的角度对人的本质和人的解放进行了探讨，指出私有制是人的异化的本质与表现，"物质的、直接感性的私有财产，是异化了的人的生命的物质的、感性的表现"[3]。这与席勒生发于先验哲学的关于人的精神异化的理论相对立。马克思认为艺术是人类生产的一种形式，符合生产的普遍规律，具有美育价值，但仅仅依靠对艺术的审美活动难以达成人性的完善，促进人的全面发展。只有"对私有财产的积极的扬弃，作为对人的生命的占有，是对一切异化的积极的扬弃，从而是人从宗教、家庭、国家等等向自己的合乎人性的存在即社会的存在的复归"[3]。按照马克思主义美育原理，席勒美育思想形成于资本主义早期，生产力水平还没有发展到足以解决人性异化问题的阶段，其美育理想只能在纯粹的艺术审美状态中实现，是唯心主义历史观的产物，只有生产力水平高度发展，人才能从私有制的禁锢中解脱出来，人性的复归才有可能实现。

马克思同时认为，以美育促进人的全面发展的方式受到国家、社会、时代等客观因素的影响。"宗教的异化本身只是发生在意识领域、人的内心领域，而经济的异化是现实生活的异化，因此对异化的扬弃包括两个方面。不言而喻，在不同的民族那里，运动从哪个领域开始，这要看一个民族的真正的、公认的生活主要是在意识领域还是在外部世界进行，这种生活更多的是观念的生活还是现实的生活。"[3]因此，不同的国情和社会发展阶段呈现出的社会主要矛盾决定了美育的目标、任务和方式。

提升全体学生的审美素养与人文素养是新时代学校美育的双重目标。党的二十大报告提出以中国式现代化全面推进中华民族伟大复兴。这是继党的十九大报告提出中国特色社会主义进入新时代之后对中国发展方位的又一重大判断。"中国式现代化"是新时代马克思主义同中国实际相结合的历史性创新。关于时代特征的判断，马克思曾指出"我们判断一个人不能以他对自己的看法为根据，同样，我们判断这样一个变革时代也不能以它的意识为根据；相反，这个意识必须从物质生活的矛盾中，从社会生产力和生产关系之间的现存冲突中去解释"。当前我国社会主要矛盾仍然是人民日益增长的美好生活需要和

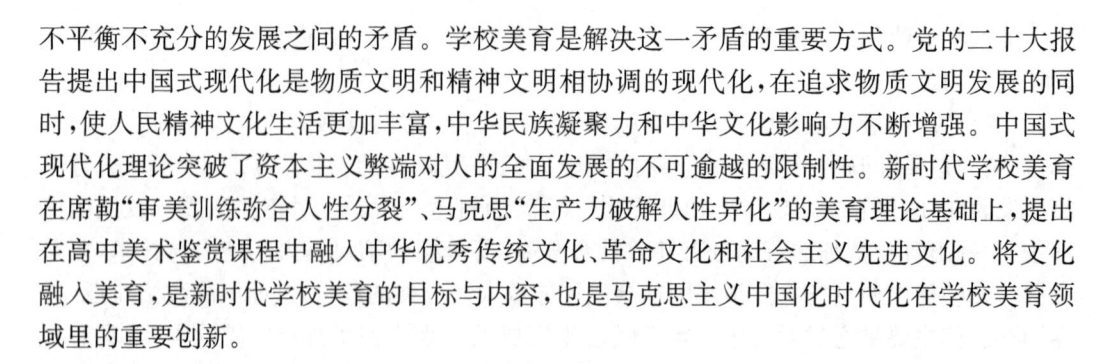

不平衡不充分的发展之间的矛盾。学校美育是解决这一矛盾的重要方式。党的二十大报告提出中国式现代化是物质文明和精神文明相协调的现代化,在追求物质文明发展的同时,使人民精神文化生活更加丰富,中华民族凝聚力和中华文化影响力不断增强。中国式现代化理论突破了资本主义弊端对人的全面发展的不可逾越的限制性。新时代学校美育在席勒"审美训练弥合人性分裂"、马克思"生产力破解人性异化"的美育理论基础上,提出在高中美术鉴赏课程中融入中华优秀传统文化、革命文化和社会主义先进文化。将文化融入美育,是新时代学校美育的目标与内容,也是马克思主义中国化时代化在学校美育领域里的重要创新。

二、人美版高中"美术鉴赏"课程的跨学科主题建构

美术鉴赏是以经典美术作品为对象的审美教育活动,它的目标是在形式审美感知中实现人性的完善与社会的和谐。在新时代学校美育视角下,"美术鉴赏"课程承担了审美与人文教养双重功能,经典美术作品作为人类文化艺术宝贵遗产,蕴含了丰富的学科思维与学科知识,跨学科主题教学是本课程育人目标实现的必然路径。

席勒认为"教养(教育)的最重要任务之一就是使人在其纯粹的物质生活中也受形式的支配,使他在美的王国所及的领域中成为审美的人。因为道德状态只能从审美发展而来,不能由物质状态中产生"[2]。为了强调审美的重要性,他进一步阐释道:"人在他的物质状态中只能承受自然的力量,在审美状态中他摆脱了这种力量,而在道德的状态中他支配着这种力量。"[2]艺术的本质是外在显现,这是一种高于自然物质的形式显现,审美状态是对高于客观世界的形式观照,此时人性在不囿于客观世界局限的状态中达到完善。所谓的"像艺术家一样思考"即是在审美状态中达到与艺术家的一致,在教学方法论上,突破学科局限是审美教学的前提条件。

学科是有组织的观念、事实与方法体系,是科学发展的必然产物。周朝的"六艺"与古希腊时期的"学派"可算作学科的初始形态。近代关于学科概念与内涵的探讨和关于学科分立与整合的争论持续不休。整体主义的学科观渐成主流,现代学者普遍认为学科"具有'知识体系+学术组织'的二元属性"[4],具有"相对独立知识体系与规训活动的双重内涵"[5]。跨学科思维对现代课程教学产生了积极的影响。"狭义的跨学科课程,是指围绕一个现实主题或学科主题,将一个学科的观念或方法迁移、应用到其他学科,由此生成新的学科观念、方法或产生新的学科,学科之间形成相互作用、跨界融合的关系。"[6]运用跨学科方法开展美术鉴赏教学符合高中学生认知特征和新课程标准要求。

本文以人民美术出版社《美术鉴赏》(2019版)教材为例,探讨跨学科主题建构的方法和依据。该教材是在《普通高中美术课程标准(2017年版)》的基础上编辑出版的,教材"以美术学科核心素养统领教材内容,以美育人,课程育人,最终达成全面育人的整体目标"[7]。教材以模块内容的学习程序和所要解决的问题为序列,设计了六个单元,十七个主题。教材内容涵盖美术学科基础知识和基本技能,强化经典美术作品的文化承载力和传播力,紧密联系学生生活经验和认知特征,注重学生审美思维、审美方法和文化理解力的训练。从美育素养的形式来看,包括了审美思维素养、视觉感知素养与文化理解素养,本文根据教材内容和课程美育的目标逻辑,设计了六个跨学科主题(见表1)。

表1　人美版高中《美术鉴赏》单元主题的跨学科主题建构

单元序号	单元名称	主题名称	跨学科主题
一	观看之道：美术鉴赏基础	1. 素养与情操——美术鉴赏的意义 2. 感知与判断——美术鉴赏的过程与方法	观看的审美性与科学性
二	图像之美：绘画艺术	3. 图式与意蕴——中国传统绘画 4. 抒情与写意——文人画 5. 现实与理想——西方古典绘画 6. 超越与延异——西方现代艺术	中西文化比较视野下的美术图像
三	匠心之用：雕塑艺术	7. 纪念与象征——空间中的实体艺术 8. 体量与力量——雕塑的美感 9. 场域与对话——公共空间里的雕塑	艺术家与工匠
四	无声之韵：建筑艺术	10. 实体与虚空——凝固的音乐 11. 人作与天开——中国古典园林艺术 12. 人居与环境——诗意的栖居	人与自然和谐共生
五	淳朴之情：民间美术	13. 文化与习俗——从"泥土"中诞生的美 14. 质朴与率真——浓郁多情的视觉呈现	农牧文明的创造之光
六	时代之镜：中国现代美术	15. 交流与传承——东西文化碰撞中的艺术嬗变 16. 时代与变革——为人生而艺术 17. 初心与使命——时代的美术担当	社会变革中的艺术表达

第一单元跨学科主题："观看的审美性与科学性"。目标是解决美术鉴赏的方法论问题。观看具有审美性，不同于一般的"辨物"。席勒强调审美的观看是"平行于世界时候的观看"，此时人突破物质的局限而进入形式审美的状态，这是一种"像艺术家一样地观看"，它超出了观看对象的自然物质性。同时观看也是科学性的，现代视觉科学、费德门的"四步法"、实证主义图像观等都为有效捕捉美术图像信息和证据提供了方法，是科学的观看的有力支撑。只有把审美的观看与科学的观看结合起来，学生才能对美术作品形成全面的认知和完整的审美素养。

第二单元跨学科主题："中西文化比较视野下的美术图像"。经典美术作品是人类的图像遗产，在打动人心的形式语言背后隐藏着丰富的文化内涵。不同时代、不同民族国家的美术作品具有不同的风貌，美育目标、内容与方法也具有不同的价值观特征。总体来看，中国古代绘画蕴含了天人合一、多元一体、厚德载物、知行合一等深厚的中华优秀传统文化内涵，这些文化一经形式化表现，即超越了山川风物的自然物质性，具有了审美特征，它是人性通往道德与逻辑化的桥梁。中西绘画的文化根基有所不同，在中西文化比较视野下对二者进行深度解读，有助于学生形成正确的文化理解和价值观，筑牢青年学生中华民族文化自信。

第三单元跨学科主题："艺术家与工匠"。雕塑是艺术创造与工匠精神相结合的产物，是人类造物智慧与审美信仰的结晶，具有特殊的审美与人文特征。自古以来，对于艺术家与工匠的关系莫衷一是。党的二十大报告提出人才强国战略，将造就"大国工匠"与"大师""战略科学家"等相提并论。通过对古今中外雕塑艺术作品的解读，领略人类造物的思想与技艺之美，在审美状态中树立正确的世界观、价值观、人生观，树立为中国特色社会主义现代化建设作贡献的志向与理想。

第四单元跨学科主题："人与自然和谐共生"。建筑是人与自然、艺术与科学结合的人类造物，它兼具实用性与审美性，它在人类社会的发展和工程技术的进步中不断演进，在满足居住的功能之外兼具独立的艺术价值。对建筑艺术的鉴赏不能脱离特定的自然地理环境与人文审美风尚，不能脱离特定的时代特征和科技水平。党的二十大报告提出"人与自然是生命共同体，中国式现代化是人与自然和谐共生的现代化"。中国古代建筑以木和土为主要材料，崇尚"天人合一，道法自然"的建筑文化。如果美育的终极目标是人性与社会的整体完善，那么生产力水平无论发展到何种程度，都不能以破坏和牺牲我们赖以生存的自然环境为代价。

第五单元跨学科主题："农牧文明的创造之光"。中国是农牧文明古国，在漫长的封建时代，在艺术家与能工巧匠创造精美绝伦的精英艺术的同时，另一群人在农耕与畜牧生产中正创造着同样精彩的民间美术和工艺器具，这些作品浸润了民间信仰和礼俗，彰显了最质朴而淳厚的民间审美理想，这便是民间美术。对民间美术的鉴赏不仅是对作品本身的形式进行审美，更是通过审美体验而理解民间文化的智慧与交融，铸牢中华民族文化共同体意识。

第六单元跨学科主题："社会变革中的艺术表达"。一百年以来，中国社会历史剧变，在东西方文化艺术的激烈碰撞中，美术领域里的各个方面都发生了深刻的变化。艺术家们以各种方式投身到这场变革运动之中，在风格取向上探索中国画创新和油画民族化道路，在主题内容上探索表现革命与建设事业的重大命题，在审美形式上探索科学的人民的大众的审美创新，突破"小我"的人性完善，谋求"大我"的社会性完善。对中国现代美术的鉴赏重点要体现在社会革命和社会生产背景中的人性完善新目标、新内容、新路径，以凸显中国式现代化的文化艺术现代性特征。

高中"美术鉴赏"课程以单元主题和研究性任务引导学生参与美术鉴赏学习。"美术鉴赏"课程跨学科主题建构以马克思主义美育原理和中国特色社会主义思想为指导，以新时代学校美育精神和美术课程标准为基本遵循，以学生全面发展为课程目标，立足于美术与文化、自然、科学等学科知识的整体关联，通过对古今中外经典美术作品的鉴赏发展学生美术核心素养，根植中华文化自信，形成正确的价值观、必备品格和关键能力。

结语

席勒第一次提出并论证了"美""审美""美育"对人性完善与社会和谐的重要价值。马克思肯定了席勒关于美育功能和价值的判断，同时运用历史唯物主义和辩证唯物主义对其美育思想的实践路径进行了批判，指出仅靠精神层面的美育是不存在的，美育必须建立在客观的社会物质基础之上，只有生产力高度发达以致对私有制的扬弃之后，美育才可能真正实现。新时代学校美育以"立德树人"为根本任务，以提升全体学生审美素养与人文素养为目标，这是马克思主义美育原理中国化时代化的创新论断。高中美术鉴赏课程以单元主题为逻辑结构，具有开展跨学科主题教学的学术基础和必要性。跨学科主题教学具有学科知识与组织形式的整体性特征,在高中美术鉴赏课程中通过建构跨学科主题开展审美教学,与以人性完善和社会完善为目标的新时代学校美育思想相吻合,具有较强的理论依据与实践价值。

(黄冈师范学院　美术学院　童　坤　刘思颖)

参考文献

[1] 席勒.秀美与尊严:席勒艺术和美学文集[M].张玉能,译.北京:文化艺术出版社,1996.
[2] 席勒.美育书简[M].徐恒醇,译.北京:社会科学文献出版社,2016.
[3] 马克思.1844年经济学哲学手稿[M].中共中央马克思恩格斯列宁斯大林著作编译局,译.北京:人民出版社,2018.
[4] 梁传杰.学科、专业、学位点概念辨析:关联与差异[J].大学与学科,2022,3(03):21-30.
[5] 阎光才.学科的内涵、分类机制及其依据[J].大学与学科,2020,1(01):58-71.
[6] 张紫屏.跨学科课程的内涵、设计与实施[J].课程.教材.教法,2023,43(01):66-73.
[7] 人民美术出版社.美术鉴赏[M].北京:人民美术出版社,2019.

专题五　合作教研与协同育人

地方高校"优师计划"如何拔尖提优：问题与策略
——基于鄂豫皖三省五校的调研*

摘要："优师计划"是从源头上改善农村中小学教师队伍质量的重要举措，而地方高校是落实该计划的主力军。通过对湖北、河南、安徽三省五所地方高校"优师计划"实施现状的调研发现：当前地方高校对于"优师"的招生和培养已作出积极探索，但还存在生源质量不够拔尖、招生计划难以满足地方发展需要、人才培养方案缺乏"培优"特色、"优师"学生的学习动力不足、乡村教育情怀培养不足、数字化技能培养不足、毕业生出路较窄和发展机制不明等问题。针对以上问题，提出七点针对性策略建议，为地方高校"优师计划"的拔尖和提优提供参考。

关键词：地方高校；优师计划；教师培养

2021年8月，教育部等九部门印发《中西部欠发达地区优秀教师定向培养计划》。从2021年起，教育部直属师范大学与地方师范院校采取定向培养方式，每年为832个脱贫县和中西部陆地边境县中小学校培养1万名左右师范生，目的是从源头上改善中西部欠发达地区中小学教师队伍质量，培养造就大批优秀教师。2022年9月，《教育部办公厅关于进一步做好"优师计划"师范生培养工作的通知》提出，通过"夯实知识基础、提升教书育人能力、强化教育实践环节"来锻造"优师计划"师范生的过硬本领。"优师计划"是贯彻习近平总书记关于教育重要论述精神的关键举措，是从源头上改善农村中小学教师队伍质量的重要措施，对于建设高质量教育体系，办好人民满意的教育具有重要战略意义。

"优师计划"由教育部和省级教育行政部门在全国年度招生计划中统筹安排，在高校年度招生总规模内单列下达。六所教育部直属师范大学承担国家优师培养任务，发挥示范引领作用；中西部省级教育行政部门确定的本科层次师范院校，承担相关省份地方优师专项培养任务。由于"国家优师专项"由6所部属师范院校承担培养任务，招生数量有限且录取门槛较高，"优师计划"未来发展主体将落在"地方优师专项"承担院校身上。

鄂豫皖三省共拥大别山，是我国著名的革命老区。2019年9月，习近平总书记在河南考察时指出："鄂豫皖苏区根据地是我们党的重要建党基地，也是中国工农红军的诞生地之一。"新时代革命老区振兴发展的关键在人才，人才的关键在教育，而教育的根本在教师。为了解地方高校"优师计划"发展现状及存在的问题，2023年5月至8月间，课题组先后走访了鄂豫皖三省的黄冈师范学院、湖北师范大学、湖北第二师范学院、信阳师范大

---

* **基金项目：**本文为国家社会科学基金项目"地方高校知识溢出推进区域创新的机制研究"（项目编号：21BGL292）的阶段性研究成果。

学和安徽师范大学等5所地方院校,进行了深入调研,在此基础上提出"优师计划"改进建议,供有关部门参考。

一、地方院校"优师计划"招生及培养现状

1. 招生现状

2021年,全国首届"优师计划"招生涉及85所培养院校26个专业,招录师范生9 530人;2022年全国共招收"优师计划"师范生11 418人,比2021年增长19.8%[1]。2023年,"优师计划"为832个脱贫县和中西部陆地边境县定向招生超过12 000名。可以看出,随着改革的深入推进,我国"优师计划"招生培养规模在逐步扩大。其中,根据近三年数据测算,地方高校"优师计划"招生总量占比超过60%。

以湖北省为例,2023年面向7个市州的27个县(市)和神农架林区实施"优师计划"(见表1),面向全省考生招考。考生报考需要同时具备以下条件:符合湖北省统一高考报名条件并参加全省统一高考;热爱教育事业,自愿报考并签订定向培养协议,毕业后到定向县域中小学履约任教6年;具备从事教师职业的身体条件。

表1 湖北省2023年"优师计划"定向地区分布

序号	市(州)	定向县(市)
1	黄石市	阳新县
2	十堰市	郧阳区、郧西县、竹山县、竹溪县、房县、丹江口市
3	襄阳市	保康县
4	宜昌市	秭归县、长阳土家族自治县、五峰土家族自治县
5	孝感市	孝昌县、大悟县
6	黄冈市	团风县、红安县、罗田县、英山县、蕲春县、麻城市
7	恩施州	恩施市、利川市、建始县、巴东县、宣恩县、咸丰县、来凤县、鹤峰县
8	神农架林区	

2023年,湖北省地方"优师计划"招录500人,由湖北师范大学、黄冈师范学院、湖北第二师范学院、汉江师范学院4所省属本科师范院校的师范类专业中获批国家一流专业或通过师范类第二级认证专业承担培养工作,其中前三所院校各招收140名,汉江师范学院招收80名。

以黄冈师范学院为例,2023年"优师计划"招生专业、就业县市分布(见表2)可以看出,招生专业目前仅涉及3个专业,覆盖面较窄;定向就业县市多为省内的"老、少、边、穷"地区,也是乡村振兴和乡村教育发展的重点攻坚地区。

从黄冈师范学院2022年、2023年连续两年的录取生源质量来看(见表3、表4),生物科学专业"优师计划"的生源质量明显高于同专业本科批次;汉语言文学和地理科学两个文科专业"优师计划"生源质量优势也逐步凸显,最高分、最低分、平均分都明显优于同专业本科批次。

表 2　黄冈师范学院 2023 年"优师计划"招生专业分布

就业县市	合计	汉语言文学	生物科学	地理科学
	140	20	60	60
恩施州（恩施市、利川市、建始县、巴东县、宣恩县、咸丰县、来凤县、鹤峰县）	47		20	27
黄冈市（团风县、红安县、罗田县、英山县、蕲春县、麻城市）	10	10		
十堰市（郧阳区、郧西县、竹山县、竹溪县、房县、丹江口市）	48		28	20
宜昌市（秭归县、长阳土家族自治县、五峰土家族自治县）	35	10	12	13

表 3　黄冈师范学院 2022 年"优师计划"录取分数对比表

| 招生批次 | 优师计划(本科提前批) ||| 普通本科 ||| 两者比较 |||
专业	最高分	最低分	平均分	最高分	最低分	平均分	最高分	最低分	平均分
汉语言文学（选考历史）	551	513	521.2	528	517	519.8	23	−4	1.4
生物科学（选考物理）	571	504	516	506	481	488.2	65	23	27.8
地理科学（选考历史）	536	506	512.3	523	507	510.2	13	−1	2.1

表 4　黄冈师范学院 2023 年"优师计划"录取分数对比表

| 招生批次 | 优师计划(本科提前批) ||| 普通本科 ||| 两者比较 |||
专业	最高分	最低分	平均分	最高分	最低分	平均分	最高分	最低分	平均分
汉语言文学（选考历史）	558	526	536.8	534	517	520.6	24	9	16.2
生物科学（选考物理）	575	518	534.7	526	504	509.9	49	14	24.8
地理科学（选考历史）	572	518	530.0	522	509	514.2	50	9	15.8

2. 培养现状

当前，全国各省（市、自治区）的教育行政管理部门都非常重视"优师计划"的培养。参与的地方高校也都在积极探索"优师计划"的招生培养改革。

如黄冈师范学院，其培养管理的探索行动包括：第一，针对"优师专项"师范生开设系列特色课程，加强理想信念教育，引领师范生深入学习领会习近平总书记关于教育的重要论述，开展"四史"教育，引导师范生树立正确的历史观、民族观、地方观、文化观，涵养长期从教、终身从教的职业情怀。第二，构建与地方政府、中小学校三方协同育人机制，紧密配合开展教育见习、教育研习、教育实习等实践环节，让"优师计划"师范生深入了解地方教育发展形势，厚植教育情怀。同时，积极利用人工智能等信息技术提升教师培养质量，集

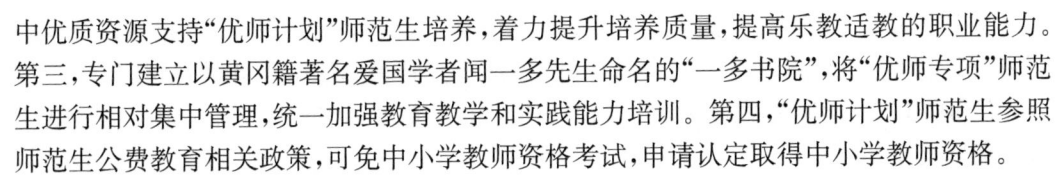

中优质资源支持"优师计划"师范生培养,着力提升培养质量,提高乐教适教的职业能力。第三,专门建立以黄冈籍著名爱国学者闻一多先生命名的"一多书院",将"优师专项"师范生进行相对集中管理,统一加强教育教学和实践能力培训。第四,"优师计划"师范生参照师范生公费教育相关政策,可免中小学教师资格考试,申请认定取得中小学教师资格。

又如走访的湖北第二师范学院,为"优师班"配备了以涂玉霞为代表的基础教育名师,制订了具有特色的四年发展规划,培养目标为具备"赤诚的教育情怀、深厚的人文底蕴、丰富的专业知识、娴熟的教学技能、突出的个人特长"的复合型双实践"优师"人才,实施途径包括:推进"520"成长计划,落实"基础+特色"素养课程,采取"职前职后青蓝工程"实践模式,开展"点亮乡村教育"暑期支教活动,实施绩效式评价方式。

再如走访的信阳师范大学,为推动以书院制为载体的教师教育人才培养模式向更高更深层次迈进,自2022年设立了"谭山优师培养计划"实验班。该实验班实行小班化培养,配备高水平师资团队,实施"一体化、五阶段、四协同"的培养模式,通过示范与伴学的方式实现全过程育人和全方位育人。实验班做到了精选人才、精育人才,培养精英教师队伍,已初见成效。

另如走访的安徽师范大学,在"优师计划"课程建设上独树一帜。一是构建了突出"乡村教育"主题的融合型课程体系,精心打造思想引领、政策解读、榜样示范和案例研讨四个模块的"乡村振兴"专题课程;重点建设乡村教育理论、安徽基础教育改革与发展、乡村儿童心理学等有特色的"教师教育"专题课程。二是以"优师"学子为主,开展农村教育实践问题调研,帮助他们知国情,懂乡情,培养扎根基层、教育报国情怀,增强学生理论实践结合能力。三是创建模块化、跨学科课程体系,以教师教育引领其他学科发展,实现多学科支撑,为"优师"学子成长提供一揽子师资支持、课程支持和平台支撑。四是将课程学习与教育实践交叉设置,在职业体验、理论提升、教育实践、研究反思的循环往复中,理解农村教育,反思农村教育。

二、"优师计划"培养环节中存在的问题

1. "优师"生源质量不够"拔尖"

从调研的五所院校情况来看,"优师计划"生源质量近三年来在逐步提高,从与普通本科同专业相近提高到具有一定优势,但总体而言生源质量还不够"拔尖",尚不符合"优师"之名。乡村教师职业吸引力低是制约学生报考"优师计划"的主要原因,具体包括:"优师"生在校期间津贴较低,目前一般为6 000元/年,仅与公费师范生相当;"优师"生毕业后服务六年期限较长,且暂无明确的深造晋升通道;乡村教师预期工作环境较差,工资待遇较低;乡村教师高级职称评定难,职业确定性与荣誉感偏低等。这些因素都对于高分考生报考"优师计划"形成了阻碍。

2. 招生计划难以满足地方发展需要

从调研的湖北、河南、安徽三省份来看,承担"地方优师专项"的院校数量较少(湖北省有湖北师大、黄冈师院、湖北二师、汉江师院四所,河南省仅河南大学、河南师大、信阳师大三所,安徽省仅安徽师大一所),且缺乏梯度设计,这对于那些志愿投身乡村教育事业的学生来说,无疑加大了报考难度。同时,"地方优师专项"涉及的招生专业相对较少,且以对

标高考考试科目为主。欠发达地区的体育、美术、音乐、信息技术等"术科"教师紧缺现象更为明显,多地采用教师代课或"多科一师"的形式弥补教师紧缺。此外,从任教学段来看,"优师计划"尚未涉及学前教育阶段,与当前农村学前教师需求量大却学历层次较低的现实形成反差。

3. 人才培养方案缺乏"培优"特色

"优师计划"着力于为中西部欠发达地区供给优秀教师,需要依托于师范院校高质量的教师教育体系。与一般师范生相比,"优师计划"培养的定向师范生具有自身的特殊性,需要在培养过程中体现出来。然而,调研中发现,由于当前政策尚未给出统一的培养体系架构,地方师范院校制订的"优师"人才培养方案存在制度路径依赖,出现政策理解与目标定位上的偏差,部分院校将既有的公费师范生培养方案直接套用于"优师计划"人才培养,缺乏"培优"特色。同时,调研高校的"优师"人才培养方案中,实践课程模块的学分相对不足,难以锻炼出学生较强的教学能力和专业素质。

4. "优师"学生的学习动力不足

在读期间享受免学费和生活费补贴、毕业后入编入岗等优惠政策以及教师职业的稳定性是吸引多数学生报考"优师计划"的重要原因,但毕业出路的固定性也造成学生的学习动力不足。根据五所院校调研的结果,超过50%的"优师"生承认他们相比普通师范生来说学习的紧迫性更低。部分"优师"生认为自己进了"保险箱",毕业就能拿到"铁饭碗",不思进取、得过且过,不需要为就业做更多的准备,从而导致学习动力不足,且随着年级的增长愈发严重。从黄冈师范学院大学一年级的《大学英语》《高等数学》等公共基础课程成绩来看,原本在高考分数上有一定优势的"优师"生与同专业普通师范生基本没有差异,甚至不及普通师范生。这一问题在调查的五所地方师范院校有普遍反映。

5. "优师"学生的乡村教育情怀培养不足

作为未来乡村教育骨干力量的"优师"学生,培养其乡土情怀成为解决乡村教师"下不去、留不住、教不好"问题的核心思路。只有提高乡村教师的内在身份认同,通过内部动机的激励才能促使"优师"生留下来。五所院校的调研显示,大多数地方"优师"学生来自本省农村地区,对本地区乡村教育现状有一定的认识,愿意为乡村教育做贡献;但在我国高速城镇化的过程中,不少农村学生在成长过程中远离农村,乡土情感较为淡薄,乡村教育情怀不足,报考"优师计划"存在一定的侥幸和投机心理。"优师"的培养定位是做新时代文明乡风的塑造者,振兴乡村教育的"大先生","优师"生的乡村情怀不足将严重影响我国乡村教育未来的发展。

6. "优师"学生的数字化技能培养不足

不久前,中央网信办等五部门联合印发《2023年数字乡村发展工作要点》,数字化是现代化的重要特征,是全面推进乡村振兴战略的重要突破口,作为未来的优秀乡村教师,提升数字素养是加快教育数字化转型的内在要求。五所地方院校的调研结果表明,"优师计划"学生的数字化技能总体水平一般,主要表现在一般基础性数字技术素养较好,有较强的安全意识,但在隐私、知识产权等教学必需的安全保护技能上因缺乏系统训练而表现出明显不足;现有的数字素养基本上能支持作为大学生的学习活动,但还远远不能支持将来作为"优师"的教学活动;通过B站、微博、微信等新媒体师范生能获得丰富的新型数字内容,但自己的数字内容创造能力不足。

7. "优师"毕业生的出路较窄,发展机制不明

因"优师计划"尚无毕业生,从公费师范生项目执行十余年的情况看,通过政策、协议、制度等外部措施推动"优师"毕业生"下得去"相对容易,但"留得住""教得好"较为困难。原因在于国家对"优师计划"的录取规则、培养方案以及职业培训都给予了详细说明,但对于"优师"计划毕业生的职称晋升、岗位调动等人事制度安排尚不明确。这会导致"优师"毕业生的出路较窄、发展机制不明,在职业发展中走向与普通教师并无二致,影响这部分人群的晋升和专业发展。对于当代年轻人来说,除了理想信念,专业发展机会和空间、个人生活品质的提升、社会地位的提高等都是他们追求的目标。如果不能打通向上流动通道,为乡村青年教师提供多样化发展路径,"优师计划"将难以保持长期吸引力和生命力。

三、提高地方"优师计划"培养质量的对策建议

1. 加大招生范围和宣传,进一步提升生源质量

一是扩大招生范围和规模。"地方优师专项"承担院校不能仅限于师范院校,办学水平较高、有师范底蕴的省属综合性大学(如湖北大学、郑州大学、安徽大学等)也可以考虑承担培养任务,加强对中西部欠发达地区定向县域的中小学优秀师资的持续供给。同时,还要注意学校之间的梯度设计,以满足不同层次学生的需求。二是加大"优师"招生宣传。"地方优师专项"的主要目标群体是中西部欠发达地区中脱贫县的高中生,应采取多种形式,通过多种途径广泛宣传实施"优师计划"的重大意义,使有志于从事教育事业的优秀高中毕业生了解和把握相关政策,在选优培优、落细落实上下功夫。三是严控招生录取环节。招生单位应充分告知报考"优师计划"专项学生的权利与义务,引导考生与家长根据职业规划理性报考。高校在选拔学生时可参考现行的综合评价制度,通过高考、学业水平考试与面试,重点考查学生从教信念与专业素质。

2. 实施"优师"跟踪评估,提高人才培养质量

一是创建"优师"人才档案。高校可将学生表现纳入人才档案并提供给县域政府与中小学校,作为未来岗位分配、双向互选与资格认定的依据。同时,人才档案评价也可作为"优师计划"学生动态调整的考核标准,如流出者因重大问题未能履约,就将违约信息告知履约单位并公示。试点高校可按照计划缺额、生源信息与个人情况进行补选并完成协议签订,从而保证进出平衡。二是完善内部质量评估机制。一方面建立师德师风培养、教研能力、理论水平一体化的"优师计划"学生培养评价体系,全过程考查与评价学生学业表现与教育教学能力;另一方面,试点院校应将实践课程体系、双导师制度、智能教育和课程体系融合纳入评估范围,从而优化师范生培养管理环节。三是建构外部质量评价体系。试点高校应联合基层政府、第三方机构围绕人才供给适配程度、协同育人水平、优秀教师供给质量设计评估体系,从外部评估保障人才培养质量。

3. 完善人才培养方案,提升"优师"生实践能力

一是改进"优师计划"现有人才培养方案。如开设"优师"系列特色课程,课程内容设置应根据生源背景进行差异化调整;面向农村的定向师范生的课程设置要考虑到师资短缺、留守儿童等农村特有的教育情境;使"优师计划"师范生具有适合生源地实际情况的知

识储备,才能更好地满足地方教育需求。二是强化"优师"师范生教育实践能力培养。地方高校"优师"人才培养方案应加大实践课程教学的学分比重,为师范生设计涵盖环境适应与文化理解的课程模块,加强教师身份建构与职业认同感;"优师"课程教学体系建设应考虑欠发达地区中小学特殊性与教育规律,推动培养环境、技术方法、教学策略与教学内容的实践融合,构建"优师"生见习、讲习、实习、研习、竞赛"四习一赛"实践教学模式;发挥学校优秀教师的育人引领作用,实施朋辈导学等学业互助与辅导制度,可探索"优师书院"育人模式;师范院校应联合县域政府建立专属的教师实训基地,强化服务欠发达地区基础教育的阵地功能。

4. 建立激励与退出机制,提升"优师"生学习动力

一是建立完善的激励机制,鼓励优秀的学生长期从教。建立规范监督机制,明确"优师"生培养目标,严格要求课堂纪律以及课堂出勤,将"优师"生在校表现和学业成绩作为分配就业地区、走向岗位的参考标准。设立"优师"生专项奖学金、模范"优师"生等各种荣誉奖项,激发"优师"生的学习积极性。加强诚信教育,推动"优师计划"师范生"应履约、尽履约"。二是探索自愿退出和考核淘汰机制。对部分不适合当老师或者学业成绩不达标的,实行退出和淘汰,打破铁饭碗,空出来的"优师计划"名额经省级教育行政部门同意后可面向普通师范专业择优选拔,进一步提高"优师"生培养质量。

5. 多方主体联动,强化"优师"生乡村教育情怀培育

引导师范高校教师、乡村教师、学生家长多方参与,有机联动,形成培育"优师"生乡村教育情怀的立体网络。第一,加强协同教研。地方院校和乡村学校共同研判,共同商讨,制订具体的乡村教育情怀培育方案和实施策略,对实施过程进行全周期监控和评价。第二,实施双向互聘。地方院校和乡村学校以互聘教师的方式促进教师的合理流动,实现师范教育与乡村教育的系统融合、职前教育与职后培养的无缝衔接。第三,完善顶岗置换。高年级的"优师计划"学生可顶替乡村学校教师岗位实习,承担具体的教育教学和具体管理工作,置换出来的乡村教师则到师范院校接受系统化的脱产培训。第四,增设乡村振兴相关课程。设置乡土教育专题课程,鼓励学生阅读乡村教育经典著作,了解乡土中国和乡村基础教育改革发展现状,掌握乡村教育理论与方法;通过宣讲优秀教师先进事迹,厚植乡土情结,强化学生服务欠发达地区教育的使命与担当。

6. 深化 AI 应用,提升"优师"生数字化教学能力

深化人工智能(AI)与教育教学融合应用,通过"双师"教学等推动优质教育资源普及。第一,目标导向,统建数字素养培育目标体系。师范高校应以提升"优师"生数字化生存与发展能力、学习与创新能力和教学与实践能力为目标统领,分阶段、分层次、一体化、贯通式设计数字素养培育目标体系,并层层分解至具体教学实践过程。第二,课程融合,组建数字素养培育课程模块。深化数字素养课程改革,立体化建构立足于适应数字时代学习、工作和生活的实际需要和普遍应用,面向"优师"生的数字素养通识类课程模块。第三,评价引领,构建数字素养培育评价标准。坚持诊断性评价、发展性评价和总结性评价相结合,建立"优师"生数字素养评价档案,对学生的数字能力、数字意识、专业发展等进行持续跟踪。第四,多元共育,共建数字素养培育协同机制。"优师"生数字素养的培育,需要政府、社区、高校、企业等多主体的共同参与。

7. 提高"优师"生待遇,优化毕业管理和流动机制

第一,调整"优师计划"政策培养目标。可由培养优秀教师调整为培养优秀骨干教师,增强"优师"的职业认同感。"优师计划"毕业生的人事编制可由县级升格为省级或各州市人事部门统一管理,并与普通教师予以区分。第二,提高"优师"生在校待遇和毕业待遇。地方高校可酌情增加"优师"生在校期间的津贴水平,各级政府也应积极落实工资待遇政策、提高"优师"生安家费标准,整体提高乡村教师的收入水平,物质基础的保障能在一定程度上激励"优师"生扎根乡村。第三,进一步完善和健全"优师"毕业生人事管理制度。明确"优师"毕业生服务期间和服务期满后的职业流动办法及其保障措施(如允许攻读非全日制研究生),完善"优师计划"教师职称晋升倾斜制度与荣誉奖励制度,具体包括设立评优晋级专项指标与针对性的学习培训等。

(黄冈师范学院　教育学院　李　威　陈中文)

参考文献

[1] 何蕊.今年全国招收 11418 名"优师计划"师范生　实行覆盖城乡教学环境的双实践制度[N].北京日报,2022-10-10(004).

"U-G-I-S"四位一体协同育人的路径探索与实践[*]

摘要:"U-G-I-S"(大学—政府—教研单位—学校)四位一体的"校地协同"育人机制是培养高素质人才的重要手段,是创新高校育人实践的理论基础,是教育和地方学校融合发展的关键。本研究在此基础上,着力构建了紧密、稳定、多元的校地协同育人的运行机制,强化丰富优质的教育资源共享平台建设,推进人才培养模式改革。

关键词:U-G-I-S;校地协同;协同育人;基础教育;乡村优师

《国家中长期教育改革和发展规划纲要(2010—2020)》提出"创立高校与科研院所、行业、企业联合培养人才的新机制",教育部颁布的《关于全面提高高等教育质量的若干意见》也明确提出"以体制机制改革为重点",探索建立校所协同、校企(行业)协同的人才培养模式。校地协同育人的前提是合作,落脚点是人才培养,但由于双方占有资源不对称、目标不一致等原因,目前校地在合作育人方面存在着一些问题。因此,要以创新校地合作育人的理论为先导,完善校地合作育人的机制,丰富校地合作育人模式,从根本上解决政府、科研机构和地方学校为什么要参与高校人才培养、如何参与高校人才培养的问题,推进校地协同培养人才取得实效。

一、校地协同育人机制

校地协同育人机制是指高校与地方政府、企业等社会力量协同育人,共同培养适应社会需求的高素质人才。在校地协同育人机制下,高校可以利用地方资源,通过与地方政府及企业等合作开展实践教学、实习、就业等活动,提高学生的实践能力和就业竞争力。同时,地方政府和企业也可以通过与高校合作,通过开展合作研究、共同参与人才培养等,推动基础教育改革发展,提升教育教学质量。

实现校地协同育人体制需要高校、地方政府和企业等社会力量共同努力。高校应当加强与地方的沟通和协调,积极寻求合作机会。地方政府和企业也应当发挥自身优势,积极参与校地协同育人,为高校提供支持和帮助。

二、"U-G-I-S"四位一体协同育人机制的构建

1."U-G-I-S"四位一体协同育人模式

为全面贯彻落实国家、省、市关于新时代教师队伍建设部署要求,推动黄冈师范学院

---

[*] **基金项目**:本文为黄冈市教育科学规划2023年度重大课题(2023ZD04、2023ZD02)、黄冈师范学院研究生教学改革研究项目、黄冈师范学院"四新"研究与改革实践项目(2022CN01)的阶段性研究成果。

及黄冈基础教育高质量发展,黄冈市人民政府、黄冈师范学院共同创建"黄冈市教师教育综合改革实验区"。2021年11月,实验区成功获批为首批湖北省教师教育综合改革实验区。为扎实推进实验区建设工作,实验区加强顶层设计,成立改革实验区建设工作领导小组和专家小组,建立了政府主导、大学实施、教育研究机构协同支持、中小学校(含幼儿园)深度参与的协同育人机制,探索大学(University)、政府(Government)、教育研究机构(Institutions)和中小学校(School)四位一体的"U-G-I-S"协同育人模式。

"U-G-I-S"是指充分发挥大学、政府、教育研究机构和中小学校四个育人主体的不同功能和优势,共同承担师范生人才培养的"四位一体"协同育人模式,是在"U-G-S"大学(U)—政府(G)—中小学校(S)三位一体教师教育人才培养模式基础上的积极探索与尝试,该模式创新性地引入教育研究机构人员,协同助力教师成长,进一步深化了深度交流、合作互助的开放式人才培养模式(见图1)。

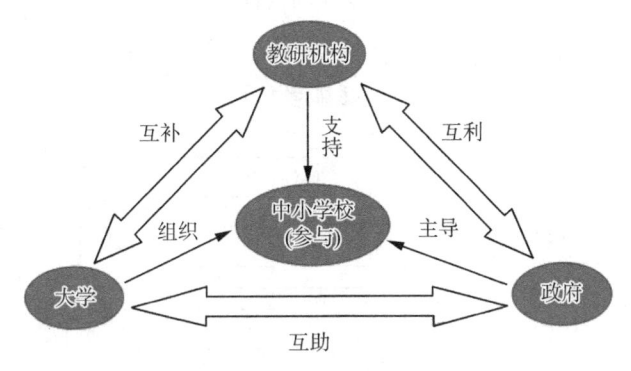

图1 四位一体实践育人模式

2. 角色定位分析

"U-G-I-S"四位一体协同育人模式是符合高等教育发展规律的育人模式,其特点是在政府、高校、教研机构、学校之间建立协同机制,四者在各自不同基础上寻求共同发展、谋求共同利益的一种组织形式。在这个组织架构中,四者在各自的领域中扮演着不同的角色,承担着不同的作用,其运行机制是"政府主导、高校实施、教育研究机构协同支持、中小学(含幼儿园)深度参与"[1]。

政府的角色定位:主导。在市场经济条件下,如何调动主体要素的积极性,兼顾各方利益,政府起着决定性作用。政府的角色是合作的推动者、利益的协调者、过程的监督者和成果的评估者。各项工作真正落到实处,需要政府在立法、财政等诸多方面给予支持,成为合作育人强有力的推动者。

大学的角色定位:组织实施。高校通过共建实习实训基地、提供实习岗位、共同开发课程、开展合作教研、双向互聘等全面参与中小学教学活动,高校是各项活动组织实施的关键。同时,高校要根据市场需求变化及时调整办学方向、专业设置、培养目标、教学内容和方法等,利用自身的教学资源、师资力量等优势加强对中小学教师的培训和继续教育。

教研机构的角色定位:协同支持。教研机构根据各项工作的开展需要,在课程建设、资源建设、课题立项、合作教研、组织各类教研活动等方面配合政府和高校,提供相关协同和支持。

中小学校的角色定位：深度参与。学校的角色是主动对接大学，共同参与人才培养方案制定，把大学的人才培养要求和教师的职业标准、中小学校的岗位要求纳入课程体系，与大学共同开发课程、共同完成教学任务、共同建设各类基地、开展实习实训、合作教研等，深度融合，使大学的人才培养与中小学校的岗位需求实现无缝对接。

三、"U-G-I-S"四位一体协同育人的路径探索

1. "四位一体"协同育人框架

依托黄冈市教师教育综合改革实验区建设，通过加强顶层设计，依靠一个政府主导、大学实施、教育研究机构协同支持、中小学（含幼儿园）深度参与的四位一体的协同育人机制保障，以"乡村情怀教育""教育数字化转型"两个抓手赋能乡村教师教育发展，依托"教师教学技能训练中心""智慧教学中心""教师发展研究院"三类平台支撑教师教育发展，运用"优师计划""名师工作坊""基地建设""合作教研"四大抓手，融合多方力量，用好名师资源，发挥名师的引领示范作用，实现共建共享协同育人，创建教师教育综合改革实验区，"一二三四"协同共建共享，教师教育发展赋能乡村振兴（见图2）。

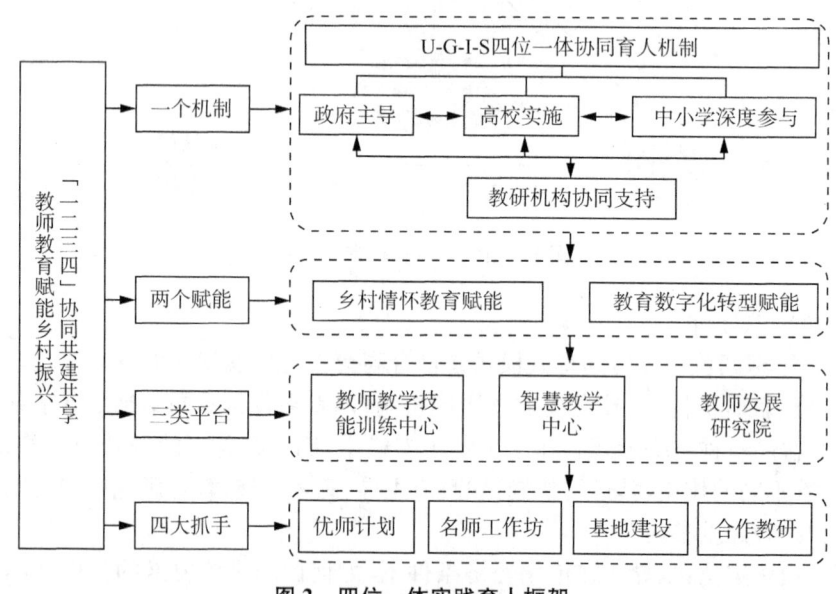

图2　四位一体实践育人框架

2. "三定一体"联合培养

针对基础教育优质师资紧缺问题，对户籍在湖北省辖区内的应届高中毕业生实施"定向招生""定位培养""定点就业"即"三定一体"来化解供需矛盾。政府主导统筹规划，黄冈市教育、人社、财政、编办、扶贫办等部门和黄冈师范学院共同参与，协同推进；黄冈师范学院、黄冈市教育局共同制定培养方案，生源所在县（市、区）教育局及中小学教学名师积极参与人才培养与管理，"三方齐抓"强化工作保障。优化配套支持政策，出台系列保障措施；优化教育实践安排，突出实践育人导向，实行四段临床模式，激发学生奉献农村教育事业的责任感；优化培养课程设计，突出学科专业特色，明确学生能力要求，形成"一专一品"

"三个优化",凸显培养特色[2]。

3. "书院+学院"人才培养模式创新

在"东坡书院"的试点基础上,依托教育学院,联合6个省市"优师计划"所属学院,组建"一多书院",研究和探索实践"书院+学院"独特人才培养模式,立足实际、系统设计,破立并举、重点培育,探索构建学院与书院、专业教育与通识教育、第一课堂与第二课堂协同育人的现代书院制度。"一多学院"采取"2+2+X"的运行模式,即"2年书院的通识教育培养+2年专业学院学习+多形式、多时段的全程通识教育"的衔接教育方案和教师教育体系。"一多书院"实行导师制,由管理经验丰富的育人导师、教学经验丰富的学业导师、优秀学生中选拔的朋辈导师以及基础教育名师担任的校外导师组成,可以全方位地为学生提供学业指导与管理服务。

4. "四步推进"育人实践方式创新

按照"试点打样、示范引领、协同推进、全面覆盖"的"四步推进"基本思路,在农村小学全科教师本土化试点培养的基础上,依托省市两级"优师计划",实施"136A"优师行动,培育乡村优师。即以1个专业定向委托培养试点打样,面向建档立卡贫困家庭学生招生,根据"县来县去、乡来乡去、村来村去"的原则,实施"指标到县、分配到校、定向招生、定向培养、合格聘用"的培养模式,学生毕业后回乡村任教,与黄冈市联合定向培养726名小学教育全科师范生,有效破解黄冈市乡村教师紧缺的难题;在3个专业实施湖北省"优师计划"示范引领;6个专业协同推进落实省市两级"优师计划";实施按需定向培养全面覆盖,将省市两级"优师计划"的实施逐步覆盖到所有师范专业(All),把高中起点的入学遴选与高年级起点的分层遴选相结合,与地方深度融合,建立健全全口径按需定向培养模式,有效解决乡村师资不均衡问题。

5. "文化浸润"培育乡村教育情怀

充分利用地方特色文化资源优势,开设《中国共产党革命精神》《大别山精神》等学习资源,打造"大别山红色薪传"育人品牌和反映教育初心的原创黄梅戏音乐剧《霜天红烛》,在推进大别山红色文化"六进六融"育人实践中传承红色基因,赓续红色血脉,培根铸魂;构建"名人文化"校本课程开发与实践的新模式和新机制,创建"名人文化"教育共同体,促进学生全面发展,促进教师专业发展,促进学校特色育人文化形成。红色基因传承绘底色,名人文化浸润育情怀,通过"红色文化""名人文化"涵养师德教育,培育乡村教育情怀。

四、结语

通过实践,有效解决了师范生"教育情怀弱化""乡村适应力不强"的问题,人才培养目标、培养方式、课程体系、培养环境、实践育人等多方面发生系列转变,师范生教育情怀显著提升,扎根基层能力增强,专业美誉度显著提升。实践证明,创新"书院制"优师计划,培养"新乡村"卓越教师,走出了一条促进乡村教育发展的"黄冈模式";教师教育发展赋能乡村振兴,革新了乡村振兴蓄力赋能的发展路径。这一举措既深入贯彻落实了《新时代基础教育强师计划》中关于加强乡村师资队伍建设的目标和要求,培养了适应基础教育改革和农村教育发展需要的"下得去、留得住、教得好"的人才,有效解决了乡村师资不均衡问题,又激发了各市、县、区委托培养的积极性,还兼顾了学生带编制上学,解决贫困家庭子女就读、就业难题,较好地实现了就业脱贫,通过稳定就业有效阻止了已脱贫家庭返贫,探索出一条教育精准扶贫脱贫新路径。

(黄冈师范学院　黄　彦　林永希　程　云　艾明迎　余　敏)

参考文献

[1] 毛玉楠,张思军.基于产出导向理念的思想政治教育专业 U-G-I-S 四位互动合作培养模式探索[M].成都:西南交通大学出版社,2020.

[2] 蔡华健,曹慧英,张相学.基于 U-G-S 合作范式的新时代乡村教师培养研究[J].教育理论与实践,2019,39(26):27-30.

教联体模式下城乡学校教研合作的路径探索与实践研究*

摘要:"教联体"是一种创新办学模式,是指县域内基础教育一体化协同发展共同体。推进教联体改革是紧跟全国教育发展大势,贯彻习近平总书记关于教育的重要论述,推进县域义务教育优质均衡发展、实现城乡一体化发展的有效手段。自2022年9月湖北省教育厅发布《关于推动县域教联体建设提升教育基本公共服务水平的指导意见》以来,教联体建设正处于试点推动阶段,有关教联体各方面的探索与研究如火如荼地进行着。如何更高效地推进县域内城乡学校的相互交流合作、提高薄弱学校的教学质量,关键在教师的专业发展,而教师的专业发展离不开教研。推动城乡学校的教研合作,促进联合教研,赋能学科教师,是联合体教研工作的主要建设路径。

关键词:教联体;基础教育;联合教研;合作路径。

基础教育是实施科教兴国战略和提高中华民族整体素质的奠基工程。深化教育改革,提高区域教育整体水平,是推进县义务教育优质均衡发展,推动城乡教育一体化发展,实现城乡基本公共教育服务均等化的有力保障。随着教联体建设的推进以及教学改革的不断深入,城乡学校教研合作已经被各教联体核心学校提上议程。在教联体推进之前也有不少地区试着促成城乡学校的教研合作,然而,在实际的运行过程中仍存在许多导致合作无法推进的因素,最后大多不了了之。

教联体模式给予了城乡学校教研合作很好的契机。教联体模式下的教研合作,亦称联合教研,即核心学校联合分校实施教研合作,以促进城乡教师共同成长和城乡学校教育质量均衡发展为目的,将各校分散的优质资源进行整合,实现合作共享,平等交流。如何实现真正意义上的教研合作呢?首先要找出合作的短板,即存在于合作中的问题;其次,针对所存在的问题提出精准的解决方案;最后,在方案实施的过程中不断深入并不断优化。本文将从以上三个方面,对教联体模式下城乡学校教研合作展开论述与探究。

一、当前城乡学校教研合作存在的问题及原因

本文选择蕲春思源教联体作为典型研究案例。蕲春思源教联体是由一所位于城区的核心校区(原名蕲春思源实验学校)和三所乡村学校(原名分别为蕲春县八里实验学校、蕲春县赤东镇中学以及蕲春县南征中学)构成的教联体。其中,核心校区、八里校区和赤东

---

* **基金项目**:本文系黄冈市教育科学规划课题"新课程视域下中小学教师教科研素养提升的策略与路径研究(课题编号2022GB29)"成果。

校区均是九年一贯制学校。从教联体建设开始执行后,核心校区就开始实施城乡联合教研。在经过教研处的打磨后,形成了一定的教研合作模式。但通过实地调研,其现存的合作模式在具体的实施和开展过程中,仍存在一些问题。根据实际调研发现,以下三个问题尤为突出。

(一)根深蒂固的传统教研体制

常年如一日的教学,促使许多教师形成固化的思想,传统的教研体制也在他们心中根深蒂固,传统教研关注的重点是教材教法和学生的学业成绩,忽视了教师的专业发展,侧重于组织教师学习教学理念、研究本学校本学科的教学所存在的问题,使得教师与教师之间、学校与学校之间、学校与教研机构之间缺乏沟通与联系。长此以往,教师的教研创新意识薄弱、不愿接受改革,妨碍了教师成长的同时也阻碍了城乡学校合作的进程。且受长期分校分科的影响,教师很难对城乡学校联合教研管理的形式与内容有着准确的理解。从蕲春思源教联体的合作教研过程中,可以看出城乡学校整体上还没有完全脱离传统计划体制的束缚。

(二)城乡学校之间的差异

城乡教育发展的不平衡,使得城乡学校的办学条件和师资水平也存在很大的差异性。首先,随着社会经济的发展以及对农村教育的重视程度不断加强,如今的外在条件差距已经大为缩小,但内在差别仍然存在。如学校管理的局限性、师资的稳定性、教师的专业对口性、教研活动组织的规范性、学校文化建设的差异性等,这些影响教师专业发展的内部因素依然是阻碍城乡学校教育质量均衡发展的源头所在。其次,学生生源的差异性也是促使城乡教育发展不平衡的要素之一。

(三)联合教研的"初生性"

县域教联体的建设仍处于试点推行阶段,而且在不同环境的学校机制下建设联合教研,其本身就是一项艰难的任务,因此符合各教联体实际情况的教研合作成功案例寥寥无几。

二、城乡学校教研合作可实施的路径

在教联体模式下,实行教研合作是提高整个教联体教学质量的必由之路。从蕲春思源教联体推行的教研合作来看,联合教研当前仍处于摸索和创新阶段。其操作方式和具体实施路径有待于进一步优化和调整。根据蕲春思源教联体在教研合作中所显露出的问题,现提出以下几点可行路径。

(一)抛弃形式、转变思想

从当前一些城乡学校教研合作的形式来看,教研大多浮于表面,实际上并无合作效果。如部分城区教师去乡村学校交流,表面上看是城乡教研的合作行为,实则是交流与职称评比项目挂了钩。虽然形式的存在是有必要的,但它无法让联合教研得到更深层次的发展。长久以来的教学教研工作都是在传统的教育教学体制下进行的,若要推动联合教研的进一步发展,思想必须要跟随改革的步伐进行转变。

首先,城乡学校的领导和教师应有着全面发展的观念。各校区之间的教研合作,是一个相互协作、共同发展的过程。学校与学校之间是平等的合作关系,从而营造出一种良好的教研氛围。

其次,联合教研是将过去的"单兵作战"模式提升为"并肩作战"模式,是各校区之间相互帮扶、相互促进以及相互成长的一个过程。各成员校之间应相互学习,不断进行自我反思,取其精华,去其糟粕,最终促成整个教联体教研水平得到提高。

最后,教联体建设是教育改革的创新性体现。学校领导和教师应走出之前的传统教育体制的固化模式,积极学习新知识,不断更新自身的知识结构,提高自己的综合素质,勇于创新。

(二) 共筑理想的教研合作模式

城乡学校的教研合作的最终目的是促成区域内教研水平的整体提升,不是为了削弱自己或者是依靠他人,而是吸取他人优势助力自身成长。理想的教联体联合教研应注意以下几个方面:

首先,统一性是教研合作的基础。教联体即为一个整体,无论是核心校区还是成员校区的教师,在进行教研活动之前,都需要在四个方面达成一致,即统一教研时间、统一教学进度、统一教研形式、统一教研主题。只有"四个统一"达成了,整个教研活动才有基础的保障。

其次,"研什么"是教研合作的核心部分。在联合教研的过程中,各学科组的组长和成员教师需要清楚此次教研活动的研究对象具体是什么,并对教研内容进行充分的研讨,最终汇总出有深度的学科教研成果。

再者,每一次的联合教研后,各教师应将研讨成果运用到教学过程中,将集体智慧融入贯穿到自己的课堂。这样不仅能提高整个学科组的课堂教学质量,还能探索出在研讨过程中没有考虑到的实际问题,从而使研讨成果日趋完善。

最后,共享优质资源。教联体建设的目的是使得城乡学校所有的师生享有平等的优质资源。在教学工作的持续进行中,不同校区的教师和学生能共享教学资源、教学过程、教研成果以及教学经验,如此,才能促进薄弱校区、薄弱学科的共同进步和发展。

(三) 重视教联体教师专业发展

教师的可持续发展是县域教联体成长溢出机制得以建立的前提。教师专业化水平的提高是教联体进一步成长得以实现的前提,教联体建设过程中,教师的专业发展是核心力量。掌握教师专业发展的核心点,突破学校与学校之间的界限,开展青蓝工程和资源共享,才能促成教联体建设的积极推进,从而促使县域内城乡教育的优质均衡发展。在全面推进教联体模式的教育改革之路上,教师专业发展的可行路径又有哪些? 以下三个方面可供借鉴。

1. 联合教研助力教师学科教学能力提升

教师是教联体建设推进的核心资源。开展联合教研,提升教师的学科教研能力。联合教研不仅提高了整个教联体的教研水平,从其实质意义来看,更是教师学科专业快速成长的有力保障。开展联合教研,最终产生强师孵化作用,促进教师专业能力快速发展。

2. 系统培训构建高素质教师团队

高素质的教师团队是教联体建设顺利推行发展的基础。在信息化的现代社会生活中,教师的知识也需要不停地更新转化。一方面,教师需要针对性的培训来充盈教学相关的理论知识、学科知识以及教学能力知识等。如教育部印发《义务教育课程方案和课程标准(2022年版)》后,全国各地区迅速展开对新课标里所涉及的概念的学习。这些理论性的知识会影响教师们日常的教学工作。类似的针对性理论知识培训,能使教师快速地将理论知识联系到自己的日常教学并能迅速地应用于课程改革。另一方面,将专项研究列入教师的必修课中。在教联体建设过程中,教研领头人可以通过教研活动将课题研究或项目研究融入教研任务中,积极鼓励各成员学校参与。在课题或项目的研究过程中,既能够使教师自发性地提升自己的教研素养,还能增强教师之间的团结协作。最终使得教联体在丰富了其研究成果的同时,还为打造专业的教研团队做了贡献。

教师培训最终的目的是将理论知识与日常的教学实践相结合,提升教师的综合实操能力。

3. 内外双重机制激活教师积极性

内外双重机制,即校内机制和校外机制。校内可采取榜样激励模式和肯定评价模式。榜样示范使他人潜移默化地进入到自我提升的境界。示范性是优质资源发挥辐射带动作用的基础和前提[1]。首先,校长、教研领导要积极地投入教研活动或研究中,领导的带头作用对教师而言本身就是一种推动。其次,大力推选各校区教研能力强的优秀教师,让他们以身作则,呼吁广大教师积极参与教研活动。

教师成长过程中的内驱力来源于自身的价值体现。这些是教师的第一驱动力。因此,在教研活动中,应为教师搭建多种平台,以不同形式体现出不同教师的优势,最终采取成就肯定的评价模式,激发教师们的积极性,促进教师的快乐成长。

校外机制即为相关教育机构所采取的一系列措施来激发教师的积极性。如组织公开课、青年教师教研活动比赛、骨干教师示范课等。

(四)做好教联体的发展规划和教师职业生涯规划

教联体建设是社会经济发展到新阶段的战略决策,是推进强县工程,助力乡村振兴,共同缔造美好生活的重要举措。教联体的建设,做好提前规划是促进成果形成的必要条件,是教研合作顺利推进的保障。做好教联体的发展规划,既能提高教研合作活动的推进效率,使得活动有目标,工作有依据,同时也能提高全体教师参与教研的积极性,使其行动有指南,成就有保障。那么,教联体建设的发展规划具体可从哪些方面着手呢?团队文化、发展愿景、发展目标、核心任务及年度发展任务等都是必要的考量,通过对这些方面进行规划后,在实践过程中再进行优化。教联体的核心校要以此规划为依托,发挥核心校的领导和带动作用,在推进规划实施的过程中,尊重各成员学校的独特性及其主观能动性,与成员学校达成共同发展意识,促进教联体共同发展。

在城乡学校教研合作过程中,教师是核心部分。教师的个人发展状态决定着合作的质量。教师的专业发展也不仅仅是教师个人的发展,更是一个共同体的发展和成长。学校应适当地开展教师生涯规划培训,使教师掌握制定规划的科学方法,并能结合自己的个性特点和环境条件,做好自己的职业生涯规划,提升自己的专业素质和工作成就感。教师通过专业素质的培养和提升,可以在专业成长的路上获得成就感,并能获得满足感和快乐体验感。在推进教师生涯规划执行的基础上,教联体结合教师职业生涯规划和自身的发展需求,为教师的可持续发展提供各方面的有力保障。

全面贯彻实施县域教联体,促进城乡教育均衡发展,共同缔造美好教育。教联体模式下的城乡教研合作,将促进城乡学校的优质资源共享,促进教师的专业发展,并促进城乡地区教育教研水平的整体提升,有利于县域内教学质量的均衡发展。积极有效地推进联合教研,是提升教学教研素质的根本所在。

(黄冈师范学院　教育学院　熊莹芬　张　静　张志勇)

参考文献

[1] 张勇.联片教研:城乡教师共同成长的有效途径[J].中小学教师培训,2008(08):20-21.

"双院协同"机制下"优师计划"人才培养模式改革的路径探索与实践*

摘要:"优师计划"是国家出台的重要教育政策,本文在阐释"优师计划"的时代意蕴、逻辑起点和目标导向的基础上,重点研究了黄冈师范学院实施"优师计划"人才培养模式改革的路径探索与实践:黄冈师范学院构建"书院+学院"培养模式,实现通识教育和专业教育有机融合;强化通识课程体系建设,培养学生多样化教学能力;注重教师情怀教育,培育学生的教育热情;推进教师教育创新,建立政府、学校、基层学校的协同培养模式;实施规范的质量监控,确保培养的系统性和针对性,为"优师计划"的有效实施提供了宝贵经验。

关键词:优师计划;书院+学院;教师情怀;教师教育创新

自教育部等九部门于 2021 年联合发布《中西部欠发达地区优秀教师定向培养计划》以来,"优师计划"作为一个紧密结合乡村振兴与中国教育现实的国家战略性政策,为改善中西部欠发达地区的中小学教育质量提供了有力的政策支持。优秀教师的培养不仅成为欠发达地区未来教育发展的重点,也是地方师范院校人才培养模式改革创新的努力方向。基于对相关政策的逻辑起点、目标导向以及涵盖范围等的研究,黄冈师范学院率先在湖北省内实施省市两级地方"优师计划",采用"书院+学院"模式进行"优师计划"人才培养模式改革的探索与实践,探讨"优师计划"的实践路径,为该政策的有效推动贡献力量。

一、时代新政策:"优师计划"的提出

教育事业在国家发展战略中扮演着举足轻重的角色,但发展却并不均衡,特别是在中西部欠发达地区的基础教育领域,由于资源分配不均衡,优质师资的短缺一直是制约教育质量提升的主要因素之一[1]。为了解决这一问题,党和国家相继推出了一系列旨在优化教育资源配置的政策措施。早在 2007 年,国家开始在部属师范大学实施免费师范生政策,着手解决欠发达地区师资供给问题。随着《关于完善和推进师范生免费教育的意见》《教育部直属师范大学师范生公费教育实施办法》等文件的出台,逐步为优秀教师的培养提供了全面的政策保障。2021 年,"优师计划"全面启动,国家将优秀教师的培养与引进作为推动教育区域均衡发展的重要手段。"优师计划"不仅是公费师范教育政策的重要组成部分,也为优秀教师供需配给提供了全新的机制。通过定向师范生的培养,建立了专业

---

* **基金项目**:本文为黄冈市教育科学规划 2023 年度重大课题(2023ZD02、2023ZD04)、湖北高校省级教学研究项目(2022425)、黄冈师范学院教学研究项目(2022CE02)、黄冈师范学院"四新"研究与改革实践项目(2022CN01)、黄冈师范学院研究生教学改革研究项目的阶段性研究成果。

化的培养平台,从而进一步强化了"四有"好老师的职前培养机制与职后发展方案,为中西部欠发达地区中小学校的发展奠定了坚实的师资基础。

二、逻辑框架:"优师计划"的学理探究

(一)"优师计划"的逻辑起点

"优师计划"的逻辑起点源自对中西部欠发达地区教育现状的深刻认知与全面理解,其核心着眼于社会实践活动的整合。此政策的实施旨在整合国家战略、市场和乡村振兴等各方需求,将专业指向精准对接培养院校,以扎实的学识与卓越的道德品格为基础,构筑起培养"四有"好老师的关键内核。在"优师计划"的逻辑起点中,师范生的扎实学识与道德品格是首要考量,是成为一名优秀教师的基础。培养院校作为"优师计划"的关键环节,承载着培养"四有"好老师的使命。通过有针对性的教学设计和实践环节的设置,培训出品学兼优的师范生,建立一支胸有家国情怀、具备实际应用能力的优秀师资力量,以应对中西部欠发达地区教育的特殊需求。我国教育发展存在较大的区域差异,中西部地区长期存在教师队伍建设滞后、教师资源匮乏的问题,其教学质量与东部发达地区存在明显差距。提高教学质量是"优师计划"的根本目的之一,针对中西部欠发达地区教育发展的短板,"优师计划"试图通过国家政策性资源调配,提高中西部地区教师队伍建设水平,培养一批骨干教师,提高教师队伍的整体质量和教学能力,以达到增强教学质量的目标,促进教育公平。

(二)"优师计划"的目标指向

"优师计划"的目标指向体现在培养高素质教师队伍、提升教学质量、促进教育公平等多个方面。首先,要促进师范生的高质量发展,以培养"四有"好老师为目标,通过加强师范生的职业认同感、乡土情怀和内生动力,实现师范生培养从数量扩张到质量提升的转变。其次,要推动建立以"四有"好老师培养为基准的高质量教师教育体系,在制定培养方案、设置课程体系、构建培养机制等方面坚持"四有"好老师培养的目标导向。再次,要培养一批政治素质高、业务能力强的骨干教师队伍,以提高教师队伍的整体素质。"优师计划"还将通过提高教师专业化水平,促进素质教育,提升基础教育阶段的教学质量。此外,"优师计划"重点面向中西部地区开展教师培养,以带动中西部地区教育发展,推动课程改革适应教育现代化,缩小区域教育差距,实现教育公平。总体来看,"优师计划"的目标指向与新时代国家人才战略和教育发展战略高度契合。黄冈师范学院作为大别山革命老区的一所百年老校,秉承百年黄师之传统,兼采现代书院之精粹,赓续红色基因,涵养教育情怀,致力于培养"基础扎实、能教善管、敬业乐教、吃苦耐劳、一专多能"的新时代乡村教育"好老师"和"大先生"。服务基础教育优质师资队伍建设,助力实现乡村教育振兴,为签约生源地输送源源不断的生力军和关键性力量,补强基础教育教师资源和人才队伍领域的短板。

（三）"优师计划"的范畴体系

1. 培养目标：新时代乡村教育"好老师"和"大先生"的培育

新时代乡村教育的"好老师"和"大先生"是"优师计划"的核心培养目标。"好老师"要思想政治素质好，具有正确的世界观、人生观、价值观，坚持为中国特色社会主义教育事业奋斗的政治立场；要教育教学能力强，既有扎实的教育教学理论功底，又有出色的学科专业知识内涵与教学技能；要素质全面提高，不仅有道德情操，还兼具创新意识、国际视野、信息技术应用能力等；要敬业奉献，有强烈的教书育人志愿，甘于奉献，乐于为乡村振兴贡献力量。"大先生"培育的目标在于培养具备教育思想的前瞻性和引领性，能够在教育领域产生重要影响的专业人才。他们将成为乡村教育事业的引领者和推动者，具备丰富的教育实践经验，能够为乡村教育的改革与发展提供独到的智慧和解决方案。新时代乡村教育"好老师"和"大先生"的培养目标，将贯穿"优师计划"的全过程，指引培养方案的制定。

2. 培养内容：素质培养与能力提高

根据培养目标要求设置思想政治修养、教学理论知识、学科专业知识、教育技能训练、教学实践等培养内容。在思想政治修养方面，将通过思想政治理论课程、主题教育活动等方式，强化师范生的思想道德塑造，提高其历史使命感和敬业奉献精神。在教学理论知识方面，通过教育基础理论课程学习，加强师范生的教育教学理论功底。在专业知识方面，将加大学科专业知识的学习，拓展知识结构。在教育技能训练方面，将开设教学设计、班级管理、教学评估等技能性课程和训练项目，厚植技能。在教学实践方面，增加教育见习、教学实习的时长和深度，强化实践能力。

3. 培养主体：地方师范院校承担主责

地方师范院校是培养"四有"好老师的主体，根据培养目标，制定专门的培养方案，构建"四有"好老师的课程体系，优化师资队伍结构，改革教学方法，创新实习实训模式，提供优质的教师教育资源，全面提升师范生的素质。

4. 培养方式：现代化育人手段

在具体培养过程中，开发微课等数字化资源，综合运用多样化的现代化育人手段促进"优师计划"人才培养目标的达成。利用在线资源，实施翻转课堂、混合式教学，促进主动学习；采用项目驱动法、案例教学法等，加强实践操作性；构建教学情境模拟系统，进行沉浸式培训；运用大数据和人工智能技术，实现个性化、智能化培养。

5. 保障体系：多元化资源配备与制度保障

从资源配备和制度保障两个方面加强建设，以确保培养目标的实现。在资源配备方面，整合校内外优质师资力量参与培养，组建高水平的双师型教学团队，既有专职教师，又有来自一线学校的名师兼职，实现校内外教学资源的有效对接；广泛建设高质量的教学实习基地，选择示范性中小学作为合作单位，提供实际的教学环境与氛围；充分利用数字技术手段，通过网络在线课程、虚拟仿真系统等，打造沉浸式的教学训练环境，不断提升培养的资源保障水平。在制度保障方面，"优师计划"将制定系统、科学的"四有"好老师培养质量标准，并贯穿入学、在校学习、实习实训、毕业等教育教学全过程，做到全方位监控与考核,保证培养质量。同时,还将制定一系列规章制度和资助政策,在师范生招生录取、奖助学金体系、毕业分配及职后培训支持等方面给予倾斜,全面激励和保障师范生的成长与发展。

6. 社会环境:弘扬敬业风尚与公众参与

从弘扬敬业风尚和广泛社会参与两个方面着手,营造良好的社会育人环境。一方面通过报刊、网络、电视等多种舆论宣传方式,广泛宣传教育事业的崇高性,弘扬"教育为人师,事业为生命"的价值理念,营造教育是一种崇高事业而非单纯职业的社会认知,使尊师重教、教育敬业奉献的风尚深入人心;另一方面充分发动社会各界力量,鼓励企业、公益组织、志愿者等通过资金、物资、技术、信息等方式参与乡村教师队伍建设,筹集教育救助资金,开展志愿服务活动,为"优师计划"营造积极的社会舆论氛围,打造坚实的社会基础。

三、实践路径:"优师计划"的实施

(一) 构建"书院+学院"培养模式:打造"优师计划"人才培养的黄冈品牌

学校成立"一多书院",实施"书院+学院"的培养模式。依托省市共建的黄冈教师教育综合改革实验区,不断深化UGS"三位一体"协同育人机制,创建学院与书院、专业教育与通识教育、第一课堂与第二课堂、高校与基础教育区域协同育人的现代书院模式。书院制坚持目标导向、问题导向、结果导向,努力探索"优师计划"的黄冈模式,创建"优师计划"黄冈品牌。书院负责"优师计划"专业师范生的通识教育和教师教育课程,各学院负责对应专业的专业教育。书院专司通识,承担通识课程的顶层设计与实施,整合校内外资源,统筹规划设置通识课程体系,进行通识课程的理念引领;学院专注专业的模式,根据自己的专业优势和特色,更加专注于专业课程体系的建设。书院与学院之间分工明确、紧密配合,充分发挥书院和学院的优势,实现通识教育和专业教育有机融合,也加强了学生的专业认同感和归属感。学生既享受书院提供的广博通识教育,也获得学院的深入专业学习,既满足了通识学习的需要,也符合专业发展的要求。另外,书院实行集中管理模式,所有"优师计划"学生统一安排住宿,有助于强化日常管理和培养,书院可以针对"优师计划"学生开设特色活动,进行定制化培养。

(二) 强化通识素质培养:构建多元化课程体系

学校在通识教育方面,设置了丰富的通识课程体系,既有思想政治、语文、自然科学、人文社科等基础通识课程,也有与专业相关的特色通识课程,还开设了激发学生多元能力的创新创业类课程,构建了学生扎实的人文社科科学基础知识体系,为培养学生成为具有正确世界观、人生观、价值观的合格教师建立了必备的知识基础。在特色通识课程方面,书院针对师范类专业学生的特点和需求,开设了教育教学及新兴技术教育应用的相关课程,帮助学生建立教育专业知识体系,奠定从事教育教学工作的基础。此外,书院还设置了应用型的创新创业类课程,如创业基础、创业模拟、学生社会实践等课程。这些课程通过项目式学习、竞赛体验、社会调研等形式,提高学生的团队合作能力、实践能力和创新能力。在培养途径上,书院积极组织各类讲座、社团活动、志愿服务、校园文化活动等,创建

了丰富的校园文化,促进学生全面发展。这些活动对提升学生的人文素养、科学精神、社会责任感、合作精神等综合素质起到了积极作用。

(三)突出教师情怀教育:培育扎根乡村的教育情怀

学校以突显教师情怀教育为重要任务,建立文化育人课堂、地方名师课堂、社会实践课堂三个特色第二课堂阵地,全方位培养新时代乡村教育"好老师"和"大先生",引导他们热爱教育、乐于教育、安于教育、投身教育,从而为乡村教育振兴贡献自己的力量。一是书院依托黄冈优秀的红色文化、东坡文化和名人文化资源,设立了红色文化课堂、东坡文化课堂、名人文化课堂三大文化育人特色课堂,通过多种形式让学生深入了解黄冈优秀传统文化,受到思想道德、家国情怀、人生价值的熏陶教育;接受红色教育,增强学生的爱国主义情怀;开阔学生视野,学习名人事迹,汲取奋发向上的精神力量。二是聘请黄冈基础教育一线名师,开设地方名师课堂,通过讲学示范等方式,为学生传递知识,更将自身的高尚师德与教育情怀融入教学之中,培养学生对教育事业的热爱,树立教书育人的使命感。三是组织开展乡村支教、乡情调研、乡音采风等丰富的社会实践活动,让学生深入基层一线,面对面见识乡村教育,亲身体会乡村教师奉献精神,激发学生回报乡村的责任感,培养扎根乡村的内在动力。

(四)推进教师教育创新:构建协同育人新模式

以黄冈市教师教育综合改革实验区建设为载体,构建了政府、高校、基层学校深度协作的教师教育培养新模式。一是实施"双基地双实践"制度,打破传统的单一化教学实践模式,学生需要到城市和乡村两个不同环境的教学实习基地进行教学实习,既接触城市学校现代化的教学手段,也了解乡村学校的特殊情况,学习适应多种教育环境的能力。二是广泛聘请基础教育一线的资深名师,开设"名师工作坊",发挥名师的示范引领作用。名师通过讲学示范、集体备课、教学评价等方式,对学生进行系统、专业的教学技能训练。学生在名师的直接指导下,快速提升教学能力。三是注重培养学生的教师核心素养,围绕教师从业必备的师德修养、教学设计能力、班级管理能力、教学反思能力等方面进行强化培养,让学生掌握从事教育工作的核心能力。四是建立规范系统的教学实习管理机制,编制实习手册,明确实习任务,进行实习考核,保证教学实习的效果。五是增加教师资格考试、教师技能测试等毕业要求,全面监控培养质量。

(五)严格实施学业评定:完善质量监控体系

在实施"优师计划"中,建立完善的质量标准体系和全过程监控机制,贯穿"优师计划"人才培养全过程,为培养优秀教师提供了坚实保障。一是严格入学质量考核,通过高考成绩筛选和入学面试相结合,既注重生源基础质量,也注重考察学生的教育理想、专业态度以及表述能力等方面,建立坚实的培养基础。二是实施规范系统的课程考核,全面监控学习效果,建立规范的课程考核大纲,实施多种评估方式,注重过程性评价,加强随堂检查,及时评估学生学习情况并给予指导和反馈,确保课程学习的全面性和深入性,确保每位师范生都能够在课程学习中有所收获。三是"三方协同共育",依托黄冈市教师教育综合改革实验区,建立"高校—政府—中小学"三位一体协同育人模式,多方协同持续加强学生教育实践能力培养。四是严把毕业关,全面检查终端质量,确保每位毕业生达到一定的教育水准和能力要求,为其成为"四有"好老师奠定良好基础。

(六) 强化条件保障:为高质量发展提供持续支持

为扎实推进"优师计划"人才培养模式创新,学校特成立"一多书院",出台了相关制度,并从多个方面提供了坚实的保障,为优秀教师的培养奠定了坚实基础。一是设置专项经费,为"优师计划"实施提供了充足的经费支持,确保了各项活动顺利开展,为学生提供了学习、实践、发展的全方位保障。二是配备了完善的教学训练场地,建立教师教育技能训练中心、智慧教学中心等,AI赋能师范生"三字一话"技能训练,AI智能测评师范生教学能力,给予个性化指导等,为师范生提供了高质量的学习环境,让他们能够在实践中不断提升自己的教育能力。三是组建由校内资深专家型教师和校外名师共同构成的高水平双师型教学队伍,有力保证了教学质量和教育水平的稳步提升,也让师范生能够接受到来自业界专家和实践经验丰富的教育者的双重指导。四是遴选优中小学校作为教学研究与实践基地,引导师范生理论联系实际,学以致用,研究与实践相结合,为师范生提供了丰富的实践机会。此外,为"优师计划"师范生独立建立了完善的一站式服务社区,提供完备的学生生活设施,为师范生的学习和生活提供了良好的条件。

四、小结

"一多书院"的建立标志着黄冈师范学院"优师计划"人才培养机制的重大创新,是在本地特色和资源基础上,打造"优师计划"人才培养的黄冈品牌的重要举措,其模式和经验将为其他师范院校"优师计划"实施提供有益借鉴。

黄冈师范学院在实施"优师计划"时,通过充足的经费投入、完善的教学训练场地、高水平的双师型教学队伍、稳定的教学实习基地以及完备的学生生活设施等提供了坚实的条件保障。通过探索与实践,探索出了一条"优师计划"人才培养模式创新发展的新路径:构建"书院＋学院"培养模式,着力打造"优师计划"人才培养的黄冈品牌;构建多元化课程体系,强化通识素质和专业素养的培养;突出教师情怀教育,通过三个特色第二课堂阵地的建设应用,培育具有扎根乡村教育情怀的时代新人;构建三位一体深度协同育人新模式,推进教师教育创新发展;建立完善质量监控体系,严格实施学业评定,确保人才培养质量;强化各方面条件保障,为高质量发展提供持续的坚强支持。这一系列措施为"优师计划"的顺利实施提供了有力保障,也为培养出一批批优秀的教师力量打下了坚实的基础,为中西部欠发达地区的教育事业发展提供了宝贵的实践经验。

(黄冈师范学院　教育学院　程　云　韦耀阳　童三红)

参考文献

[1] 杨跃.论我国教师教育政策研究[J].南京师大学报(社会科学版),2018(01):60-66.

基础教育"UGS"区域协同教研模式构建与实践探索[*]

——以黄冈市为例

摘要：为深化教师教育改革，提升教师教研水平，促进黄冈市基础教育优质均衡发展，在总结前人关于教研模式研究的基础上，本文分析了黄冈市基础教育教研的现状，并对存在的问题进行了探讨。在此基础上，依托黄冈市省级教师教育综合改革实验区，构建基础教育"UGS"区域协同教研模式，并对该模式实施提出了针对性的策略与建议。

关键词：基础教育；UGS；区域协同教研；模式构建；实践探索

一、引言

基础教育是整个教育体系的基础，直接关系到国家的未来发展和人才的培养。而教研是保障基础教育质量的重要支撑，是教育事业逐渐向以促进公平、提高质量为根本标志的内涵式发展阶段转变的必然选择，已成为提高基础教育整体质量，尤其是教学质量的关键[1]。因此，教研转型成为深化课程改革、推进教育教学实践的必然要求。

《中共中央 国务院关于全面深化新时代教师队伍建设改革的意见》明确提出构建地方政府、高等学校、中小学"三位一体"协同育人机制。《中共中央 国务院关于深化教育教学改革全面提高义务教育质量的意见》指出要发挥教研支撑作用，完善区域教研、综合教研制度，鼓励高等学校、科研机构等参与教育教学研究与改革工作。《教育部关于加强和改进新时代基础教育教研工作的意见》指出教研工作还存在机构体系不完善、教研队伍不健全、教研方式不科学、条件保障不到位等问题。黄冈市根据国家政策要求，设立黄冈市教师教育综合改革实验区，旨在构建政府主导、高校实施、中小学（含幼儿园）深度参与的"三位一体"协同育人机制，探索高等教育与基础教育合作融通教研模式。

基于以上政策要求，为实现教育公平和优质均衡发展的"黄冈模式"，打破学校间的壁垒，推动教研的创新和发展，实现区域间的协同合作与资源共享，本文将从"UGS"的视角探讨区域协同教研模式的构建，以期为提升黄冈市基础教育教学质量和教师的专业水平、缩小区域之间的基础教育差距提供可行性意见。

二、国内有关教研模式的研究综述

为了改善教研效果，提高教研有效性，学者们在教研模式改革方面不断进行尝试，经查阅文献，将近年来我国研究较多的教研模式的研究成果与不足之处总结如表1所示。

---

[*] **基金项目**：本文为黄冈市教育科学规划2022年度重大课题（2022ZD03）的研究成果。

表1 相关教研模式研究成果与不足之处

教研模式	研究成果	不足之处
网络教研	1. 应用现代信息技术,改善和优化了教研的形式、模式和过程。 2. 跨越教研时空的限制,有利于参与范围的扩大。 3. 满足个性化学习需求。 4. 实现优质资源的复制共享。 5. 提供交互与合作学习机会。	1. 缺乏正式的教研场所和氛围,影响教研效果。 2. 缺乏管理机制、激励评价机制等制度保障。 3. 网络教研平台操作过于复杂,信息技术要求较高。 4. 缺乏系统的理论指导和研究,不具有普适性。 5. 网上教研的随意性比较大,没有形成一套行之有效的行动策略和操作流程。
校本教研	1. 通过系统研究和探索,教师能够更加理解学生的学习需求,从而提高课堂教学的针对性和有效性。 2. 通过观察和评测以获取学生的学习情况,并能够及时反馈给教师,以调整教学策略。 3. 提供教师自我学习和专业成长的平台,促进教师的专业发展和职业成长。 4. 鼓励教师间资源共享,通过共享教案、教材、教学视频等,提高教学效率和质量。	1. 参与度不高:由于繁重的教学任务和其他学校事务,一些教师对于校本教研的参与度不高。 2. 研究方向狭窄:一些学校的校本教研往往只关注学科的教学问题,忽视了跨学科和综合素养的研究,限制了教师全面发展。 3. 缺乏评价和激励机制:校本教研缺乏明确的评价和激励机制,一些教师参与的积极性和主动性不高。 4. 知识转化和应用不足:部分校本教研的研究成果难以有效转化为实际的教学改进和创新实践。
区域教研	1. 区域内不同学校中的教师能够合作、沟通、共享交互,多方力量聚集在一起,形成一种共赢的和谐局面。[1] 2. 通过深入的调查研究,可以准确识别并分析该地区教育发展中存在的问题,并提出具体的解决方案,为该地区教育提供可行的改进路径。 3. 可通过实践验证和效果评估,了解改进方案的可行性和实施效果,为改进措施的进一步优化提供依据。	1. 资源有限:由于区域教研的范围相对较小,研究团队和经费等资源相对有限,难以覆盖全面的教育问题。 2. 局限性较大:由于区域教研的特点是关注特定地区的教育问题,所提出的解决方案和改进措施对其他地区可能不具有普适性。 3. 缺乏统一标准:区域教研的成果往往受到地方政策、教育资源等影响,缺乏统一的标准和评价体系,导致成果的可比性和可应用性较弱。
协同教研	1. 协同教研通过教师之间的交流与合作,促进了教师的专业发展和能力提升。 2. 协同教研鼓励教师进行研究性学习,激发教师的教学研究兴趣,培养教师的创新思维和能力。 3. 教师可以通过协作研究,共同解决教学中的难题,互相支持和鼓励,形成良好的教师社群。	1. 缺乏有效的组织与规划,无法取得预期的成果。 2. 不同学科和不同地区的教师在进行协同教研时,可能会面临不同的问题和困难。 3. 评价机制缺失,很多评价机制还停留在定性评价阶段,缺乏科学的评价指标和方法。

综合以上研究成果可以发现:首先,目前关注较多的是模式的功能及流程的简单介绍,而对教研模式的建构和应用的研究则很少。其次,借助"互联网+"网络教研平台,在一定区域内进行协同教研具有一定优势,能够促进教师之间的交流与合作,提升教师的专业发展和能力水平。通过区域间协同教研,能缩小不同区域基础教育差距,促进教育优质均衡发展,从而进一步改善教学质量。最后,针对教研中存在的不足之处,需要政府支持、专家引领、中小学配合。总的来说,区域协同教研在教师发展方面具有潜力和价值,但仍需要进一步完善和提高。通过构建成熟的教研模式,可以逐步实现区域协同教研的有效实施和持续发展,为教研提供可行的改进路径。

三、当前基础教育教研现状及存在的问题

当前基础教育教研在很大程度上受到传统教育模式的影响,在某些方面存在一些共性问题。

第一,学校间独立性强,教研活动缺乏协同合作和资源共享的机会。教师教研相对封

闭,很少有跨学校的合作和交流。这导致教研成果和经验无法有效共享,教师在教学实践中难以获得有效的反馈和指导,难以获得全面有效的教研成果。

第二,缺乏系统的教研指导与培训机制。教研能力是教师提升自身教育教学水平的重要保证。然而,现实中教师的专业发展机会较少,缺乏系统、专业、深入的教研指导和培训。教师在教研活动中常常陷入困境,无法有效改进自身的教学水平,影响教研的质量和效果。

第三,缺乏科学有效的教研评价与激励机制。现有的评价体系往往偏重学校的绩效,教研活动往往被视为额外负担,缺乏正式的评价和认可体系。同时,缺乏相应的激励措施,忽视教师教研的贡献,这导致教师在教研活动中缺乏热情和积极性,难以形成良好的教研氛围。

第四,教研成果转化与应用不足。一方面,教师教研成果存在局限性,无法充分满足教学需要,许多教研成果仅仅停留在论文或报告的形式,难以真正落实到教学实践中。另一方面,校际缺乏交流与沟通,教研成果无法被广泛分享和应用。这导致了教研成果的浪费和教学质量的提升受限。

四、基础教育"UGS"区域协同教研模式的构建与实施

通过分析当前基础教育教研的现状及以上教研模式的研究成果与不足之处,本文针对基础教育"UGS"区域协同教研模式的构建,主要从以下几个方面进行探讨。

(一)构建基础教育"UGS"区域协同教研模式的理论探索

"UGS"是 University(高校)- Government(政府)- School(中小学)的简称,最初是由东北师范大学为培养优秀教师而提出并实施的"师范大学—地方政府—中小学校"合作教师教育新模式,简称"UGS",三方遵循"目标一致、责任分担、利益共享、合作发展"的原则[2]。

依据利益相关者理论,"UGS"区域协同教研的利益相关者包括高校、政府部门、中小学,三方在各自的领域都有不同的利益追求和价值取向,为了实现整体利益最优化目标,UGS合作需要关注这些利益相关者的态度和需求,以目标相向、需求互补、责任分担、资源优化、利益共享、合作发展为原则,分别扮演人才和智力资源的"供给者""统筹者""实践者"角色,形成统一的价值观和事业观,为合作的顺利进行提供保障。

依据协同理论,如果把"UGS"区域协同教研当成一个大的系统,那么地方政府、黄冈师范学院、各中小学就是子系统,即地方政府作为主导,高校作为指导,与中小学进行协同合作,形成相互依存、共同行动、协同教研、共担风险的局面,各方通过分享和交流不断更新自己的理念,产生合理、有序的教研模式,以促进公共利益的实现。通过这种方式,能够有效提高教师的专业素养和教学水平,提升学生的学习效果和综合能力,即实施有效的教研。

(二)基础教育"UGS"区域协同教研模式的构建

"UGS"区域协同教研模式,是为推进黄冈教师教育综合改革实验区建设,在黄冈市各

县区域范围内,构建"高校、政府、中小学"三位一体的伙伴合作和协同教研模式,该模式以黄冈市政府为主导,以黄冈师范学院为指导,以黄冈市区域中小学为实施主体,通过充分优化、整合三方的优势资源,构建适宜黄冈市本地教育发展的教研模式,使高等教育与基础教育教研全面互嵌和协同发展,以解决黄冈市基础教育教学及教师专业发展所存在的各种困难,进而同步改善教师教育和基础教育的质量,实现强校带动弱校,促进教育资源的共享和教育的均衡发展。

首先,该模式是通过高校、政府和学校之间的合作机制,促进教师教研能力的提升。黄冈师范学院在这一模式中扮演着专业指导的角色,为教师提供专业培训和教研指导,帮助教师提升专业素养和教学水平。黄冈市政府作为主导方,提供政策支持和资源保障,为教研活动提供良好的环境和条件。黄冈市中小学校作为基础教育的实践场所,积极参与教研活动,分享和交流教学经验和资源。

其次,该模式的发展是基于当前基础教育教研的现状和问题的分析而来的。传统的教师教研模式中,各个学校相对独立,缺乏协同合作和资源共享,教师教研能力和教学水平难以提升。因此,该模式的发展旨在打破学校间的壁垒,促进区域间的教研共同发展,提高基础教育教师的专业素养和教学质量。

再次,该模式的发展还需注意这几点:第一,要建立良好的合作机制,确保高校、政府和学校之间的有效沟通与合作。黄冈师范学院提供专业的教研指导和培训,政府需要出台相关政策和措施,学校需要积极参与教研活动。第二,要充分利用现有资源,构建统一的协同教研平台,实现教育资源的共享和交流,这样可以避免资源浪费和重复建设,提高整体教研效益。第三,要重视教师的参与和反馈,及时调整和优化教研模式,确保教师教研活动的积极性和可持续发展。

最后,该教研模式的关键在协同,即各个教研主体的融合。需要做到三个方面:一是黄冈师范学院分学科设立名师工作坊,基础教育的名师到黄冈师范学院来学习、访问。二是黄冈师范学院教师到基础教育一线学校挂职、实践。三是发挥市教育主管部门作用,携手黄冈师范学院联合发布基础教育课题,与中小学合作开展课题研究。结合以上几点,构建了基础教育"UGS"区域协同教研模式,如图1所示。

(三) 基础教育"UGS"区域协同教研模式的实施策略

第一,规划与设计阶段:在实施过程开始前,需要进行充分的规划与设计。首先,确定实施的目标和范围,明确各个参与方的职责和任务。其次,进行资源评估,确保能够提供足够的支持和资源,包括专业指导、政策支持和教育资源等。最后,制定详细的实施方案,明确时间表和步骤,确保实施的有序进行。

第二,建立协同平台与机制:实施过程中的关键是建立统一的协同教研平台和机制,打破学校间的壁垒,促进教师之间的合作与交流。这一平台应包括在线交流平台、教研资源共享平台和教师培训平台等,为教师提供协同教研的场所和机会。同时,建立专门的教研团队,负责统筹规划和协调各校之间的教研活动。制定明确的工作流程和责任分工,确保教研工作的高效运行。此外,建立健全绩效评价机制,激励教师积极参与教研活动。

第三,高校专家引领与培训:在实施过程中,高校专家的引领和培训起着至关重要的

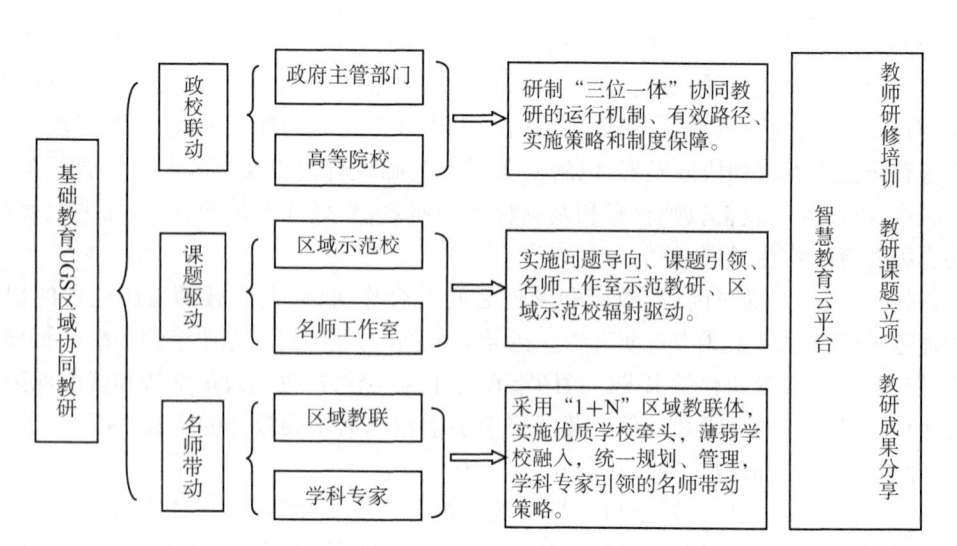

图1　基础教育"UGS"区域协同教研模式框架图

作用。高校专家可以提供全面的教研指导和培训,帮助教师提高教研能力和专业素养。可以组织教研课题的选择和研究,指导教师进行教学设计和评估。同时,高校专家还可以定期组织培训活动,提供新知识和教学方法的培训,促进教师的专业成长。

第四,政策支持与监督:政府在实施过程中发挥着重要的作用,需要提供政策支持和监督。政府可以制定相应的政策文件,明确实施的目标和要求,为实施提供政策支持和资源保障。同时,政府还可以加强对实施过程的监督和评估,定期对基础教育"UGS"区域协同教研模式进行评估和反馈。通过问卷调查、访谈等方式收集教师和学生的意见和建议,及时调整和改进模式的不足之处。同时,密切关注区域协同教研的最新发展动态,结合实践经验,不断优化和完善"UGS"区域协同教研模式,以确保实施的效果和质量。

第五,经验总结与分享:在实施过程中,需要及时总结经验并积极分享。可以通过开展经验交流会议、撰写教研成果论文等方式进行经验总结和分享。这有助于各学校之间的互相借鉴和学习,有助于进一步提高教研水平和效果。

五、研究总结与未来展望

总的来说,基础教育"UGS"区域协同教研,不仅可以推动基础教育的创新和发展,提升教师的教育能力和教学水平,还可以缩小区域之间的差距,提高教育公平性。其取得的成效和经验可以为未来的发展提供良好的基础。未来,我们可以从以下几个方面进一步探索和完善这一模式,以提高教师教育水平,促进教育公平发展。

第一,拓宽合作范围:除了学校和高校之间的合作外,还可以进一步拓宽合作范围,吸引更多的教育机构和教研团队参与。可以与教育科研机构、教育培训机构以及相关教育企业进行合作,共同推进教师教研的创新和发展。通过多方合作资源的整合,形成更加广泛、深入的教研合作网络。

第二,教研成果的转化和应用。教师们通过协同教研获得了丰富的教学经验和创新成果,但如何将这些成果应用到实际的教学中,并持续不断地优化教学方法和策略,仍然是一个需要不断努力的方向。

　　第三,推广复制成功经验。黄冈市教师教育综合改革实验区和教联体的建设在"UGS"区域协同教研中发挥了重要作用。未来可以将这些成功经验推广复制到其他地区。可以通过举办经验交流研讨会、发布指导手册等方式,将黄冈市的实践经验分享给更多的地区,促进"UGS"区域协同教研模式的推广和落地。

(黄冈师范学院　教育学院　翟文静　童三红)

参考文献

[1] 赵才欣.有效教研:基础教育教研工作导论[M].上海:上海教育出版社,2008.
[2] 周欢.信息技术支持下区域教研实践与改进策略研究[D].湖南理工学院,2021.
[3] 刘益春,李广,高夯."U-G-S"教师教育模式建构研究:基于教师教育创新东北实验区建设的实践与思考[J].教师教育研究,2013,25(01):61-64+54.

乡村定向师范生教育情怀培养的伦理内涵与实践模式*
——基于黄冈师范学院的实践分析

摘要：实施乡村振兴战略，需要大量乡村定向师范生扎根基层，推动乡村教育发展。乡村定向师范生培养的价值定位应该是培育教育情怀，塑造新时代"大先生"。乡村定向师范生教育情怀的构成要素包含扎根乡村的崇高理想、热爱乡村儿童的教育情怀和服务乡村振兴的社会担当。黄冈师范学院采用多维培养模式构建教育情怀，以思政为引领，确立乡村奉献理想；专业熏陶，培育儿童教育情怀；文化熔铸，提升乡土认同情感；实践检验，践行社会担当行动。

关键词：乡村定向师范生；教育情怀培养；伦理内涵；实践模式

在新时代实现中国梦的历史进程中，"三农"问题的解决是一个重大而艰巨的任务。党的二十大明确提出全面推进乡村振兴，这需要大量懂农业、爱农村、爱农民的乡村定向师范生扎根基层，推动乡村教育发展[1]。如何培养乡村定向师范生的教育情怀，是相关师范院校必须面对和回答的问题。教育情怀是教师职业的精神内核，对新时代教师尤为重要。师范院校肩负培育新时代"大先生"的历史使命，必须把教育情怀培育作为核心任务。以黄冈师范学院为例，其在乡村定向师范生培养方面进行了有益探索，形成了系统的理论框架和实践模式，为我们提供了有价值的启示。本文拟通过分析教育情怀的内涵、要素和培养路径，探讨黄冈师范学院在乡村定向师范生教育情怀培养方面的理论贡献和实践经验。这对推动教育情怀研究，实现乡村振兴战略，促进社会主义现代化建设具有重要意义。

一、培育教育情怀：乡村定向师范生培养的价值定位

（一）乡村定向师范生政策的设计价值

当前，我国正处于全面建成小康社会的决胜阶段，实现基本公共服务均等化仍面临巨大挑战，乡村教育仍是薄弱短板。为解决新时代"三农"问题，党和国家提出实施乡村振兴战略，这就需要大量扎根乡村的优秀教师。乡村定向师范生培养政策就是在这样的背景

---

* **基金项目**：本文为黄冈师范学院智库项目(202115004)、湖北省教育厅哲学社会科学研究项目(21Y237)的研究成果。

下应运而生的。这项政策具有明显的伦理正当性,是教育规律和乡村发展规律的内在要求,对培养乡村教师的社会责任具有重要的伦理价值。

我国乡村区域分布广阔,地域差异明显,贫困程度参差不齐,公共服务供给存在结构性不平衡,这直接影响和制约着乡村教育发展。当前,城乡间教育发展不平衡、不充分的问题仍十分突出。相较于城市,乡村教育整体发展水平较低,教师队伍建设严重滞后。农村学校师资队伍存在结构性短板,许多乡村学校教师层次不高、业务能力有限,直接影响教学质量。因此,乡村教育仍是我国教育发展的薄弱环节和短板。为改变这一状况,党和国家提出要实施乡村振兴战略,重点解决好"三农"问题[2]。这就需要大力提升乡村教育发展水平,提供更高质量的教育公共服务,确保教育公平。乡村定向师范生培养政策的设计具有明显的伦理正当性。这项政策整合了教育规律要求和乡村发展的内在需要,针对性强、操作性好,可以有效缓解农村教师队伍建设中的突出问题,是贯彻落实党的教育方针、推进教育公平的重要举措,对培养乡村教师、提升乡村教育质量具有重要的社会意义。

(二) 教育情怀培育:政策价值的实现路径

乡村定向师范生政策只能起到外部激励作用,真正发挥政策效能还要依赖师范院校对学生进行内在教育。师范院校要以培育教育情怀为核心,帮助学生树立崇高理想,发扬克难攻坚精神,善于发现乡村振兴的新机遇,激发他们践行为人师表的社会担当[3]。

乡村定向师范生政策为学生提供了经济支持和就业保障,但这只是外在激励,并不能直接培养学生的教育情怀。要让这项政策真正发挥效用,师范院校还必须从根本上对学生进行教育,推动其主动承担起乡村教育振兴的历史使命。师范院校要以培育教育情怀为核心任务,帮助学生树立远大理想,发扬谦虚谨慎精神,主动探索乡村振兴的新机遇,自觉践行"国之大者"的社会担当。要组织开展丰富多彩的教育活动,挖掘乡村教育的感人故事,讲述乡村教师奉献的动人事迹,启迪学生的人生价值追求。要加强专业理论学习,深入分析当代中国教育发展规律,引导学生认识到乡村教育的意义所在。要弘扬集体主义精神,组织"三下乡"社会实践活动,让学生亲身体会乡村生活,接触乡村学校,亲近农村孩子,在实践中提高教育情怀。

(三) 教育情怀:塑造新时代"大先生"的精神内核

教育情怀源于对教师职业崇高使命的价值认同和责任担当,是教育实践的精神内核。培育乡村定向师范生成为新时代"大先生",核心在于激发他们的教育情怀,使之成为内在的精神动力和行动导向,推动其以情浸润教育,以德涵养人才。

教育情怀是教师从事教育实践的精神内核,源于对教育价值的认同和教师责任的自觉承担,是教师职业优越感和荣誉感的集中体现。没有教育情怀,教师就失去灵魂,成为机械的知识传授者。培养乡村定向师范生成为新时代"大先生",关键在于激发他们扎根乡村、奉献乡村的教育情怀。这需要师范院校采取有力举措,以情感人、以德育人,使教育情怀内化为学生的精神追求,外化为自觉行动,成为推动乡村教育发展的强大动力。要组织开展丰富多彩的教育活动,通过见学思变,提升其教育情怀。要加强道德规范教育,弘扬社会主义核心价值观,增强其职业责任感。要加强专业理论学习,掌握教育规律,明确教育价值取向。要强化实践锻炼,亲临一线,亲历教育,增强其教育专业认同。只有这样,乡村定向师范生才能真正成长为有教育情怀的"大先生",以情浸润教育,以德涵养人才,为乡村振兴提供坚实的教育保障。

二、教育情怀的构成要素

(一)扎根乡村的崇高理想

扎根乡村教育的理想信念是教育情怀的精神支柱。师范院校要引导学生坚定"扶贫必扶智,扶智先扶教"的理想信念,树立报效民族的家国情怀,自觉承担起乡村教育振兴的历史重任。

理想信念是教育情怀的精神支柱。师范院校要引导乡村定向师范生确立为乡村教育发展奋斗的崇高理想,坚定扎根乡村、服务乡村的信念,自觉担负起振兴乡村教育的历史使命;要通过专题教育活动,学习宣传党的教育方针政策,增强其政治站位;要学习党史国史,感悟革命先烈奋斗历程,坚定理想信念;要发挥先进典型示范作用,宣传优秀乡村教师事迹,弘扬扎根乡村的精神;要开展主题实践活动,深入乡村一线,亲身感受乡村教育需要,坚定扎根乡村的决心。只有牢牢确立起为乡村教育发展奋斗的崇高理想,乡村定向师范生才能自觉发挥专业优势,投身乡村建设,实现自我价值。

(二)热爱乡村儿童的教育情怀

热爱乡村儿童是教育情怀的价值源泉。师范院校要引导学生发扬高尚教育情怀,发挥一名教师的楷模作用,用爱心俘获乡村儿童,用情感影响他们。

作为未来教师,乡村定向师范生必须具备真诚热爱乡村儿童的师范旨趣,才能在教育实践中发挥教师的独特魅力。师范院校要组织开展专业教学,传授教育心理学、儿童发展理论等知识,帮助学生深入了解儿童心理特征,掌握亲近儿童的技巧。要组织课外活动,邀请乡村教师讲解教育故事,分享亲近儿童的方法。要组织多种社会实践,让学生进入乡村学校,与农村儿童亲密接触,亲身感受作为人生导师的责任与荣耀。只有真诚热爱乡村儿童,乡村定向师范生才能发挥教师的独特魅力,用爱心感染孩子,用情感影响孩子,推动乡村教育进步。

(三)服务乡村振兴的社会担当

服务乡村振兴是教育情怀的行动体现。师范院校要引导学生成长为乡村振兴的生力军,发挥知识传播的社会责任,以专业知识和教育智慧助力乡村振兴。

服务乡村振兴是教育情怀的行动体现。乡村定向师范生培养的目的在于为乡村振兴提供坚实的人才支撑。师范院校必须引导学生自觉担负起推动乡村发展的社会责任,发挥知识分子的力量,成长为乡村振兴的生力军;要通过专业教学,提高其适应乡村教育需要的知识与能力;要加强马克思主义理论学习,坚定其为人民服务的责任担当[4]。要组织社会调查,了解乡村面临的问题,思考教育可以发挥的作用;要开展志愿服务活动,引导学生以教育智慧助力乡村发展。只有自觉承担起服务乡村振兴的社会责任,乡村定向师范生才能在未来的教育实践中发挥专业优势,推动乡村全面进步。

三、多维培养模式构建教育情怀

(一) 思政引领,确立乡村奉献理想

通过思想政治教育课程,讲好中国故事,传播社会主义核心价值观,引导学生坚定理想信念,自觉践行社会主义核心价值观,树立服务人民的家国情怀。

黄冈师范学院高度重视思想政治教育,把它作为培育乡村定向师范生理想信念的主阵地。学校组织开展系列思政教育活动,通过中国故事感染学生,帮助学生确立理想信念。如开设马克思主义基本原理概论、毛泽东思想概论、中国近现代史纲要等课程,系统学习马克思主义理论,坚定理想信念;组织学生收听关于无产阶级革命家陈潭秋、董必武等的讲座,学习革命传统;开展"我听亲人讲四史"活动,邀请老一辈革命者作报告,感染学生;举办"百年大党唱一首歌"主题演唱大赛,通过歌曲讴歌党的光辉历程等。这些活动增强了学生的历史自觉和使命担当,坚定了服务人民的理想信念。

(二) 专业熏陶,培育儿童教育情怀

通过专业教学课程,讲授教育心理学、儿童发展理论等,引导学生了解儿童心理特征,掌握教育技巧,热爱儿童,培养专业的师范旨趣。黄冈师范学院注重通过专业课程培养学生热爱儿童的师范旨趣。如开设儿童发展心理学、教育心理学、中小学生学习指导、班级管理等课程,帮助学生深入了解儿童心理和行为特征。采用情境模拟教学法,设计案例剧本,强化对儿童的感性认识。组织学生到附近乡村小学进行见习活动,现场观察儿童学习生活,加深理解。开展儿童心理测试研究活动,利用量表评估儿童发展特征。这些活动增强了学生专业的师范旨趣,帮助他们学会热爱和亲近儿童。

(三) 文化熔铸,提升乡土认同情感

组织学生开展乡土文化体验活动,认识乡村历史文化,了解乡土人文风俗,增强文化认同,打造乡土情结。黄冈师范学院注重通过乡土文化教育培养学生的文化认同。如组织学生开展"寻访红色故里"实践活动,到红安、英山等地寻访革命旧址,学习革命传统;开展黄冈土特产品知识竞赛,学习当地资源优势;开设黄冈民俗文化课程,学习鄂东地方传统,以当代视野审视乡土文化;与乡村学校合作开发地方化教材,融入乡土素材。这些可以有效增强学生对乡土的认同感和责任感,有助于其未来更好地传承和弘扬乡村传统文化。

(四) 实践检验,践行社会担当行动

实践教学是检验教育情怀、培育社会担当的关键环节。建立实践教学基地,开展多种社会实践活动,组织学生深入乡村一线,亲身体会乡村生活,实现理想信念、专业知识、文化修养的升华转化,坚定扎根乡村的决心。以黄冈师范学院为例,其在乡村定向师范生教育情怀培养方面进行了有益探索,形成了比较完备的实践教学体系。

1. 建立教育实践基地，开展多种社会实践

学校与蕲春县九合乡中心小学、蕲春县檀林中学等农村学校签订合作协议，建立教育实践基地。每年组织开展多种实践活动，选择寒暑假等时间段，组织师范生深入农村，到合作基地学校进行教育支教活动。活动内容包括教学演示、办黑板报、常规化管理、文化活动等，旨在增强师范生的教学能力和组织管理能力。同时，通过在农村老师家中寄宿，学生真实地体验了农村生活，深入了解基层教师工作情况，有利于培养扎根乡村的决心。

2. 开展"三进三出"文化服务活动

学校积极开展"三进三出"文化服务活动，即邀请乡土文化专家进校园进行学术讲座，组织师生到乡村进行文化体验活动，将优秀文化资源送到农村学校。如与浠水县闻一多中学合作，邀请闻一多研究专家讲授民族文化，组织师范生到闻一多故里进行参观与学习。这些活动增强了师范生的家国情怀和乡土认同，也受到农村师生欢迎。

3. 开展优秀文化进乡村活动

学校积极开展各类优秀文化进乡村活动。如与浠水县科技馆合作，选派科普志愿者到乡村小学进行科普宣传活动；与黄冈市中学合作，开展志愿者支教团活动；与黄冈剧院合作，选派戏曲表演团队深入乡村；与市图书馆合作，开展"书香乡村"读书活动，为农村孩子送去新书。这些活动丰富了农村师生的文化生活，也增强了师范生的社会责任感。

4. 开展教育援藏活动

学校长期开展教育援藏活动，选派毕业生和教师志愿者前往西藏农村支教。在高原艰苦环境下工作不仅锻炼了意志品质，藏区生活还让志愿者领悟到教育的伟大价值，坚定了扎根基层的决心。退休教师也自发组织教育援藏团，为藏区孩子带去知识和祖国母亲的关爱，展现出崇高的奉献精神。

5. 开展教材调研编写活动

学校组织开展教材的调研与编写活动，让师范生深入乡村调查，收集第一手教学素材，编写适合农村学校使用的教材。调研过程中，与乡村教师建立了友谊，对乡村教学实际有了直观了解。编写的教材反映本地特色，受到农村教师欢迎。这些活动增强了师范生的专业能力，也让其感受到教材对乡村教育的重要意义。

6. 开展留守儿童关爱活动

学校开展寒暑假"情暖大山巅"留守儿童关爱活动，组建志愿服务队深入偏远山区，开展关爱活动。他们给孩子们打扫卫生、洗涤衣物，传授生活知识，送去学习用品，组织才艺展示，开展师生交流。这让师范生更加珍视教育的力量，树立了服务留守儿童的决心。

黄冈师范学院通过丰富多彩的实践活动，努力实现乡村定向师范生的知识内化和情怀升华，使其坚定扎根乡村、服务乡村的决心，立志成长为乡村振兴的栋梁之材。这种教育情怀多维培养模式，可供其他师范院校借鉴参考。

（黄冈师范学院　教育学院　王　艳）

参考文献

[1] 龚楠.指向"乡村教师"的高校师范生定向培养研究[J].教育理论与实践,2023,43(15):47-50.
[2] 孙维,查永军.乡村教师定向师范生乡土认同的劳动教育路径[J].扬州大学学报(高教研究版),2023,27(01):46-54.
[3] 徐颖.乡村教师定向师范生乡村文化认同及其培养研究[D].扬州:扬州大学,2021.
[4] 赵永前,徐丹,徐雅文.乡村教师定向师范生专业思想教育价值和路径研究[J].教育现代化,2019,6(32):49-50.

深度融合下的湖北省教联体探究与思考

——以黄冈市教联体为例

摘要：湖北教联体走出了一条教育发展新路,湖北教联体的建立,有助于缩小湖北城乡教育差距,提高湖北乡村教育的质量和水平。教联体建设可以促进教师的专业发展,可以促进学生的个性发展,可以促进教育领域的交流与合作。同时,教联体的建立也能促进教育资源的优化配置,提高教育资源的使用效率。然而,教联体的建立并不是一蹴而就的,需要各方的共同努力和支持。教联体的建立还需要注重创新,不断探索适合本地区实际情况的教育教学模式和方法,真正有效提高教育质量和效益。

关键词：湖北教联体；融合；教育改革；突破

近年来,湖北教联体受到教育部和湖北省委省政府的高度重视。湖北教联体建设被纳入"湖北教育十大行动"。湖北教联体,是由湖北省教育厅联合多个高校及科研机构共同发起的创新型教育改革项目。该项目以"联体"为名,旨在推动不同教育机构之间的深度合作与交流,以打破教育资源的瓶颈,提高教育质量,实现教育公平[1]。在这个背景下,湖北教联体被赋予了极高的期望,也被视为中国教育改革的重要突破口。

为什么建设教联体？怎么建教联体？教联体如何融合？教联体带来哪些变化？教联体发展中目前有哪些问题要探究思考？本文将围绕着湖北教联体这一主题展开,通过阐述和论证,揭示其背后的教育改革理念和目标,同时以黄冈市为例来加以说明。

一、建设"教联体"的社会和时代背景

教联体建设聚焦农村学校条件持续改善、质量全面提高,城镇新建学校优质成长、薄弱学校快速提升,把"决策共谋、发展共建、建设共管、效果共评、成果共享"贯穿建设全过程[2]。推动建立"内部治理共融共生""教师队伍共用共管""教学资源共建共享""建设成效共测共评""家校社共谋共治""条件保障共促共进"等6项工作机制、17条具体措施,建立捆绑式、一体化发展格局,构建"共同发展"良好生态,确保"联"出特色、"联"出效益、"联"出成果。

建设"教联体"也是坚持"城乡一体"发展的迫切需求所在。中共中央办公厅、国务院办公厅印发的《关于推进以县城为重要载体的城镇化建设的意见》等文件中明确提出,发展城乡教育联合体。2022年,湖北省第十二次党代会提出"教联体"的战略部署。同时,黄冈市义务教育"农村弱,城市挤"、大班额等问题依然突出。建设教联体是促进城乡教育"一体化"发展、实现城乡教育优质均衡发展的有效路径,满足群众从"有学上"到"上好学"

的期盼。

二、教联体的建设与融合

目前,湖北省教联体建设主要有两种类型:融合型和共建型。实行"三为主"建设模式,即地域范围以县域为主,实施学段以义务教育为主,管理模式以融合型、共建型等深度紧密型联合为主。采取"1+N"形式,即以 1 所优质学校为核心学校,通过"大校联小校""强校联弱校""城镇学校联农村学校"等方式,开展优质学校与农村学校、薄弱学校或新建学校联合办学等模式。融合型教联体实行以单一法人或总负责人制为主的办学形式,教联体内管理干部和教师队伍"无障碍"调配,人事、经费、教学、资源配置和考核评价实行一体化管理;共建型教联体采取委托管理、集团化、联盟校等形式联合办学,教联体内管理干部和教师队伍有序流动,教育教学资源共建共享,对教联体内学校办学质量实行"捆绑"考核[3]。

以黄冈市为例,近年来组织 10 个县市区开展教联体建设实践探索,在 10 个省级教联体试点中,在没有任何指导的情况下,有 7 所学校推进的是融合型教联体建设,3 所学校为共建型教联体。从试点的效果看,融合型教联体通过将若干所学校变为一所学校,实现人、财、物等一体化管理,更有利于优质教育资源共建共享,促进办学质量与效益持续提升。而共建型教联体由于各校不存在从属关系,都是独立存在的法人单位,无法实现深度融合。因此,推进融合型教联体建设是经过实践检验的最优选择。

黄冈坚持"以城带乡""以强带弱""大小结合""远近搭配"的原则,采取"1+N"模式,即 1 所核心校与若干所成员校组合成一个教联体。一个教联体覆盖的成员学校数量一般是 3 至 4 所,原则上"N"不能大于 5。教联体内核心学校校长是教联体法人代表,各校区执行校长兼任总校副校长。核心校对同一教联体内的各校区实行"七个一体化"管理。

目前,黄冈市 165 个教联体已全部挂牌运行。其中,小学阶段 75 个教联体,初中阶段 45 个教联体,学前教育阶段(幼儿园)45 教联体,黄冈市教联体建设已取得了阶段性成果。全市各县市区教育局组织了教联体书记、校长集训,各教联体也在陆续开展全体老师集训,进一步思想统一,谋划教联体学校相关工作。

三、教联体建设面临的问题和挑战

目前,教联体取得了很大进展和成绩,但是教联体建设也面临着一些问题和挑战。例如,城乡教育资源的差异仍然存在,乡村学校的师资力量和硬件条件相对较弱,需要进一步加强投入和支持。此外,教联体建设也需要加强管理和协调,确保各项措施有效实施。随着湖北教联体工作的开展,有些问题需要进一步思考和研究。

1. 如何推动教师队伍从被动交流到主动交流再到乐于交流、乐于"双向交流"?

一些地方交流条件不够吸引人,交流方式渠道有限、激励措施不够,没有出台完善的教联体教师队伍交流轮岗政策,没有建立完善教联体教师常态化交流机制,不能切实推动优秀教师真交流、真下沉。一些农村学校、偏远学校、薄弱学校或新建学校没办法有效吸引优秀管理人员和优秀老师交流。体育、音乐、美术、信息技术、心理健康等学科,由于教师人数太少,没办法实行统一管理。

2. 如何积极推动教学资源主动共建共享？

为乡村学校或偏远地区学校的优秀老师提供必要支持会有利于他们在教学研究、课程建设、教学条件等方面主动共建共享，共同开发教学资源，组织集体备课并经常开展优质课评选和课堂教学"大比武"等活动，保证联合开展教研常态化。

3. 如何推动农村乡镇智慧教育创新驱动建设？

农村乡镇交通不便、通信不便，需要加强县域教联体管理平台及网教协同中心等数字化基础设施建设；保证教育信息化、数字化、智能化建设，大力开展空中同步课堂、线上同步教研；保证各教联体网络建设和通信建设以实现教学资源共享，充分发挥计算机软硬件等信息技术在优质资源共建共享中的积极作用。

4. 如何对当前教育资源分布不均、教育质量参差不齐的现实进行更合理的教联体的划分和组合？如何完善长效政策机制加强教联体经费保障和人员保障？

5. 如何建立研究指导机制，组建省级教联体建设专家指导委员会？可否建立全省市（州）分片区包保指导机制，为教联体建设提供理论指导、政策咨询和专业支持服务？能否指导各市、县成立专家团队，建立常态化视导诊断制度？

6. 如何从衣、食、住、行全方位、多角度制定更有效的奖补激励政策？省级、市级、县级、镇级、学校能否设立教联体建设奖补资金，采取"以奖代补"形式支持各地探索推进教联体建设？如何推动实施农村学校教师周转宿舍建设奖补政策，有效引导各地加大农村学校教师周转宿舍建设力度，促进教师安心从教、潜心育人？

7. 如何科学公平公正进行评价标准体系？

可否制定省级示范性教联体评价标准，指导督促各地因地置宜的建立教联体评价机制？可否探索第三方评价和群众满意度调查制度？在重点关注农村学校、薄弱学校、新建学校办学水平和学生发展提升情况的同时，将教联体评价结果作为职称评聘、绩效分配、评先评优、选拔任用的重要依据外，如何制定更好的政策以进一步调动各个学校和广大教师积极性、主动性？

8. 如何准确把握关键环节，推进融合型教联体改革破题开局？如何按照"两家"标准选好校长，让最优秀的校长担任教联体负责人？同时如何保证"双向"流动均衡师资，制定与教联体发展相适应的教师补充、职称评聘、绩效分配、评先评优、培养培训、选拔任用等制度体系？

9. 如何统筹保障经费支出，化解一些原来中心校人员下沉到核心校后管理人员过多、核心校负担过大问题？在绩效考核、经费使用方面如何做到教联体内公平合理？推行的行政管理、编制统筹、经费使用、教师发展等"七个一体化"管理机制能否有效公平公正落实？

四、教联体建设带来的变革

针对以上问题，采取边建边改策略。在边建边改的过程中，教联体建设带来了多个方面的变革。

1. 教育格局重塑。此次教联体改革，打破了城乡、乡镇间的地域限制，以黄冈为例，在现有900多所公办中小学、幼儿园中，选取165所优质学校作为核心校，与不同行政地域的学校组建在一起,形成新的教联体。一个教联体内,既有城区学校,也有乡镇学校,还有跨区域的学校,黄冈教育呈现出新的格局。

2. 教育体制重建。过去,各地教育系统是教育局—中心学校—乡镇学校 3 级管理体制,中心学校既接受教育局管理,又接受乡镇领导。现在,乡镇学校直接纳入教联体。县教育局直接管理各教联体,中心学校没有服务的对象,失去了存在的意义。教育体制从 3 级管理变成 2 级管,整个教育系统实现扁平化管理。

3. 教育生态重构。体制变革之后,要实现教联体内的流畅运转,需要制度重建和流程再造。管理上,教联体各校区实行"七个一体化",即行政管理一体化、编制统筹一体化、经费使用一体化、教师发展一体化、教学研究一体化、考核评价一体化、文化建设一体化。如此一来,教联体内实现了人、财、物的统一调配,各校区完成"命运捆绑",实现了内部治理共融共生,教师队伍共用共管,教学资源共建共享,建设成效共测共评,条件保障共促共进。

4. 要撤销乡镇中心学校。

乡镇中心学校的撤销,是教联体改革的产物。过去,乡镇中心学校相当于一个教育局分局,对乡镇初中、小学、幼儿园进行行政管理(没有业务管理)。随着城镇化进程加快,乡镇学校生源急剧萎缩,相当多的中心学校存在意义不大。教联体成立后,公办的初中、小学、幼儿园全部联走后,中心学校功能彻底消失,失去了存在的价值,于是被动撤销。乡镇中心学校的撤销不是改革的目的,它在教育格局重构后被动消亡。如黄冈市 128 个中心学校被动撤销后,释放出 1 000 多个编制,全部充实到教育教学一线。

5. 教联体建设必须要强调"远近搭配"。湖北省提出"城乡搭配、强弱搭配、大小搭配"原则,同时黄冈市还增加了"远近搭配"原则。强调"远近搭配",是因为涉及教师交流。核心学校与分校距离越大,教师交流越不方便,如果教联体内成员校都是偏远校区组合,那么交流的压力就更大。成员校远近搭配,能保证各个教联体间相对平衡,各核心校需要到偏远校区交流的教师比例相对均衡,实现教联体间发展平衡。

6. 强化核心校"以点带面"推动。2022 年省级确定 89 个教联体建设试点,参与中小学校达 294 所,推动各市、县相应建设一批本级试点。同时,推动教联体由义务教育向学前教育、高中教育拓展延伸,鼓励支持各地探索整县推进教联体试点。通过转化试点成果、就近示范引领带动,形成"一校制"融合、党组织统一领导、城乡学校发展共同体、区域共建、高中托管帮扶、"联校网教"、跨学段跨区域联合等 7 类建设模式,有力推进教联体建设整体提质扩面。截至目前,全省纳入教联体建设的义务教育学校已有 3 276 所,占义务教育学校总数的 45%。同时,根据各县人口分布和教育实际,形成核心校大部分在城区,少部分在乡镇的局面,以起到以点带面的作用。如在黄冈市,黄州、罗田、英山、红安、团风的教联体核心学校都在城里;浠水 3 个教联体的核心设在乡镇;麻城 2 个教联体的核心校设在乡镇;黄梅 2/3 的教联体核心校在城里;蕲春有 8 所核心校设在乡镇,占教联体学校的 36%。

7. 有效发挥核心校和分校区同频共振。科学设置管理机构。校级班子采取"1+1+4+N-1"模式。即一名书记、校长(幼儿园合并),教学、政教、后勤、综合 4 类岗位各设一个管线副校长,各校区执行校长兼教联体副校长。中层设置党办、办公室、政教处等大处室,主校区和分校区都要设置年级组。并设置教学委员会、德育委员会、后勤委员会、家长委员会、校务委员会,形成纵横管理网络,强化管理过程。教联体对各个校区的管理是通过"七个一体化"和"十七个统一"(统一课程设置、统一教学进度、统一教师安排、统一课堂要求、统一作息时间、统一集体备课、统一作业设置、统一资料使用、统一教学活动、统一德育活动、统一印刷命题训练、统一阅卷、统一诊断分析、统一教学检查、统一指标评价、统一教学资源、统一激励措施)来实现。

8. 确保教联体高效运行。同一教联体内,不同校区可能相距几十公里,利用信息技术赋能,推行"互联网＋教育",是跨越时空、建好教联体、确保教联体高效运行的关键。"互联网＋教育"模式需建好5大系统,即校园网络巡检系统、网络教研和视频会议系统、"三个课堂"应用系统、网上阅卷分析系统和设备集控系统。

9. 大力推进教师交流。通过刚性要求、人文关怀、政策激励等方式,让城区教师"下得去"、农村校区教师"上得来"。如黄冈市规定教联体核心校教师交流比例不低于10%,其中骨干教师比例不低于30%。对到农村校区交流的老师给予交流补贴,双向流动的教师给予交通补助。建好、用好教师周转房,对于家庭有特殊情况的教师,可暂不进行交流。教师职称评定与交流经历硬挂钩。

10. 加强领导,保障教联体健康运行。加强学校党的建设,全面贯彻党的教育方针。建强基层党组织,推行党组织领导下的校长负责制。全面落实国家课程方案,开足开齐国家课程;加强教师队伍建设,加大教师专任化专业化力度,以保障教联体健康长期发展。

综上所述,湖北教联体是指由城区名校和乡村薄弱学校组成的共同体,旨在实现城乡教育资源的共享和均衡化发展。教联体的建立,有助于缩小城乡教育差距,提高乡村教育的质量和水平,实现教育共享和教育公平。对于推动教育改革和发展具有重要的意义[4]。我们应该加强对教联体建设的研究和实践,不断探索和完善教联体建设的机制和方法,为促进教育质量的提高和学生的全面发展做出贡献。同时,教联体的建立也能促进教育资源的优化配置,提高教育资源的使用效率。然而,教联体的建立并不是一蹴而就的,需要各方的共同努力和支持。教联体的建立需要校长、教师和教育管理者的积极推动和参与,同时也需要政府加大投入,提供相应的政策和经费支持。此外,教联体的建立还需要注重创新,不断探索适合本地区实际情况的教育教学模式和方法,提高教育质量和效益。

湖北教联体建设是当前湖北教育领域的一项重要工作,我们期待着湖北教联体在未来能够发挥出其应有的作用,为中国的教育事业贡献出更多的力量。

(浠水县闻一多小学教联体　孔小红　黄冈师范学院　计算机学院　陈华松)

参考文献

[1] 陈中岭.县域教研共同体的动力困境探微:基于中部某省某县级市实践的视角[J].教育理论与实践,2016,36(05):19-21.
[2] 王志军.初中文科综合教研共同体的建设研究[D].杭州师范大学,2014.
[3] 何郁冰.产学研协同创新的理论模式[J].科学学研究,2012,30(02):165-174.
[4] 李忠,邓秀新.高校协同创新的困境、路径及政策建议[J].中国高等教育,2011(17):11-13.

教师教育综合改革实验区建设的动力机制与推进策略[*]

——以黄冈市教师教育综合改革实验区建设为例

摘要:本文以黄冈师范学院推进黄冈市教师教育综合改革实验区建设为例,分析教师教育综合改革的内在动力机制与推进策略。研究认为,改革的动力源于教师队伍建设滞后、顶层设计的推动作用以及区域协同的制度供给。改革的推进策略需要因地制宜分类推进,注重顶层设计制度供给,突出协同创新资源整合,并构建长效机制保障改革成果。黄冈师范学院在师范生培养、校地合作、制度创新等方面进行了积极探索。该研究为建设高素质教师队伍提供借鉴。

关键词:教师教育综合改革;实验区;动力机制;推进策略

当前,我国正处于教育事业快速发展的关键时期,教师队伍建设直接关乎教育质量和人才培养。为深入贯彻落实党中央、国务院关于教师队伍建设改革的决策部署,湖北省高度重视教师教育,大力推进教师教育综合改革,积极探索政府、高校、中小学的多方联动、协同育人的教师教育新模式。本文以黄冈师范学院推进黄冈教师教育综合改革实验区建设实践为例,通过分析其在共商发展规划、共建资源平台、共抓人才培养、共评教学质量等方面的创新实践,深入剖析新时代教师教育综合改革的内在动力、推进策略和机制创新,以期为我国教师教育改革提供可资借鉴的有益经验。研究意义在于进一步完善教师教育治理,为建设高素质专业化创新型教师队伍提供理论支撑和实践参考。

2018年,中共中央、国务院印发了《关于全面深化新时代教师队伍建设改革的意见》,在这份文件中明确提出要选择条件成熟的地区建设教师教育综合改革实验区。随后,各省市也相继在教育部指导下,选择建立本地区的教师教育改革实验区。教师教育综合改革实验区的主要建设内容包括:构建政府主导、高校主体、中小学深度参与的协同育人新格局;建立职前培养与在职培训相衔接的教师成长体系;探索校地合作新机制,形成理论教学和实践育人的有机统一等[1]。建设教师教育综合改革实验区的目的在于:通过创新改革的方式,解决当前教师队伍建设中的突出问题,如教师教育与中小学教育脱节、师范生实践能力不足等;构建全新的教师培养格局,实现政府、高校、中小学在师资培养中的有机衔接;推动教师教育由专业化向专业化、研究化方向发展,不断提高教师队伍整体素质[2]。教师教育综合改革实验区的建设,是落实党中央关于教师队伍建设的重大决策部

---

[*] **基金项目**:本文为湖北省高等学校优秀中青年科技创新团队项目(T2019016)的研究成果。

署,也是推进教育强国建设、教师队伍建设的重要举措,这对推进教师教育内涵改革、提高教师教育质量具有重要意义。

一、教师教育综合改革实验区建设的动力机制

(一)改革的内在需求

教师教育综合改革实验区建设的重要动力之一,是当前教师队伍建设面临的问题与挑战。具体来看,现阶段我国教师队伍建设存在知识结构与学生发展需求不适应的问题。许多教师的知识还停留在传统模式,没有跟上学生对发展创新能力、实践能力的新要求。同时,教师教育内容与基础教育脱节的问题也较为突出。师范院校过于注重理论传授,忽视教师实践能力培养,导致不少师范生成为书本知识型教师,而缺乏实际教学经验。此外,师范生自身的教学实践能力也有待提高。这些问题使教师队伍整体难以适应素质教育对教育内涵改革的要求。因此,必须从根本上推进教师教育改革,深化教育教学改革,才能提高人才培养质量。而建设教师教育综合改革实验区,具有开展制度和机制创新的优势,可以成为推进这一改革的重要平台。

(二)顶层设计的推动作用

教师教育综合改革实验区建设的另一个动力来源,是中央和地方政府提供的顶层设计与政策支持。中央和各省市高度重视教育事业发展,从战略层面部署教师队伍建设,并制定政策以落实教育投入力度。如提出教育经费占财政支出一定比例的要求,持续增加教师教育投入,改善师资培养条件。地方各级政府也高度重视教育体制机制改革,将教师教育作为改革创新的重点领域,明确其战略定位,建立政府主导、高校主体、多方参与的工作机制[3]。此外,还制定教师队伍发展规划、师范生培养方案等政策文件,形成系统的改革政策体系。这些顶层设计为实验区建设提供了有力支撑。

(三)区域协同的制度供给

教师教育综合改革实验区建设的第三大动力,是实验区本身具有机制创新的优势。实验区建设强调政产学研用深度融合,可以打破传统界限,建立大师范带小师范、校地合作的协同育人新格局,以及健全政府主导的协调机制、多方参与的评价机制等,从制度上创新人才培养模式[4]。这为教师教育提供了进行制度创新的良好土壤。总之,当前教师队伍建设的问题与挑战、政府的政策支持,以及实验区自身的制度创新优势,共同推动着教师教育综合改革实验区建设,使其成为推进教师教育改革的重要平台。

二、黄冈师范学院推进实验区建设的主要做法

(一)聚焦师范生培养,深化教学改革

1. 建设10个"黄冈市师德教育实践基地",以红色文化涵养高尚师德

黄冈师范学院在富含红色文化资源的蕲春县、红安县等县市区,建设10个"黄冈市师

德教育实践基地"。这些基地按照"一校一品"的要求，分别建设具有自身特色的线下专题场所，如以本地革命历史为主题的博物馆、纪念馆等，用于师范生师德教育实习实践。同时，还将建设线上课程和专题网站，开发具有鲜明地域文化特色的师德教育内容，如以本地革命先烈事迹和精神为主线的微课程、专题教学等。基地场馆建设充分利用本地红色文化资源，进行特色化改造和利用，打造富有时代气息、地域印记的师德教育环境。基地建成后，将成为湖北省内外师范院校师范生以及基础教育青年教师教育情怀培养的重要平台。师范生和青年教师可以通过博物馆参观、纪念馆瞻仰、红色教育基地体验等多种形式开展定期实践学习，在具体的历史环境中接受以本地红色文化为内核的革命传统教育熏陶。这有利于弘扬革命传统，涵养社会主义核心价值观，增强广大教师队伍的历史责任感、教育情怀和使命感。实践基地的建设也可以推动红色资源的保护利用，使其转化为马克思主义信仰教育的生动课堂，发挥红色基因在新时代的育人功能。

2. 实施省市两级"优师计划"，定向培养黄冈市基础教育领域优秀教师

为满足黄冈市基础教育发展需求，黄冈师范学院积极响应省市教育主管部门关于教师队伍建设的部署要求，面向黄冈本地生源每年定向招收、培养100名左右的本科层次师资生，自2022年开始已经正式实施了黄冈市"优师计划"。在省市两级教育部门的大力支持下，该计划由黄冈市教育局牵头组织实施，市财政局也纳入财政预算，保障培养经费投入；市教育局负责具体落实招生方案、培养方案、就业指导方案制定工作，并负责学生的全过程培养管理，确保培养质量；市人社局、市编办等部门也积极配合做好相关配套保障工作。"优师计划"实施定向招生、订单培养、籍贯化管理，要求学生必须签订协议，承诺毕业后到黄冈市基础教育一线任教。这一举措的实施已经为黄冈市基础教育领域补充注入了一批政治素质好、业务能力强、专业精神突出、教书育人能力强的青年教师队伍，对推动黄冈基础教育专业化发展具有重要支撑作用。同时，黄冈师范学院也在继续保质保量完成好湖北省教育厅部署的"优师计划"招生培养任务，力争为全省教育发展贡献师资力量。可以预见，在省市两级"优师计划"的推进下，黄冈的教师队伍建设将取得新的进展。

3. 设立40个"名师工作坊"，选聘中小学一线教师深度参与师范生培养

黄冈师范学院计划从黄冈市内的各级各类中小学院校，聘请"湖北名师""黄冈名师"以及优秀校长、骨干教师等，在校内设立40个"黄冈市教学名师驻黄冈师范学院工作坊"。这些名师和骨干教师将以工作坊的形式深度参与到师范生培养过程中，与学校师资共同开展人才培养方案制定、课程资源建设、教学理论与方法指导、教育实习指导等工作。一线教师的直接参与，有利于加强师范生培养与中小学教育实际的对接，使师范生在接受系统理论学习的同时，也能在名师的指导下积累丰富的教学实践经验。这对提高师范生培养质量、增强其教学能力和教育实践能力具有重要意义。

4. 建设100个"教育研究与实践基地"，全力支持师范生教育实践能力培养

为进一步加强师范生培养与中小学教育实际的对接，增强师范生的教学实践能力，黄冈师范学院从2022年开始已经聘请了黄冈市内各级各类中小学院校的40位"湖北名师""黄冈名师"以及优秀校长、骨干教师，在校内设立了40个"黄冈市教学名师驻黄冈师范学院工作坊"。这些在中小学一线取得过硕果的名师和骨干教师将长期驻校，以工作坊的形式深度参与到师范生培养全过程中。他们将与黄冈师范学院的专职教师共同开展人才培

养方案制定、专业课程资源开发、教学理论与方法指导、教育实习指导等工作。名师工作坊的设立,使中小学一线教师能够直接面向师范生开设讲座,指导教案设计,评阅实习报告,参与实习鉴定,真正实现了理论教学与实践指导的无缝对接。这种"请进来"的做法,充分发挥了一线教师丰富的实战经验,有利于师范生在系统接受教育教学理论的同时,也能在名师的直接指导下积累丰富的教学实践经验。这样双线并举的培养,对提高师范生专业水平、增强其教学能力和教育实践能力具有重要意义。可以预见,通过名师工作坊持续运作,不仅能够有效提升黄冈师范学院师范生的培养质量,也将对黄冈市基础教育的发展产生积极的促进作用。

(二)打通师范生培养的全链条

1. 组建黄冈市教师发展研究院,开展教师教育改革发展研究,培育教育名师

为进一步挖掘黄冈教育资源潜力,培育教育名师,提供教育决策依据,黄冈师范学院已与黄冈市教育局和市教科院达成合作,于2022年共同发起成立了黄冈市教师发展研究院。研究院整合了黄冈市内优秀的教育专家、名师力量,充分发挥他们的学术优势,致力于深入研究分析黄冈基础教育发展的成就和经验,总结提炼可以推广应用的改革举措,以科研成果推动教师教育改革发展。研究院已制定了明确的发展规划,将坚持科学立项,每年遴选基础教育改革发展中的热点、难点问题并开展系统研究,力争形成影响力较强的研究成果。同时,建立了成果奖励机制,通过组织专家评审、集中报送等方式,推动研究成果持续取得新突破,冲击省部级和国家级教学成果奖。另外,研究院还定期举办教师教育论坛,提供良好的学术交流平台,促进科研成果的推广应用。目前,研究院已经着手搭建黄冈基础教育数字资源平台以丰富教学资源。此外,通过双向互聘等机制的建立,也在促进中小学教师和高校教师开展交流合作,推动教育科研与教学实践的有机结合。可以预见,黄冈市教师发展研究院的成立,将为黄冈基础教育发展提供源源动力,也必将成为培育教育名师、提升教师专业化水平的重要平台。

2. 成立黄冈市中小学教师教育培训基地,服务基础教育教师职前职后培训

为进一步提升黄冈市及周边地区基础教育教师的专业素养,黄冈师范学院充分发挥自身师资和场地设施优势,于2022年成立了黄冈市中小学教师教育培训基地。该培训基地面向黄冈市及周边地区的中小学教师,开设了岗前培训、在职培训、名师培养、骨干教师培养等系列项目,内容覆盖教师专业理论学习、教学技能训练、教育教学研究等方面。为保证培训质量,培训基地组建了高水平的师资库,广泛聘请省内外专家学者开展培训工作;同时,还着力开发了一批适合中小学教师专业发展需求的精品在线课程。在培训过程中,基地为教师提供全方位的学习支撑服务。目前,培训基地已经承接了国家和省级的多项教师培训项目,初步形成了一批有影响力的品牌课程。可以看出,依托黄冈师范学院师资力量成立教师培训基地,对推动黄冈及周边地区基础教育教师专业化发展提供了有力支撑。

3. 设立5个"基层工作站",支持高校教师与中小学教师交流合作

为推进教师教育与中小学教育的深度融合,黄冈师范学院已在黄冈市区内选定了5所代表性中小学,成立了教师基层工作站。2022年,学校已安排10余名教育学专业教师到基层工作站挂职锻炼一年。这些教师与工作站所在学校的教师共同开展教研活动,

进行公开课教学,联合备制教案等。工作站所在学校也选派了多名教研员到黄冈师范学院进行为期一年的培训学习。通过这种师资双向交流模式,中小学教师的教学理论视野得以拓宽,对教育教学规律的理解也更加深入,而高校教师在中小学一线的挂职锻炼,也使他们的教学实践能力和针对性得到了提高。可以说,工作站的建设推进了校地资源共享、优势互补、合作共赢,使高校教师真正"走进校园",与中小学教育实践形成良性互动,这对推进教师教育改革具有重要意义。今后,学校将继续健全工作站运行机制,扩大站点覆盖面,以发挥工作站在教师成长中的独特作用。

4. 创建黄冈青少年心理发展研究院,提升青少年心理健康服务能力

为切实关注和推进黄冈地区青少年心理健康发展,黄冈师范学院已与黄冈市政府共建了黄冈青少年心理发展研究院。研究院组建了专业的心理咨询与指导团队,每年在全市范围内开展青少年心理状况调查,并开展系列公益心理咨询活动。与此同时,研究院还与黄冈市中小学积极合作,共同开发适合青少年心理健康成长的校本课程,并对中小学教师进行专项培训,大力提升学校心理辅导能力。此外,研究院还面向广大家长开设心理指导课程,提供专业建议,帮助家庭做好青少年心理健康教育。通过一年来的共建共治,研究院在推动黄冈地区素质教育内涵建设、促进青少年心理发展方面已经发挥了重要作用。展望未来,研究院将继续巩固提升专业团队建设,拓展研究范围,丰富研究成果,以更好地服务黄冈青少年心理健康成长。

(三)构建校地合作师资培训新机制

1. 成立黄冈基础教育监测中心

黄冈师范学院与黄冈市教育局计划共同成立黄冈基础教育监测中心,并在每个县区建立监测站,对黄冈市基础教育运行情况进行动态监测。监测中心将建立数据平台,收集各校教学基本状态数据;开展教育政策落实情况、师资队伍、教学质量等领域监测,形成监测报告,为政府教育决策提供依据。该中心客观反映基础教育发展状况,发挥第三方评估作用,有利于推动黄冈基础教育均衡发展。

2. 建立省市双向的师资交流机制

为客观、动态监测黄冈市基础教育发展状况,为相关部门提供决策支撑,黄冈师范学院已与黄冈市教育局合作成立了黄冈基础教育监测中心,并在各县区建立了监测站。监测中心建立了数据平台,能够收集各中小学校教学基本状态数据。在此基础上,中心围绕教育政策落实、师资队伍、教学质量等开展定期监测,形成年度监测评估报告。这些第三方的评估结果能够较真实反映黄冈基础教育发展情况,为政府部门制定教育政策提供重要依据,也为推动黄冈市基础教育均衡发展发挥着积极作用。目前,监测中心已经初步建成并开始运作。后续还将继续完善监测机制,拓展监测范围,提高监测质量,以更好发挥教育监测的战略支撑作用。

3. 建立中小学校长、教师与高校共同参与师范生培养的长效机制

为促进校地资源共享、实现优势互补,黄冈师范学院已与黄冈市教育局建立了常态化的师资交流机制。一方面,选派市内优秀中小学校长和教师到黄冈师范学院开设特聘教授课程,指导师范生教学实习;选派骨干教师到师范学院的名师工作坊指导师范生教育实

习。另一方面,也选派师范学院教师到市内中小学挂职锻炼。此外,双方还共同举办了多期教师培训项目。通过这种多层次的交流合作,中小学校长和教师的实战经验可以更好地服务于师范生培养,而师范学院教师下沉基层也使教学理论与实践形成良性互动。可以说,这种校地交流机制的建立,有效推进了教师教育理论教学和教育实践的结合,也使校地资源优势实现了互补提升。未来双方将继续丰富交流形式,扩大交流范围,以提高交流实效。通过构建校地合作师资培训新机制,加强省市双向交流,落实中小学教师与高校教师联合培养,黄冈师范学院实现了师范生培养的制度化改革,也为教师实现专业成长提供了新的平台,这对推进教师教育改革具有重要意义。

三、教师教育综合改革实验区建设的推进策略

(一)因地制宜,分类推进

教师教育综合改革实验区的建设不能"一刀切",而要因地制宜,分类推进。因为各地区的经济社会发展水平不同,教育发展阶段和需求特点也不尽相同。具体来说,在制定建设规划时,应充分考虑本地区教师队伍建设的现状和需求特点。在项目选择上,可因需施策,突出本地特色,充分利用本地独特的文化资源优势,重点建设富有地域特色的师德教育基地。特别需要指出的是,对师资力量较为薄弱的边远农村地区,改革实验区建设要加大师资支持力度,增加艰苦边远地区教师的各类津贴和补助,用足用好各类政策措施,真正留住人才、稳定队伍。总之,实验区建设既要顺应本地教育发展规律,又要因需施策,提高针对性,突显特色,用改革的办法推动各地教师队伍建设实现新突破。

(二)注重顶层设计,制度供给

教师教育综合改革是一项系统性工程,涉及面广,需要各方通力协作才能取得实效,这就需要注重顶层设计,形成系统的政策供给,为改革实践提供制度保障。具体而言,要建立由地方政府主导、高校主体、中小学积极参与的工作机制,各方根据职责分工,建立定期沟通制度,形成工作合力,以保障改革顺利开展。同时,要积极争取上级政府的政策支持,如能够纳入国家或省级改革试点,就可以获得更多财政资源保障。要建立科学合理的改革项目考核制度,将改革任务完成情况与高校及负责人员的职称晋升等挂钩,从而形成强大的内在动力。要建立第三方评估制度,强化过程监督和结果评估,完善监督体系。更为关键的是,要推动理论研究与改革实践相结合,建立科研课题立项、成果转化的有效激励机制,鼓励高校与中小学开展联合调研,促进理论创新,以优秀的理论研究成果指导改革实践并使之取得系统性突破。

(三)突出协同创新,资源整合

教师教育综合改革需要汇聚各方资源和力量,发挥产学研用的集体智慧,形成强大合力。第一,要充分发挥政产学研用合作平台的集约化作用,完善利益共享和风险共担机制,吸引更多社会资源投入教师教育事业,实现区域内优质教育资源的有效整合,避免重复建设和资源碎片化。同时,要建立常态化的区域教育联席会议制度,定期召开高校、中

小学、行业企业和政府相关部门参与的联席会,加强沟通协调,明确各方在改革规划制定、资源建设、项目实施等方面的职责,提高工作效率。第二,要注重总结经验,及时回馈评估结果。要建立系统、规范的改革项目评估机制,并注重评估结果的反馈应用,充分总结各地改革创新实践中可推广的做法和成功经验,推动优质资源复制扩散,促进区域协同发展。同时,评估结果也要作为项目调整和改进的依据,实现动态管理、持续优化。

(四)构建长效机制,保障持续发展

教师教育综合改革实验区的建设不能一蹴而就,而要注重长远发展,构建系统的持续发展机制。首先,要建立常态化的组织保障、经费保障、条件保障机制,为改革实验区提供制度化的组织支撑、资金支撑、场地设备支撑。其次,要形成系统、规范的改革成效评估机制,建立独立的第三方评估制度,开展定期的检查考核、跟踪评估和满意度测评,及时反馈评估结果,促使各项举措不断深化、完善。再次,要立足当前,着眼长远,将改革的成功经验进行复制和推广,使优秀做法由点及面,并推动各项举措向纵深发展,取得系统性成效。此外,改革项目的预算管理和监督制度也要进一步健全,从制度上保证项目顺利实施和成果持续产出。最后,还要高度重视改革工作队伍建设,形成专门的改革工作团队,并建立完善的人才选拔机制、培养机制与激励机制,保证团队的专业性与稳定性。只有这样,通过机制创新和制度创新,持续提供改革动力和活力,实验区建设才能取得长足发展。

四、结语

改革的内在动力主要来源于教师队伍建设面临的问题与素质教育对教师提出的新要求。而改革的路径则需要因地制宜,分类推进,既考虑地区教育发展阶段的差异,也因需施策,补齐需求短板。此外,加强顶层设计与政策供给,汇聚各方力量,是教师教育改革顺利实施的关键。特别是要形成政府主导、高校主体、多方参与的工作机制,建立常态化的组织保障、经费保障、条件保障机制,并形成改革成效的持续评估机制,以保障改革取得系统性成果。展望未来,教师教育改革还需加强理论研究,建立科学的评估指标体系,并扩大改革范围,最终建成质量一流的教师教育体系,为国家教育事业发展提供有力人才支撑。

(黄冈师范学院 韦耀阳 程 云)

参考文献

[1] 曹晔.新时代要全面深化职教师资队伍建设改革:《中共中央国务院关于全面深化新时代教师队伍建设改革的意见》解读[J].江苏教育,2019(04):24-28.

[2] 赵敬春.习近平教育思想指引新时代教师队伍建设改革步入战略新高度:基于对《中共中央国务院关于全面深化新时代教师队伍建设改革的意见》的学习理解和认识[J].黑龙江教育学院学报,2018,37(09):1-3.

[3] 吴信英.教师教育改革能力:空间探寻与行动方略[J].当代教育科学,2018(02):7-11.

[4] 曲铁华,王凌玉.近三十多年来我国教师教育改革的困境与解决路径[J].贵州大学学报(社会科学版),2017,35(06):134-139.